"十二五"国家重点图书

出版规划项目

清华国学丛书

自由与传统

Liberty and Tradition

刘 东 著

图书在版编目(CIP)数据

自由与传统/刘东著. —北京:北京大学出版社,2015.9
(清华国学丛书)
ISBN 978-7-301-26245-0

Ⅰ.①自… Ⅱ.①刘… Ⅲ.①比较文化—研究—中国、西方国家 Ⅳ.①G04

中国版本图书馆 CIP 数据核字(2015)第 205038 号

书　　　名	自由与传统
著作责任者	刘　东　著
责任编辑	田　炜
标准书号	ISBN 978-7-301-26245-0
出版发行	北京大学出版社
地　　　址	北京市海淀区成府路 205 号　100871
网　　　址	http://www.pup.cn　新浪微博:@北京大学出版社
电子信箱	pkuwsz@126.com
电　　　话	邮购部 62752015　发行部 62750672　编辑部 62750577
印　刷　者	北京中科印刷有限公司
经　销　者	新华书店
	880 毫米×1230 毫米　A5　15.125 印张　351 千字
	2015 年 9 月第 1 版　2015 年 9 月第 1 次印刷
定　　　价	56.00 元

未经许可,不得以任何方式复制或抄袭本书之部分或全部内容。
版权所有,侵权必究
举报电话:010-62752024　电子信箱:fd@pup.pku.edu.cn
图书如有印装质量问题,请与出版部联系,电话:010-62756370

目 录

"清华国学丛书"总序 …………………………………… 1
序　言 …………………………………………………… 1

一　比较
国学如何走向开放与自由 ……………………………… 3
自由与传统的会通 ……………………………………… 26
价值传统的积极面 ……………………………………… 63

二　西学
什么是"阅读经验"？ …………………………………… 69
伯林：跨文化的狐狸 …………………………………… 82
发明传统：伪造还是再造？ …………………………… 131

三　编译
理论的祛魅与登堂 ……………………………………… 169
总体攻读与对话意识 …………………………………… 182
理解的热情，或翻译与文化势能 ……………………… 190

四　国学
发散又聚敛地重读孔子 ………………………………… 197

对于往事的中国记述 …… 208
关于陈寅恪的思考提纲 …… 224

五 汉学

"汉学"语词的若干界面 …… 243
跨文化阅读的汉学资源 …… 281
国学、汉学与中国学 …… 284

六 日本

把东亚还给东亚历史 …… 305
封闭的开放 …… 323
日本的"小大之辨" …… 340

七 文学

伟大背后的伟大 …… 357
另一种爱情 …… 371
那就爱这个"错"吧 …… 397

八 当代

沿着八十年代的心力所向 …… 415
寻求"中国文化的现代形态" …… 443
仁心一刻也不能断根 …… 456

代后记：为国家社稷而贪功 …… 465

"清华国学丛书"总序

在现代中国,"国学研究"就其内容而言即国人对于中国文化之研究。中国文化有几千年连续发展的历史,中国文化的体系博大精深。经过百年来与外来文明的融汇,中国文化不断实现着新的发展与更新。在中国现代化进程不断发展、全球化浪潮冲击世界的今天,更全面、更深入地认识中华文明及其历史发展,发扬优秀的中国传统文化,已经成为新时代的重要使命。清华大学国学研究院的恢复建立,就是要为中华文明的伟大复兴,为中国文化走向世界,为中国学术的卓越发展,为重振清华大学中国文化研究的雄风而尽其努力。

在清华的历史上,1925 年曾成立清华研究院国学门,当时亦通称清华国学研究院,后因各种原因,在 1929 年停办。在短短的四年当中,毕业学生近七十名,其中后来成为我国人文学界著名学者的近五十人。清华国学研究院指导学生的教授王国维、梁启超、陈寅恪、赵元任四位先生,后被称为四大导师,清华国学研究院的研究在当时代表了我国国学研究的最高水平,其教育人才的成就也成为我国近代教育史的一段佳话。

关于老清华国学研究院的宗旨和精神,吴宓在《清华开办研究院之宗旨及经过》中明确地指出:"惟兹所谓国学者,乃指中国学术文化之全体而言。而研究之道,尤注重正确精密之方法,并取材于欧美学者研究东方语言及中国文化之成绩,此又本校研究院之异于国内之研究国学者也。"近代以来,"国学"概念的使用有不同的用法,吴宓的提法代表了当时多数学者的用法。后来清华国学研究院的教研实践也显示出,清华国学研究院对"国学"和国学研究的理解,始终是把国学作为一种学术、教育的概念,明确国学研究的对象即中国传统学术文化,以国学研究作为一种学术研究的体系。在研究方法上,则特别注重吸取当时世界上欧美等国研究中国文化的成果和方法。这表明,老清华国学研究院以研究中国传统文化为本色,但从一开始就不是守旧的,而是追求创新和卓越的,清华国学研究院的学术追求指向的不是限于传统的学术形态与方法,而是通向新的、近代的、世界性的学术发展。

所以,这种求新的世界眼光,是清华国学研究院得以取得如此成就和如此影响的根本原因之一。事实上,在20世纪20年代,在大学里成立国学研究的院所,清华并不是第一家,前有北京大学研究所国学门(1922)、东南大学国学院(1924),后有厦门大学国学研究院(1926)、燕京大学国学研究所(1928),尤其是北京大学国学研究所成立早,人员多,在当时影响广泛,但最终还是清华国学研究院后来居上,声望和成就超出于其他国学院所,成为现代中国学术史的标志。究其原因,除了王国维等人本身是当时我国国学研究冠绝一世的大师外,主要有二:一是清华国学研究院以中西文化融合的文化观作为基础,在中国文化的研究方面,沉潜坚定,不受激进主义的文化观念所影响;二是把国人的国学研究和世界汉学、东方学的研究连成一体,以追求创新和卓越的精神,置身在世界性的中国文化研究前沿,具有世界的学术眼光。

老清华国学研究院是不可复制的,但它的精神和宗旨在今天仍然有其不可磨灭的价值。今天的清华大学国学院,依然承续老清华国学研究院对国学概念的理解和使用,我们也将以"中国主体、世界眼光"为宗旨传承老清华国学研究院的学术精神。"国学研究"是中国学者对自己的历史文化的研究,必须突出中国文化的主体性;但这种文化主体性的挺立,不是闭关自守、自说自话,而是在世界文化和世界性的中国文化研究中确立起自己的地位。

清华大学国学研究院力图秉承老清华研究院国学门的精神,接续20世纪三四十年代清华人文研究的传统,参与新时期以来清华文科的恢复振兴,力求把"清华国学研究院"办成具有世界影响的中国文化研究中心,为中国文化研究提供一个一流的国际化的平台。研究院将依托清华大学现有人文学的多学科条件,关注世界范围内中国研究的进展,内外沟通、交叉并进,既关注传统学术的总体与特色,又着重围绕中国哲学、中国史学、中国美学与文学、世界汉学进行多维度的深入研究,以高端成果、高端讲座、高端刊物、高端丛书为特色,为发展国际化的中国文化研究做出贡献。

"清华国学丛书"是清华大学国学研究院主办的几种高端丛书之一,丛书主要收入本院教授、访问学人的研究成果,及本院策划立项的研究项目成果。这些成果在完成之后,经过遴选而收入本丛书,由北京大学出版社出版。

清华大学国学研究院
2011年1月

序　言

　　任何一次写作,都意味着充满快意的探险,而任何一次交稿,也都意味着战战兢兢的考试。——在这个意义上,如果自己行将杀青、几乎要同时交出的《跨越与回归》一书,是在考验自己研究的深度,那么,这本结集而成的《自由与传统》,则是在考验自己思虑的广度。

　　只要打开本书目录就可以发现,这可不是一般意义上的文集。——由于最近的写作比较密集,所以这里排出的全部八个纲目,包括"比较""西学""编译""国学""汉学""日本""文学"和"当代",就像心电图的截面一样,摊开了自己晚近思想的主要视域。——所以说,尽管这还不是全部的关注点,但至少这些纲目还能够标明,自己确实还是在严守着古训,而"声声入耳"和"事事关心"的。

　　不过,由此也就带来了相应的风险。比如,尽管已经在尽量地进行编排,甚至在每个纲目之下,都只严格限定了三篇文章,可它们也许仍然会显得零散,而不会像一本"专著"那么集中。——至少也可以这么说,当今学术界的同侪们,都会显得更加职业化,既不惯于自己去这样遍览,也不惯于这样去阅读别人。

　　只是这却也无法可想。本来么,如果从阅读的心理而言,原就应该是无所不读的,而且越是新鲜和未知的,也就会有越多的兴味。所以就不妨实话实说,这里还并不是自己的全部思绪,甚至,还没包括自己这段时间下力最多的美学、艺术社会学,以及比较哲学、中国现代思想史等等。——在那些方面的相关研究,我也会很快就交付出版的,比如除了前边提到的《跨越与回归》,还有已经成型的《天边有一块乌云:儒学、杨朱与存在主义》,和接近成型的《从文化看美学:纯粹感性批判》等。

也许遗憾的是,只要是按年来结集的书册,总是无法做到过于集中,因为它们不是沿着纵向,去展示思想所发出的枝蔓,而是转而沿着横向,来展示生命所扩张的年轮。——对于这种特定的图书特点,我在《理论与心智》的新版后记中,已经指出过一次了:"这看上去,或会显得有些'零散'。不过,我却要为此辩解几句。实际上,如果转念来看,又正因为你对'国事、家事、天下事',事事都忍不住要关切与操心,你的心智才能稍微表现得完整一些。"

更严重的是,像这个样子去"遇书无所不读",还更会遭遇到额外的风险。无论如何,思想是一项相当艰苦的事业,所以所谓的"广博"本身,也并不是那么的"好玩",反而更难帮自己藏起拙来,也更容易暴露自己的头脑还在什么转折处并没有打通,以致它的这个和那个"沟回",还在相互抵牾而不能自洽,——就像一个刚刚和起来的面团,乍看上去倒像整整一大块,然而其中还有些细小的部分,夹杂着没有浸湿与和匀的干面,所以等到读者下咽的时候,也还会显得有点疙疙瘩瘩。

正因为这样,尽管在一个方面,自己最近确实是写得较快,然而我并不喜欢类似"厚积薄发"那样的形容;毋宁说,沿着以往开出的很多思路,自己是很自然地走到了这里,并形成了现在的写作节奏。此外,在另一个方面,对于以往发出的议论,一旦眼下真正想定了,我也会对它明确地有所修正,而不会随意就糊弄过去,——比如在《另一种爱情》一文中,对于以往那篇《爱情的圣经》,自己就已明确地有所损益。

毫无疑问,即使诚心诚意地这么做,这些思考到了读者乃至后人那里,还是会被挑拣出很多错误。不过,为了负起最起码的责任,自己毕竟还是要稳步地推进,即使这在别人看来不过是"走火入魔";同时,自己也还是要竭诚地改进,即使这在别人看来是"误入歧途"。

无论如何,不断去回顾自己以往的思路,并拣出其中某些片段,来细细地反刍与回味,这至少可以算是向世界来证明,自己总是在"昨日之我"的基础上,再来张扬这个"今日之我"。所以,我的这个"自我"毕竟还是开敞着的,我的这个生命也总还是活泼延续着的。

刘　东

2015 年 2 月 8 日于三亚湾·双台阁

一　比较

国学如何走向开放与自由

自由与传统的会通

价值传统的积极面

国学如何走向开放与自由

一

我们都知道,孔子曾经对着"德之不修"和"学之不讲"的状况,表达出特别深切的忧虑。如果再参照他那个年代"礼崩乐坏"的现实,我们就不难由此体会出,对于学术话语的"讲说"或"讲谈",至少从孔子的角度来看,对于文化传统的传习与发展来说,具有相当关键乃至不可或缺的作用。——这是因为,一旦这样的"讲说"或"讲谈"被冷落了下来,载有文化精义的经典就要被束之高阁了,而文化的内在运脉也便要渐渐式微了。

正因此,对于学术话语的这种持续"讲说"或"讲谈",便应被视作支撑起一种文化传统的、须臾不可稍离的深层推力。更不要说,这种来自主体内倾的文化动力,对于由孔子所开出的这个文化类型而言,又具有远较其他文化更为重要的意义。这是因为,此种文化的特点恰在于"无宗教而有道德";也就是说,它决定性地舍弃了在它看来并不可靠的、至少也是属于未知的外在神学支点,转而去向更有把握体会到的、来自主体的仁爱之心去寻求支撑。——正是在这个意义上,我才曾这样来总结此种文化模式的独特贡献:"善于自我救度的、充满主动精神的人类,实则只需要一套教化伦理、提升人格的学术话语,去激发和修养社会成员的善良天性,就完全可能保证日常生活的道德判断,从而不仅维系住整个社会的纲常,而且保障人们去乐享自己的天年!"①

我们知道,到了两千多年以后,为了维持这种话语本身的生机,以保持"苟日新,日日新,又日新"的状态,现代学者冯友兰又在他的《新理学》一书中,把儒家后学对于它的"讲说"或"讲谈"活动,区分成了"照着讲"和"接着讲"两种。而沿着他的这种思路和句式,我跟着又把从"照着讲"到"接着讲"的关系,发展到了再从"接着讲"到"对着讲"的关系。——回顾起来,我当时正在北大比较所工作,也就是说,当时我正集中关注着文明边界上的问题。所以,按照自己当时的心念,如果能把上述两组辩证关系再串联起来,那么,借助于这三种接续产生的、针对全部既有人类智慧种子的,既严肃又灵动的讲说态度,就有可能牵出一条足以把我们引领出"诸神之争"的红线。

正是为了克服片面囿于某一传统的"接着讲",我们就必须把它进一步解放为"对着讲"!事实上,每天都摞向我们案头的西方学术译著,和林立于我们四壁书架上的中国古代典籍,已经非常鲜明和直观地提示着我们,如今不管谁想要"接着讲",也至少要承袭着两种精神传统去开讲,——而且是两种经常在相互解构和解毒的传统!由此很自然地,如果我们自信还并非只是在以西方传统或中国传统为业,而是在以思想本身为自己的事业,那么两种传统之间的"对着讲",就无疑是一种更合理也

---

① 刘东:《意识重叠处,即是智慧生长处》,《思想的浮冰》,上海:上海人民出版社,2014年,第62—63页。

更宽容的学术选择。①

在那以后,我虽然又调到了清华国学院,工作的重心也随之有所调整,可自己在这方面的持续关注,却没有发生过丝毫的转移或变迁。毋宁说,我倒是发现了这种种从"照着讲"到"接着讲"再到"对着讲"的、越来越丰富和细腻的讲说方式,对于如何开展国学本身"讲说"或"讲谈",也同样具有重要的方法论意义。——而为了能充分展开这种想法,我又需要在开头的这一节里,先来讲清在这三种"讲说"方式之间,究竟是如何渐次升华和不可分割的。

首先应当看到,学者们所以会一再地提出和细化这类区分,而先从"照着讲"走到了"接着讲",又从"接着讲"走到了"对着讲",当然是因为大家都在具体"讲说"的过程中,不断意识到列在后面的那种"讲说"方式的必要性。——比如说,即使只打算去"照着讲",实际也不会只是在老实巴交地照本宣科,而必须充分调动起阐释者的积极性,否则就什么想象力都发挥不出来,什么新意和创见都"讲说"不出来,从而也就势必要被后人所忽略或淘汰了。正因为这样,正像伽达默尔早已向我们展示过的那样,在作为一种有机过程的"讲说"活动中,真正称得上卓有成效的"照着讲",就只能是充满参与精神的"接着讲",哪怕有人挑明了要严格地采用汉学(汉代之学)的方法。

进而言之,由于文化之间越来越密切的交流,已使得任何统绪都无法单独自闭,又使得任何想要在哪条单线内进行的"接着讲",都会不自觉和程度不一地变成了"对着讲"。——比如,如果只看其表

---

① 刘东:《从接着讲到对着讲》,《道术与天下》,北京:北京大学出版社,2011年,第239页。

面的宣示,唐代韩愈口中的"道统"曾是何等地森严和排他,所谓"斯吾所谓道也,非向所谓老与佛之道也。尧以是传之舜,舜以是传之禹,禹以是传之汤,汤以是传之文、武、周公,文、武、周公传之孔子,孔子传之孟轲"①。可在实际的文化操作中,等到这个"道统"在后世真被继承下来,获得了被称作宋代"道学"的精神后裔,却不仅没对佛老进行"人其人,火其书,庐其居"②,反而被后者打上了不可磨灭的烙印。

难道不是这样吗?如果没有印度文化的传入与接受,立论重心原在仁爱之心的儒家,顶多也只会以康德式的"主观的合目的性",去虚拟地提出《易传》中的天地解释,以充当自家学说内核的、拉卡托斯意义上的"保护性假说"。而宋明理学的那些基本命题和图式,什么"格物/致知",什么"主敬/主静",什么"天理/人欲",什么"道心/人心",什么"天地之性/气质之性",就不会照后来的样子被诱发出来。——尽管话说回来,又必须是沿着儒家学术的基本理路,和不失这种人生解决方案的基本特色,这类的诱发才会显出积极的效果;正因为这样,在先秦时代曾经看似平分秋色的"儒分为八",也就不可能获得同样的思想史地位。

既然说到了这里,就不妨再跟着补充说明一句,人们以往在这方面,似乎未能以同等的注意力看到,理学家之所以能顺利汲取当时的"西学"(西域之学),则又是因为早在他们的时代之前,中原文化便已针对着外来的佛学话语,而长期采取了"对着讲"的文化策略,从而既逐渐化解了其外在性,又悄悄把它转化为可以优势互补的思想

---

① 韩愈:《原道》。
② 同上。

材料。而这也就意味着,不光是在理学家那里,实则早从佛学刚刚传入开始,这种"对着讲"的过程就启始了。——这也就从另一个重要的角度,益发证明了我所提出的"对着讲"的普遍化和有效性。

更不要说,尽管在一方面,正如我以前已经指出过的,"冯先生当年想把'接着讲'跟'照着讲'划分开来,其本意无非是赋予后者以学术合法性,以便名正言顺地对经典进行创造性的发挥。——这样一来,如果他在'贞元六书'中想要代圣人立言,就只需照顾这些言论是否贴合儒学的内在走向,而不必计较是否确有先贤的语录可供征引"①,可在另一方面,这位自觉要来做个"宋学家"的现代学者,实则又在宋明理学的基础上,进一步糅进了西方哲学的要素,于是在这个意义上,他当年借以自况的这种"接着讲",也就属于一种照顾面更广的"对着讲"了,也即又不光是在中印文化之间来"讲说",还更是接续着中、西、印三种文化的统绪,来进行水乳交融的、你中有我的"讲说"。

出于同样的道理,现代中国著名的"新儒学三圣",也即性格既鲜明、贡献亦突出的熊十力、梁漱溟和马一浮,这些学者从一个方面来说,当然也都是"接着"宋明理学来讲的,而且或许正因为此,他们才如此不约而同地,全都突显了自己的佛学渊源,而这自然就已经属于"对着讲"了。可从另一方面来说,他们所共同发出的学术话语,又在同时回应着西学的强烈冲击,而或隐或现地回应着外部世界的挑战,——甚至,即使是在那些看似未涉西学的命题中,如果细绎其立意的初衷亦莫不如此,而这就更要属于自觉的"对着讲"了。

---

① 刘东:《从接着讲到对着讲》,《道术与天下》,第238页。

二

接下来要说的是,上一节文字中的这一番考察,又鉴于晚近以来急转直下的思想情势,而显出了更加要紧的方法论意义。

说实在的,如果我们的国学还像以往那样,既受到了普遍的忽视,又受到了普遍的蔑视,那么,尽管其中的问题仍很要命,却不会照现在的这个样子表现出来。然而,晚近以来的戏剧化变化却是,随着综合国力的戏剧性增长,我们的传统文化,特别是作为其内核的学术文化,也在对于"礼崩乐坏"的再次惊呼中,并且在作为一种西学的后殖民主义的强力助阵下,突然表现出了全面的复振之势。——而由此一来,作为沉重历史的某种惯性表现形式,长期受到文化激进主义熏陶的人们,就难免要生出嘀嘀咕咕的狐疑,误以为这只是在简单地回到过去,和径直地恢复已被抛弃的传统,包括其中所有曾被认作"悖理"的东西。

要是果然这样的话,那么即使我本人也必须坦率地承认,别看国学在表面上又被普遍追捧着,却不啻陷进了另一种危机中;而且这种危机,也并不比国学当年被毁弃时更轻,因为这会使它的研究者太过飘飘然,再也意识不到一味抱残守缺的坏处,想不到再到交互文化的思想场域中去澡雪自己。——不过,还有一种可能是,这类危机更多的只是出自"国学热"的批评者本身,因为只要对照一下前文中的论述,大家也就不难发现,这些人的方法论仍嫌太过陈旧,以致还是把对于学术话语的当代"讲说",只是狭隘地理解为"照着讲",充其量也只是在"接着讲"。

不待言,正像我以往明确指出过的,休说只打算去"照着讲"了,就算只打算去"接着讲",这样的文化诠释活动都显得狭隘,从而,它最终也只能把我们引领到"诸神之争"甚至"文明冲突"的沼泽地中:

> 以往那种仅限于某一脉络内部的"接着讲",在显出相当的开放和灵活的同时,毕竟也还有其狭隘和独断的一面,——因为无论打算接续着何种精神传统来开讲,这样的主讲人都已先入为主地设定了,所有的真理都已穷尽于此一传统的基本取向,而后人与时俱进的诠释工作,哪怕再充满灵感和再富于创意,也不过是把真理从以往的隐性推演到应时的显性罢了。受这类前定预设的无形制约,即使外来文化构成了某种刺激,也只能刺激得固有的文化更加强劲和周到。所以骨子里,在对于文明价值的此种本质主义的理解中,各文明的原教旨根本是老死不相往来的。而由此展现出来的世界图景,也就好比是存在着许多生存竞争的文化物种,它们尽管从未拒绝过相互撕咬和吞食,但这种彼此消化却很难有助于共同的进化,而只能表现为一场撕咬——猫若咬了狗一口就长出一块猫肉,狗若咬了猫一口就长出一块狗肉,直到文化食物链的哪一环被戛然咬断为止。①

然而,无论是当真想要这么做的人,还是亟欲批评这种做法的人,显然都没有能与时俱进地意识到,对于任何文化传统的言说环境,都已发生了根本不可逆转的变化,而且这种变化的最大特点,就是在这样一个全球化的时代,任何学术性的话语言说,都只能发生在交互文化的大环境下。——缘此,正如我以往在论述梁启超时所指出的,他在《欧游心影录》中对于祖国文化的回望,其实并不像汉学

---

① 刘东:《从接着讲到对着讲》,《道术与天下》,第239页。

家列文森所说的那样,只是反映了一种眷恋故土的顽固怀旧情感;恰恰相反,他当时实则已经明确地意识到了,从更为广远的世界性的"大空间"来看,从各方水土中接引出来的各种殊别文化,都注定会使人类意识中的那个叠合部分受益。也正因此,梁启超才会在他这本意识大大超前的著作中,对于自己未来的运思进行了这样的筹划:

> 第一步,要人人存一个尊重爱护本国文化的诚意;第二步,要用那西洋人研究学问的方法去研究他,得他的真相;第三步,把自己的文化综合起来,还拿别人的补助他,叫他起一种化合作用,成一个新文化系统;第四步,把这新系统往外扩充,叫人类全体都得着他好处。[①]

更加"巧合"的是,基于前文中给出的方法反思,尽管我在北大比较所时并没有想到,然而照现在看来,实则在梁启超所筹划的这些运思步骤中,便已然不仅包涵了"照着讲"和"接着讲",还更具包含了"对着讲"。由此可谓心同此理的是,原来在我目前任教的这个清华国学院,从来就有人在心怀远大地憧憬着,靠着这三种循序渐进的"讲说"或"讲谈",或者说,循着自家文化本根的逐步扩张与生长,文明历史的过往进程不仅不会被戛然中断,而且其中各种智慧种子反倒会在交互的合力下,不断地发生碰撞、嫁接和交融和共生,并最终发扬光大为足以为人类共享的精神财富。

无论如何,惟其有了这种延续中的上升,从地球各个角落中生长出来的智慧种子,才有可能同时去向某一个中心聚集,并最终在我们的哪一代后人的宽大头脑中,被决定性地熔铸为真正足以为普世所

---

① 梁启超:《欧游心影录·节录》,载《饮冰室合集·专集之二十三》,北京:中华书局,1989年,第37—38页。

接受的"普适"精神。——不管这种辉煌的未来远景,只照眼下来看是怎样的模糊虚渺,然而也只有等到了那一天,才能最终化解掉"文明冲突"的内在根源,从而最终消除掉正要毁灭整个人类的心魔;而马克斯·韦伯所深刻刻画的令人绝望的"诸神之争",也才能真正转化为整个世界的"诸神之合"。

这当然是谁都愿意接受的前景。——不过,正是为了逐渐地走向这种前景,我在这里却要平衡地再度提醒:一方面理所当然的是,对于任何严肃的思想者来说,无论他最初出生于哪个具体的时空,他由此所属的那个特定思想场域,尽管会向他提供出阿基里斯般的力量,却不应构成他不可克服和摆脱的宿命;恰恰相反,他倒是正要借助于从"照着讲"到"接着讲"再到"对着讲"的学术言说,借助于不断拾级而上的、足以"一览众山小"的文化间性,而不断地攀越文明的高度,并走向思想的合题。

然而,另一方面也需更加注意的是,即使是在这种交互文化的场域中,或者说,恰恰是为了稳健踏实地踏进这种场域,我们又必须不偏不倚地看到,一种入土很深和基础强固的、足以作为充沛泉源的文化本根,对于任何一位具体的历史主体而言,都仍然具有非常关键的、不可或缺的意义。

而这也就反过来意味着,即使是生在这个日益全球化的时代,那种误以为自己可以不凭任何文化本根,便能游走和投机于各个文化场域之间的"国际人",尽管可以自诩为"最超然"或"最先进"的,并且还往往会据此而轻视本国的国学,可在实际上,都不过是最没有力道和最缺乏理据的。——这样的人,除了要频频地返回本国来拾人牙慧之外,也就只能再到国外去进行有意无意地逢迎,以经过刻意掐头去尾的本土案例,去逢迎地验证那些由别人所创造的、似乎"必有一款会适合你"的"先进"理论。而由此一来,即使原本是在别家土壤中生长出来的智慧资源,一旦到了这些国际学术掮客口中,也就只能被变成唇齿之间的无根游谈了。

这些人彻底忘记了,那些被他们舞来弄去的"最先进"的理论,其本身也有一个生存和生长的特定语境,从而也必须如剑桥学派的"历史语境主义"所示,要自然而然地从本土的文化土壤中产生出来。——正是在这样的意义上,一种居然不属于任何具体文化的理论,从根本上来说就是不存在的,正如一个居然不属于任何特定社群的个人,从根本上来说也是不存在的。

这些人也彻底忘记了,任何一位具体的历史主体,只有基于他本身的文化语言,也只有基于他自己亲切的生活经验,才有可能对一个无所不包的文化语境,获得真正周全、鲜活而微妙的把握。而一旦丧失了这种全面的、涵泳其间的把握,那么,单靠对于某种外文材料的生吞活剥,他本人对于某种外缘文化的理解,也就只能是干巴巴的和教条式的。——正是在这样的意义上,我们就绝不可忽视埃德蒙·柏克特别强调的那种"根植于一地"的人类情感,相反倒应把它视作由此而去拓宽心胸的、必不可少的精神出发点。

这些人更是彻底忘记了,如果他们可以用如此轻慢的态度,来对待自己故国历史中的古人,那么,他们自己的后人也就有了同样的理由,来以同样的态度对待曾经活在当下的自己,从而使得自己也同样变得什么都不是,并且终究把人类的历史糟蹋成一系列不相连的断点,变成永远在向外发散、而决不会集聚起来的一片空虚。——回顾起来,也正是在这样的意义上,以赛亚·伯林才令人印象深刻地讲述过:那位自以为已经充分"国际化"的、不再以犹太人自居的奥托·卡恩,曾经朝着纽约街头上的犹太教堂悔不当初地说:"我以前也曾在那里做过礼拜";而既身为犹太人、又身为残疾人的著名发明家施泰因梅茨,则语气坚定地、毫无愧色地向他回敬:"而我以前却是个驼背!"

还是在这样的意义上,我才在解说儒家有关"格物、致知、正心、诚意、修身、齐家、治国、平天下"的"八条目"时,指出了文化本根与人格成长之间的正比关系——"它不光是首尾相顾地指示了修身的目标,还又通过把人格境界的高度与个人认同的广度依次相连,而脚踏实地地规定了人格成长的确定意涵,以及推动这种成长的来自主体之间的道义力量。如果说,近代那种把全体同胞都视作黑暗势力的个人主义或唯我主义理念,其本身就是一种执迷的幻觉,那么,儒学所传播的却是另一种暗示:在这里,心理空间和社会空间、内部世界和外部世界、为己之学和利他主义均已合而为一;从而,越是敞开心胸去拥抱更加广阔的天地,越是跟此身所属的社群息息相通,自我的主体性反而会越发强韧,个体的生命境界也就会呈现出一种同步的增长。"①

说到这里,也就有必要再来回味一下。——前面在"照着讲""接着讲"和"对着讲"之间所做出的那些区分,毕竟都只是相对而言的,也就是说,它们毕竟都属于对于学术话语的同一个"讲说"过程,而且也只是在这类"讲说"的自我递进中,才逐渐从其内部分化和升华出来。正因为这样,如果前文更多的是从解释学的角度,来阐明这种学术言说"发散"的一面,那么到了本节的结尾之处,则需要再从古典学的基本预设,来强调这种学术言说"聚敛"的一面。无论如何,惟其有了这种基于经典文本的、不可随心所欲的向心力,后人对

---

① 刘东:《个人认同与人格境界》,《道术与天下》,第148页。

于学术话语的"讲说",才不会成为随风飘走的、断了线的风筝,而文化的统绪才有可能成为有机发展的线索。在这个意义上,正如我以前就已指出的那样,这三种层层递进、不断开敞的"讲说"态度,又表现为从来都不能彼此分离的:"正像'接着讲'的态度从未把'照着讲'简单撇弃一样,'对着讲'的态度也不会把'接着讲'简单撇弃,因为连'照着讲'都不会的人当然就谈不上'接着讲',而连'接着讲'都不会的人也同样谈不上'对着讲'。"①既然如此,我们也就只有在一种小心翼翼的平衡中,才能确保既不会故步自封,也不致丧失自我。

三

我们沿着上述理路又不难推知,这条从"照着讲"到"接着讲"再到"对着讲"的阐释线索,决不会仅限于对于中国文化传统的"讲说"或"讲谈"。从理论上讲,它肯定是具有更加广泛而普遍的适用范围。——正因为这样,当我把以赛亚·伯林的思想过程,描述为下面这种开拓与延展时,我事实上也同样是在指,他是沿着从"照着讲"到"接着讲"再到"对着讲"的言说过程,而循序渐进地发展到了后来的立场:

> 跟那些把自由主义说成"规则之母"的意见相反,我个人反而倾向于认为,伯林思想进路的主要里程碑,反倒应当沿着这样的理路:跨文化→人类学→不可通约的多样性→选择的优先性→自由主义的宽容原则。说得更明确些,我个人反而倾向于认

---

① 刘东:《从接着讲到对着讲》,《道术与天下》,第238—239页。

为,如果就其潜在的心理关联而言,所谓自由主义或政治自由主义——即使是部分的或不系统的自由主义——其实并不是伯林思想的起始之处,反而只是其意识的最终落脚之点。①

我当然知道,按照时下某种过于自信的观念,一旦说到了伯林的这个"最终落脚之点",那么,正因为他曾经写过那本著名的《自由论》,也就差不多等于是在走向"普世性"了。可我自己却不这么认为,因为在我看来,与其用哪个既成的现代政治哲学概念,无论它是否符合一时的潮流或时尚,来判定某种观念是否具有"普世性",从而免不了要暗中裹挟文化的偏见,还不如另创一套更加中性的术语,以此来涵盖交互文化的实际过程,以便更为客观地审视各个文明的价值理念,是否都可以通过这样的交流性言说,从而在一种水涨船高的铺垫中,逐渐走向真能被公共认同的"普适性"。

出于这种考虑,我在这里要接着尝试提出的术语,就是一组可以称作"大空间"和"小空间"的概念。——而这也就意味着,在一方面,鉴于露丝·本尼迪克特和米利福德·格尔兹所提出的文化相对性,我们至少应当在进行文化对比时,慎用类似"普世性"这样的概念,可在另一方面,这种"退一步"而言的文化相对性,又不应当把我们拖入难以自拔的相对主义,因为我们总还可以在相对而言的意义上,借助于像"大空间"和"小空间"这样的概念,来历史性地描述不同文化因其内在的特性,而在传播方面所展示出的优势或劣势,乃至在传播范围上所实际达到的广远或褊狭、普遍或逼仄。

早在二十年前,我就曾在退而认同"文化相对主义"的同时,又

---

① 刘东:《伯林:跨文化的狐狸》,载刘东、徐向东主编:《伯林与当代中国:自由与多元之间》,南京:译林出版社,2014年,第150页。

同时在上述的意义上,进而指出了这种立场的巨大缺陷,——而从现在的角度来回顾,我当时要转而予以捍卫的,也正是同样属于自己的文化"大空间":

> 扪心自省:尽管百余年来的中国现代史中的确充满了冲突与对抗——甚至可以说恰恰是由于有了这些冲突与对抗——我们中间究竟又有哪一位的人格不是被杂糅难分的多元文化因素滋养起来的?正因为这样,如果有人想要剥夺我们阅读康德、莎士比亚、威尔第和米开朗基罗的权利,那已经会跟想要抢走我们的苏东坡、王阳明、王羲之和吴道子一样令人痛惜;而再进一步说,如果有谁想要把我们对外来文化的醉心贬斥为"文化侵略"下的"亡国奴"心态,正好像有人曾经疑心柴可夫斯基、德沃夏克和格里格全都是莫扎特和贝多芬手下的"第五纵队"一样(我确曾读到过这种可笑的论调),那我们真可以把他看作是不折不扣的"迫害狂"患者了!①

那么,既然从这些人笔下流出的音乐已经传遍了全球,而且已经被形容为最"没有国界"的,为什么还不能把广受钟爱的莫扎特和贝多芬,索性就称为具有"普世性"的作曲家呢?——事实上,正是在这类以往特别容易滑过的地方,才显出了我这种"大空间"和"小空间"的理论,具有它特别谨慎和弹性的优点,因为惟其如此,我们才不致在所谓"普世"—"殊别"的简单二分法下,要么就把某种文化因子率然判定为彻底"普世性"的,要么就把某种文化因子粗暴判定为单纯"地方性"的。

---

① 刘东:《文化观的钟摆》,《近思与远虑》,杭州:浙江大学出版社,2014年,第20页。

比如，有了由此所带来的一分谨慎和弹性，即使对这两位如今已经广被接受的西方音乐家，也不必过于急躁地将他们全然归入"普世性"的范畴，而可以再对他们作品的内容进行小心的细分，看看其中究竟哪些有资格进入公共的"大空间"，而哪些则只属于他们自己的独特"小空间"。——这样一来，就算我们内心中再喜欢莫扎特，或者再钟爱贝多芬，也仍然足以清醒而警觉地意识到，这种对于音乐的爱好实则是先行经过了自家诠释的，并且只有这样才能在内容的"过滤"之后，而被顺利地接纳到公共性的"大空间"中。也正因为这样，我们至少也就不必在跟从着他们的音乐，并且沿着其歌词的内容去无穷下探，一直下探到他们各自的"小空间"去。

比如，就以本人生平最爱的贝多芬为例，我们一方面当然应当意识到，即使以往只被抽象理解的《第九交响乐》，仍有暗中的文化之根和宗教之根，而不能对它用人声所推向的乐曲高潮，只认定是利用了某种"高级的乐器"。但我们另一方面也应注意到，尽管这两者几乎就是前后脚完成的，而且"贝九"肯定是挪用了《庄严弥撒》中的人声要素，但由于其宗教意味的浓淡不同，毕竟只有前者才是属于"大空间"的，而后者则只能是属于"小空间"的。——换句话说，在非西方的或非基督教的世界中，人们也许可以接受贝多芬的《第九交响乐》，却未必可以领教他的《庄严弥撒》，因为至少在前者那里，特定宗教的意涵并不是以一种劝世口吻而道出的，而是以一种稀释的和人间的形式而表现的；甚至，人们即使在接受"贝九"的时候，也未必就是全盘接受了它的"文化之根"，而只是接受了它能跟自己的文化意识相互重叠的那个部分。

正是在这样的意义上，我最近才在一篇讨论西学的文章中指出：

在交互文化的全球化进程中，必须要分清哪些东西属于

"文化之根"和哪些东西属于"文化之果",从而知道哪些东西只能属于"小空间",而哪些东西则可以属于"大空间"。也就是说,由于任何特定的具体文明,都在它的特定起源之处,有其独特而隐秘的、人类学意义上的根源,所以,在这个全球化的时代,真正能够提供给跨文化交流的,便只是从那些根底处长出来的、作为"文化之果"的东西。反之,对于那些隐秘而独特的"文化之根",凡是居于特定文明之外的人们,充其量也只能去同情地了解,力争能够既"知其然",也"知其所以然",而绝不能亦步亦趋地再去学习。[①]

应当说明,这种方法并不是在针对哪种特定文化的,而毋宁说,它的原则乃是"四海皆准"的或"普世性"的。正如我在前述那篇文章中所指出的,有了"大空间"对于"小空间"内容的"过滤",即使已经清楚地认识到了,在印度佛教哲理的背后,也还有作为隐秘身体态度的瑜伽修行,或者在希腊悲剧文化的背后,也还有作为民间孑遗形式的献祭节礼,正如在中国岐黄医道的背后,也还有作为身体想象的吐纳导引之术,我们在当下这种全球化的"大空间"中,也只能理性地收纳佛教哲理、悲剧文化和岐黄医道,让它们到未来的世界性文化中,去构成具有普适意义的文化因子。——而如果缺乏这种方法上的这种谨慎,一旦认识到了曾经发生在某个特定"小空间"中的、曾经展现于某个特定历史阶段中的因果关系,就急于要沿着这种关系溯源回去,甚至恨不得让自己从文化上"脱胎换骨",那么,这样一种过了时的、不无可笑之处的"返祖"心理,就仅仅意味着在一步步地误入歧途了。

[①] 刘东:《总体攻读与对话意识》,见本书第185—186页。

惟其如此,我们才能基于"大空间"和"小空间"的区分,再进一步去厘清什么只是"文化之根",什么才是"文化之果"。这也就意味着,对于居于某个独特"小空间"之外的人们来说,那些具体的"文化之根"当然也是重要的,正如中国本土的"国学"对于我们自己一样;然而,它们这种独特的重要性,却毋宁表现在各自的"小空间"中,而不在这个同属于全人类的"大空间"中。——正是这一个个既不可置换又不可替代的"小空间",一方面,需要在自身共同体的"必要的张力"中,维持住自己固有的生活世界,看护好既有文明的路径依赖;而另一方面,也要为彼此共享的、多元一体的"大空间",提供出源源不断的、借以持续对话的精神动力;更不用说,在它们之间所发生的摩擦、冲撞和协商,还要为世界文化的进一步发展,提供出作为互动与互渗之结果的未来方向。

然则,沿着这样的逻辑又不难想到,真正需要我们去完成的文化使命,就显然不是钻进别人的"小空间"去,而是要守护住自己的"小空间",和照看好自己的"文化之根",再把它由此生长出的"文化之果",顺利地带到全球化时代的"大空间"去,使之构成世界性文化的普适因子之一。换句话说,我们当然不是不需要去同情地了解,居于世界其他"小空间"的人们,究竟是沿着什么线索思考到了这里,但我们却决不可以泥于还原主义的死板逻辑,并且沿着历史决定论的不可靠线索,打算回到别人未曾祛除巫魅的那个"原教旨"去。否则,一旦把倒车开到了别人的"小空间"里,那也就等于是掉进了思想的陷阱里,——那里对我们乃是深不见底和漆黑一团的,是属于神秘主义和特殊主义的,是对于各大文明都无法通约的。

回顾起来,这实则也正是为什么,我在那篇论述伯林的文章中,一方面要力主"文化之根"对他本人的重要性,另一方面又要劝止他的读者们,只去满足于他在思想上提供的"文化之果"——

> 既然这只"跨文化的狐狸"想要平衡地立足于各种观念的叠合之处,那么,他自然就要提防任何"不厌其深"的追问,因为任何这类刨根究底的、不见棺材不掉泪的追问,都自然要乞助于某种罗尔斯意义上的"完备性学说",从而触及隐藏其后的这个或那个文明的幽深之根。正因为这样,渴望生活在各个文明的哪怕是空泛公分母之上的伯林,也就宁肯漂浮在一个虽表浅却平静的外层上,也不愿陷入那个充满岩浆的黑暗地心了。①

四

有意思的是,借助于"照着讲""接着讲"和"对着讲","大空间"和"小空间","文化之根"和"文化之果"这一系列彼此关联、渐次生发出来的概念,以及由它们所共同构成的、既开放而进取又谨慎而弹性的理论立场,我们在文明进程中对于学术话语的"讲说",已经表现为不仅是启发性的、而且是协商性的,不仅是批判性的、而且是自反性的。

这中间的"启发性"意味着,一方面,当我们把对于学术话语的持续言说,通过"对着讲"而拓展到国际的"大空间"之后,它当然会大大开拓我们的心胸与视野,从而以一种崭新的阐释语境与角度,激发出解说经典文本的新型灵感。于是,也正是在诸如此类的"对着讲"中,传统的中国文化虽未曾失去固有的风神,但它却会

---

① 刘东:《伯林:跨文化的狐狸》,载刘东、徐向东主编:《伯林与当代中国:自由与多元之间》,第157页。

在一种世界性的眼光下,被不断地发掘、评估和重组。——也正因为这样,某些以往被压抑或忽视的潜在线索,如今就有可能在"对着讲"的语境下,被重新赋予思想的力量和生机,从而,某些曾经被判为先哲"短板"的外缘观念,如今也有可能在"对着讲"的激发下,而以"正中下怀"或"早该如此"的惊喜口气,被从自身的精神历程中接引出来。

为什么偏偏是坚守儒生气节的陈寅恪,反会奋笔写下堪称"清华校魂"的名言:"来世不可知也,先生之著述,或有时而不彰。先生之学说,或有时而可商。惟此独立之精神,自由之思想,历千万祀,与天壤而同久,共三光而永光"?又为什么偏偏是被称为"一代儒宗"的马一浮,反而会在反驳章学诚的考据时,沿着儒家的思路发挥出这样的思想:"今人言思想自由,犹为合理。秦法'以古非今者族',乃是极端遏制自由思想,极为无道,亦是至愚。经济可以统制,思想云何由汝统制?曾谓三王之治世而有统制思想之事邪?惟《庄子·天下篇》则云:'古之道术有在于是者,(某某)〔墨翟、禽滑厘〕闻其风而说之。'乃是思想自由自然之果"?①

其实,也正是沿着这样的思想逻辑,人们当年才可能又从梁启超的笔下,读到类似下面这样的激辩文字:

夫天地大矣,学界广矣,谁亦能限公等之所至,而公等果行为者?无他,暖暖姝姝,守一先生之言,其有稍在此范围外者,非

---

① 刘东:《再造传统:带着警觉加入全球》,上海:上海人民出版社,2014年,第209—210页。

惟不敢言之,抑亦不敢思之,此二千年来保教党所成就之结果也。曾是孔子而乃如是乎?孔子作《春秋》,进退三代,是正百王,乃至非常异义可怪之论,阐溢于编中。孔子之所以为孔子,正以其思想之自由也。而自命为孔子徒者,乃反其精神而用之,此岂孔子之罪也?呜呼,居今日诸学日新、思潮横溢之时代,而犹以保教为尊孔子,斯亦不可以已乎!①

但另一方面,这种文化言说"协商性"又意味着,即使已经坚定地步入了国际的语境,我们的学术言说也仍能保持它的谨慎,并且就在持续"对着讲"的研讨氛围中,即使对于已然涌入了"大空间"的文化观念,也仍能保持着自己的独立思考,乃至保持着要求重申和剔除的权力。无论如何,既然迄今为止的全球化进程,仍在很大程度表现为"西方化"的进程,那么,对于这种"单极化"的不无偏颇的全球化,我们就有权利去进行反思、改造和重塑。——事实上,也是惟其如此,这种在"大空间"中对于叠合意识的寻求,才能够具有足够的弹性和活力,才容纳下所有人类部落的持续对话,也才能向今后的历史保持敞开。

摆在我们面前的"全球化",毋宁是一种相反相成的运动。——在无可回避的外来文化冲击下,我们只能是虽然并非全然被动地,却又是心怀警觉地,既是要去加入、又是要去抵抗,既在从本土中抽离、又在朝向它再嵌入,既是在领受其裨益、又是在疏离其损害,既接受了它的标准化、又启动了传统的再发明,既去拥抱着普世化、又去向往着在地化,既在进行着向心运

---

① 梁启超:《保教非所以尊孔论》,载《饮冰室合集·文集之九》,北京:中华书局,1989年,第55—56页。

动、又在发展着离心趋势,既去享受均质化的好处、又去欣赏个性化的特色,既看到了历史的断裂、又努力要让文明延续,既在跨越有限的国界、又要回归文化的本根……宽广而全面地看,正是这种带有杂音的双向发展,才较为理想和包容地,构成了所谓"全球化"的全部特征。①

回顾起来,也正是因为这样,至少在我本人的解释中,以赛亚·伯林才既不是专主"自由"观念,也不是专主"多元"观念,而毋宁是把自己的立足重心,安顿在"自由与多元"之间的张力上。而且进一步说,在渊博而灵动的思想家伯林那里,作为一只"跨文化的狐狸",他是既在向"多元"去寻求"自由"的文化支撑,也转而在以"自由"去划定"多元"的底线。——这样一来,居于思想两极之间的弹性张力,便使得彼此都能给对方带来自身规定性,也使得彼此都要接受对方的规定性,从而才能在不断的消长、辩难和协商中,逐渐地走向一种保持紧张度的融合。

看来,我们国学的前途也正是如此,而且,我们也没有理由不让它如此。我从来都不像我老师那样,哪怕是用半开玩笑的口气,去自叹一句"百无一用是书生"。相反,在我看来,正是在我们这一代学者身上,担负着如何"讲说"国学的重大使命。严重的双重危机表现在,我们当然也有可能,还是只打算去"照着讲"和"接着讲",从而也就继续把它局限在这个"小空间"中,从而使它自然而然地萎缩下去,越来越失去它在"轴心时代"的巨大权重;但另一方面,究竟怎样在"对着讲"的持续进程中,既把它顺利地接引到国际的"大空间"中,又能同时发挥出它的"批判性"和"自反性",从而既不让它显得

---

① 刘东:《再造传统:带着警觉加入全球》,第204页。

消极,又不让它显得固陋,既不让它格格不入,又不让它化为乌有,那同样不是轻而易举之事。

与此相应的是,在自己那篇反思"通识"概念的文章中,我曾对未来"大空间"中的应有通识,给出过基于这种"对着讲"的规定性:

> 长远来看,作为全球共同努力的目标,则需要在持续的文明对话中,经由艰苦而平等的商量与研讨,共同制订出多元一体的、全球化时代的人类通识,那通识必须建立在各民族的国学(包括西学)之上,而保证它们既相互重叠、又各有侧重,——而且,那相互重叠的核心部分,必须具有足够的确定性,以确保人类的和平共处;那各有侧重的部分,又必须具有足够的浓度,以确保每一种宝贵文化的原生态与生命力。①

正是在这种具有"自反性"的"对着讲"中,我们在把自己的国学带入那个"大空间"的同时,也应当头脑清醒地意识到,自己背后的传统无论多么厚重和伟大,都绝不是什么僵硬的、刀枪不入的死物;恰恰相反,它会在我们同世界进行持续对话的同时,不断借助于这种对话的"反作用力",而同整个国际文化展开良性的互动,从而不断地谋求自身的递进,也日益地走向开放与自由。如果宏观地展望,实际上全世界各个民族的"国学",都在百川归海地加入这场"重铸金身"的运动,而我们的传统当然也不能自外于它。——从深层的学理而言,也只有在这样的意义上,这次从民间自然兴起的、正待被充满热情与远见地因势利导的"国学热",才不致沦为一次毫无前途的、简单孤陋的当代复古,或者对于被毁传统的一种单纯情绪性的追

---

① 刘东:《诸神与通识》,《道术与天下》,第508页。

悔懊恼;恰恰相反,正如一棵枯木逢春的大树一样,当我们的文明之树把根须扎向身下土地时,它反而是为了让居于最顶端的树梢,更加挺拔地指向和冲向蔚蓝的天空。

2015 年 1 月 31 日于三亚湾·双台阁

自由与传统的会通

——重读《西南联合大学国文选》

一、黄金的岁月

记得还在北大教书时,我就曾以"西南联大"的经验为例,质疑过当下国际通行的、以种种参数来评定"一流"(excellence)大学的划一标准:"对比一下被公认为中华民族之光的西南联大,我们又不禁要问:那一所如果根据上述标准无疑要敬陪末座的战时大学,究竟是应当本身感到无地自容呢,还是反过来认为,这种形式主义排行榜的设计者自己应该下课?"①而调来清华教书之后,我更是有意无意地,时时要接触到"西南联大"的名字,因为那段既苦辛又辉煌的历程,组成了这两所顶尖大学的共同校史。

的确不错,如果非要拘于衡定"一流"的那类机械指标,诸如"学生类型的划分标准是入学分数(越高越好)、学习过程中每学年的平均分数(越高越好)、非本州学生的数量(多为好)、标准时间期限内毕业率(达到正常标准是好事)。班级的大小和质量是以师生比(应

---

① 刘东:《众声喧哗的大学论说》,《我们的学术生态:被污染与被损害的》,杭州:浙江大学出版社,2012年,第58页。

该低)和终身制教师与兼职或研究生助教(应该高)的比例为标准。对教师队伍的评价是看具有博士学位的数量、获奖者的数量、获得联邦奖金的数量和次数……"①,那么,那所流亡中的大学肯定算不上什么。不过,如果按其学术声望和社会效应,它对中国人民却意味着很多很多;而如果按其教出的人才和传承的学统,它就更加让我们觉得是不可或缺;更不要说,如果按其在当年曾被寄予的厚望和到后世又被赋予的地位,它就简直显得是无与伦比了。

而说到这种被"后世赋予"的地位,我又引述过这样一句惊人之语:"如果我今生曾进过'天堂',那'天堂'只可能是1934—1937年间的清华园。"②——要知道,这可是后来先毕业于哥伦比亚大学、又执教于芝加哥大学、在美国"春风得意"了大半辈子的何柄棣教授,来这样总结自己一生中的"黄金岁月"!直到现在,我都还能历历在目地记得,在何先生最后一次访问清华时,我曾经跟他一道驱车经过校园,而他则动情地凝望着车窗外的一切,不住地为清华园内的种种细微变化叫好……这当然属于一种极具主观色彩的、有点类似儿时"黄金记忆"的那种情感。

由此又联想起,毕业于早期清华国学院的姜亮夫教授,也曾这样来回顾清华园里的治学氛围:"在清华这个环境当中,你要讲不正当的话,找一个人讲肮脏话是不可能的。先生同先生、学生同先生、学生同学生,碰见了都是讲某个杂志上有某篇文章,看过了没有。如都看过两人就讨论起来,如一方没有看过,看过的就说这篇文章有什么好处,建议对方去看。"③有趣的是,我们一方面不难料想,大概任何

---

① 比尔·雷丁斯:《废墟中的大学》,郭军等译,北京:北京大学出版社,2008年,第14页。
② 何柄棣:《读史阅世六十年》,桂林:广西师范大学出版社,2006年,第91页。
③ 转引自谢泳:《过去的教授》,《中国青年报·冰点周刊》第634期,2007年8月1日。

一所尚称"正常"的高等学府,都不可能完全短少这样的氛围,但在另一方面,我们却也不难推知,大概如此"理想"的"无菌病房",更类乎那种对于"黄金岁月"的回想。

由这一点,也便说到了更贴近本文主旨的地方。如果说,早期的清华国学院,和早期的清华学堂或清华大学,都毕竟尚有基本的物质条件,来支撑数十年后的这类"黄金回想",那么,更加耐人寻味的则是,另一位何先生即何兆武教授,竟然对西南联大那段流亡的日子,也进行了性质大致类似的回顾:"我现在也八十多岁了,回想这一生最美好的时候,还是联大那七年,四年本科、三年研究生。当然,那也是物质生活非常艰苦的一段时期,可是幸福不等于物质生活,尤其不等于钱多,那美好又在哪里呢?"①

对于这个问题,何先生接着便自问自答道,能让自己感到幸福的条件应有两个,"一个是你必须觉得个人前途是光明的、美好的",而除此之外,"整个社会的前景,也必须是一天比一天更加美好"。在他看来,只要能秉有这样的心境,便会"虽然物质生活非常之苦,可是觉得非常的幸福"。而此后,他又在另一处把联大的成功之处,归结于母校当年享有的自由气氛:

> 学生的素质当然也重要,联大学生水平的确不错,但更重要的还是学术的气氛。"江山代有人才出",人才永远都有,每个时代、每个国家不会差太多,问题是给不给他以自由发展的条件。我以为,一个所谓好的体制应该是最大限度地允许人的自由。没有求知的自由,没有思想的自由,没有个性的发展,就没有个人的创造力,而个人的独创能力实际上才是真正的第一生

---

① 何兆武:《上学记》,北京:三联书店,2006年,第101页。

产力。如果大家都只会念经、背经,开口都说一样的话,那是不可能出任何成果的。当然,绝对的自由是不可能的,自己想干什么就干什么,那会侵犯到别人,但是在这个范围之内,个人的自由越大越好。①

无论如何,对比一下上面两位何先生,既如此不同、又如此相同的记忆库,我们便不难心领神会地领悟到,一方面,处于流亡与穷困中的西南联大,在条件上当然比不上1934—1937年间的、享有稳定庚款来源的清华大学;然而另一方面,或许反而正因为这样,它更像是某种千载难逢的"奇迹"。——而更加耐人寻味的是,跟何兆武的上述说法不谋而合,至少是在此后的种种回忆中,这番"奇迹"曾被来自各科的联大学生,不约而同地归因于当年的"自由"。

院士邹承鲁是西南联大的学生,对生物化学非常有贡献,上世纪六十年代轰动一时的胰岛素就是他们搞成功的。我看过一篇记者的访谈,记者问:"为什么当时条件非常差,西南联大也不大,却培养出了那么多的人才?"他的回答非常简单,就是两个字:自由。我深有同感。那几年生活最美好的就是自由,无论干什么都凭自己的兴趣,看什么、听什么、怎么想,都没有人干涉,更没有思想教育。我们那时候什么样立场的同学都有,不过私人之间是很随便的,没有太大的思想上或者政治上的隔膜。②

王浩说:"教师之间,学生之间,师生之间,不论年资和地位,可以说谁也不怕谁。当然因为每个人品格和常识不等,相互间会有些不快,但大体上开诚布公多于阴谋诡计,做人和做学问

---

① 何兆武:《上学记》,第98页。
② 同上书,第96页。

的风气是好的。例如在课堂上,有些学生直言指出教师的错误,而教师因此对这些学生更欣赏。有两次教师发现讲授有严重错误,遂当堂宣布:近几个星期以来讲得都不对,以后重讲。教师与学生相处,亲如朋友,有时师生一起学习新材料。同学之间的竞争一般也光明正大,不伤感情,而且往往彼此讨论,以增进对所学知识的了解。离开昆明后,我也交过一些朋友,但总感到大多不及联大的一些老师和同学亲近。这大概和交识时的年龄有关,但我觉得当时联大有相当的人在为人、处世上兼备了中西文化的优点,彼此有一种暗合的视为当然的价值标准。"①

进一步讲,烘托着如此自由的学术气氛,我们自然会沿着上文的铺垫,期待杨振宁作为当年学子的回顾:"我们讨论一些什么事情呢?天南地北什么都谈,当然也包括对物理的讨论。其中我特别记得的一幕是讨论量子力学。量子力学是一个非常复杂的东西,它跟牛顿的经典力学有很不一样的地方。我记得非常清楚的一件事情,就是有一天晚上,我们坐在茶馆里头三个人辩论哥本哈根的解释到底是怎么一回事情。"②而说到这样的场景,还真是要庆幸何兆武的高寿,能绘声绘色地为我们留下如此超乎想象的回忆:

> 最清楚记得一次,我看见物理系比我们高一班的两位才子,杨振宁和黄昆,正在那里高谈阔论。黄昆问:爱因斯坦最近又发表了一篇文章,你看了没有?杨振宁说看了,黄昆又问以为如何,杨振宁把手一摆,一副很不屑的样子,说:"毫无 originality(创新),是老糊涂了吧?"这是我亲耳听到的,而且直到现在印

---

① 转引自谢泳:《过去的教授》,《中国青年报·冰点周刊》,第634期,2007年8月1日。
② 张蔓菱:《西南联大行思录》,北京:三联书店,2013年,第149页。

象都很深。当时我就想:年纪轻轻怎么能这么狂妄?居然敢骂当代物理学的大宗师,还骂得个一钱不值?!用这么大不敬的语气,也太出格了。不过后来我想,年轻人大概需要有这种气魄才可能超越前人。①

在如此偏远而贫困的环境下,他们竟讨论着如此深不可测的问题,即使到了几十年以后再来回顾,仍然能使我们生出某种奇妙的反差,恍然间真不知"今夕何夕";但反过来说,又正因为即使在这样的环境下,也照样有气魄去如此放言高论,而且有能力去追踪国际前沿,中华民族才显出了超过这种困境、再度顽强崛起的心力。——验之于此后已化为现实的历史,难道不正是这样吗?

二、记忆的过滤

然而,我们也应当注意到,凡是这样来记述那所母校的,都是当年正处于热烈青春期的学生,而且,那种包裹着一层蜜糖的回忆,也都属于遥隔着时间的追记,而不是在直截表达当下的感受。这当然不会是纯属巧合,而应该具有很深的心理成因。——由这一点,我们也就想起了一首献给它的颂歌,它出自老诗人郑敏之手,她当年也是毕业于西南联大的:

> 终于像种子,在成熟时必须脱离母体,
> 我们被轻轻弹入四周的泥土,
> 当每一个嫩芽在黑暗中挣扎着生长,

---

① 何兆武:《上学记》,第128页。

你是那唯一放射在我们记忆里的太阳！①

　　无论如何,从心理学的微妙规律而言,即使是针对着同一件事实,由于年龄、阅历和参照系的不同,人们在当下此刻对它的切身感受,和到了日后对它的追记、回味与把玩,也会显出巨大的区别或侧重。也正因此,即使我们并不能说,那些对于"黄金岁月"的回忆是出了差错的,却也有必要跟着再追加一句:毕竟西南联大的那些老师们,对此又有着不太相同的感受。

　　不待言,那些更惯于埋首书堆的鸿儒们,若在正常的生活状态下,向来是不太在意物质生活细节的,而且等到过了西南联大的时期,其回忆录也随即便恢复了这种心态。不过,我们读读罗常培的《苍洱之间》,或者浦薛凤的《太空虚里一游尘》,便会心有灵犀地注意到,他们一旦到了那个"南渡"时期,便往往要一反常态地特别着墨于此,这当然是因为其拮据与艰难。——比如,罗常培就记下了这样的"历险":

　　　　……司机试着把车涉水而过,慢慢的往前开,刚开到中流,水的力量把车身冲的往左歪,司机手忙心乱,一时控制不住,便把车子的一边开到公路外头的田地里,车身倾侧的很厉害,黄泥汤儿立刻流进车厢来,这时假如我们稍一张皇,起身乱动,让车子失去平衡,马上就会有翻车灭顶的危险。幸亏大家还沉得住气,从容不迫的等司机一条粗绳子把车子系在远远的一棵树上,然后才一个一个的慢慢爬下车来,我当时只穿着衬衫和短裤,让一个乡下人领着在河里走,河水一直漫过大腿根,急流激荡得上

---

① 郑敏:《西南联大颂》,《西南联大诗钞》,北京:中国文学出版社,1997年,第382页。

身乱晃,这时才后悔青岛住过一夏天却没学会泅水。等到人完全出了险,再慢慢的救行李,我的一个 fibre 箱子已经被水浸透,箱子毁了,衣服裤子也全湿了。①

事实上,更让我们从中感到了"反常"的,还不是这些对于艰辛的记载,而是某次作为"例外"的美食,到了此时竟也会被细心记载下来,而这在以往不过是家常便饭罢了。——比如,浦薛凤就记下了这样的"口福":

> 蒋梦麟先生夫妇曾来蒙自小住。蒋夫人颇喜交际,到歌胪士楼上请大家吃云吞,予亦帮忙包裹。每人吃十四五只,味道真鲜。此因久久未尝之故。蒋分批请文法学院学生茶会,并邀教授作陪。上午请文学院师生,所到教授殊觉不满。缘伊对学生演说,一则提到教员发薪事,再则报告教育部起初有于教授中分别去留之意(谓分牛乳与牛酪,伊谓即牛乳亦必自命为牛酪云云),不知用意何在。②

更有甚者,再挨到了更加吃紧、也更显窘困的抗战后期,就连偶尔"打打牙祭"的记述,在这类回忆录中也不多见了,——取而代之的,则是王力发出的下述牢骚话:

> "薪水"本来是一种客气的话,意思是说,你所得的俸给或报酬太菲薄了,只够你买薪买水。其实战前的公务员和教育界人员,小的薪水可以养活全家,大的薪水可以积起来买小汽车和大洋房,岂只买薪买水而已?但是,在抗战了七年的今日,"薪

---

① 罗常培:《苍洱之间》,合肥:黄山书社,2009年,第79—80页。
② 浦薛凤:《浦薛凤回忆录》(中册),合肥:黄山书社,2009年,第98页。

水"二字真是名副其实了——如果说名实不符的话,那就是反了过来,名为薪水,实则不够买薪买水。三百元的正俸,不够每天买两担水;三千元的各种津贴,不够每天烧十斤炭或二十斤柴!开门七件事,还有六件没有着落!长此以往,我将提议把"薪水"改称为"茶水",因为茶叶可多可少,我们现在的俸钱还买得起。等到连茶叶都买不起的时候,我又将提议改称为"风水",因为除了喝开水之外,只好喝喝西北风![1]

至于素来讲究"美味"的朱自清,到了这个几近油尽灯枯的时候,也再无余力去写什么品鉴"美食"的随笔了,同样取而代之的,则是我们从他儿子那里读到的追忆:

> 我父亲住在龙院村,他到西南联大,到城里去上课,他要走很远的路。那时候没车。有一年冬天,昆明那一年冬天最冷,他买不起别的衣服,他就买了一件赶马人的披风,披着那件东西到西南联大上课。
>
> 他的身体在那个时候日渐憔悴了。这一段时间他是形销骨立了,瘦的,你想三十八点八公斤,不是形销骨立吗?头发也白了。朋友也说,那一段他明显地见老了。他不是精神上的老,而是生活条件实在太差了。[2]

于是,就像从"文革"中侥幸存活下来的人,越是被一穷二白的"插队"给弄怕了,就越会在意自己在物质生活上的满足,从而就越想学到快点脱贫的本事一样,我们在记住"南渡"生活之精神层面的

---

[1] 王力:《领薪水》,1944年3月26日,《生活导报》第61期。
[2] 张蔓菱:《西南联大行思录》,第163页。

同时,也不应太过一厢情愿地忘却了,在那个作为"黄金岁月"的"理想国"里,也照样存在着有点令人沮丧的、不那么具有精神高度的现象,正如同样任教于此的沈从文所批评的:

> 在这美丽天空下,人事方面,我们每天所能看到的,除了空洞的论文,不通的演讲,小巧的杂感,此外似乎到处就只碰到"法币"。商人和银行办事人直接为法币而忙。教授学生也间接为法币而忙。最可悲的现象,实无过于大学校的商学院,每到注册上课时,照例人数必最多。这些人其所以习经济、习会计,都可说对于生命毫无高尚理想可言,目的只在毕业后入银行作事。……社会研究所的专家,机会一来即向银行跑。习图书馆的,弄考古的,学外国文学的,因为亲戚、朋友、同乡……种种机会,又都挤进银行或相近金融机关作办事员。大部分优秀脑子,都给真正的法币和抽象的法币弄得昏昏的,失去了应有的灵敏与弹性,以及对于"生命"较高的认识。其余无知识的脑子,成天打算些什么,也就可想而知了。①

实际上,只要把"法币"替换成"人民币",上面这段话就可以原封不动地,也用来形容晚近司空见惯的身边事,而我们由此就更能确信,它当然会属于历史的真实侧面之一。那么,为什么历史的另一个侧面,即那个"自由自在"的精神侧面,反而在后来的回忆录中被突出强调出来了呢?——那当然首先是因为,但凡有资格来进行这类回忆的人,在当年都比别人更关注精神的维度,都更具有继续发育人格的后劲,并由此才养出了足以熬成这种资格的心力。

---

① 沈从文:《云南看云》,《沈从文文集》,香港:三联书店香港分店,1984年,第79—80页。

而从历史学方法论的角度来考虑,作为一种"史料"的回忆录,也是容易产生这类一厢情愿的偏转。大概也正因此,柯文才会在义和团的史料变奏中,听出了作为"事件、经历、神话"的三种声调。① ——而在这里,为了能更好地体验其中的变奏或转调,我姑且再引用一段更让人称奇的问答:

> 前一阵儿,我问唐晓峰(北大教授,比我大几个月),你这辈子,哪段儿感觉最好,哪段儿感觉最坏。他说,插队最好,出国最坏。他在内蒙三年,美国九年,洋插土插,都是过来人。他是大环境坏,小感觉好;大环境好,小感觉坏。前边和后边,里边和外边,都有强烈对比。②

事实上,无论上面的发问者李零,还是答问者唐晓峰,都是自己当年在北大的同事,也都是笔者本人的多年好友。所以,我当然还是愿意相信,这种把"文革"当作了"黄金岁月"的事后回味,就算不无"故作惊人之语",可在某种意义和程度上,亦未必就属于全然虚假的。不过,即使如此我们还应当警惕,人们对于过往经验的事后玩味,或许正因为那种经验已然过去,不会再直接伤害到自己,就往往经过了"无害化"的处理,特别是过滤掉了其中的苦难与刺痛。——而如果看不穿这中间的奥妙,还真把那段历史当成了什么"神话",甚至进而巴望着"过七八年再来一次",那就绝对算得上是愚不可及了。

---

① 参阅柯文:《历史三调:作为事件、经历和神话的义和团》,杜继东译,南京:江苏人民出版社,2005年。
② 李零:《七十年代:我心中的碎片》,北京:北京大学出版社,2014年,第149页。

三、历史的惰性

还应当再接着想到,既已说过西南联大乃是某种难逢的"奇迹",而且这"奇迹"的主因还在于学术上的"自由",那么,只要把这两个判断简单地加到一起,也就应当引起我们在逻辑上的警惕:纵然那"自由"在当年确有其事,也不过是因缘凑合的"灵光一闪",或曰为时不会久长的"灯下黑"。

此话又怎讲呢?——我曾请另一位研究义和团的名家周锡瑞,到北大来对我们当时在民间兴办的"国学所"发表讲演。而他在那段时间,恰正沿着美国汉学的特有叙述框架,来研究在"抗战"与"建国"之间的历史"连续性"。正因此,那场报告所带给我们的基本结论,就是既令人醒悟、又让人沮丧的,因为那场全民之间的紧急战争动员,对于中国此后的社会整合、政治结构乃至宣传口径、民众心理,无论从哪个党派或战区来看,都具有使之更趋"板结"的影响。而由此观之,在"抗战胜利"与"解放建国"之间,就并不像寻常想象的那样,具有一刀两断的分水岭般的"断裂性"了。

作为一种独立的旁证,日本学者笹川裕史和奥村哲也从其他个案中,得出了跟周锡瑞大体类似的研究结论:

> 1949年中国共产党夺得政权的革命,首先是基于在国共内战中的军事胜利,但作为其后盾并且后来接受中共政策的基层社会的条件,在日中战争期间就已在形成之中了。

> 进而言之,如果战争状态长期化而严酷的战时征收被继续要求强化,日中战争期间已见萌芽的"强制性一体化",就愈加伴随着实际过程而带有现实的味道。这种可能性,被中华人民

共和国成立后不久即爆发的朝鲜战争和其后持续进行的冷战转变成现实。这样一来,传统中国社会的构造就被置于相反的极端;非但如此,超过曾经的日本而将人们更紧密地组织起来的中国社会主义体制得以成立。在此意义上,从根底上支撑着激荡的战后中国的基层社会变动,是以日中战争为决定性契机而开始的。①

而从这样的史学判断出发,此刻我首先能够联想到的,偏又是文学家穆旦的另一首诗,——此人偏巧也曾在清华—联大求过学,而且该诗也恰恰是写于抗战期间(1942):

> 告诉我们和平又必需杀戮,
> 而那可厌的我们先得去欢喜。
> 知道了"人"不够,我们再学习
> 蹂躏它的方法,排成机械的阵式,
> 智力体力蠕动着像一群野兽。②

无独有偶,曾经被陈寅恪誉为"清华近年学生品学俱佳者中之第一人"的、毕业后也曾任教于清华—联大的张荫麟,亦尝就此流露过更加精准的预见:"抗战是长期的、艰苦的,但最后是必胜的。只是到胜利之后,国旗上的'青天白日'已不存在,只剩下'满地红'了。"③事实上,也唯有从这样的历史感出发,我们才能更复杂而微妙地领会到,何以等他老师终于熬到了日本投降,反倒在其诗作中流出

---

① 笹川裕史、奥村哲:《抗战时期中国的后方社会》,林敏等译,北京:社会科学文献出版社,2013年,第186页。
② 穆旦:《出发》,《穆旦诗文集》,北京:人民文学出版社,2006年,第80页。
③ 李埏:《张荫麟先生传略》,《东莞文史》第29期。

亦喜亦悲的情绪来:

> 渺渺钟声出远方,依依林影万鸦藏。
> 一生负气成今日,四海无人对夕阳。
> 破碎山河迎胜利,残馀岁月送凄凉。
> 松门松菊何年梦,且认他乡作故乡。①

> 降书夕到醒方知,何幸今生见此时。
> 闻讯杜陵欢至泣,还家贺监病弥衰。
> 国仇已雪南迁耻,家祭难忘北定时。
> 念往忧来无限感,喜心题句又成悲。②

　　无论如何,正因为这种"趋于板结"的变化是总体性和结构性的,是不分前方后方、官场民间、国共两党的,才表现为更加难以打破或逃脱的。而且,也正因为这样,一旦当局企图收回这种"灯下黑",那就不仅会让读书人感到愤怒,还会让处于"在野"或"反对"地位的政党发现有机可乘。——我们从闻一多那篇著名的《最后一次讲演》中,可以确信无疑地看到这一点:"反动派挑拨离间,卑鄙无耻,你们看见联大走了,学生放暑假了,便以为我们没有力量了吗?特务们!你们看见今天到会的一千多青年,又握起手来了,我们昆明的青年决不会让你们这样蛮横下去的!"③

　　正是沿着这种决定性的历史分岔,才产生了李泽厚后来历数过

---

① 陈寅恪:《忆故居》,胡文辉:《陈寅恪诗笺释》(上卷),广州:广东人民出版社,2008年,第223—224页。
② 陈寅恪:《乙酉八月十一日晨起闻日本乞降喜赋》,胡文辉:《陈寅恪诗笺释》(上卷),广州:广东人民出版社,2008年,第249—250页。
③ 闻一多:《最后一次的讲演》,《闻一多全集》(文艺评论、散文杂文卷),武汉:湖北人民出版社,1993年,第450页。

的史实，而众所周知，他还曾创造出了"救亡压倒启蒙"的命题来概括它——"救亡的局势、国家的利益、人民的饥饿痛苦，压倒了一切，压倒了知识者或知识群对自由平等民主民权和各种美妙理想的追求和需要，压倒了对个体尊严、个人权利的注视和尊重。"①尽管我曾经多次指出过，我并不赞成自己老师的这种概括，因为他这种"启蒙"与"救亡"的二分框架，毕竟还是要把空间中的"中西"等同于时间中的"古今"，因而"毕竟还是要肯定五四时期的否定传统的传统"，②但无论如何，我们沿着上文中的线索却又可以体谅，他的这种概括毕竟也是其来有自的。

当然话说回来，进行这种反向的史实提醒，并不意味着要去否认西南联大确乎享有过难得的自由；刚好相反，进行这种谨慎的反向提醒，倒是更有可能来向大家演明，联大教授当年在这方面的坚持，是何等的顶住压力与难能可贵。——另外，也只有在意识中同时保留住这两个侧面，有关西南联大的两种历史形象，才能在我们笔下再次融合与统一起来。

所以，一方面必须首先指出，恐怕最最要不得的，就是只根据小说《围城》中的尖酸漫画笔调，去想象当年坚守大西南的文化人群体，正如我们虽也引证过沈从文对于"法币"的描述，却不会以此来概括大后方风习的总貌。——文学当然也自有它的一番理由，不过那理由却更在于抓取部分特征，那逻辑也更趋于走向夸张变形，不然的话，也就很难达到它所追求的"片面深刻"了。

由此在另一方面，无论是到了长沙、蒙自、还是昆明，当我们把心

---

① 李泽厚：《中国现代思想史论》，北京：东方出版社，1987年，第33页。
② 刘东：《北大学统与五四传统：历史的另一种可能性》，《刘东自选集》，第200页。

境沉浸入当年的历史现场时,都还应当设身处地地体会到,历史终究还是有它自身的惯性,还会自然地向前延伸一段路程,所以,整个社会还不会在当局"一声号令"下,就变成后来那种彻底"斯文扫地"的样子。这一点,也正像笹川裕史和奥村哲又同时看到的:"蒋介石和国民党领导层为了抗战而一直不停地强调全体国民的团结和一体化,但却不可将这些言说和政策理念原封不动地混同于当时的实际情形。"① 此外,我们还应当微妙而会心地体验到,也许恰是因为当时正国步艰难,使得政治力即使想要强行介入进来,一时间也会在"最高学府"这里有点力不从心,这才造成了或容忍了它如此自由散漫的"灯下黑",甚至显出了作为"民主堡垒"的形象。

比如,对于西南联大素有研究的汉学家易社强,就曾对这种情况进行过历史的还原:"大师云集,学术自由,加上三所高校良好的声誉,联大吸引了大量品学兼优的学子前来报考。根据战时不同的情形,联大或者独自举行招生考试,或者与国统区其他高校联合招生。无论采用哪种方式,联大都严格按照成绩录取新生,而被录取者往往拥有很强的自学能力,都能敞开胸怀呼吸联大自由的学术空气……对于教员和学生,联大提供最大的空间,使他们最大限度地保持独立。学生可以享用这种自由,在知识的海洋中尽情遨游。在讲授内容、教学方法和学业考评方面,教师几乎拥有全部主动权。"②

再如,当年曾就读于此的汪曾祺,也从学生角度提供了独特的旁证:"联大的系主任是轮流坐庄。朱自清先生当过一段系主任。担

---

① 笹川裕史、奥村哲:《抗战时期中国的后方社会》,林敏等译,北京:社会科学文献出版社,2013年,第186页。
② 易社强:《战争与革命中的西南联大》,饶佳荣译,北京:九州出版社,2012年,第133页。

任系主任时间较长的,是罗常培先生。学生背后都叫他'罗长官'。罗先生赴美讲学,闻一多先生代理过一个时期。在他们'当政'期间,中文系还是那个老样子,他们都没有一套'施政纲领'。事实上当时的系主任'为官清简',近于无为而治。中文系的学风和别的系也差不多:民主、自由、开放。当时没有'开放'这个词,但有这个事实。中文系似乎比别的系更自由。工学院的机械制图总要按期交卷,并且要严格评分的;理学院要做实验,数据不能马虎。中文系就没有这一套。"①

还有一点需要细心辨察的,就是切不可沿着"启蒙—救亡"的简化框架,而一旦说到西南联大享有的"自由",马上就归宗到舶来的"自由主义"上来,误以为那必是当年唯一的精神资源。——实际上,这正是我不赞成以"启蒙"来概括"五四"的最主要原因:

> 严格说起来,"启蒙"这个动词的中文本义,和开蒙、破蒙、发蒙一样,都是对准标示着愚昧无知的"蒙"字,意味着把一个智慧未开的孩子从蒙昧状态中开导出来;而西文的 Enlightenment 或者 Aufklärung,其本意也是指使人从无知、偏见和迷信的蔽而不明状态中摆脱出来,获得理性之光的烛照。所以,假如是我才刚刚写完《中国古代思想史论》,那我就决不会把一种从以"上下同流"为基础的文化形态向着以"易卜生主义"为基础的文化形态的转型运动说成是什么启蒙……②

所以,在这个太容易搞混的问题上,还应请对西南联大更有研究

---

① 汪曾祺:《西南联大中文系》,《汪曾祺全集》(卷四),北京:北京师范大学出版社,1998年,第355页。
② 刘东:《北大学统与五四传统:历史的另一种可能性》,《刘东自选集》,第200页。

的易社强,基于他所掌握的更加丰富的史料,来发表他所达到的平衡看法:

> 西南联大的通才教育,它所代表的价值是不是都是从西方来的呢?支持学术自由的都是英美自由主义派吗?不见得。蒋介石在西南联大推行党化教育,第一个站起来反对的,就是新儒家主义的代表冯友兰。虽然他也在西方受过教育,但他却是传统的新儒家思想的推行者。
>
> 还有闻一多,他为什么牺牲他的生命,可以说是为了中国的革命,如果他没有在最危险的条件之下站起来说话,他也不会就那样死了。闻一多实际上对美国文化的反感相当强烈,他最尊敬的是屈原。所以英美的自由主义思想和中国的传统思想,像冯友兰的儒家主义、闻一多的屈原,都是相辅相成,搅在一起的。①

由此顺理成章的是,我们从冯友兰为西南联大所撰的碑文中,也就很容易为易社强的上述说法找到有力的佐证了,——它更清晰地说明了其精神资源的多样性,以及它们在会通、叠合与交融的基础上,曾经为西南联大所做出的不分彼此的贡献:

> "万物并育而不相害,道并行而不相悖,小德川流,大德敦化,此天地之所以为大。"斯虽先民之恒言,实为民主之真谛。联合大学以其兼容并包之精神,转移社会一时之风气,内树学术自由之规模,外来民主堡垒之称号,违千夫之诺诺,作一士之谔

---

① 易社强:《易社强:西南联大反映了我的生活观》,《法制周末》,2013年7月31日。

谔,此其可纪念者,三也。①

四、自由与传统

正因为这样,我们与其只听取学生的事后总结,而仅将西南联大的精神简单地总结为"自由",何如同时参照一下当事教师的心念,而把它的精神更加全面地总结为"自由与传统的会通"?

在这方面,正如韦政通曾经一语道明的:"发现道德意志的自由,并自觉到它的重要性,中国自孔子已然。这在中国史上,的确是一次极重大的发现。经此发现以后,人才有真实的自我,人的尊严和做自己的主人这些重要的人理才能讲。"②由此而说到底,也正是基于本土文化中的这种积极基因,曾为清华定下过"校训"的梁启超,才会在"意识重叠"的思想厚度上,去强调中西哲理乃至中外哲理的互补与会通:

> 梁启超想要伸张的佛学,已不属于一般意义上的佛学,而是从儒学的人间、现世和大同的立场,可以去理解吸纳的印度智慧;同样,他想要发扬的国学,也已不属于一般意义上的国学,而是通过康德的"哥白尼式的革命",而可以进行现代理解的儒家思想。由此,在梁启超那里的儒学、佛学与西学,其实都不表现为僵硬的教条,而是经过头脑主动消化的、在相互理解中达成的

---

① 冯友兰:《国立西南联合大学纪念碑碑文》,《三松堂全集》(第一卷),郑州:河南人民出版社,2001年,第300—302页。
② 韦政通:《儒家与现代中国》,上海:上海人民出版社,1990年,第83页。

重叠意识。①

也正因此,我们才会合乎逻辑地看到,恰与那些倒向西方的片面总结相反,偏偏是坚守儒生气节、咬定了中体西用的陈寅恪,反会以其一生的悲剧性经历,为清华凸显了堪称其"校魂"的名言:"来世不可知也,先生之著述,或有时而不彰。先生之学说,或有时而可商。惟此独立之精神,自由之思想,历千万祀,与天壤而同久,共三光而永光。"②

出于同样的道理,与满眼西化的片面倾向相反,又恰恰是身为"一代儒宗"的马一浮,反会沿着儒学的理路去申斥政治的专制:"今人言思想自由,犹为合理。秦法'以古非今者族',乃是极端遏制自由思想,极为无道,亦是至愚。经济可以统制,思想云何由汝统制?曾谓三王之治世而有统制思想之事邪?惟《庄子·天下篇》则云:'古之道术有在于是者,(某某)[墨翟、禽滑厘]闻其风而说之。'乃是思想自由自然之果。"③

说到这里,你不妨再读读狄百瑞的《中国的自由传统》,从那本书里你可以了解到,儒学原就有争取自由的传统,而发展到明末的黄宗羲那里,更是达到了挑战君权的高峰;正因为这样,等到西方的政治理论传播进来,那对于真正的儒者来说,也不过就是"正中下怀"、"恰合我意"罢了。只有基于这种不卑不亢的

---

① 刘东:《意识重叠处,即是智慧生长处》,《思想的浮冰》,上海:上海人民出版社,2014年,第71—72页。
② 陈寅恪:《清华大学王观堂先生纪念碑铭》,《金明馆丛稿二编》,上海:上海古籍出版社,1980年,第218页。
③ 马一浮:《泰和宜山会语》,《马一浮全集》,第一册(上),杭州:浙江古籍出版社,2013年,第11页。

态度,我们才会从长期的怅惘迷失中,把自己的文化主体性给找回来。你不妨再看看,从梁漱溟到徐复观,正是这些最纯正的现代儒者,由于坚守着内心中的信念,反而最敢顶撞不可一世的威权。他们这样去做,当然也不违反西学的信念,然而更加主要的仍然在于,他们原就有"舍生取义"的牺牲精神,原就有"士可杀而不可辱"的无畏态度,原就有"秉笔直书"的优良史德。①

进而,就本文将要引出的话题而言,也只有基于这种自由与传统的会通、中学与西学的会通,才有可能更视野开阔与逼真地,看出眼下这本《西南联合大学国文选》的意义来。——也就是说,由此才可以设身处地地理解,尽管既是在颠沛流离之中,又是在自由散漫之中,人们却未曾片刻松懈过对文化的关怀,反倒在这方面为晚生了几十年的我们留下了可贵的精神遗产。

事实上,对于西南联大所做出的历史性贡献,不能只理解为留下了哪些传世的名著,和培育过哪些成器的学生;更加不拘一格地总结,那里曾经盛行过的校风,和那里曾经传授过的教材,也都应被视为它在精神上的遗产。——由此在这个意义上,这本在内容上既"喜新"又不"厌旧"、既灵活不居又立场笃定的国文教材,也同样是在向我们启迪着自由与传统的会通,昭示着中学与西学的融合。

为此,只要举出汪曾祺啧啧称赏的回忆,便足以从中窥知,西南联大当年具有怎样海纳百川的景象了——"联大的大一国文课有一些和别的大学不同的特点。一是课文的选择。《诗经》选了'关关雎鸠',好像是照顾面子。《楚辞》选《九歌》,不选《离骚》,大概因为《离骚》太长了。《论语》选'冉有公西华侍坐'。'暮春者,春服既

---

① 刘东:《激活本土文化的思想资源》,《共识网》头条,2014年9月3日。

成,冠者五六人,童子六七人,浴乎沂,风乎舞雩,泳而归',这不仅是训练学生的文字表达能力,这种重个性,轻利禄,潇洒自如的人生态度,对于联大学生的思想素质的形成,有很大的关系,这段文章的影响是很深远的。联大学生为人处世不俗,夸大一点说,是因为读了这样的文章。这是真正的教育作用,也是选文的教授的用心所在。魏晋不选庾信、鲍照,除了陶渊明,用相当多篇幅选了《世说新语》,这和选'冉有公西华侍坐',其用意有相通处。唐人文选柳宗元《永州八记》而舍韩愈,宋文突出地全录了李易安的《金石录·后序》。这实在是一篇极好的文章。声情并茂。到现在为止,对李清照,她的词,她的这篇《金石录·后序》还没有给予应有的重视,她在文学史上的位置还没有摆准,偏低了。这是不公平的。古人的作品也和今人的作品一样,其遭际有幸有不幸,说不清是什么原故。白话文部分的特点就更鲜明了。鲁迅当然是要选的,哪一派也得承认鲁迅,但选的不是《阿Q正传》而是《示众》,可谓独具只眼。选了林徽音的《窗子以外》、丁西林的《一只马蜂》(也许是《压迫》)。"[1]

于是,首先还是应当说,面对着这样的精神遗产,最让我们汗颜的地方仍在于,尽管就外在治学条件而言,当年的前辈大概除却"自由"之外,在任何其他方面都远不及我们今天,然而,单单这么一个关键性的长项,就仍然能使他们大大地优越于我们!——别的方面姑且不论,前面已援引过很多理科生的回忆,包括杨振宁、王浩、邹承鲁等等,他们在文字、文学乃至文化上的根基,都要远远好于此后毕业的学生;而这里要再引述一下王希季("火箭之父")的回忆,看看

---

[1] 汪曾祺:《晚翠园曲会》,《汪曾祺全集》(卷六),北京:北京师范大学出版社,1998年,第207页。

当年的心智究竟是怎样被浇灌的:

> 我们那个时候进入西南联大是很幸运的。在大一,教我们的先生都是非常有名的,有的就是大师。国文这方面的大师,例如刘文典、闻一多、朱自清、罗常培,很多先生。每人就选一个课,每人选一篇文章,每个人轮流教两个星期,然后还作一篇文。我们从现代文学一直到古代文学,一直到《诗经》、《离骚》都学完了。①

同样地,杨振宁也曾如此这般地现身说法:"我在西南联大的时候,必修课没有现在这么重。所以你可以自己浏览,这个是使得我当时对别的东西也发生兴趣。比如说我当时也念了德文,成绩很好,念得相当深入……我还去旁听了一个英国史的课程,这个对我后来也很有用处……后来我在研究院的时候同黄昆非常之好。他喜欢看英国大文学家的小说,给我介绍了很多英国19世纪、20世纪的小说。这些对于我的事业,对于我的知识面开阔有很大的好处。"②

由此,也就明确无误地告诉了我们,推动他们日后成功的心智条件,恰恰要归功于他们在早岁所接受的"自由教育"(Liberal Arts Education,又译"通识教育"或"博雅教育")。而这样一来,对于那个一直让人羞愧困窘的"钱学森之问",即"为什么我们的学校——特别是跟大师辈出的民国时期相比——总也培养不出杰出的人才",实则它的解答也早已明摆在那里了。

与此同时,面对着如此丰富厚重的精神遗产,我们还应当敏锐地注意到,当年的教授们既享有精神的自由,却又不曾滥用过这些自

---

① 张蔓菱:《西南联大行思录》,北京:三联书店,2013年,第277—278页。
② 同上书,第276页。

由,相反倒是既捍卫着自由,又甘愿去做到"法由己出",并把它当作了"绝对命令"。也正因为这样,他们就在这种自由的状态中,却又表现出了自由中的坚持。——而这也就逻辑地意味着,他们当然可以做得灵活,但同时又做得不失章法,他们当然可以去"从心所欲",但从心底又有"不逾矩"的约束。

辩证地看,我们的看似命悬一线的文化传统,也正是在这种既"从心所欲"而又"不逾矩"的坚持中,才得以坚忍不拔地继续传承下去。比如,让我们看看回忆中的朱自清,——他正是要从文明历史的深远之处,接引出对于斯文的朗朗弦诵之声:"因为教授们也感觉到,自己上战场打仗是不太可能的。我父亲,他认为自己的任务就是保持中国弦诵不绝,就是读书的传统不要绝。这个对中国的长远发展意义重大。因为不能说全民抗战,后方培养人也都不培养了。"①

又如,让我们再看看回忆中的闻一多,——他也是偏要在战乱的环境中,反而向子女传递出饱含诗意的化育:"他要诗化生活、诗化家庭。所以他年轻的时候,给哥哥讲诗。到后来,就在课堂上讲诗。他是诗化生活、诗化家庭。随着战争的开始,环境是很恶劣的,可是他还是和平常一样。这跟他的整个风格和思想是一致的。对我们来说,他还是用他的那种感觉来教育我们。"②

于是,正是为了维持几千年的"斯文不坠",也正是为了维护自己的"师道尊严",这些学者虽都是学问的大家,也都正处于其创造的盛年,却特别重视自己的三尺讲台,并尤其珍惜对于"国文"的讲授,而绝没有"异化"到现在这般地步,只顾着以发表出来的"创新"

---

① 张蔓菱:《西南联大行思录》,第27页。
② 同上书,第162页。

研究,来应付上峰发下的成果表格。——于是乎,正所谓"山不在高,有仙则名""斯是陋室,唯吾德馨",偏偏就在西南边陲之一隅,一时间反而成就了讲学之盛况。

对于这种盛况,我们前面已经引述过王希季的回忆,而后来任教于云大的方龄贵,就此留给我们的回忆则更详细些:"在我所上的1938—1939年的大一国文课,主讲的(也就是文章的选者)主要有杨振声、朱自清、刘文典、罗常培、罗庸、闻一多、魏建功、王了一(力)、浦江清、许维遹(Yu)、余冠英诸位先生。可谓极一时之选。记得当时刘文典先生讲的是《典论·论文》,罗庸先生讲的是《论语》,闻一多先生讲的是《楚辞·九歌》,朱自清先生讲的是《古诗十九首》,许维遹先生讲的是《左传·鞌(An)之战》,余冠英先生讲的大概是《诗经》,魏建功先生讲的是鲁迅的《狂人日记》。"①

此外,后来任教于北大的许渊冲,也同样在为自己能躬逢其盛而庆幸:"其实,这一年度的《大一国文》真是空前绝后的精彩;中国文学系的教授,每人授课两个星期。我这一组上课的时间是每星期二、四、六上午十一时到十二时,地点在昆华农校三楼大教室。……如闻一多讲《诗经》,陈梦家讲《论语》,许骏斋讲《左传》,刘文典讲《文选》,唐兰讲《史通》,罗庸讲唐诗,浦江清讲宋词、魏建功讲《狂人日记》等等。"②

我实在不敢逆料,到什么时候我们现在的教授们,也能如此地投入本科的通识教育?然而,我却也能从逻辑上料定,那样发自内心去为人师表的行为,如要浸成教师们的普遍惯习,就必须得到某种"懂

---

① 方龄贵:《西南联大见闻琐忆》,《云南师范大学学报》(哲社版),2007年7月。
② 许渊冲:《追忆似水年华》,《我心中的西南联大——西南联大建校70周年纪念文集》,北京:清华大学出版社,2008年,第388页。

行"的制度激励,而不能在沐猴而冠的"顶层设计"下,搞出一套"农村记工分"式的恶俗规章来,反而把教师们对于学生的由衷挚爱,贬成自讨没趣的纯粹"牺牲精神"。

与此同时,在"自由"与"传统"间的这种会通,也就会为它们双方都带来相应的制约。一方面,"自由"的风习对于教育而言,无疑意味着天大的好事,对此我们在前面已进行过充分的发挥。但反过来讲,正由于"传统"的具体规定性,这"自由"又毕竟不是抽象的。它对教师而言,乃是尽心进行"教育"的"自由",而不是可以"不教"的"自由",它对于学生而言,亦是尽力进行"学习"的"自由",而不是可以"不学"的"自由"。——正如朱自清当年曾就此所说的:"兴趣这东西不宜过分重视,尤其在大学生,教育还当注意整个人格的发展。兴趣是常会变动的,训练应该循序渐进的训练下去,有时候必需使学生勉强而行之。"①无独有偶,美术史家贡布里希也以另外的故事,指出了只靠自由放纵并不能达到教育的深度。有一次为了替邻居照看小孩,他就让孩子临摹马蒂斯的素描,不料那害怕拘束的邻居回来后惊叫道,你怎么可以让孩子临摹别人?你得让他信手发挥创造力。于是第二天,贡布里希就放手让孩子涂鸦去了,可惜那孩子并没有什么"纯真之眼",所以还是顺着他的"时代之眼",而涂出了很多正流行的卡通形象。

由此我们才会看到,在西南联大的成长环境中,所谓的"自由"教育,恰要表现为"通识教育"和"博雅教育",要意味着厚重扎实的童子功,和视野广阔的知识面。它决不意味着"文革"式的"砸碎一

---

① 朱自清:《论大学国文选目》,《朱自清全集》(第二卷),南京:江苏教育出版社,1996年,第22页。

切",让学生彻底放纵而散漫起来,不再去接受基本的学术训练,也不再去渴求坚实的思考能力,正如孔子当年所指出的,"知和而和,不以礼节之,亦不可行也"①。所以恰好相反,只有相对深厚的文化功底,和相对熟练的思考技巧,才会赋予他们以真正的思想自由,使之足以在今后面对习以为常的俗见时,敢于自出机杼地大胆立论,从而敢于在随波逐流的社会中,具有充当中流砥柱的主见与风骨。——对于这之间的层层递进关系,我以前进行过相应的论述:

> 寻常所说的通识教育以及博雅教育,此外还有自由教育、甚至解放教育(我本人的极端译法),其实全都译自同一个外来的说法,即 liberal Arts education。人们常就这些译名争执不下,然而照我看来,他们举出的理由正好说明,在所谓 liberal Arts education 的说法背后,原本就多元包容和并存着诸如通识、博雅、自由和解放等含义,而这些纷然杂陈又缺一不可的义项,又正是在语义的漂浮中产生的。由此可知,跟那个很温和的博雅概念连在一起的,和那个很博学的通识概念连在一起的,其实正是自由的精神,强调自主思考、大胆创造、独立判断和个人的道义责任,由此就造成了精神的解放!②

五、国文与科学

与此相应,也正如我早已论述过的:"也不单是古代中国文明,

---

① 《论语·学而》。
② 刘东:《我们的学术生态:被污染与被损害的》,杭州:浙江大学出版社,2012 年,第 245 页。

恐怕任何称得上文明传统的传统,包括西方文明自身的传统,当它为了自我赓续而施行教育时,其传授的课程内容也肯定都是通识优先的。如若不然,它们就无法进行大体不走样的自我复制,其教育目的就会谬以千里,其文明运势就会日趋式微,——而照这样子衰颓下去,也就很难被作为后人的我们所知了。"①

而进一步说,又正如钱穆曾从正面来立论的——或者也正如韦伯或者列文森曾从负面来判决的——尤其在古代中国的教育中,就更是以"通识"和"通才"为主的:"中国传统,重视其人所为之学,而更重视为此学之人。中国传统,每认为学属于人,而非人属于学。故人之为学,必能以人为主而学为从。当以人为学之中心,而不以学为人之中心。故中国学术乃亦尚通不尚专。既贵其学之能专,尤更贵其人之能通。故学问所尚,在能完成人人之德性,而不尚为学术分类,使人人获有其部分之智识。苟其仅见学,不见人。人隐于学,而不能以学显人,斯即非中国传统之所贵。"②

由此一来,我们也就更容易理解,为什么在"国文教育──→通识教育──→自由教育"之间,会存在着如许的连带与递进关系。而反过来,我们也才更容易理解,一旦从文化上被打回了"石器时代",从心理上就被拔成了无根飘蓬,反倒什么人格发展的后劲都谈不上了。——就算那也能勉强算作一种"自由",也只属于不结果实的"自由",或曰只落得头晕目眩的"自由",从而是并不值得羡慕的"自由"。

在这个意义上,如果说,在早期清华大学的成功经验里,就已包含了对于文化基本功的扎实训练,而"大一国文"的课程本身,也正

---

① 刘东:《我们的学术生态:被污染与被损害的》,第 259 页。
② 钱穆:《中国学术通义·序》,台北:台湾学生书局,1975 年,第 4 页。

是清华园里的优良传统,那么,西南联大所开设的"大一国文",就正是这种成功经验的延续。于是,在从1938至1942年间,由杨振声、朱自清、浦江清、罗庸等人主持参与的《西南联合大学国文选》,亦恰乃这种经验的存续与回声。大家参照一下本书新版中的《版本说明》,就能循着其中罗列的蛛丝马迹,发现这本《国文选》曾经不断有所微调。这当然也是不难理解的;一方面,正因为当年如此地重视它,那些教授们才会反复进行掂量,希望能尽量做到尽善尽美;而另一方面,又正因为当年总还是享有自由的,那些教授们就不必拘于什么规定,想怎么调整便可以怎么调整。

不过,如果我们借用黑格尔的句式,却又要就此表达这样一个原则,那就是在这本《国文选》的内容编排上,虽说是从来都可以商量的;然而就是这个"可以商量"本身,却必须是从来都"不容商量"的。否则,那中间所包蕴的自由精神,也就要紧跟着而寿终正寝了。——只可惜一旦说到这里,也就该引出前面留下的那个伏笔了,毕竟正如汉学家周锡瑞所说的,在经历了民族主义的总动员之后,整个的中国社会都已变得日趋板结了。而这也就逻辑地意味着,西南联大那种自由散漫的"灯下黑",到抗战结束也就快要走向尽头了。换句话说,如果就当下普遍怀念的"民国范儿"而言,联大教授的名士派头和反制作用,恐怕也只是作为某种回声的、最后的"民国范儿"了。

此后,在日益走向塌缩的社会空间中,尤其是对于那些文科教授而言,就算没像闻一多那样惨烈地死去,而去选择"夹紧尾巴做人",实则也很难能有真正的作为了。于是,正如我以往曾经就此指出的,这不仅会让文化保守主义噤若寒蝉,而且长此以往,就思想本身所需的良性生态而言,也同样会败坏它在学理上的对手——"一旦这种自由讨论的思想土壤不复存在,那么,整个社会都会被一种定为一尊的故而具有独断排他性的意识形态所统治和清洗,而任何'矫枉过正'的思想派别都会由此转化为'日趋偏激',任何'片面的深刻'也都会由此转化为'全面的肤浅'。"①

正因为这样,就算那些文化激进主义者们,还愿意把"自由"作为某种斗争的口实,也照样会受制于这种无情的规律,从而落得正如张祥龙所说的,是适得其反地丧失了其"深层思想自由":"广义的新文化运动接受的恰恰是传统西方的二分法思想方式(dichotomous way of thinking),所以一直带有强烈的思想专制倾向,却意识不到这一点,还要经常标榜自己的多元、宽容和思想自由。这其实是更可怕的……它并不偶然,并非由某些人士的个人性格决定,而是这个运动的思想方式本身所命定的。既然相信真理已经在握,道路已经标明,剩下的只是如何去充分实现这真理,那么也就不可能尊重他们眼中的非真理的自由和生存权。"②——这意味着,正如我在前面所论述的,如果在现代中国的语境中,"自由"和"传统"曾是相互支撑的,那么,它们也刚好又是同时失去的。

事实上,如果能看得更透彻些,西南联大当年所享有的那种"自由",之所以在回顾中会显得那样弥足珍视,也正是因为它受到社会结构变迁的制约,只能对后辈表现为昙花一现的某个瞬间。同样因为如此,联大才在历史中造成了某种"奇异"的反讽,即它在教书育人方面所获得的成就,反而大大超过了承平时代的、已经可以"安下书桌"的后世。还是因为这样,它当年所享有的、堪称某种"例外"的自由,到后世才会被夹着各种弦外之音和讽喻之意,被想象和夸张成

---

① 刘东:《北大学统与五四传统:历史的另一种可能性》,《刘东自选集》,第206页。
② 张祥龙:《深层思想自由的消失:新文化运动后果反思》,《科学文化评论》第6卷第2期,2009年4月。

了"不可复制"的"神话"。

同样可想而知的是,就连这本《国文选》自身的命运,也会在民族主义的整体急行军中,逐渐走向自己的尽头了。随着各校个性均被"部颁教材"所覆盖,也随着西南联大到抗战后要自然解体,它当年曾经"极一时人物之盛"的国文教学,也就同样要被送进尘封的历史中了。而随着政治力的强势介入,政治的标尺自然也会渗透进后来的教材,——我们从叶圣陶发表于1950年的文章中,已经可以清晰见出这方面的端倪:"对于入选的文篇,依据我们的目标,定了些标准。有爱国思想的,反对封建迷信的,抱着正义感,反抗强权的,主张为群众服务的。就思想方法说,逻辑条理比较完密的,我们才选它。换句话说,那篇东西在那个时代那个环境那些条件之下是有进步性的,我们才选它。"①

应当说,一套严格划一的部颁教材,如果不是内容特别恶劣的话,自然也会有它在某方面的好处,——尤其是在师资匮乏的情况下,这套质量较有保障的教本,至少会相对平齐地框定教学内容,尽管谁也无法担保在这种情况下,那些水平参差不齐的教师们,还能分别道出几分其中的神髓。不过,如果就"集一时人物之盛"西南联大而言,以及就它此后又分成的三大名校而言,这种严格划一的教材之短处,也同样是昭然若揭的,那就是即使一所大学拥有最好的师资,这些人也再没有尽兴发挥的空间了;而且更加要命的还在于,由于让他们去当堂对同学讲授的,已不再是任随他们去"自由"选择的——又说到这个至关紧要的字眼了——他们也就无法再去感受到创造的

---

① 叶圣陶:《大学一年级同学学习文言的目标和方法》,《叶圣陶语文教育论集》(上册),北京:教育科学出版社,1980年,第98页。

乐趣了,从而对于教书的兴致也就注定会锐减下来。

更不要说,一旦这种"严格划一"被带到了深沟里——就像文革时代那样干脆用"最高指示"来教人识字——那么,这种内容统一的部颁教材,也就只能严酷地意味着"无一漏网"了。从这个意义来看,无论是发作为"微瑕"还是"沉疴",这种要求"严格划一"的制度缺陷,实都来自同一个深层的病根。也就是说,一旦有了明文的"划一"规定,也就同时意味着,由此而出现了相应的内容"禁区"。而越来越糟糕的是,如果这种可怕的内容"禁区",还是由越来越不学无术的人所划定,或由越来越强势的政治力所框定,那么此后所导致的教育效果,也便早已是可想而知的了。

所以,也只有到了"红轮"渐停、开始拨乱反正的时候,经由上面还算大致清晰的梳理,我们才能对照西南联大留下的这份遗产,来更准确地厘清当今教育的症结所在。——曾几何时,在不断加强的外来压力下,我们先是迫于西方榜样的压力,在民国把经学改造成了"国文"课程,后又效仿着苏联模式的示范,到新中国成立后把"国文"改造成了"语文"课程。而如果所谓"国文"的课程,总还可以勉强算得上是"中体西用",总还能附丽上一些本土的价值,那么所谓"语文"课程,就把索性把这个"中体"给彻底剥离了,甚至在走向荒谬的极端时,就干脆只用"老三篇"之类来教人识几个字了。

换言之,如果正如法国学者皮埃尔·拉孔布和德国学者海因茨·魏斯曼所强调的,只有日渐得以精熟掌握的、作为一种"文化语言"的母语,才能帮助一个人逐渐获得"援引共同语言与文化遗产的能力",从而拥有"在思想与表达上创新的可能性",那么,我们到后来所开展的"语文"教学,则是越来越明显甚至自觉地违背着下述学理的,从而也便是越来越有害地在阻碍心智发育的——"个体运用的语言与他每天面对的或新或旧的机构使用的语言是相同的。但'同一门语言'并不意味着个体可以直接掌握它,而恰恰相反:若想掌握它,学校则必须教会个体承认在母语中存在着未知与不明,并随后对这些他要生活的、如此遥远却又如此贴近的领域进行解释,以便越过这个障碍。称这些领域是贴近的,是因为个体被它们包围着;称它们遥远,则是由于每个领域都会趋向根据自身动力来发展,并将自己封闭在一种专门的语言中。理解这些领域需付出解读的努力,而掌握母语则是这一步的前提条件。面对当今世界的晦涩不明,掌握母语打开了一条通往自律的、完整存在的道路。"①

不过转念想来,如果基于"红卫兵"的挑剔或警惕眼光,那么这种故意铲除"文化语言"的做法,大概也刚好是他们"有意为之"的,——干脆免得学生们在识几个字的过程中,还能跟传统文化或"封、资、修"发生任何的瓜葛。换句话说,即使是在那个荒唐的岁月里,人们也并不是当真就看不到了,在祖国的语言文字背后,还水乳交融着古代文明的价值认同、情感熏陶与文化理想。然而,也正因为看到了这种有机的连带关系,他们为了表现和传递出日渐严峻的政治压力,就反而要越来越走向另一个极端的偏颇,只强调语言文字的"工具性",只把我们的母语贬低为一种"功能语言",而忽略、否认和抹杀它的"价值"和"意义"。

可无论如何,既然有了现在挖掘出的这部教材,我们便也可以在相当清晰的比对下,发现那类荒唐岁月里的荒唐做法,也正是在跟西南联大的教授们,去自觉地"划清界限"乃至"针锋相对"的。——比

---

① 皮埃尔·朱代·德·拉孔布、海因茨·魏斯曼:《语言的未来:对古典研习的再思考》,梁爽译,南京:译林出版社,2012年,第5页。

如朱自清就曾明确地认为,虽说"大学国文不是中国学术思想,也还不能算是中国文学,它主要的是一种语文训练",然则"大学国文不但是一种语文训练,而且是一种文化训练。'文从字顺'是语文训练的事,'辞明理达'便是文化训练的事。所谓文化训练就是使学生对于物,对于我,对于今,对于古,更能明达,这自然不是国文一科目的责任,但国文也该分担起这个责任。"[①]

不过,如果朱自清的上述文字,尚是在言说此中的"道理",那么,对照一下此后的实际发展,则"理"与"势"之间却是渐行渐远。而由此就可以说,其实当今教育的病状,也是从那时起便渐积渐重的,甚至魏建功早在1943年,就曾针对无论文言文还是白话文,都已经越来越写不好的高中生们说,"教大学一年级国文的先生就是神仙也难于搭救这些国文病深入了膏肓的学生!我敢说现在大一学生国文程度不好是一个积久的羸弱症候"[②]。——只是照此说来,像我这种又沦落了半个多世纪才来先教北大、后教清华的可怜人,又该在这方面讲出何等激烈的话来呢?

无论如何,既然整个中国的教育系统,都被落实为畸形的"应试教育",都是为了应付"一场定终生"的高考,而我们站在这种高考体制的顶端,却又痛感到即使侥幸考入这两所大学的孩子们,也是普遍缺乏遣词造句的灵活技巧,普遍缺乏对于祖国语言的精致感觉,普遍缺乏阅读古代典籍的流利能力,——当然,更是普遍缺乏对于中华文明的价值认同,那么,就算我们强忍着不去说出,这样的教育体制已

[①] 朱自清:《论大学国文选目》,《朱自清全集》(第二卷),南京:江苏教育出版社,1996年,第18页。
[②] 魏建功:《大学一年级国文的问题》,《魏建功文选》,北京:北京大学出版社,2010年,第266页。

经是"病入膏肓",难道还能闭着眼去胡乱高估它么?

而把话说穿,实则那些高高在上的人们,对于因为缺乏"通识""博雅"乃至"自由",并由此而太过缺乏文化的根基,中国的教育体制早被搞坏了,他们自己想必也是心知肚明的,否则又如何解释这样的现象呢?——"还是沿着当年那种'种加属差'的简单逻辑,正如专业分工曾被视为西方的最大奥秘一样,等人们沿这条斜坡越滑越远,才又在今天反过来发现:原来只有通识或博雅教育,才算得上西方成功的真正谜底!于是,那些出得起钱的高官和富商,又主要是受这种更高水平的教育所吸引,往往在孩子年龄尚幼时,就狠狠心将其送去了英国伊顿公学,或者美国爱默思学院。"[①]在我看来,这跟那些既在疯狂破坏本土生态,以追求那种明知"有毒"的 GDP,却又赶紧把家小送出国门的"裸官",在本质上并没有什么不同。

然则,且不说那种靠漂洋而获得的"通识教育",由于只是在获取大洋彼岸的通识,而跟此岸的水土有诸多的"不服",至少从教育平等的角度来说,那种代价昂贵的"自由教育",也不是大多数下一代消费得起的,而且,由此可知对于教育改革的拖延,也是会让大量宝贵资源向外流失的。——事实上,眼下几乎全世界的高等学府,都是因为这边太不注重自主性了,才想到要来中国"分一杯羹"的。既然如此,我们到底还有什么样的理由,不去尽快恢复西南联大的优良传统,以再度营造出大师辈出的成才环境?我们还有什么样的理由,不去尽快把工具性的"语文"教学,恢复成潜移默化文明价值的"国文"教学?

说到这里,也就想起汪曾祺曾经表达过的一个希望:"严家炎先生编中国流派文学史,把我算作最后一个'京派',这大概跟我读过

[①] 刘东:《诸神与通识》,《我们的学术生态:被污染与被损害的》,第 264 页。

联大有关,甚至是和这本《大一国文》有点关系。这是我走上文学道路的一本启蒙的书。这本书现在大概是很难找到了。如果找得到,翻印一下,也怪有意思的。"①在这个意义上,我们今天所做的,也正是在尝试实现他的愿望,——当然也应当看到,即使是这点小小的愿望,也是只有到了传统复归的今天,由于从民间广泛兴起了国学热,而官方也似乎开始顺应民意,才真正有了达到效果的可能。

不过,除了对未来的作家进行"文学启蒙",我对本书寄予的希望还要更大一些。回顾起来,早在几乎是一百年以前,围绕"国文"与"科学"的互补关系,罗隆基就曾在清华的校刊上这样写道:"国文者,保国者也。科学者,强国者也。有国文无科学,国存而国弱。有科学无国文,国强而国亡。重国文不重科学,中国终于今日之中国。重科学不重国文,中国非为中国之中国。"②事实上,这和我来到清华以后的不懈陈词——"内有国学,外有科学",在理念上完全是一以贯之的。

于是,沿着老一代清华人的传统,我仍在一如既往地渴望着,能够既抓住希腊文化的"科学"与"民主"因子,又抓住中国传统的"民吾同胞,物吾与也"理念,从而借助于"中体西用"的互补关系,对于病状环生的当下教育乃至逐步康复的未来文明,从本源之处就进行奠基性的改造:"试想,如果我们未来的社会共同体,能够建立在'中—希文明'的文化间性之上,既保有丰厚的传统文化资源,足以修持个人的道德心性,又能借鉴从希腊舶来的民主体制,来调节这些个人之间的关系,那么将会是一幅多么和谐又活跃的图景!进而,如

---

① 汪曾祺:《西南联大中文系》,《汪曾祺全集》(卷四),北京:北京师范大学出版社,1998年,第356页。
② 罗隆基:《国文与科学》,《清华周刊》第144期,1918年10月3日。

果将来培养出来的年轻人,都能既有'慎独'的道德操守,又有'仁者爱人'的相互关系,还更能以喜悦静观的好奇心,去探究自然物理的奥秘,那将会是一种多么成功的教育体制!如此一来,我们就将在个人与自我、个人与个人、个人与社会、个人与自然诸方面,全方位地进入良性规范,——这将是一个多么健康的、生机勃勃的文明!"①

在这个意义上,我们眼下向读者奉献的这本书,就不仅是一个仍然具有可读性的、在历史中形成的实验教本,还可以帮助大家只要打开书卷,就能追忆到西南联大那段虽属稍纵即逝、却又具有典范意义的时光。而由此一来,它也就暗中向我们提供了进行矫正的参照,并提示了必须坚定呵护的理念。手捧着这本落满历史烟尘的书,我们既为它曾达到的高度而庆幸,也为它曾被无理中断而嗟呀,不过更其重要的是,我们由此就必须再也不要忘记——

> 如果中华民族真的想浴火重生,真的想"贞下起元",乃至真的想自由自主,以从眼下的可怕废墟中走出,那么,我们就必须像西南联大的前贤那样,永远带着敬畏之心与珍惜之情,来呵护、阐发和弘扬自家的文化传统。

2014 年 4 月 18 日构思于武汉东湖
2014 年 10 月 1 日订正于清华学堂

---

① 刘东:《重新激活"中体西用":关于"当代精神困境"的答问》,《思想的浮冰》,第277页。

价值传统的积极面

在以往的岁月里,人们都是只看到了传统文化的消极面,于是就把它简单视同为发展的阻力或历史的包袱,而正是本着这种片面的认识,才会出现愈演愈烈的、一直闹到"文革"的文化毁弃,并就此酿成了整个文明的大倒退与荒漠化。

即使到了现在,就算已经在文化的废墟上出现了作为反弹的"国学热",可是如果就潜在的心理而言,人们也还只是在遭遇到了"文化毁弃"的报复之后,才从一种否定的意义上,消极地看到了随着传统消亡而来的文化失范,并由此觉出了传统还是不容小觑的。

正因为这样,才会出现把儒学价值只看成一种"私德"的说法。说到底,这还是从"西体中用论"中推演出来的,还是在认定唯独西学才有普世的价值,却罔视而不见本土文化的主体性,特别是,未能看到在中国传统的精神资源中,也同样存有对于制度文化进行建构的潜能。

所以在我看来,这一切都还远远不够。——我们还应更进一步地指出,还要看到"价值传统的积极面",看到它曾经对过往文化生活所进行的范导,以及它可能对当今乃至未来生活所进行的建构。

无论如何,如果只看到历史进程中的"路径依赖",文化传统之于我们就注定会显得过于消极,就像是迫不得已才背在背上的沉重包袱,——哪怕这包袱一时还甩不掉。然而,如果从过去的历史轨迹中看到了价值,那么这种作为思想资源的精神传统,就转而会显得积极主动,就反而成为我们上升的动力。

这一点,正如我以前曾多次论述过的,长期激进统治所造成的惨痛教训,和由顾准所率先阐发的、源自经验主义一系的社会思想,都有助于我们幡然悔悟地认识到,对于任何具体的文化共同体来说,让它生机勃勃起来的动力,都不仅在于革新和发散的力量,也同样在于聚敛和保守的力量,特别是这两者之间的动态平衡。因此,无论短少了其中的哪个维度,都构成不了维持一个共同体的"必要的张力"。

而由这一点出发,也就自然引出了我反复表述过的一个判断,在已经悄然逝去的那些岁月里,即使享有过儒学的价值范导,古代生活也并非无懈可击,这才使得人们在遭遇西方撞击后,不觉要迁怒于自家的传统;可到了正在煎熬我们的这个年代里,一旦失去了儒学的价值范导,当代生活竟被发现一无是处,使得大家又不觉想起了传统。

应当看到,中国独特的价值传统,其积极意义首先在于,它对收拾这个共同体中的人心,终究被证明还是最有效验的。——作为一种"无宗教而有道德"的文明,一方面,它的价值内核可以在正常生效时,去支持亟欲为西方进行启蒙的伏尔泰;而另一方面,一旦这种内核在激进主义的逻辑下惨遭毁弃,它偏又从当代生活陷入的巨大困境中,反而更清晰地验证出自己的历史效用。

进而,中国独特的价值传统,其积极意义还又在于,它既然属于"四大圣哲"之一在轴心时期的辉煌创造,那么,到了举世都在吁求"文明多样性"的时代,它也正是最要着力保护的精神资源。——反过来说,倒是它在保卫和护佑着我们,因为再没有别的什么东西,会像一个含义深邃的价值系统那样,对于人生显出影响深远的建构力量,教导出一个长期递相授受的文明。

　　复次,中国独特的价值传统,其积极意义还在于,它在后殖民主义风靡一时的年代,还是我们寻找主体性时的意向指归;而反过来说,又只有在这种主体性的基础上,才可能寻求到我所寻求的"中国文化的现代形态"。——这种提法意味着,这种文化形态既应是"标准现代"的,显出了对于全球化的汲取与适应,又须是"典型中国"的,显出了对于历史传统的激活与继承。

　　最后,中国独特的价值传统,其积极意义更其在于,它在这个诸神纷争的全球化时代,乃是属于整个人类的、最富普适意义的精神财富。——时至今日,即使到了各种价值理性都经由艰苦的翻译,逐渐成了摆在我们面前的思想选项,我们也看不出还有别的哪个意义世界,包括西方那个正在崩塌式微的宗教世界,可以取代这个理性主义的、和平主义的和现世主义的价值形态。

　　这种源自"先秦理性主义"的价值传统,既最为贴合人间的常识与情感,亦不跟现代科学发生任何深层的抵牾,却又不失心灵与境界的超拔与高明。正因为这样,这种"不语怪力乱神"的价值形态,就理应可以在未来的传播中,去启迪全球范围内的人类社会,即使在甩开了神学拐杖之后,仍能保持整个社会的道德水准,和保障文明历程的永续发展。

　　到了现在这般田地,我们更能稍微全面一点地看到,在过往的文明进程中,从来就存在两种相互对冲的力量,它们一个在拖拽着历史下沉,另一个却在牵引着历史上升,一个在腐蚀得共同体走向发散,另一个却在凝聚得共同体走向一体,——由此我们的文明才达到了健康的平衡,获得了动态的张力。

　　由此放眼来看便会发现,其实早从孔子那个时代开始,人们就已在不断地惊呼世风日下、人心不古了,所以,若非同样也是从那个时代起,有识之士就不断地挺身而出,来以文明的价值来约束和感化大家,从而范导出了具有道德规范的生活,那么,在任凭下坠的力量来主导历史的情况下,中国人的精神状态早都步步退化成类人猿了!

在这个意义上,我们才能真正理解"天不生仲尼,万古如长夜"的说法,知道那句老话并没有任何夸张,而不过是陈述了一个简单的事实。同样地,还是在这个意义上,我们也才能体会眼下从民间涌起的"国学热",它正像那句"礼失求诸野"的古语所讲的那样,是在普遍地、甚至下意识地在呼唤着潜藏于这个文明底部的上升力量。

只有从这一点出发,我们才能对未来获得坚实的信念。——如果说,正是对于过往生活中的积极力量或积极侧面的毁弃,才造成了当代社会的急剧崩解,和当代历史的急剧坠落,那么,迅速果决地、心悦诚服地去恢复具有积极意义的传统,也同样有可能"触底反弹"地托举起今后的历史,至少是为后人再去托举它制造出相应的文化根基。

事实上,在当今这种几近绝望的文化荒漠里,哪怕只是促动人们生出"物极必反"的信念,从而对于未来再抱持谨慎乐观的展望态度,这本身都已经是在证明"价值传统的积极面"了!

在这个意义上,我们眼下正站在其上的历史立足点,才的确有可能化作另一轮历史发展的关键转折点,——它将预示着历史进程的转而上升,它也将推动着文明运势的贞下起元,只要我们能在当前的国学热中因势利导,更重要的是,只要我们能够充分认识、平心承认和努力发挥本土价值传统在历史建构方面的积极意义。

2014 年 8 月 18 日起草于吴中水哉台

2014 年 10 月 1 日定稿于清华学堂

二 西学

什么是"阅读经验"?

伯林:跨文化的狐狸

发明传统:伪造还是再造?

什么是"阅读经验"?

一

孔夫子在《论语》的一开头,就提倡要"学而时习之",他还在别的地方指出过,"学而不思则罔,思而不学则殆"。这些进学的经验都表明了,人们为了谋求心智的正常发育,应当在"阅读"和"反思"之间,保持适当的平衡与反复的回馈。

而进一步说,根据我近来的相关体会,就连"阅读"这种行为本身,也需要再转回来进行反刍。也就是说,林林总总的"阅读经验",以及由其展开所形成的"阅读历史",这本身就是很值得反思的人类经历,而且在文明的历程中也相当关键。正因此,针对这样的"阅读经验"本身,就值得再写出不少本大书来,让大家再就阅读本身来进行阅读,从而在真正读罢和想清之后,更知道如何自觉地从事这种开卷行为。

那么,这种"阅读经验"的重要性,究竟表现在什么地方呢?也许,只需转念再这么想就能明白了:要是人们的脑袋都像块"移动硬盘",脑门也都有个高速的接口,使得受教育过程就像进了电脑装配车间,足以在同一瞬间拷贝进同样多的信息,甚至对所有的文明成果都能照单全收,那么,大部分人世间的意见纷扰,大概都会由此而戛然止住了吧?具体说来,不光是个人与个人之间的歧异,就是阶级或阶层之间的纷争,族群与族群之间的震荡不合,乃至"文明冲突"和"诸神之争",也都会从根基处被夷平了吧?

不过,真到了那么一天的话,人们会不会又觉得太过无聊呢?一旦所有的知识都归属于本能了,这简直就像蜂巢里的部落了,可被称作"机器人共同体"了。真的,就连想象一下都会憋闷的:要是凡是你能创造出的东西,别人也同样都能创造出,那你自己又何必为了灵光一闪而起早贪黑呢,还能在这创造过程中感受到什么快乐呢?此外,更让人无法忍受的也许是,到那个时候,你究竟是爱上了这位姑娘,还是爱上了那个姑娘,看来也没什么实质的区别了;就算是步入了天体浴场,或是土耳其后宫,但只要开口跟她们聊上几句,竟也都是一个模子刻出来的,属于在精神上的"多胞胎",那还能找到什么乐趣呢?

更不要说,我长期从事的这门"比较文学",是非要见到匪夷所思的"误读"现象,具体说来,是非要啧啧称奇地见到了信息的变形、理解的误区、文化的折射,和观念的旅行,才会专业性地"见猎心喜"起来,否则就注定会感到乏味和犯困。记得有回在北大参加答辩,某位同学煞有介事地选了"但丁在中国"来做,却又在费了好多周章之后无聊地说,其实但丁的形象无论在中在西,根本就没什么出入。我都还没有来得及问上话,身边的同事便已勃然大怒起来:"既然什么问题都找不到,你还选这个题目做什么呢?"

所以幸运的是——或者读到了后边,大家更愿说"不幸的是"——至少人类现有的知识状况,毋宁是与此相反的。正如迈克尔·波兰尼在《个人知识》中所指出的,"在每一项识知(Knowing)行为中,都融进了一个知道什么正在被识知的人之热情洋溢的贡献;而这一系数绝不是单纯的美中之不足,而是他的知识的有机组成部分。"①这样一来,由于必须融入作为认知动力的主体性,求索知识的过程就难免具有"个人性"了:"从一个隐藏问题最初的前兆到探讨这个问题的全过程以至问题的解决,这一发现过程都受到个人幻想的引导,并得到坚定的个人确信的维持。"②

尽管在波兰尼看来,这种渗入求知过程中的主观性,并不能否定知识形态的客观性,相反从其最终达到的结果来看,倒唯有客观性与个人性的结合,才构成了所谓"个人的知识",不过,如果让我来稍事发挥,也可以再反过来说,这种作为最终结果的知识齐一性,也很难否定作为过程的参差杂乱。因为在一方面,只要是在现有历史阶段中,人类尚不能达到同等"阅读量",他们就必会得到不同的"阅读经验";而另一方面,又毕竟是"吾生也有涯,而知也无涯",所以同知识增长的外部环境相比,个体的生命却只能一再地"重启",而他们的教育水平也必然一再"归零",由此他们所能达到的知识状态,就总要处在某种"未完成"的参差状态,而他们由此所建构起的主观世界,也就总要表现为千差万别。

二

接着往下推想,只要不能像前面虚拟的那样,可以在一瞬间高速地拷入全部知识,或者干脆在胚胎里就植入全部知识,而只能照现在

---

① 迈克尔·波兰尼:《个人知识》,贵阳:贵州人民出版社,2000年,第3页。
② 同上书,第462页。

的样子,指靠"十年"甚至"数十年"的寒窗,来一本接一本地刻苦攻读,那么,即使人们最终读得一般多,也不可能达到知识的均衡状态,——既然阅读的前后次序总不会相同,他们还是会得到不同的"阅读经验",从而建构起不同的主观世界。

这种由"阅读过程"留下的特殊痕迹,更值得我们去仔细回味。回想起来,以往无论打开什么人的传记,都会发现主人公的心智发展,他那独特精神世界的开悟,他那独特个人秉性的养成,都跟具体"阅读经验"连在一起。于是,且不说五光十色的"阅读背景"了——那还要更复杂地包括文化、语言、家教和身体态度等等——任何人只要是最先读到了哪本书,那么,这本书就自然在这位阅读者那里,占据起最为显要的、先入为主的位置,而他于不觉间也就要基于它的内容,再筛选性地接受此后读到的内容,而且,就算他最终又决定放弃了这本书,也必要经历脱胎换骨的、大彻大悟的解脱。既如此,也就不妨再反过来说,其实任何特别的"阅读轨迹",都必然呈现为一个活生生的、不可复制的生命。

而这下就更有意思了! 如果说,从最终达到或正在无限趋近的、所谓"客观知识"的角度,我们总还可以判断某种知识状态的对与错,那么,若再换从这种自始至终都要处于过程中的、"个人知识"的角度,我们却又会恍然大悟地发现,就连这样的判定尺度本身,都显得太过简单和粗暴了。毕竟,此中最大的吊诡还在于,我们本人的知识状态也同样处在过程中,也同样具有各不相同的"个人性",那么,谁又能代表具有"唯一性"的"客观知识"本身,来判定别人的知识状态究竟是对是错呢? 缘此,看来我们也只能再掉换一个角度,转而从更积极的意义来认定,实则每一种独特的"阅读经验",都是很有个性的和弥足珍贵的,也都能让我们借由这些新鲜的体验,并由此通过千差万别的主体性,来发现前所未知的人生问题,或至少是旧有问题的新颖侧面。

还可以接着想象,其实不光是那些读书不多的人,既然未能共享到基本的"通识",会由于偶然形成的"阅读经验",而建构起主观世界的相对性;即使是那些"学富五车"的人,就算全都通读过"最低限度"的书目,也照样会因为彼此不同的"阅读经验",而获得五光十色的精神世界。——这当然又是由于,他们此后还会沿着不同的学术专业,而进入了更加歧异的、几乎"老死不相往来"的知识专区。甚至,即使他们此后又想克服各自的褊狭,也只能从自家业已形成的"专业性"眼光,去收纳其他领域中的不同知识,并将其"同化"到自家固定的头脑中来。正因为这样,才会形成萨义德所剖析的那种"东方学";而且再公平地说,中国学者由于同样的原因,也是一直都有自己的"西方学"。

更可以再接着想象,这种具体而微的、千变万化的"阅读经验",又不光要表现在单个个人的独特经历中,还更表现在整个集体的共同经历中;而这就给了专事"比较"的思维方式,以更为广阔和更具启发的发挥空间。比如,回顾一下宋明理学的发展轨迹,以及由此所带来的、影响至今的历史效应,或者回顾一下现代中国的思想历程,以及由此带来的、积重难返的现实影响,这也都跟人们当时在文明的边界处,最先读到了哪个方向的哪本书有关,甚至,还更跟他们自以为已经掌握了它、实则并未真正"读过"(或并未真正"读懂")它有关。

由此晚近以来,不光在回顾过去的思想进程时,即便在反思当代的思想进程时,我也往往会将自己注意的焦点,自觉地集中在对于特定"阅读经验"的回顾上。比如,在谈及韦伯著作与当代中国的关系时，我就结合着具体作品的翻译进程，和中文语境里急转直下的氛围转变，回顾过针对它们的、各自不同的"阅读经验"。因为，根据我本人的回顾与归纳，居然在不到二十年的时间内，韦伯就跟儒家遭遇了三次，而且每次的角度都迥然不同。——具体而言，如果在最开始的那一次，是由韦伯来拷问中国的儒家，追问它何以不能带来现代化，那么，在此后的第二次，则是由韦伯主义来自我更正，解释它何以带来了现代化，而到了最新的这一次，"接受精神拷问的不再是儒家，反倒是韦伯本人以及形形色色的韦伯主义者了。适逢此时，福柯和赛义德从学术史方面对西方知识的颠覆也正好刚刚运抵思想码头，所以，大家就正好顺着《东方学》的思路，从西方知识生产的话语体系内部，去重新审视韦伯那些富于启发的社会学灵感，发现它不管何等激越和超迈，仍有其难以自觉和摆脱的局限和偏见"①。

进而，我还基于"阅读经验"的发展，提出去主动创造对于韦伯著作的、更加心平气和、也更富于创造机运的解释语境，从而去呼唤韦伯与儒家的第四次相遇。"国际学术界从来就是不相信眼泪的话语竞争场，只要我们不能针对中国事实提出更加贴合的模式，就无法只靠怀疑某种理论模式是生搬硬套，便杜绝它跟本土经验的尝试性磨合。因此，我们必须认识到，不仅在许多汉学家那里，甚至在许多本国同行那里，解释中国的韦伯模式都远未彻底失去活力，还会以各种变相的形式或隐或显地表现出来，直到我们终于拿出更具解释有效性的理论来。"②

同样地，在反思伯林著作的迻译过程时，我又针对着当代中国就

---

① 刘东：《韦伯与儒家》，《理论与心智》，南京：江苏人民出版社，2001年，第176页。
② 同上书，第180—181页。

此表现出的、既难得又反常的阅读热情,向飞来北京参加研讨会的国际同行,提出了基于这种"阅读经验"的新颖诠释,从而向他们展现了也许伯林原本就有、却被其后学们遗忘了的精神侧面:"坐在我旁边的西方同事,几乎刚下飞机就问我:为什么你们还对伯林这么感兴趣呢?我当然也能理解他为什么要这样问,因为罗尔斯简直就像是'我花开后百花杀',把他之前的自由主义者全都给格式化了,好像对于专业的政治哲学家来说,此时读不读伯林都已经无所谓了。然而,中国读者对于伯林的阅读,却首先不是把他当成一个政治哲学家,而是当作一位跨文化的思想史家,至少在我们已经译出的——包括安排翻译和将要出版的——14本书中,有13本书带来的都是这样的信息。也许我们的西方同行,会把所有的这13本书,都当成他另一本《自由五论》的铺垫和脚注;但反过来,对你们的中国同行来说,这些书本身就有其独立的价值。"①

甚至,针对着潜存于不同"阅读经验"中的这些歧义,我还向那些国际同行们进一步指出,正如所有的"误读"都可能是"创造性阅读"一样,在这种针对伯林著作的"诗无达诂"中,反而可能隐藏着一种充满文化主动精神的、因而完全站得住脚的思想理由:"实际上,这种在阅读态度上的分歧,也牵连到了我们这两天讨论的、存在于伯林那里的深刻矛盾:到底是自由主义呢,还是价值多元主义?如果仅仅把伯林理解为一位自由主义者,那么他就只是一位西方历史中的思想家,不仅已经被自己的历史所超越,而且就连那些超越了他的思想家,也在等待着很快又要被新人超越。要命的是,如果只能是这

---

① 刘东:《对于伯林的中国阅读》,载刘东、徐向东主编:《伯林与当代中国:自由与多元之间》,南京:译林出版社,2014年,第2—3页。

样,那么我们这些中国学者该怎么办？恐怕就只有一边反复去阅读罗尔斯、一边焦急等待着你们新的思想英雄。然而,如果把伯林理解为一位价值多元主义者,一位寻绎思想轨迹的历史家,和一位跨越文明的研究家,那就给了我们一个平等讨论的平台,和一种内发的和真正的精神主动性。"①

如此说来,这种横看成岭侧成峰的、往往新意迭出的"阅读经验",岂不是越繁多、越复杂、越歧异就越好了吗？然而,但凡硬币都有另一面,且到下一节中再来分解吧。

三

无可否认的是,既然在每个人的头脑中,都只安放着分属自己的"个人知识",而我们置身其中的这个社会,又要由这些单个个人去组成,还要由这些单个头脑来确认它的存在,乃至去反思它的出路,那么,问题的负面效应就势必表现在,也正是那些言人人殊的"阅读经验",构成了拥塞在社会道路中的不同"意见",并且往往会酝酿出各种社会冲突,而且只要是稍微弄得不好,就很容易导致索福克勒斯意义上的死结,或者知识社会学意义上的落差甚至悲剧。

先从不那么切近的例子说起。记得我当年在海德堡大学担任客席时,曾以一篇题为《学识与常识》的文章为导言,谈到了对于美国汉学同行的某些观感。在那篇讲演中,自己是这样来告诫那些洋学生的：你们作为汉学研究的后备队伍,几乎是有关中国的知识学到得

---

① 刘东:《对于伯林的中国阅读》,载刘东、徐向东主编:《伯林与当代中国:自由与多元之间》,第2—3页。

越多,等到再转而面对你们本国的公众时,就越会遭遇一种几乎无解的矛盾,那就是在"学识与常识"之间的冲突。事实上,越是在实行民主制的国家,这样的矛盾就越会清晰地凸显。——那里的公众既不具备相应的"学识",顶多只有些通俗而且残缺的中国"常识",却又握有能间接影响决策的选票,而这样一来,越是到了他们要投票的年份,政客们就越会投他们的所好,即使明知那是在曲意地逢迎,从而使得大洋彼岸的中国政策,就像每四年都要打一次的"摆子"。

按说,自己由于长期的过从交往,总还算有一批汉学家的朋友,所以他们在这方面的无奈乃至苦痛,我也总还能有些体贴和了解。不过再反过来想,大约此间也掺入了自家的感慨?换言之,既然此乃知识社会学意义上的冲突,那么,当自己在面对本国的事务时,又岂会没感受到相应的无奈与苦痛?只不过它会表现为别样的形式,而且我也早就对此习以为常罢了!真正说到痛切处,如果跟"客观知识"的状态或要求相比,那么,由不同"阅读经验"所造成的"个人知识",以及由这些"个人知识"所铺垫起的、参差不齐的精神高度,使得整日充斥在我们耳边的,都不过是些既褊狭又有限的"意见"罢了,它们如废弃的泡沫一般漂浮在弄脏的水面,让人们很难再去下探到水底的问题。——实际上,我们在当代所遭遇的很多困境,其终极的症结盖出于此。

这种困境也并非仅限于当代,而几乎可以说是"千古如是"的。自从我从北大又调到了清华,来复建这个曾经辉煌的国学院,就总会遇到一系列的难题,有的是被什么人劈头问到的,有的则是从心头油然产生的;而其中最让我感到耿耿于怀的,则是梁启超在写作《欧游心影录》时所面对的、同样属于知识社会学意义上的意识"超前"问题:"梁启超想向国人如实传达的文化信息,在他那个时代仍嫌太过超前了,以致反而听起来像是一派'天方夜谭';正因为这样,这种'超前'就尤其对那些正要把'理想中的西方'当作模板——尽管也只能是各不相同和互不相让的模板——来改造自己国家的'先进的'中国人来说,反而显得相当之'落后'和'落伍'。"①

毫不夸张地说,每当你目睹此后历史的可怕失误,而再追溯到当年的道路分叉时,都会遇到这类因为自己弄"不懂"、便去判定别人定然"失足",或者因为别人太过"先进"、便被视作注定是"落伍"的例子。——比如,在同一个思想的论域中,我又曾针对着人们当年对于严复的追捧,来指出他们彼时理解辜鸿铭的难度:"原来这两个人从一开始,就是一个学器物的、一个学文化的。也就是说,尽管严复本人——主要是在归国以后——确实在西学方面很下过功夫,然而这位所谓'近代西学第一人',在文化观念上却只属于业余客串;而相形之下,倒是那位曾被极度丑化的辜鸿铭,曾经学过更加专深的文科学术,还是英国大思想家卡莱尔的正牌弟子!由此也就可知,在任何的一种文化历史中,'倾听'二字都是一个重要的关键词,因为对于不打算或者来不及倾听的耳朵来说,再正确的言说也根本就不存在。"②

正因为走上了上述的岔路,才导致了当今中国的特定困窘;于是,满眼都是这类困窘的人们,也就难免会把当初没走上"正路",视作所有紧迫问题的关键症结,这当然也是有一定理由的。不过,如果再深探一步,人们当之初所以这么"欲速则不达",要是考虑到后期梁启超的落寞,也是同样跟知识社会学意义上的矛盾有关吧?此外,

---

① 刘东:《未竟的后期:〈欧游心影录〉之后的梁启超》,《中国学术》第三十期,第78—79页。
② 刘东:《严复和辜鸿铭:跨文化对话的开敞与遮蔽》,《文景》杂志,2010年9月号。

如果能再远看一步,考虑到前面讲过的、美国汉学界在"学识与常识"间的困扰,则即使走上了那条"正路",也不可能彻底解决这类的矛盾,而只能改变它的表现形式与程度。由此在这个意义上,此类矛盾会持续得更加久远,因为它藏在我们更深的本性中。

把话说到这里,就很想再重述一个久有的感慨。我们实在不能不加分别地,就跟着高尔基去无原则地乱讲,书籍从来都是"人类进步的阶梯";反过来说,书籍又往往是"人类堕落的滑梯",甚至,对于高尔基本人更是如此。所以,从对于"阅读经验"的上述反思中,已可以警觉到在读书的过程中,其实还有个深刻的"必然与自由"之辩:"有些人天性就不会读书,所以一旦他好不容易摸着了一本,自以为读出了一点味道,那么就干脆决定,自己此生只相信这一本了,这是把读书能够获得的自由,由于自家的偷懒和无知,反而糟蹋成了必然,把读书能够获得的上进,也干脆糟蹋成了下坠。这种人的心智,往往还不如干脆不读书的人,因为他被一个偏颇的理论给永远地捆住了。"①

正因为这样,在已然作为"宿命"的"阅读经验"中,如果我们又想要去对抗这种"宿命",那就必须随时随地地警觉到:一方面,读书当然需要"读进去",当然需要"同情地理解",否则就根本不能窥其堂奥;但另一方面,也不能刚读到点什么,特别是因为并不特别勤于开卷,就决计这辈子只喜欢或只信奉什么了,否则,你借以谋取"自由"的阅读手段,就反会沦为你最偶然的"宿命",——只取决于你最先摸到了哪本书!

---

① 刘东:《沿着八十年代的心力所向》,《近思与远虑》,杭州:浙江大学出版社,2014年,第 296 页。

也正因为这样,尽管作为那套丛书的主编,可以算取得了小小的成功,但我完全无意去沾沾自喜,倒很想借着伯林著作的走红,来提示对于"阅读经验"的拓宽:"中国需要一个全民重新阅读的过程。比如你刚才提到的伯林,他无疑受到了堪称例外的追捧。然而,他毕竟是个承前启后的人,也是个思想漩涡中的人,那么,他的思想先驱到底有哪些,他的学术后劲又究竟有哪些,他的思想对手又到底分几支?这都是需要进一步深究的问题,而只有顺藤摸瓜去研读下去,西学的内在脉络才会慢慢向我们展现。有的人只读了一本《自由论》,就认为这是伯林思想的全部,甚至认为这就是西方思想的精华,这样一种简单化的读书态度,其实和早年的激进派没什么区别,那些人顶多是粗读了《资本论》,甚至可能连《资本论》都没读过,就把人世间所有的不平与不公,全都归罪于对于'剩余价值'的虚拟剥削,而从此之后,他们便再也不读别的什么书,只是一门心思去搞社会运动了。"①

至此,我们总算看清了"阅读经验"的负面。正因为既不能先天就获得应付环境的本能,又不能在后天于瞬间就完成教育过程,我们这种总是在走向"客观知识"的人科动物,才出现了各个阅读个体之间的不同,乃至各个阅读共同体之间的不同,乃至基于这些不同的激烈纷争,乃至基于这些纷争的无休无止的宿嫌与世仇。——到了将来,要是发现有哪种到访的外星人,可以轻而易举地克服掉这些矛盾,我们必会对他们感到无比艳羡。

不过话说回来,虽说这种"阅读"方式之于我们已属"宿命",我们还是只有再来靠着加强这种"阅读",才能部分地对抗这种"宿

---

① 刘东:《沿着八十年代的心力所向》,《近思与远虑》,第295页。

命"。——就个人"阅读经验"的发展而言,尽管还是只能一本接一本地开卷,并由此而在各自的心智上,打上不同路径依赖的痕迹与曲率,但我们还是不禁要从内心深处,去羡慕那些最终能"无所不读"的饱学之士,从而希望自己的这个小小心胸,也都能逐步从褊狭走向全面,以规避人生中的种种有限性陷阱。换句话说,正因为我们的"阅读经验"难免是独特的,我们就更应当保持它的开放性,由此而开启变得与别人"此心攸同"的道路。在这个意义上,任何一个具体的阅读起点,哪怕它再是显得无比雄辩、无所不包,也不应该是我们阅读的终点;相反倒应当想到,正是这样的阅读起点,才激起了我们的阅读兴趣,才引起了持续不断的阅读运动,直到心智能像清华国学院的院训那样,变得"宽正,沉潜,广大,高明"。

进一步说,就集体"阅读经验"的发展而言,尽管我们已经通过反思而认识到,"个人的知识"不可能完全达到整一,可就算总是处在这样的过程中,如果心智分散的程度有所不同,则对社会的效应还是大不一样的。正因为这样,即使已经认识到了"阅读经验"的歧异性,也不能因此便去干脆放纵它,否则光是这种知识社会学意义上的矛盾,就足以使得人类的主观之间,永远都陷于无休无止的、又都自以为是的纷争之中,而整个人类也就彻底失去了前途。所以,对于日益趋于整一的知识境界,至少还必须去心向往之,并力图通过各种行之有效的手段——比如大学里真正自由的通识教育,比如倡导良好"听德"的学术研讨会,再如足以去分享"阅读经验"的书评杂志(就像"读书奖"之前的《读书》杂志)——来逐渐治疗我们自身的精神疾病,并且至少进而去控制住全社会的深层疾病。

2015 年 2 月 13 日于三亚湾·双台阁

伯林:跨文化的狐狸

一、消极自由与当代中国

那场史无前例的浩劫过去以后,正是鉴于来自欧陆的历史决定论和价值一元论已给当代中国造成了空前的灾难,也是鉴于这场"空前"却未必"绝后"的灾难的浓重阴影,人们便不能不向一个勇敢的先觉者表示他们迟到的敬意。这位思想的英雄就是顾准,——他当年在巨大的思想压力下,最早领悟到了英美经验主义思想的魅力:

> 这就可以谈谈终极目的了。1789年、1917年,这股力量所以强有力,一方面因为它抓住了时代的问题,一方面是因为它设定终极目的。而终极目的,则是基督教的传统:基督教的宗教部分,相信耶稣基督降生后1000年,基督要复活,地上要建立起千年的王国——一句话,要在地上建立天国。基督教的哲学部分,设定了一个"至善"的目标。共产主义是这种"至善"的实现。要使运动强大有力,这种终极目的是需要的,所以,当伯恩施坦回到康德,即回到经验主义,说"运动就是一切,终极目的是无所谓的"时候,他破坏了这面飘扬的旗帜,理所当然地要成为修正主义。……

说过这一段话,民主这个问题似乎也好解决一些了。革命家本身最初都是民主主义者。可是,如果革命家树立了一个终极目的,而且内心里相信这个终极目的,那么,他就不惜为了达到这个终极目的而牺牲民主,实行专政。……反之,如果不承认有什么终极目标,相信相互激荡的力量都在促进进步,这在哲学上就是多元主义;他就会相信,无论"民主政治"会伴随许多必不可少的祸害,因为它本身和许多相互激荡的力量的合法存在是相一致的,那末,它显然也是允许这些力量合法存在的唯一可行的制度了。①

显而易见,只要稍稍对比一下身在英国的以赛亚·伯林对于俄罗斯思想家赫尔岑的类似信条的概括,就可发现顾准这把对准了"终极目标"的简洁明快的奥康姆剃刀,究竟是来自哪一条哲学路线:

> 他相信,生活的终极目标就是生命本身,每日每时都有自己的目的,而不是另一天或另一种经历的手段。他相信,那些遥远的目标是梦想,对它们的信念是一种致命的幻觉;为了遥远的目标而牺牲现在,或当下的可以预见的未来,必然会导致残酷而徒劳的人类牺牲。他相信,在与人无关的客观世界里找不到价值,价值是由人创造的,并随世代的转换而变化,但仍然约束着那些据此生活的人们;痛苦是不可避免的,而绝对可靠的知识既是不可企及的,也是不必要的。他信奉理性、科学方法、个人行动和经由经验发现的真理;然而他倾向于怀疑,那些对普遍公式和定

---

① 顾准:《从理想主义到经验主义·民主与终极目的》,北京:光明日报出版社,2013年,第137—139页。

律、对关于人类事务的规则的信念,是一种非理性的、有时是灾难性的企图,企图摆脱生活的不确定性和难以预测的多样性,逃向我们优美幻想的虚假保障之中。①

接下来要说的是,就我本人的记忆所及,中国人真正较早接触到来自英伦的以赛亚·伯林的思想,那就应该是在1989年5月号的《读书》杂志上。而即使把写作和发表所需的时间都算进去,构思那些文章的时候,也已经是"山雨欲来风满楼"了。大家应当都还记得,那期杂志上的头一篇,是甘阳利用了伯林《自由四讲》的台湾版,而以"消极自由"为口号,在为某种曾经引起过普遍失望的退避态度进行辩护:

> 那么,"社会责任感"错了吗?"忧国忧民"不好吗?当然不是。全部的问题是在于:当你怀抱社会责任之时,当你忧国忧民之时,你与这"社会"、与这"国"和"民"是否还有某种界限?或者说,你是否还有某种作为一个"个人"所必须具有的、无论如何不能让弃的东西?一种回答是"没有",我与社会、国家、人民是完全一体、完全同一的,我没有任何个人的东西不可以让渡、不可以放弃;另一种回答则是:"有",我与社会、国家、人民并不是完全一体的,我有我自己的绝对独立性,我有任何时候都不能须臾让渡的东西,这就是:我的"自由"。……
>
> 五四"个性解放"所向往的"自由"说到底是十九世纪浪漫主义文艺家所标榜的"意志自由",而绝不是真正意义上的自由

---

① 伯林为《往事与随想》的英文版所写的序言,转引自马克·里拉、罗纳德·德沃金、罗伯特·西尔维:《以赛亚·伯林的遗产》,刘擎译,北京:新星出版社,2006年,第26—27页。

即"公民自由"。当代政治哲学一般把前者称为"积极自由"（positive Liberty），而把后者称为"消极自由"（negative Liberty）。真正的"个人自由"首先强调的是"消极自由"而非"积极自由"，亦即如前所述，个人自由乃是最低原则，而非最高原则。正如自由不能被他物所替代，同样，自由也绝不妄想涵盖一切，取代一切，"自由就是自由"，不是别的。①

时至今日，权且放过写作上述文字的具体动机吧。无论如何，在那个时候能向国人宣讲作为当代西方政治哲学家的以赛亚·伯林，还是令大家耳目一新的！虽则如今我们真正对伯林了解多了，仍会觉得那种简单的引用还是太过性急，并没有能真正深入到伯林本人的复杂内心。——从学理的层面来说，当时最为要害的症结是，就这么来套用所谓"消极自由"概念，来躲闪硬生生摆在面前的无可回避的社会承当，那是绝对地误用和滥用了伯林。正如我们后来所惊喜地读到的，其实以赛亚·伯林本人，反而曾经最被他同时代的俄罗斯知识分子的坚忍担当意识所震撼与吸引：

> 他所热爱的俄国思想家赫尔岑和屠格涅夫使他对思想产生了强烈的兴趣，并且让他感受到他们身上那种毫不逊色于自然或是社会制度的征服力量。同样来自于俄国传统的还有对知识分子本质上所具备的劝诫和道德功能的认识。②

再比如，作为赫尔岑的欣赏与追随者，伯林不可能没有从前者笔下读到过这样的对比性批评：

---

① 甘阳：《自由的理念：五·四传统之阙失面——为"五·四"七十周年而作》，《读书》1989年第5期。
② 伊格纳季耶夫：《伯林传》，罗妍莉译，南京：译林出版社，2001年，第396页。

西欧人最后形成的那种孤芳自赏的个性,起先我们觉得它与众不同,继而又发现它片面单调。他们始终踌躇满志,他们的自负使我们气愤。他们从不忘记个人的得失,他们的处境一般并不顺遂,心力大多花费在生活琐事上。

我并不认为,这儿的人从来就是这样;西欧人不是处在正常的状况——他们正在退化。没有成功的革命风起云涌,没有一次能使他们脱胎换骨,然而每一次都留下了痕迹,搅乱了人的观念,于是历史的潮流顺理成章地把污浊的市民阶层推上了主要的舞台,挤走了被铲除的贵族阶层,扼杀了民间的幼苗。谢天谢地,市民精神与我们不能相容!

我们无所用心也罢,精神不够深邃,行动不够坚定也罢,教育方面太幼稚,修养方面太贵族化也罢,但是我们一方面既更懂得生活的艺术,另一方面也比西欧人单纯得多,我们不如他们那么与众不同,然而比他们更全面。我们这里有识之士不多,但这些人才华横溢,气度恢宏,决不受任何局限。①

另外,再从历史判断的角度来看,那种断言五四之"阙失面"的说法,也同样是太过性急地对于一场复杂的文化热潮,贸然给出了以偏概全的总体否定。而如果对照一下具体的史实,正如我此后的个案研究所示,其实恰恰是在那场运动中,中国的文化人才第一次自觉或不自觉地,接触到了与"消极自由"相关的思想概念:

周作人对于他所投入的这场文化运动,在某种程度上甚至比其主帅理解得还要深刻。——这方面最鲜明的例证,表现在

---

① 赫尔岑:《往事与随想》,项星耀译,北京:人民文学出版社,中卷,1993年,第103页。

由他领衔发起的跟"非基督教学生同盟"及其精神领袖陈独秀的那场论辩上:"我们不是任何宗教的信徒,我们不拥护任何宗教,也不赞成挑战的反对宗教。我们认为人们的信仰,应当有绝对的自由,不受任何人的干涉,除去法律的制裁以外。信教自由,载在约法,知识阶级的人应首先遵守,至少也不应首先破坏,我们因此对于现在非基督教同盟运动表示反对。"令人惊叹的是,尽管周氏在这里并未使用所谓"消极自由主义"之类的术语,但他却确凿无疑地把握到了此种主张的主要神髓,足见其天分之高!①

于是也就不妨说,对于一场众说纷纭、泥沙俱下的思想热潮,给出如此整齐划一的全盘否定,这本身就相当吊诡地太过一元论了。而如果不是这样,那么验之于历史的原生态,我们原本并不难想象,五四时代既然如此开放与奔放,它在理路和取向上就必会是多元混杂的,那时候又没有什么机构去规定意识形态的"主旋律"!所以,如果不是后世沿着激进主义的逻辑去抹下革命油漆,原本就根本不存在一个被强行诠释成的、好像是铁板一块的五四。

当然,还是应当再宽容地说一句,纵然不能无视这些思想上的磕磕绊绊,可在当年那种宏大叙事占据主导的情势下,能以英国经验主义的态度去进行相应的解毒,总还是可以诱使我们对于西方哲学了解得更加全面一些。所以在这个意义上,甘阳当年的那篇文章,跟陈维纲较早前那篇同样发表在《读书》上的意在解构卢梭"公意"观念的文章,在思想取向上仍有异曲同工之处:

---

① 刘东:《失去儒家制衡的"个人主义"——周作人案例研究》,《理论与心智》,南京:江苏人民出版社,2001年,第104页。

卢梭的根本错误,在于他抽掉了民主的价值基础。当他宣称多数人有权剥夺少数人的权利,宣称主权者有权迫使公民服从其所规定的"自由"时,他已经否定了人道主义原则,否定了人的本质。这样一来,构成社会主体的已不再是人,而是国家本身。国家取代人而成了目的,成了中心。

在这里,我们便接触到了卢梭社会哲学中最核心的思想——普遍道德观和国家至上主义。他所理解的人,并不是自由发展自己的主体,而是遵从某种特定道德观念的公民。这种力图将人变成某种普遍道德复制品的思想不仅反映在卢梭的学说中,而且也支配了雅各宾专政的整个实践。这种把国家当作目的,把人作为手段的理论在实践中的第一个直接后果,就是把人分为国家的有用手段、工具和对国家有害或不利的工具。它暗含的结论是为了国家的利益应该无情地消灭后者,这样,本来是为了人的自由和解放的革命,最后变成了维护国家,维护某种普遍道德的革命,变成了消灭人的革命!①

当然相形之下,以上这番简单的引述,还只是从思想的萌芽过程来回顾以赛亚·伯林在中国大陆的最早回声。——比及九十年代以后,一旦那些更早接触过这类思想的华裔学者纷纷漂洋来访,诸如此类的说法就更是屡见不鲜了,因为英美思想正是他们的看家本领,而且他们所擅长的这种家数,又正好可以切中当年大陆思潮的某些要害。比如,张灏在前几年也曾发表过诸如此类的访谈:

高调的民主观由卢梭开其端,然后黑格尔,然后马克思——

---

① 陈维纲:《评卢梭人民主权论的专制主义倾向——读〈社会契约论〉》,《读书》1986年第12期。

这些人所倡导的民主自由观念,我为什么称之为高调的民主观呢?卢梭所追求的自由不是自然的自由,而是人的自由和政治上的自由,就是人生活在人群中所有的自由,他的自由观里面道德感非常充实。卢梭把人分成两个自我,一个是内心深处的"精神我",一个是外在的"躯体我"。所谓自由以及与自由有关系的公意,不是一个普通人躯体的、感官的要求,而是每个人真正的、内在的心灵要求。所以卢梭说,"精神我"常常也就是群体的公意,"精神我"也是可以跟社会的"大我"连在一体的。换句话讲,你个人、表面、躯体的"小我"说的话常常是肤浅的,不能代表你真正的人的精神要求,而民主所要发展的,是人内在的精神的自由,这才是最珍贵的——这个东西在西方也是很重要的,就是"积极的自由"。……

高调的民主观在西方近代常常以"共和主义"为出发点,对民主思想有其重要贡献,但也有危险性。一方面,因为民主政治的现实常常与道德理想有很大的差距,容易使人失望幻灭,因而有产生民主政治逆转的危险。更重要的是,这种民主观里面时而出现一些激化的倾向,可能使政治走向权威主义甚至极权主义的道路。

另一方面,高调的民主观可能导致"民粹意识"的产生,因为它认为民主表达的是人民的公意,而人民的公意不是指构成人民全体的众多不同集团利益的协调整合,它也不代表全体个人私意的总和,而是指存乎其中又驾乎其上的道德意志——这公意既然不是反映现实社会中个人或利益集团的私意,便很容易产生一个观念:真正能体现公意的是一个高瞻远瞩的先知型的领袖或者道德精英集团,他或他们可以代表或领导人民实现他们"真正的意志"。①

众所周知,最坚持不懈地推广此类观点的,则又要数早年曾跟哈耶克念过书的林毓生。——也许是性格使然,他可以在不同的时间和不同的场合,反复地甚至不厌其烦地去伸张同一个观点。也正因为这样,我才会在一篇评议他的学术贡献的文章中,捎带着也描述了大陆的学风在经验主义思想方法的影响下,顺应着改革(而非革命)时尚而发生的丕变:

> 过去,由于革命意识形态的强烈排他性,大陆学者中间虽不能说没有例外(比如顾准先生的遗著《从理想主义到经验主义》),但大体上却未能对自柏克以降的思想脉络给予应有的重视。而现在,怀德海、波兰尼、哈耶克的名字却一时间不胫而走,直有跃升为"显学"之势。越来越多的人开始察觉到,至少照经验主义的观点来看:向着某个理想中的历史终点的不断躁进,难保不给历史带来灾难性的后果;相反,对于传统活力的保守与开发,却可能是整个社会稳步变革的基础。②

只可惜,最为讽刺和令人失望的是,果真到了这个时候,被看作现代政治不二法门的消极自由和低调民主,却不仅没有显出什么预期的神效,反而招惹或鼓励出了更多的问题。——说白了,在这个万马齐喑的物质主义时代,正因为太过"消极"和太过"低调",没有足够的超出一己之私的民气可用,也磨合不出原本必不可少的公民文化,人们眼下根本就是"消极而不自由,低调而不民主"。甚至,恰好

---

① 阳敏:《民主应低调开始——张灏访谈》,《南风窗》2007年第3期。
② 刘东:《"创造性转化"的范围与限制》,《刘东自选集》,桂林:广西师范大学出版社,1997年,第237页。

是对应着这种时髦的论调,整个社会都因为其成员基本龟缩在小我之中,而显得公共空间严重发育不全:

> 虽然从一时看来,这种历久弥新的杨朱主义确乎在支持着当代中国的发展,因为对于私利和私欲的追逐与满足差不多已经可以说是这场现代化运动的唯一心理动机,然而由长远视之,这种并无精神向度的现世主义的紧紧封闭的"小我",毕竟又在规定着当代中国发展的局限,因为整个社会终须依靠各个成员之超出自身的祈求才能得到良好的发育。①

当然,谁对这些微妙的发展也不会是先知先觉。不过凑巧极了,刚好就在1989年5月号的《读书》杂志上,而且还是紧挨着甘阳的那篇文章,恰恰也发表了我本人于一夜间急就的《衰朽政治中的自由知识分子》。形成了鲜明对比的是,深信"执两用中"之智慧的我,却是向来都不喜欢剑走偏锋,尤其不愿意先去走这边的偏锋、好留着那边再去走对面的偏锋——当然也是受到了胡适案例的牵引——所以,尽管同样处在那场暴风雨的前夜,自己在谈论自由主义思潮时,却并未流露出一丁点儿自信,倒是对历史充满了悲剧性的预感:

> 或许并非很自觉地,胡适借此又帮助中国刚刚形成的知识分子们创造了一种新的传统——自由主义传统。这种传统的一般特点是:总是号召积极参与公共事务,但又总是注意保持个人的独立地位;总是珍重自己对于政治的发言权,但又总是超乎政治之外地不愿付出卷入其间的代价;总是强调个人的独立判断

---

① 刘东:《失去儒家制衡的"个人主义"——周作人案例研究》,《理论与心智》,第114页。

能力,但又总是愿意以社会共同利益为准;总是批评社会的种种弊端,但又总是保持一种温和节制的态度;总是和现存的政治组织离心离德,但又总是尊重和利用现行的法律秩序;总是要求社会制度的不断改革进化,但又总是不赞成使用激进的手段;总是祈望人类历史的不断进化,但又总是渴望看到这种进步能够取道于缓慢的调整;总是在内心深处对人的生存状态怀有强烈的价值理想,但又总是倾向于在现实层面采取谨慎的经验主义方法……它在小心翼翼地、左右为难地维护着个人的自由。它的优点同时也就是它的弱点。……

他的悲剧就在于:在一个衰朽的政治中,偏偏要去做一个只有在正常有序的政治中才能发挥作用的自由知识分子。他认识到了自己在一个合乎理性的民主制度下应该扮演的角色,却看不出自己在一个不合理性的专制制度下应该何适何从。他过多地寄希望于舆论的监督作用,却没有想到在一个不尊重公意的政权眼中舆论是可以置之不理的。①

众所周知,对于自由知识分子的这种局限性,胡适很早以前就曾借着丁文江之口,非常突出和反讽地表白过:

> 然而在君(即丁文江——引者)究竟是英国自由教育的产儿,他的科学训练使他不能相信一切破坏的革命方式。他曾说:我们是救火的,不是趁火打劫的。
>
> 其实他的意思是要说,我们是来救火的,不是来放火的。照他的教育训练看来,用暴力的革命总不免是"放火",更不免要

---

① 刘东:《衰朽政治中的自由知识分子:读〈胡适与中国的文艺复兴〉》,《理论与心智》,第122—123页。

容纳无数"趁火打劫"的人。所以他只能期待"少数里的少数,优秀里的优秀"起来担负改良政治的责任,而不能提倡那放火式的大革命。

然而民国十五六年之间,放火式的革命到底来了,并且风靡了全国。在那个革命大潮流里,改良主义者的丁在君当然成了罪人了。到那个时代,在君曾对我说:"许子将说曹孟德可以做'治世之能臣,乱世之奸雄';我们这班人恐怕只可以做'治世之能臣,乱世之饭桶'罢!"①

平心而论,也正是鉴于这样的消极社会现状,以及由此刺激起来的复杂问题意识,才使我们至少可以从阅读心态上去理解,为什么重新站到了过激立场上的崔之元,后来又要在同一本《读书》杂志上,转而去为刚被清算过的卢梭翻案。——说得更具体点儿,我们至少借着这种回溯了解到了,无论崔之元的论述有没有历史文本根据,陈维纲当年那种干净利落的卢梭批判,都还是把问题给过于简化处理了。

  本文针对对卢梭的误解,进行拨乱反正。论证了卢梭的"公意"理论来自他对"个人意志自由"的彻底的逻辑展开。这是卢梭对现代民主理论的最大贡献,即将个人自由与作为生活基础的人民主权内在地联系起来——彻底的自由主义必须是民主的自由主义。

  一旦我们从个人意志自由角度去理解卢梭,围绕他的"公意"理论的误解就烟消云散了。"公意"不仅不排除个人自由,

---

① 胡适:《丁在君这个人》,《胡适散文选集》,天津:百花文艺出版社,2004年,第321页。

而且以保证每个人的自由权利为基本目的,因为这是每个公民共享的"共同利益"之所在。卢梭所希望的自由,比"在法律之内的自由"更彻底,他要求公民相对于法律本身的自由,即法律必须反映每个公民共享的"公意",否则法律就变成了王权、上帝或社会中的"特殊利益"的产物,公民在服从法律时就不像服从自己的自由意志一样了。①

不过平心而论,同此后很快就陡然急转的其他人一样,上面的论述也还是留有其本身的思想缺陷。而在十几年过后,此间的要害也早已显现无遗:一方面,如果在惊喜地读过伯林之后,有些学者又转而看出了西方自由主义政治观念——特别是所谓"消极自由"概念——的局限,从而不再像以往所表现的那样,一见哪种西方学说就把它当成万应宝丹,那当然可以算得上思想的一大进境;可在另一方面,要是他们只是因为发现了这种思想的局限性——而且主要是嫌它像王国维说的那样"可爱而不可信"——就马上哗啦啦地倒向了这种思想的反面,全然不顾这个"反面"在当代中国的尚未远去的可怕阴影,那就只能陷入极度恶性的原地打转了。

细细想来,即使在如此深重的历史灾难之后,还会有人再次转向身后不远的深渊,其间的诱惑只怕也不是纯属偶然的,或者也有其深不可测的历史文化根源。——如果再把眼界放得更宽,得以发现不光是在中国大陆,而且甚至是在整个儒家或汉语文化圈,在香港、台湾乃至日本、韩国的哲学系,隶属于欧陆的德国哲学都几乎被当成了唯一的哲学,而最后由一位德国哲学家所写的最后一本书,也都几乎被当成了最终的真理或真理的代称,我们就会被一种深不可测的

---

① 崔之元:《卢梭新论》,《读书》1996 年第 7 期。

"魔咒"给惊呆了！说真的，我私下里常会为这件蹊跷事而默默出神：来自欧陆、主要是德国的哲学话语，到底何以在这块被移植过来的土地上，一变而为主导性的思想话语，取代了原有的主流意识形态，从而在深层支撑了共产主义运动，这可以说是现代中国的"谜中之谜"。

这问题需要更久长的寻思与论证。不过在眼下，至少可以先对"德国话语在中国的上升"，从一个侧面提出尝试性的解释——这大概是跟当时刚刚转化成的知识分子的特定心态有关：这些人乍从士大夫的身份转变过来，由此作为一种寻求全面发展的文化人，他们对于政治学说所表现出的渴望，与其说是在烦琐的操作层面，不如说是在激烈的玄谈层面，与其说是在散文化的科层里，不如说是在充满诗兴的快意中。而这样一来，简约素朴、一清二爽的自由主义政治理论，就宛如一杯太过平淡的乏味白水，缺乏深奥的思辨性和飞扬的文学性，不能匹配他们诗意的想象力与热情。就此还可以提出一个佐证：或许是出于同样的原因，我们现在仍然可以从身边看到，最容易摇身一变和急速左转的，特别是其中最显得意气用事的急先锋，尽管敢于从进城民工谈到亚非拉美，又从古代思想谈到世界经济，却往往都是出身于文学系的，这同样不会是纯属偶然的！

那都是不堪回首的后话了。——如果再把心情转回到当时，仍然应当公正地再说一遍：还是应当感谢对于伯林"消极自由"概念的及早传播，它赶在国人至少还比较愿意读书的那个年代，及早就在中文语境里造成了针对伯林的难得的阅读传统。以至于到了后来，即使在全民阅读率普遍下降的今天，这个阅读传统都还能帮助保住印数的底线，支撑着我们在图书市场的配合下，在由我主编的"人文与社会译丛"里，几乎把伯林的主要著作悉数译成了中文，从而也总算小小地成就了一项事业。①

二、狐疑不定的学术性格

正因为有了上面的工作铺垫,我们才有资格在汉语世界更加深入地谈论伯林。——让我先从他有关"狐狸与刺猬"的著名比喻谈起,那是伯林在一篇研究托尔斯泰的论文中,当作用来归纳性格的两极框架而提出来的。而借助于这种看似非此即彼的框架,他对主人公所提出的具体解释却又是:"托尔斯泰天性是狐狸,却自信是刺猬。"

希腊诗人阿奇洛克思(Archiloehus)存世的断简残篇里,有此一句:"狐狸多知,而刺猬有一大知。"原文隐晦难解,其正确诠释,学者言人人殊。推诸字面意思,可能只是说,狐狸机巧百出,不敌刺猬一计防御。不过,视为象喻,这句子却可以生出一层意思,而这层意思竟且标显了作家与作家、思想家与思想家,甚至一般人之间所以各成类别的最深刻差异中的一项。各类之间,有一道巨壑:一边的人凡事归系于某个单一的中心识见、一个多多少少连贯密合成条理明备的体系,而本此识见或体系,行其理解、思考、感觉;他们将一切归纳于某个单一、普遍、具有统摄组织作用的原则,他们的人、他们的言论,必惟本此原则,才有

---

① 我们在译林出版社已经和将要引进的伯林著作,除了《自由论》(修订版)之外,还包括《俄国思想家》《苏联的心灵》《反潮流:观念史论文集》《现实感:观念及其历史研究》《启蒙的时代:十八世纪哲学家》《自由及其背叛:人类自由的六个敌人》《浪漫主义的根源》《扭曲的人性之材》《伯林谈话录》《个人印象》《启蒙的三个批评者》《伯林书信集,1928—1946》,此外,也许还会包括他最早期的《卡尔·马克思》。

意义。另一边的人追逐许多目的,而诸目的往往互无关连、甚至经常彼此矛盾,纵使有所联系,亦属于由某心理或生理原因而做的"事实"层面的联系,非关道德或美学原则;他们的生活、行动与观念是离心、而不是向心式的;他们的思想或零散、或漫射,在许多层次上运动,捕取百种千般经验与对象的实相与本质,而未有意或无意把这些实相与本质融入或排斥于某个始终不变、无所不包,有时自相矛盾又不完全、有时则狂热的一元内在识见。前一种思想人格与艺术人格属于刺猬,后一种属于狐狸。我们不必强求僵硬分类,但亦毋需过惧矛盾;我们可以说,根据前述旨趣,但丁属于第一个、莎士比亚属于第二个范畴;柏拉图、卢克莱修、帕斯卡、黑格尔、陀思妥耶夫斯基、尼采、易卜生、普鲁斯特是刺猬,惟程度有别;希洛多德、亚里士多德、蒙田、伊拉斯默、莫里哀、歌德、普希金、巴尔扎克、乔伊斯则是狐狸。[1]

不知大家留意到了没有,伯林虽挑明要来描画不分轩轾的对立两极,然而人们读罢这一番对比之后,却大多都会心仪那只警觉狡捷的狐狸,而浑不觉那只把什么东西都一口咬定的刺猬有什么可爱,——比如,由此就有学者把自家书房命名为"狐狸洞"(李欧梵),却从未见到有人将它命名为"刺猬窝"。当然与此同时,大家也可以理解,任何比喻都是跛脚的,甚至也包括"跛脚"这个比喻本身。由此,也实在不必太过计较这个比喻的适用限度,而只应心领神会地从中看到,伯林正是借助于这么个比喻,向我们活灵活现地展示了某种精神性格的丰富侧面,它好奇、博学、贪心、试探、存疑、机敏、善感、警觉、胆小、惊悸、易变、随兴、温和、节制、妥协、退让、散漫、慵懒、讨巧、

---

[1] 伯林:《俄国思想家》,彭淮栋译,南京:译林出版社,2001年,第26—27页。

饶舌、幽默、嘲讽、现实、现世、世俗、人文……而且唯其如此,这才是一只既有复杂内涵、又有难逾局限的正在思想着的狐狸。

对我个人来说,读着读着也就油然联想到:其实这篇文章的作者本人,也正是他自己所描绘的那只"思想的狐狸"。伯林的这种个性特点,当然不排除其来自先天的秉性,但也肯定积淀了后天的养成,——而且在那后天的文化成因中,又至少是包含了一体两面的要素:一则是来自英伦三岛的经验主义哲学,一则是来自高蹈于文化间的价值多元主义。

同样不难联想到,伯林之所以要在分析哲学的大本营中,以"反潮流"的姿态去研究思想史,大概也正是由这种狐狸式的天性所驱动。也就是说,他那种狐疑不定的本性,原本就生怕自己遗漏了什么好东西,很难让心智满足于一门一派之成见,甚至很难安于一己之头脑的有限躯壳,——正因为有这样的心结,他才会以丰富的学养和移情的力量,去努力进入尽可能多的时间与空间,去同情理解尽可能繁多的复杂头脑。

伊格纳蒂夫告诉我们,从幼年开始,伯林一直具有一种退缩的旁观者性格;他喜欢在一个安全距离之外,观察周遭发生的事情;而如果必须进场,他总是设法透过另外一个身份表达自己。这种本能的"腹语术"倾向,令伯林自己也极为不快;它散发的怯懦、逃避意味,常令他急于为自己辩解。我们不用去猜这种倾向的来由(伊格纳蒂夫暗示,这与伯林的俄罗斯—犹太移民身份有关)。不过这个倾向,似乎正好说明了为什么伯林必须借由写他人来抒发自己的思想块垒。他最深邃精辟的作品,几乎都是描写某一位思想家、某一种特殊思想心态的产品。

这种隐藏自己主体性的倾向,赋予他另外一种特质:借投射而设身处地了解别人的能力。尤其诡异的是,他最感兴趣、也最能够深入内里的人格与心态,往往与他本人相反,尽是一些激动、极端、混乱、有旺盛生命力与强烈信念的异端分子与魅力型领袖。对于法国启蒙思想家的狂热理性主义,他抨击有加;他的批评之所以力量入骨,是因为对于这种理性主义的霸道面,他有切肤的理解。对于反启蒙思想家的浪漫主义,他的赞赏充满着同情,不过他知道那不是他能归属的世界。对于十九世纪俄国思想家的亢奋与夸张,他的掌握可能难有出其右者,不过他却深识这些人的无力与虚幻。连他所崇拜的二十世纪人物,如他对伊格纳蒂夫所言,也没有一个是"温文、善良、客气的自由派"。这种移情共感的能力,即使并非起自某种补偿情结,渴望由替身填充自己的缺憾,仍有助于说明他的思想史著作何以引人入胜。他能将思想与斯人结合;让主角的观念、欲望、情绪、向往合为一体,最后辅之以自己入戏的旁白,做生动的呈现。①

同样是出于这种性格,作为一个身处**英伦学府**的、流亡自**恐怖苏俄**的、其母语还**包含德文**的、出身于**犹太家庭**的后裔,伯林毕其一生,也总是在各种思想传统中有些左顾右盼。——由不同身份所获得的不同视点,使他总想从铁板上发现被忽略的缝隙,却又总想在变奏中发现共通的分母;而由于不想把话说绝,他又总是瞻前顾后地在提示这一面时,又不忘随即就提及问题的另一面。在这个意义上,如果连看来深受其影响的哈佛汉学家史华兹,都可以被称作"另一方面先生",那么以赛亚·伯林本人,就更应被称作"另一方面先生"。

---

① 钱永祥:《"我总是活在表层上"——谈思想家伯林》,伊格纳蒂夫(Michael Ignatieff):《以撒·伯林传》,台北:立绪文化事业有限公司,2001年,第15—16页。

如果从思想根源上说,当然是其独特的犹太出身和逃离苏俄沉船的经历,使得他由于痛感到苏联现实的可怕教训,而尤其不能放弃一条最起码的生存底线,那就是最简单的免受干涉的自由,——这被他看成是可以通分各个文明的、具有普世意义的人权标准。而如果从学术源流上讲,又正是这种从具体经验向抽象表述的上升,促使他得以在贡斯当所谓"古典自由—现代自由"的基础上,以"消极自由—积极自由"的区分,完成了自由主义理论的现代蜕变:

> 当我们试图回答"谁统治我"或"谁告诉我我是什么不是什么、能做什么不能做什么?",而不是回答"我能够自由地做或成为什么?"这个问题时,自由的"积极"含义就显露出来了。民主与个人自由的关联要比这二者的许多拥护者所认为的还要脆弱。自我管理的要求,或者至少参与我的生活由以得到控制的过程的要求,也许是与对行动的自由领地的要求同样深刻的愿望,甚至在历史上还要更加古老。但这并不是对同一种东西的要求。事实上,这两种要求是如此的不同,以致最终导致了支配我们这个世界的意识形态的大撞击。因为在"消极"自由观念的拥护者眼中,正是这种"积极"自由的概念——不是"免于……"的自由,而是"去做……"的自由——导致一种规定好了的生活,并常常成为残酷暴政的华丽伪装。①

然则反过来说,这种有关"消极自由"概念的著名发挥,对于这位充满狐疑的思想者来说,却并不意味着就此钻进了和自闭于某一理论架构,相反倒表现为对于固有思想体系的自主剪裁和拣

---

① 伯林:《两种自由概念》,《自由论》(《自由四论》扩充版),胡传胜译,南京:译林出版社,2003年,第199—200页。

选。——他当然需要这么一个思想支点,来伸张和保护某种最低限度的自由,既然它允诺可以保障基本言路、庇护独特个性、宽容多种价值。然而,这只心事重重和忧心忡忡的狐狸,充其量也只能是到此为止,而本能地拒绝再去"拔出萝卜带出泥",所以绝不会像后来的罗尔斯那样,一门心思要当一只专注于理论推演的刺猬,去沿着康德给出的既定逻辑路线,营造出另一套严丝合缝的自由主义体系。

他究竟为何如此踟蹰与犹疑?更合理的微妙解释应当是,作为一位幼年时从集权恐怖逃到自由世界的学者,他终究是难以摆脱这样一种死死缠绕的矛盾,即"到底是左袒启蒙,还是右袒反启蒙"?——用他的后期话语来更具体地说,由于浪漫运动自身的吊诡,和启蒙运动本身的分岔,使得整个现代世界已经陷入了分裂,也就使得他从一方面来说,正是因为切身蒙受启蒙成就的恩惠,才得以在异国找到了个人自由的避难所;可从另一方面来说,也正因此他却又不能不回过头来念及,难道不正是由于深受启蒙话语另一支脉之害,自己才迫不得已要背井离乡,而永远失去了家园之感的吗?

由此,面对着如此复杂的陷阱,伯林这只思想的狐狸,当然只能是犹豫再犹豫、绕来又绕去,在那深不见底的洞口旁兜着圈子,无论如何也不甘心像基尔凯郭尔那样,索性向着某种信仰系统去纵身一跃。——正是为了这一点,在**自由主义**和**多元价值**之间,在**个人独立**与**民族情感**之间,在**道德支点**与**文化传统**之间,在**文明底线**和**历史路径**之间,伯林才以其过人的智慧与口才,借助于各种不同的案例,不断地寻找着平衡与弥合,以致他经常能左右逢源地引起激赏,一时间得到洛阳纸贵式的欢迎。

但我们却不要忘记,伯林全部工作的重心,毕竟是在刻意暴露、而不是在有心掩饰那林林总总的冲突,——特别是那些在观念与观念之间、目标与目标、传统与传统、价值与价值之间的悲剧性冲突。由此,他便不可能像一般的志得意满的自由主义者那样,自以为已经足以在普世主义的意义上,去为所有的文明奠定所谓"规则的规则"。当然,他更不会像后来福山所认定的那样,以为即使是子孙万代的今后历史,也都可以在这种规则面前"曲终奏雅"。相反,伯林曾经对他最好的朋友坦承过自己内心的焦虑不安:

> 我觉得,我自己发现的真理只有一条:那就是不同目标发生冲突的必然性。因此有了反十八世纪、反赫伯特(·哈特)、反实证主义、浪漫主义以及诸如此类。关于人类事务的所有核心信念都源于人类困境:柏拉图是如此(我敢肯定),康德、休谟、斯宾诺莎、弗洛伊德、马克思等等也无不如此。……我兴高采烈而又漫无目的的外表与我心中始终不肯宁静的焦虑不安之间的差距实在是太奇怪了。①

然而,无情的捉弄却在于,正是围绕他上述那种的检省与自嘲,才产生了对于作为思想家的伯林的普遍误解。——是啊,面对如此之多的无底深渊,面对剧烈冲突的人生困境,要是轮到一只像帕斯卡、基尔凯郭尔或者陀思妥耶夫斯基那样专注的刺猬,就连自己的生命是否值得保留都会成为严峻的问题呢!而相形之下,这只思想的狐狸为什么还能活得如此安逸优越,还能保有对于歌剧的爱好,对于文学的欣赏,对于名声的享有,对于社交的热衷,乃至对于美食的贪婪呢?……这确实是一个颇费世人心思的问题。

---

① 《以赛亚·伯林致琼·弗拉德(1968年7月5日)》,转引自伊格纳季耶夫:《伯林传》,罗妍莉译,南京:译林出版社,2001年,第335页。

有一次,我提出了一个有关生活与著作之间关系的中心问题:"您从未有过悲剧性生活,怎么会如此强调悲剧性选择,并对受内心冲突折磨的人如此深表同情?"他的回答很干脆:"我的生活和我的观点截然不同……我认为所有选择都是痛苦的,但不意味着所有的选择对我来说都是痛苦的。"如果这是真的,他的著作所论证的东西就不应该归功于他的生活,应该归功于他对与自己的生活完全不同的种种生活的想象能力。

我又问他:"您的生活为什么如此不可思议地安宁?"他用平静的、有些丧气的调子回答说,他快乐是因为他浅薄。"别人不晓得我总是生活在表层上。"因此,他要我理解,他的生活表明保持身心愉快的确是一种美德。①

不幸的是,上述文字一经译成中文,其中的"浅薄"二字就立刻遭到了真正表浅的理解。——海峡两岸的自由主义者,都竞相以"生活在表层上"为题而大做文章,来概括刚刚过世的伯林的一生,暗示他不够深刻,甚至是不够真诚、而至少也是不够努力。而在这中间,又要以台北"中研院"钱永祥的文章影响最广:

> 伯林是一位对人性有透见慧识的智者;这种智慧的基础,是一种在理论上发展不足,但仍有深刻见地的哲学观点;可是在社会政治方面,他对这套观点的运用脱离了社会生活的脉络,却难免轻薄玩忽之讥。

我们敢用这么强烈的字眼来批评伯林吗?企图透过传记了解一位思想家,总是很危险的;可是真到阅读思想家的传记时,

---

① 伊格纳蒂夫:《以撒·伯林传》,第442页。

谁能摆脱这种诱惑？伊格纳蒂夫在《伯林传》的《尾声》中告诉我们，他曾问伯林为什么活得如此安详愉快，伯林回答说，他的愉快来自浅薄："别人不晓得我总是活在表层上。"一位东欧出身犹太裔的政治思想家，看过二十世纪（伯林称之为有史以来最坏的一个世纪）的许多大小悲剧，而犹能以"生命之轻"（伊格纳蒂夫两次用这四个字形容伯林）自嘲，大概也不会太在意身后的褒贬议论了吧。①

还真是要感谢诸如此类的望文生义！——它反而有可能促使我们恍然大悟：尽管政治哲学已被推许为第一哲学，但说到底它仍应隶属于更高的形而上学。由此我们才可以理解，为什么一位政治哲学家看似冷静的逻辑推演，到头来还是和他本人的人生哲学密不可分。而反过来说，也正是出于这样的道理，对于伯林这位政治哲学家的读者而言，如果又限于自身的眼界和功力，而未能从人生哲学方面去进行更为深层的阅读，只是跟从了某些字面上的意思，那也就很难把握住这些词语背后的复杂内涵。

真正吊诡的是：如果伯林这副头脑真是一本浅薄的字典，那它也就根本容不下"浅薄"一词，更不要说再拿这字眼来揶揄自己了！由此也就暴露出来，那些"将浅就浅"的解释与评论，是完全失察于此种说法的内在紧张度。不过在我看来，伯林不止一次的这类自责，原本就恰好表明了一种苦痛与深度，——那深度来自范围广远的比较思维，既包括对于他在现实中所认同的那些正陷于灾难性冲突的人群之命运的比较，也包括对于他在书房中研读的那些伟大思想家之

---

① 钱永祥：《"我总是活在表层上"——谈思想家伯林》，伊格纳蒂夫：《以撒·伯林传》，第15—16页。

襟抱的比较。唯其如此,我们才可以理解,正是由此而流露出的对于学院生活的不满,而不是对于世俗意义之成功的自得,才悄悄映衬出伯林内心对于挺身承当的向往。并且,也正是这种对于大风大浪的无名渴望,才使他突出地意识到二十世纪知识阶层的通病,甚至捎带着不满自己竟也萎靡于这种一蹶不振中。

还应更进一步地看到,伯林毕竟是一只凡事存疑的经验主义狐狸;而正如开头所引的他对赫尔岑的那段综述那样,大凡秉有这种性格的人,都不相信社会发展有终极的目的、不相信历史有前定的舞台脚本,所以对宗教的彼岸世界毫无感觉、而唯独对眼前的人文世界一往情深。基于这样的视界,伯林自然不会忘记休谟的名言——"生活的目的就是生活本身",从而也自然会在一种无可选择的有限意义上,去享受唯一尚可拥有的凡间生活。甚至,越是一眼看穿了二十世纪是人类文明史中"最残忍的世纪",他就越有可能为他本人的侥幸部分得免而略感欣慰。写到这里,我们回头再细细品味,会发现伯林实则早已提示过他的那位传记作者——"他的生活表明保持身心愉快的确是一种美德";也就是说,透过那些表面的浮欢宴安,这位经验主义的思想家早已点破过,方今之世惟有大智大勇的人,还能在台风眼中享受片刻的安宁。只可惜,如此高妙的人生智慧,断不是仅靠记诵一下政治哲学的条规就可以领会的。

最后也不要忘记,伯林那些脱口而出的反复自嘲,毕竟是经过深思熟虑的,所以从中又不难看出,在那迫不得已的及时行乐背后,仍然复杂地潜藏着人生的大恸,那痛苦来自"存在与虚无"间的失衡,也来自终极关怀的无奈踏空,——尽管其间仍夹杂着对于现世生活的眷恋,以及朝向这种眷恋的一丝嘲讽。从尼采的《悲剧的诞生》中我们曾经读到过,酒神的伴侣西列诺斯(Selenus)曾经声色俱厉地道破——"朝生暮死的可怜虫,无常与忧患的儿子,你为什么强逼我说出你最好是不要听的话呢? 世间绝好的东西是你永远得不到的,——那就是不要降生,不要存在,成为乌有。但是,对于你次好的是——早死。"①而相形之下,人文主义者和经验主义者的好心奉告却是:世间绝好的东西,其实是你永远得不到的,——那就是成为不朽者,或者进入永恒轮回过程。不过,世间次好的东西,则是你有可能得到的,——**那就是尽量要晚死,至少先好好地活着,甚至先过够了瘾,再去不得已而化为乌有!**②

当然又不能否认,伯林本人闪烁不定的发言方式,也确实使他显出了不少缝隙和破绽。这只一直在试探地伸出脚爪的狐狸,完全无意去做一个体系哲学家,而正因为这样,他在东闻西嗅时所留下的时断时续的爪印,以及他在不同情境下随机发出的喃喃话语,便不可能全都经过逻辑系统的过滤,而容或会存在前后散乱脱节的地方。此外,他选择以思想史家的身份去发挥思想,这也使得他的论述对象有可能喧宾夺主,从而反倒模糊了作者内心的真正主旨,使得文本的意思显得模棱两可。此外还要加上,他原本就在两个极点之间游移不定,而对无论什么倾向,都是能既看到合理性、又能看到不足处,这也很容易招致各取所需的武断诠释……

而在全部的含混不清中,大概对伯林最为要命的误解,还是围绕着普世—多元、自由—民族的轴心在展开。所以看起来,钱永祥之所以要批评伯林"活在表层上",说到底还是他自己的理论立场起了作

---

① 尼采:《悲剧的诞生》,见《缪灵珠美学译文集》(第四卷),章安祺编订,北京:中国人民大学出版社,1998 年,第 12 页。
② 欧阳修词《玉楼春》中所谓"离歌且莫翻新阕,一曲能教肠寸结。直须看尽洛城花,始共春风容易别",最能道出此种境界。

用,——他是在以一位坚定的自由主义者的身份来埋怨,这位曾以某种自由主义观点而名家的思想家,到头来竟未能下力去完善自己有关自由主义哲学的系统论说:

> 至于伯林作为自由主义的思想家,我个人觉得最有不足。他有关积极自由与消极自由的区别,局限于个人选择的层次,无足以构成一套政治/社会理论;他所强调的价值多元论,自由主义完全没有需要取为基础或前提。伯林的自由主义,号称政治哲学而无法肯定任何社会公共生活所必需的政治价值,作为政治理论而无法发展出任何有制度涵义的政治原则,不能不说是相当严重的失败。①

由此同样不难理解,大陆的自由主义学者冯克利,在这方面也有大体接近的看法:

> 但是伯林在那篇《两种自由观》的著名就职演说中,确曾显露出要把自己的自由主义学说建立在一种基于多元现实的思想体系之上。而他后来的大多数演说和文章却只侧重于多元主义,不愿深谈这个思想体系的基础。因此像格雷那样坚称伯林的思想基础清晰可辨,只有价值多元论在从中一以贯之,这种解读在许多自由主义者看来虽然失之偏颇,却也并非全无道理。伯林的多元主义的基本特点,在于他把多元性当作一个观察和思考近代世界的前提,却没有对其本身作为一种政治哲学的内恰性做细致而深入的思考。在这个方面,有人借用他的"狐狸

---

① 钱永祥:《"我总是活在表层上"——谈思想家伯林》,伊格纳蒂夫:《以撒·伯林传》,第15—16页。

多智巧,刺猬只一招"的比喻,把他说成一只佯装狐狸的刺猬,不免有为贤者讳的嫌疑。我们倒不妨把这看作他的聊天式学术成就的一个必然结果,或者说得温和一些,也许他知道单凭这种神侃的方式,根本不可能建立起完整而缜密的思想体系,所以他也只满足于讲自己的"多元主义观念故事",并不想从中阐发出一种"政治哲学"体系来。①

有意思的是,倒是当年率先宣扬其"消极自由"观念的甘阳,此时由于其政治立场已有一百八十度大转向,便不再为哪门哪派的独特体系所累,反而不觉得伯林在这方面有何不妥,倒是认定那个困扰着自由主义者的价值多元论,恰恰昭示着开出了更有前途的"后自由主义":

> 事实上,正如著名自由主义法学家拉兹(Joseph Raz)所言,"多元文化主义"的核心正是价值多元论,同时,伯林秉承维柯与赫尔德的传统,一贯批判"世界公民主义"(cosmopolitanism)乃空洞乌托邦,一贯批判"以个人自由为名而否定自己从属于某一特定的民族、社群、文化、传统和语言乃是危险的谬误",从而一贯强调"族群归属感"与个人自由同为最基本的终极价值,一贯主张一种"单纯的、温和的、本能的、民主的民族主义"(simple, moderate, instinctive, democratic nationalism),不消说是以其文化多元论为基础。如果说,伯林的这些看法曾长期是空谷足音,那么在九十年代则已成为自由主义知识界的重大主题,这从晚近围绕泰勒(Charles Taylor)的《承认的政治》(*The Politics of*

---

① 冯克利:《译后絮语》,见伯林:《反潮流:观念史论文集》,南京:译林出版社,2002年,第501—502页。

Recognition, 1992）的讨论，以及围绕尼斯浜（Martha Nussbaum，通译为纳斯鲍姆——引者注）的《爱国主义与世界公民主义》（*Patriotism and Cosmopolitanism*, 1994）的辩论，可以清楚看出。①

更加饶有趣味的是，偏又有一位甘阳最长久的盟友，尽管出自对于伯林的类似解读，反倒基于其一向固执的西方本位，而借着利奥·施特劳斯之口，去批评伯林的价值多元论，竟然胆敢打破西方经典对真理的垄断：

> 的确——伯林继续说，哲学本质上是政治的，价值多元论本身就是一种政治哲学主张、关于人性和世界的一种看法，也"建立在一种对人类的永恒属性的生动想象之上"。价值多元论其实并无意、实际上也不可能取消价值一元论的形而上学，而只是说，价值一元论不过与价值多元论一样，是一种相对的观点。但价值多元论胜过或者比价值一元论明智的是，其信念"睿智而肝胆照人"（这话是从一位伯林崇拜者那里听来的），懂得没有任何价值观点是绝对的。用逻辑语言来表达：人类根本没有什么绝对的价值，唯有这一观点是绝对的。哲人成为一只狐狸，就是成为有这种信念的人。依据这一信念来思虑"应该如何生活"的问题，就是哲人生活的理由，也是哲人成为狐狸的含义。多元价值论无异于说：苏格拉底已经不再是哲人的楷模。……
>
> 伯林鼓吹多元价值论时，把古典哲学和神学统统判为精神不健全的迷信和迷误，挖苦施特劳斯的所谓"古典哲学传统"不过是自欺欺人，据说：人只能认识人能认识的东西，绝对真理的

---

① 甘阳：《伯林与"后自由主义"》，《读书》1998年第4期。

世界不属于人的经验范围。在《两种自由的概念》一文结尾处，伯林引证了一位他敬佩的作家的话：文明人不同于野蛮人的标志在于，文明人知道自己用生命来维护的信念的价值，其实都是相对的。施特劳斯帮伯林把其逻辑推下去：如此说来，柏拉图和康德都是野蛮人。①

如果再放眼望去，也不光是中文学术界为此争论不休。正如刘擎曾经描绘过的那样："实际上，对于价值多元论能否证成自由主义这一问题，西方学术界一直有许多质疑和争论。"②而我们近来在清华组织的、专门研讨以赛亚·伯林的学术会议，则更把围绕"自由与多元"的国际争执，一下子引进了大陆的语境。③由此也就不妨说，围绕伯林的此种"横看成岭侧成峰"的纷争，究竟怎样理解和到底能否圆融，已经成了困扰着包括中文学术界在内的整个国际学术界的重大疑难。

三、一个人的文明对话

对于这篇文章，我从一开始给自己立下的任务，就并不是仅限于从"影响—接受"的简单意义上，去刻板描述伯林在中国的译介和理解过程，——用何炳棣爱讲的话来说，那不会是一个"第一流的题目"。所以，除此之外我还有个稍微高远点儿的企图，那就是再基于

---

① 刘小枫：《刺猬的温顺：两位犹太裔哲人的不和》，《启示与理性：从苏格拉底、尼采到施特劳斯》，北京：中国社会科学院出版社，2001年，第20、56页。
② 刘擎：《悬而未决的时刻：现代性论域中的西方思想》，北京：新星出版社，2006年，第113—114页。
③ 就此请参阅发表在《中国学术》杂志第三十二期的前四篇论文。

这种波折的传播过程,也根据自己介身其间的真切体会,来提出一种对于伯林思想的独特理解,并把它转而回馈给国际学术界。——无论照大家的最终评判,我接下来所发挥的确实属于伯林本人,还是仅仅属于一位当代中国学者,我都要先把它尽情尽兴地发挥出来。

为了完成这个任务,在最后一节里就要循序讨论四个要点。——而此中首当其冲的要点便是:我们有没有可能换一个思考角度,即不是局限在政治哲学的体系内部,而是从比较文学的学科意识出发,来应对上述困扰着国际学界的"伯林难题"?

这种思路也许会让人们感到诧异:难道让那些花拳绣腿的比较文学家来越俎代庖,还能对莫测高深的政治哲学课题做出真正的贡献吗?不过,对于任何问题都不能抽象回答,而要视具体的研究对象来定。既然伯林这只思想的狐狸,无论怎样去瞻前顾后、绕来绕去,总也离不开"自由与多元"这根主轴——更具体地说,是总要彷徨于自由主义和多元价值、个人独立与民族情感、道德支点与文化传统、文明底线和历史路径之间——那么,他就并不是一只普通的狐狸,而是一只有其独特口味的"**跨文化的狐狸**"。既然如此,最擅长考察文化间性的比较文学家,自然也就有了自己的用武之地。——至少可以这么说,谈到对于伯林这副复杂头脑的理解,政治哲学家可以有政治哲学家的理解,比较文学家也可以有比较文学家的理解,所以,最好的办法就不是去彼此忽略和排斥,而是去兼听则明地把两种解释结合起来。

还是从伯林那个"狐狸之喻"说起吧!如果依照他对"刺猬和狐狸"的描述,我们就不妨接着推想,在如此对立的性格两极中,政治哲学家往往更像是刺猬,总是在一心一意地推想和构造某一个自洽性体系,而比较文学家往往更像是个狐狸,总是在三心二意地在巡弋和穿越若干文明的边界。——正是在这个意义上,所谓"自由与多元"的这根思想主轴,也正是政治哲学家和比较文学家的专业接壤处;而本性上更像"思想的狐狸"的伯林,才会更是一位跨文化研究的行家。由此半开玩笑地说,正像晚年理查德·罗蒂干脆转到了比较文学系一样,要是像伯林这样"反潮流"的政治哲学家,在分析哲学盛行的原有系科里再也找不到知音,那么,他也完全可以因为自己丰富的跨文化知识,而同样到比较文学系这边来享受同事的掌声。

不信的话,就请大家调动一下比较文学的学科意识,再来重新解读出自伯林笔下的这类引文,看看它们是否属于标准的跨文化研究?

> 维柯教导我们要去理解异己的文化,这跟中世纪的思想家很不相同。赫尔德比维柯更重视区分各种文化之间的不同。古希腊、古罗马、犹太、印度、德意志的中世纪时期、斯堪的那维亚、神圣罗马帝国、法国等等,其文化都各不相同。我们能够理解不同民族和地区人们的生活方式(即使他们的生活方式跟我们的差异很大,即使他们憎恨我们或有时候被我们所谴责),这样的事实表明,我们大家能够穿越时空进行沟通。当我们认为理解了那些与我们在文化上有很大差别的群体的时候,即意味着某种强大的富于同情心的理解、洞察和 Einfühlun("共感",赫尔德发明的一个词)的存在。即便其他文化排斥我们,依靠移情的想象力,我们也可以设想,为什么他们会产生这样的思想和感情,并采取相应的行动达到预定的目标。[1]

另一方面,又正如前文已经述及的,由于伯林一身碰巧兼有好几

---

[1] 拉明·贾汉贝格鲁:《伯林谈话录》,杨祯钦译,南京:译林出版社,2011年,第33—34页。

种认同,即他是从**苏俄统治**下侥幸逃离的、因生于里加而**兼说德语**的、移民到了**英伦三岛**上的、属于某个**犹太家庭**的后裔,所以,不光他本人写出来的文字充满了比较文学的学科意识,就连他自己的大体上还属于书斋式的生涯与心智,也刚好可以被当作比较文学的最佳分析对象。——这一点,正如约翰·格雷曾经看到的:

> 如果伯林与休谟分享着一种深刻的理智上的快乐,一种对思考和写作中表现的清晰透彻的风格的热爱以及一种对历史的讽刺的爱好,那么伯林自己还有一些为和蔼可亲的休谟所缺乏的偏好。这种偏好来源于伯林的多元性的继承因素,这些因素不是英国人的而是俄国人和犹太人的,这就是他对观念和人类生活中悲剧感的偏好。伯林曾经说过(实际情况也确实如此),他对英国经验主义的深刻理解和毫无疑义的吸取都是经由英美哲学和康德哲学而形成的。然而,在英美哲学那种专业式的枯燥论述与伯林的著作间有一种深刻的差别,这种差别也许不单纯是伯林独特的写作风格问题,也不仅表现为伯林对与他完全不同的思想家具有一种(通过想象的移情作用)深邃的洞察力,而且还表现在他对理智生活和知识分子的责任的理解上,这些都不是英国式的而是俄国式的。伯林最主要的工作,虽然也体现在他力图寻求一种区别于英国经验论的严密而透彻的标准,但更表现在他对理智的作用(这在英国哲学中是没有得到充分认识的)的理解上,他把理智看作是一个人与整个人类生活的概念相联系的能力,伯林这种观点的根源仍然扎在俄国的传统中。使得伯林的著作充满活力的人类生活概念——诺埃尔·安南(Noel Annan)把它称作是"对我们这一代人生活的最真实最令人感动的解释"——是一种悲剧性的概念,这也是一种与任

何神义论的观念所抵牾的观念。我认为,伯林这种悲剧思想的根源则可以追溯到他的犹太人遗传。正是这些分离的多元性文化遗传因素的混合,在伯林的思想中形成多种观念的微妙缠绕,这些只有借助于扎实的研究才能予以澄清。①

而我还要特别指出的是,也正是伯林的这种跨文化的特点,才更使他的当代中国读者愈发感到亲切!事实上,在这个全球化的时代,在这个跨国生存已成为华人生活常态的时代,我们自己也都多少有过类似的经历。也就是说,只要我们身为华人(或曰唐人),就往往被逼得既出身于此一国度,而又向往着彼一国度;而一旦流落到另外的国度,则又不免要眷顾原先的国度。——甚至可以这么说,如果说在以往的岁月,这种跨国生存的环境,是一种最为典型的**犹太人状态**,那么到了二十世纪以后,它就更属于一种典型的**华人状态**。由此,也就为眼下中文世界的"伯林热",在伸张与共鸣"消极自由"的理由之外,更增添了一个意想不到的解释:我们自己那种既惶恐不安、又狐疑不定的心态,使我们既能共鸣于伯林所深爱的俄国思想家,又能移情于伯林所描述的多国思想史。

综合来看,只有介乎上述两种理由之间,才有可能形成合理的张力。只需回顾一段前边引用过的拙文,发现我竟在刚接触到自由主义时,就下意识地用上了"总是……但又总是……"的句式,比如"总是号召积极参与公共事务,但又总是注意保持个人的独立地位;总是珍重自己对于政治的发言权,但又总是超乎政治之外地不愿付出卷入其间的代价",再如"总是祈望人类历史的不断进化,但又总是渴望看到这种进步能够取道于缓慢的调整;总是在内心深处对人的生

---

① 约翰·格雷:《伯林》,马俊峰等译,北京:昆仑出版社,1999年,导言,第6—7页。

存状态怀有强烈的价值理想,但又总是倾向于在现实层面采取谨慎的经验主义方法",就不难从中了解到,我是从一开始就对自由主义的政治理论,同样抱持了狐疑不定的游移态度,——既觉得它的某些信条简直须臾不可稍离,否则便会在集权社会中受到任意的伤害,又不愿它的整个体系都被无保留地贯彻,使思想就此被禁闭在一个实则解释力有限的空间中。直至今日,一旦碰到只顾在这方面照本宣科的学者,他们的那种既不管不顾、又趾高气扬的发言,仍然会使我不得不生出这样的感慨:这些人的**好处就在于"自由"**,而**坏处却在于"主义"**!——在这个意义上,我必须不怕得罪人地说,尽管这些人要从西方引进的理论,已跟当年的政治激进主义者南辕北辙,可他们那种对于西学"不计其余"的态度,却仍跟人们当年的"浅尝辄止"如出一辙。

上面的思绪激发出这样的联想:对于西方政治理论的引进与思考,决不会只是单纯属于翻译行为和智力活动,还更其属于文化实践和生活体验。——而基于这种认识再返回"伯林难题",那么相对于本文提出的特殊任务,也就有理由去这样设想:只有结合着自己的跨文化感受,再比照着伯林本人的多元背景,还借助于比较文学的分析技巧,我们才可能更深地进入伯林的困境。甚至,我们还可以进一步去畅想:就凭自己在类似困境中的切身体验,反而有可能**就在这个中文世界**里,提出某种或许能帮助走出此种困境的、至少是具有相当参考价值的解决方案。

当然这样一来,我们就不能再像以往那样,只把伯林向我们提供的这些思想史文本,理解成对于某种政治哲学体系的注疏或旁证了;毋宁说,从我们自己的思考角度出发,这些文本更像是具有独立学术价值的、有关文化比较的深度报告,那中间突显了在西方世界的中心与边缘之间、乃至在西方与非西方世界之间,所发生的种种接触、摩擦、吸引与伴生。——而发人深省的是,居然只需这么简单地一转念,用来评价思想家的标准也就随之丕变了,而伯林本人也马上从据说是"最不用功"的典型,变成了最为勤奋、渊博和独创的学术大师。由此令人惊叹的反而是,居然只是到了现在,我们才有能力去公正地体认到:原来这位学者凭靠自己广泛的语言能力,穿越了那么多不同文化的边际,进入了那么多复杂微妙的心灵,展示了那么丰富多变的思想世界!

接下来,需要探讨的**第二个要点**在于,**我们究竟怎样沿着上边的思路,来针对一位思想史家本人,去开展他早已示范过的那种思想史研究?**

这就逻辑地意味着,一方面,我们当然要从伯林那里寻求思想的连贯性,但另一方面,这种寻求却要避免强人所难甚至请君入瓮。——具体而言,我们不能只从传统的政治哲学的角度,和着眼于思想系统本身的连贯性,去拷问他能否在自由主义的界限内部,去证成自己所心仪的价值多元论;恰恰相反,我们要尝试从比较文学的角度,着眼于心路历程本身的连贯性,而去充满同情乃至强烈移情地,勾勒出属于一位思想史家本人的独特思想史。

借助于这种观察角度的自觉转变,跟那些把自由主义说成"规则之母"的意见相反,我个人反而倾向于认为,伯林思想进路的主要里程碑,反倒应当沿着这样的理路:**跨文化→人类学→不可通约的多样性→选择的优先性→自由主义的宽容原则**。说得更明确些,我个人反而倾向于认为,如果就其潜在的心理关联而言,所谓自由主义或政治自由主义——即使是部分的或不系统的自由主义——其实并不是伯林思想的起始之处,反而只是其意识的最终落脚之点。

要知道无论古往还是今来,生活态度都是先于其思想态度的,由此,鉴于伯林如此独特的跨国生存背景,他内心中那些问题意识的起点,就势必要建基于多元文化之上。这一点,伊格纳季耶夫早就指出过了:

> 实际上,他为自由在政治上的优先性进行辩护时进行的惟一论证是从多元论角度出发的。如果各种价值观念是相互冲突的,那么自由就具有了程序上的优先性。消极自由制度是自由的社会生活所要求的公开对选择加以讨论的最好保证。但这就使得自由的正当性陷入了一个怪圈:只有有了自由,自由才成为可能。他从来不承认自己因为没能从终极原则出发来为自由进行辩护而感到烦恼。他尖刻地暗示说,那些怀疑宗教教义的世俗理性主义者们在没能为政治原理找到无懈可击的保证的情况下,开始怀念起了宗教信仰曾经给过人们的种种安慰。伯林则根本就不想寻求什么终极保证。"其持久性无法得到保证这一点丝毫无损于原理的神圣。"①

由此也就意味着,沿着个人生活的立场和逻辑,伯林首先会是一位跨文化生存者和跨文化研究者。——只有而且必须在此之后,他才会顺着他对之天然亲和的价值多元论,去部分地认同某种最低限度的自由主义,以便保障那些多元价值的生存权利。这一点,约翰·格雷也早已指出过:

> 正是伯林对消极自由的价值的解释,才使之被确信为现代特有的自由观的内容。然而,如果说消极自由观在自由主义传

---

① 伊格纳季耶夫:《伯林传》,罗妍莉译,南京:译林出版社,2001年,第311页。

统中具有独特的或基础的地位,这并不是伯林的看法,这种观点在历史研究中是站不住脚的。相反,伯林的观点是,自由主义传统本身就是复杂的具有多元论的特征,它提供了许多自由的概念。但是消极自由观是最能得到辩护的观点,而且与涉及到多样性和信仰自由的自由主义最为契合。就此而言,可以说它一点也不依赖与积极自由观相联系的理性主义和一元论。①

而接下来,又只有基于这样的出发点,我们才有可能理解,为什么照伯林看来,道德问题会是一个**人类学的问题**。——由此也就逻辑地意味着,在他那里,为什么伦理学的框架体系,总是属于第二位的或次生的问题;而被他排在第一位的,则只能是**经验形态的人类文化**。这一点,约翰·格雷也早已指出过:

> 伯林明确地认为,道德普遍内容的特殊要素的问题是一个人类学的问题。但对于道德的普遍内容如何为人们所认识,他交代得不很清楚,如我们将要看到的,对伯林来说,说明这些内容不完全是或不直接是一个经验的问题。然而,这无疑部分地取决于经验人类学,经验人类学解释了道德之间的家族相似性,根据这一点,一个具有普遍性的理论框架才能被举例性地予以说明。但这种说明的形式却具有高度的多样性,因为这些普遍的价值采取了不同的具有历史性的具体形式。在伯林看来,这些普遍价值之间的冲突与其说是一个认识的问题不如说是这些价值自身的特性。伯林在这里又一次表明他的观点是一种实在

---

① 约翰·格雷:《伯林》,马俊峰等译,北京:昆仑出版社,1999年,第18页。该译本原本将 negative freedom 译成"否定的自由"。为照顾全文的统一性,笔者依现在通行习惯,将这段引文中的"否定的自由"统一改为"消极自由"。

论的观点:我们能够知道人类道德思想的共同框架是什么,这部分地取决于经验人类学;而我们能够知道这些道德思想中产生了不可解决的二难困境,则是部分地由于经验人类学,部分地由于我们自己实际经验着的道德生活的现象学。①

而我要补充说明的则是,上述陈述在逻辑的程序上,又势必推出下述判断:文化多元主义与政治自由主义的历史相遇,乃至后者在现代社会中所扮演的"思想恩主"的角色,以及它对于前者的有条件的庇护,如果放眼人类发展的长河来看,不过是思想史上的偶然事件而已,而绝非什么理性世界中的必然推断。——如果大家能接受这个推断,那么就请务必牢牢地记住它,因为只有基于这一点,才能为真正平等的文明对话,敞开具有现实生机的未来。

再接下来,需要探讨的**第三个要点是,到底有没有可能在"意识重叠"的基础上,只是用某种理论去制约、矫正、平衡和加强其他的理论,从而获得在心智上的自由与强大,而不是简单沦为这种理论的信徒?**

必须再来提示一遍,这里还是要从比较文学的角度,来重估伯林那些学术工作的意义和价值。由此也就规定了,这里所要关注的焦点,仍然不是伯林作为体系哲学家的贡献,而是他作为比较研究家的贡献。——要知道,狐狸自有狐狸自己的兴奋点,所以就算它再勤奋向上、再紧张忙碌、再大有斩获,也不能根据刺猬的动机来验收,不然就实在太粗暴、太机械了!

不难体会到,如此瞻前顾后和左右张望的跨文化研究,乃是派生于伯林天性中的某种敏感,而且,他也正是把这种经由比较所得到的

---

① 约翰·格雷:《伯林》,马俊峰等译,第64—65页。

东西,称作了他有名的"现实感",——或者干脆说,是一只思想的狐狸在东嗅西闻时,对其思想场域所产生的充满警觉的现场感:

> 伯林试图将他自己的多元主义和其他与之相混淆的理论作出区别,在这种企图中我们发现了一个相当近似的反对名单。他的见解在根本上依赖于他称之为"现实感"的东西——一种移情地理解异己的历史情景、价值和生活形式之"内在感觉"的能力(其重要性由赫尔岑所奠定):对一种既定境遇的独特风味及其各种潜在可能的感知,这种境遇由各种因素之间的相互作用混合构成,这些因素过于复杂、过于众多,也过于细微,以至于不能被过滤提炼为法则。①

走笔至此也就看得更清楚了!以赛亚·伯林当然是以思想史研究而著称的,然而我们在本文语境中又进而觉察到,对于过往思想的广泛涉猎和上下索求,恰正是这只"跨文化的狐狸"到了精神丛林中所势必表现出的本能反应。——因为,唯有如此谨慎地东闻西嗅,这只狐狸才能在同时充满诱惑与危险的生态环境中,既去到处寻访足以果腹的精神食物,又时刻警惕着被猎人的夹子所俘获。我们从下面这段大有"文化唯名论"色彩的谈话中,可以体会到相当典型的伯林风格:

> 我认为,实际上人们的观点有着比赫尔德所相信的还要强的相似性,文化上的相互类似远远超出斯宾格勒或汤因比等人所认定的范围,但是相似和类似不等于相同,各种文化仍然是不

---

① 马克·里拉、罗纳德·德沃金、罗伯特·西尔维斯编:《以赛亚·伯林的遗产》,刘擎等译,北京:新星出版社,2006年,第16页。

同的,甚至还是互相矛盾的。我非常清楚,我没有发现绝对道德准则的能耐。列奥·施特劳斯说有绝对道德准则,因为他相信有人称之为"理性"的那种官能。在法国革命期间有人说理性是永存的。施特劳斯的理性发现了绝对价值,我很羡慕他。不巧的是我没有这种理性,不知道你有没有。有了这种官能对生活中的重大问题就能给出绝对正确的答案。①

这使我们联想到,对于现存书写文化的阅读和利用,大致可分为两种不同的研习形式。一种是学究式的钻牛角尖,它坚持以还原主义的固执态度,沿着文明的脉络去反向寻踪,以为准保能找到最本源的解答,而忘却了历史从来都充满偶然,根本就不可能命令它重演一次。另一种则是充满现实感的叩问,它基于现存语境的麻烦与问题,向着内心原本已很复杂的意识,又不断叠加刚刚获得的文化信号:"哈——!这个看法很有点儿意思,值得记下来去慢慢回味,看看跟以往的想法能否合拍?……"在这样的阅读心态中,当然也就要容忍一定的杂乱、脱节与朦胧,绝不可能只根据一个新加的片段,便马上就对以往的知识全盘洗牌,否则就只能表现为一种"思想的洁癖",——经由冒失的一洗再洗,把自家头脑不断地"格式化",直至单薄和偏激得近乎白痴。

我把这种自己良有心得的思考方法,姑且称作"**意识重叠**"的学习智慧,并把它郑重地推荐给本文的读者。在我看来,这种方法不仅对智慧成长至关重要,而且也只有从此种认识发展规律出发,才能对伯林的理路得出新颖的判断。——由此我们就可以恍然大悟:为什么他对现有的那些西方政治观念,往往只截取某个体系的某个部分

---

① 拉明·贾汉贝格鲁:《伯林谈话录》,第102页。

或某个要素?那是因为在他这副"意识重叠"的头脑中,原本就活跃着一个可以部分容忍杂乱、脱节与朦胧的接受主体!

由此还可以恍然大悟:伯林为什么要去区分两种自由?那无非是因为他也只能在"意识重叠"的意义上,才会部分去赞同某种主张自由的理论。——这种对于最低限度的"消极自由"的主张,既是叠合了文化价值的多元论,那当然值得首肯和张扬。然而,这只心怀警惕的跨文化狐狸,却又担忧沿着这条曲径通幽的理论弯道,也会自动陷入一套严整的体系陷阱,同样把思想给整合得至大无外。那样的话,说不定哪天他就会沿着某种不由自主的雄辩逻辑,又把自由理解为只是由某个别人——尽管是由具有卡里斯玛的伟人——替自己做出的选择,而这就会不知不觉之间,又变味成另外一种走向反面的、叫人望而生畏的所谓"自由"了!

也正是在这个意义上,才可能辩证地或吊诡地来判断,伯林对于作为一种思想体系的自由主义理论,到底做出过什么样的贡献。——此间折磨人的复杂性在于,所谓"消极自由"和"积极自由"的区分,既可以说是对自由主义主张的经典表达,又可以说是为自由主义理论布下的拒马,因为它很可能会导致一种思想体系停滞于此,而不必再沿着逻辑的规则去自动延伸。由此我们不免会想到,施特劳斯揶揄地说,伯林的消极自由主义实则是毁了自由主义,或许他是有些道理的。

出于同样的心理习性,一旦进入政治实践的操作领域,当一种文化民族主义仅仅意味着自我保护的时候,换句话说,当这种集体认同可以跟所谓消极自由的意识相互叠合的时候,伯林自然就会有条件地趋同于它;但反过来,当一种政治民族主义充满了外向攻击的动能的时候,也就是说,一旦这种集体认同已经无法跟最起码的人权标准相互叠合的时候,伯林又会毫不犹豫地否弃它。有了上面的分析工具,我们再来重读伯林的传记,就不难从他同犹太复国主义的复杂关系中,一眼望到那一池浑水的幽深底部。——而这样的思考习惯,至少就他本人的案例来说,其实也就是所谓"自由(+)民族主义"的由来;实际上,伯林是既在某种意义上需要自由主义,也在某种意义上需要民族主义;然而,他又是既不完全认同自由主义,也不完全认同民族主义。因为说到底,他所真正看重的,唯在于两种观念的交叉重叠之处!

这才是理解所谓"伯林疑难"的真正关键!然则可惜的是,此前竟有那么多伯林的研读者,仅仅拘泥于自己的专业训练,非要在"自由与多元"的疑难问题上刻舟求剑。——他们仅仅看到了作为政治哲学家的伯林,是如何不断去突显多元文化的悲剧冲突,而未能看到作为文化比较家的伯林,与此同时又以更大的诚意和耐心,并且秉持着历史主义的还原态度,去探求观念之间的沟通与加强。唯其如此,他们才没有意识到发生在伯林那里的"意识重叠"现象,到底暗中含有多少重要的启示!

> 如果我充分发挥文化的移情作用,如果我理解了一种文化的重心所在(正如赫尔德要求我们所做的),那么,我就能知道生活在那种环境的民众为什么追求他们所追求的目标。进一步,我就能懂得,我自己在那种环境下可能怎样追求或者怎样拒绝那样的目标。这是持久的人类目标之一,并没有超出正常人的范围。我说的多元论也正是这个意思。相对主义者说:"纳粹赞成集中营制度而我不赞成",完了就不再说什么。而我的说法是:"如果我知道18世纪法国人为什么喜爱古典主义而德国人觉得希伯莱文学或莎士比亚文学客观地更让人喜爱,那么

我对双方便都能理解。"我比较偏向于我的看法。①

这也就是说,只有从一元论的固有僵化定势出发,人们才会以己度人地误以为,伯林注定要在"观念的冲突"中走投无路;而殊不知,他早已从多元论的思考习惯出发,通过"**以观念叠加观念**"的方法,而逐步筑起了思想的制高点。饶有趣味的是,如果这对于政治哲学家来说,还显得比较突兀和例外的话,那么它对比较文学家来说,却是一种最熟悉的思维方式。这些以巡弋文明边界为其职守的人们,从来都不会只依据某个固定思想体系,就不管不顾地推导出画地为牢的刚性结论;相反,他们已经习惯于在各种观念的相互支援和彼此解毒中,去机动地选择那些会由于反复叠加而得以加强的合理假设。——换句话说,至少从比较文学这个学科内部来说,在这个"诸神之争"的纷乱年头,尝试着以观念来叠合观念,以观念来平衡观念,以观念来牵制观念,早已成为被不自觉应用着的、虽属权宜却又有效的思想方法。尽管这样的思考习惯,有时或许难免一定的杂乱与模糊,然而最起码,它可以帮我们逃脱思想体系的紧箍咒,让头脑获得相应的片刻喘息之机。

此刻再来回想伯林的情况,事情难道不也是这样吗?——他在自由理念和多元价值之间的那种左右为难、如临如履的平衡,或可以套用一个康德的句式来表达,那就是"**自由无文化则空,文化无自由则盲**"。也就是说,一旦多元主义所要求的宽容超出了人性底线,他就会希望借用自由理念来对之进行收束,而不是教条主义地去一味苟同文化相对主义;但反过来,一旦人权观念表现为外来的灌输和僵化的教条,特别是表现为单向的话语霸权和干涉特权,他又会希望动

---

① 拉明·贾汉贝格鲁:《伯林谈话录》,第100—101页。

用多元价值去牵制这种文化单边主义,而不是非要把某种既定政治哲学体系推向极端和荒谬。

意味深长的是,人们从这种思考方式出发,也许会联想起《政治自由主义》中的观念重叠,并由此而疑心在以赛亚·伯林和约翰·罗尔斯之间,或许存在着某种思想上的渊源关系?不过,至少我个人对于这种渊源关系兴趣不大,而真正引起我持续关注的只是,我们至少可以由此得出这样的结论:这两位大思想家都同时看到了——当观念与观念明显不能通分的时候,那么就不应当强求划一,而应当退而去求助于它们之间的叠合。

更加意味深长的是,此时再来回顾那个对于伯林的诘难:"为什么生活在表层上?"就有可能得出大大出人意表的答案了。——说不定那正是因为,既然这只"跨文化的狐狸"想要平衡地立足于各种观念的叠合之处,那么,他自然就要提防任何"不厌其深"的追问,因为任何这类刨根究底的、不见棺材不掉泪的追问,都自然要乞助于某种罗尔斯意义上的"完备性学说",从而触及隐藏其后的这个或那个文明的幽深之根。正因为这样,渴望生活在各个文明的哪怕是空泛公分母之上的伯林,也就宁肯漂浮在一个虽表浅却平静的外层上,也不愿陷入那个充满岩浆的黑暗地心了。

最后,我们要探讨的**第四个要点是,学会像伯林那样通过意识的叠合,而在内心开展"一个人的文明对话",对于全球化时代的人们而言,为什么越来越重要**?

应当适时地澄清一下,前边虽从学术潜能上伸张了比较文学的方法,不过这并不意味着我就认定了:比较文学家准会比政治哲学家了不起。——可惜的是,实际情况往往正好相反:如果有很多职业的政治哲学家陷入了技术性细节的话,那么只怕是有更多的比较文学家异化于他们的饾饤之学。在这个学科中，人们千辛万苦地写完一篇论文之后，往往想不起来自己究竟发挥了几多思想，而只去炫耀自己到底利用了哪几种语言。正因为这样，尽管我们打开某些比较文学名著，会发现其间到处都有"意识叠合"的踪迹，而且其作者毕生的文本检索和对比工作，也理应充满了阅读之辛苦和发现之快乐，但我们与此同时却也不能不承认，这类著作并未自觉到其工作的意趣，尚不能容忍一定程度的混乱与芜杂，由此也就未能顺利描述出"异中之同"，更不要说去借此呈现出各文明的微妙轨迹。也正因为这样，这种缺乏问题意识的语录征引，才难免往往招来"卖弄"或者"一地散钱"之讥。

当然平心而论，上述情况也并不意味着，到观念之间去寻找叠合之处，由此就只属于"壮夫不为"的琐事了。无论如何，在这个迅速全球化的危急时刻，就连文明与文明的边界也早已叠加了起来。所以，观念之间的差异越大，文化冲突的可能性就越大；而文化冲突的可能越大，就要到观念间去寻找叠合。而从更加积极的角度来说，也正是在观念与观念的拉锯战中，反而更容易发现意识与意识的叠合，更容易领略价值与价值的通约，从而让我们看到文明间的生产性。——此处恰是正常心智不忍离开的吃紧之处：从这里把思想向左边牵引一下，就会感受到向右的弹力；从这里把思想向右边拖拽一下，就会感受到向左的弹力……于是久而久之，这个被反复叠加的意识领域，也就逐渐累积起了**思想的厚度**，架起了文化与价值的**共通的支点**。

在这个意义上，至少是按照我个人的体会，伯林对他自己的首要要求，其实也正是要在不断的调适中，始终站立在"自由与多元"的那个契合点上。也就是说，他无时无刻不在充满自警地提防着：这两种观念在此一点上的侥幸重叠,并不意味着它们在彼一点上的必然重叠,更不会自动意味着全盘的相互覆盖。——毕竟,在现有的政治思想体系中,"自由"概念并不等同于"多元",因为它暗含着来自西方文化的诸多前理解,而"多元"主张也并不归属于"自由",尽管它有时还要乞助于前者的基本保护。

当然,如果生来就自诩是一只刺猬,并因此非要拘泥于某种固定体系,人们还是会反对这种狐狸式的游移不定的。正如我们在前边看到的:有些学者会基于自由主义自身的逻辑,来反对伯林对于这种体系的游离;而另一些学者则基于保守主义的立场,来批评伯林对于多元价值的坚持。而且更加可怕的是,这两种殊途同归的批评言论,尽管它们本身也在锋芒相对,却又都要求伯林的头脑,能够皈依某种大一统的西方政治理论。——但反过来说,也正是诸如此类的教条态度,才是促使我引入比较视角的原因!在我看来,如果能换上比较家们的灵动标准,人们原本并不难看到,伯林那些学术工作的首要意义,还在于通过反复试错而演示:**在这个文明与文明相互叠加的边缘地带,在这个文化与文化相互解构的全球时代,到底有哪些价值要素是最不能放弃的**,别管它们来自于哪个具体的文明,也别管现有体系是否能一次性地完成对于这些要素的理论论证。

从这种对于文化的平等尊重出发,就不妨反过来追问一句:那些眼下正空前激烈地彼此拆台的、主要是建基于欧洲经验的西方理论,当真就对我们具有如此巨大的、甚至唯此为大的重要性吗?——其实在我看来,二十世纪作为一个极端的年代,它最主要的和最要命的死结之一,恰在于造就了太多的理论信徒。——这些人居然可怕到了这种程度,他们宁要理论的完备性,也不要心智的完备性,宁可跟从封闭的体系,而不怕让心智画地为牢。正因为这样,就正如我以前讲过的,"并非不存在下述危险:人们很可能只是从宗教的信徒半信半疑地蜕化成了理论的信徒;他们是在明知这种(那种)理论并不完全可靠的情况下,就不经洗礼地谈笑风生地归宗了此一(彼一)门派,而从此之后便只顾贪图口舌和口腹之快了。由此一来,**尽管现代社会看似更为多元和丰富,但这个被几条干巴巴理论掏空的生活世界,反有可能比古代文明更为浮薄、浅陋、卑俗和蒙昧**,——既然人们已经失去了对于生存意义的敏感,只会念几句连自己都说服不了的轻飘飘的套话"①。

如果此言不错,那么就请允许我接着再讲一句,就国际学术界的破落现状而言,也许去**相信一些破碎的理论断片,倒比去相信某种严整的理论体系更好**,——正如丹尼尔·贝尔就算在《资本主义文化的矛盾》中反复表白过,自己"在经济领域是社会主义者,在政治上是自由主义者,而在文化方面是保守主义者",人们也没觉得他有多么浅薄,倒觉得他由此而显出了复杂与厚重一样。这种对于现存理论的"为我所用的"或"实用主义的"态度,至少在思想的现阶段,不会围困和捆绑住我们的头脑,相反倒可以涵容更多的思想营养。——而基于这样的前提,再来回顾以赛亚·伯林的情况,我们更会如冰释然地发现:他其实既不属于自由主义,也不属于价值多元论。——这是因为,前者的潜在症结在于,它把人生哲学落得太实太重,有可能把全人类的思想,全都收束于源自欧洲经验的某种理论;后者的潜在症结在于,它的基本主张还显得太虚太轻,除了要求普遍的宽容之外,还未曾具体言明应去宽容的内容……

在这样的意义上,我可以赞同德沃金的下述批评:"在我看来,

---

① 刘东:《理论与心智》,见《理论与心智》,第9页。

价值多元主义太多地被引述来用作一种托词,来避免面对最根本的实质性问题:谈论我们的价值是冲突的,而多数派只是选择了一套价值,同时也知道少数派以同等正当的理由很可能选择了另一套。这种说法是比较容易的,但更困难的是付出实际努力的艰苦工作,来辨识所讨论的各种价值的正确概念。但是,我们应该给我们自己以及那些不同于我们的人一种更诚实的努力与说明。"[1]而这样的一层考虑,也同样构成了自己提出"意识重叠"的深层动机,——在我看来,借助于这种更能涵容复杂性的框架,不仅可以否定掉对于伯林的简单的自由主义解释,也同样可以否定掉对于伯林的简化的文化多元论解释。

从更加积极的意义而言,如果不是买椟还珠的话,那么伯林头脑中的那个"意识重叠"处,对于我们的更加重要的意义理应在于,它作为各种观念的彼此相切之处,刚巧又是各个文明的密集对话之处。——也就是说,这个各种思想的交汇点,它的重要性并不简单地在于,已然向我们提供了怎样的既定真理,而毋宁在于,如果从长期的有关价值观念的对话而言,这里会预示着文化之间的真正的知识增长点。

无论如何,在人类意识的演进过程中,所谓"先有鸡,还是先有蛋"的问题,或者"西方先亮,还是东方先亮"的问题,看来永远都不会有正解,而终要被进一步的合题所扬弃。心怀此念,我们当然有理由去大胆地祈望:也许全部世界史的合理整合,还在**等待**着下一个善于整合的博大头脑。不过,如果我们自己也打算成长为那副头脑的

---

[1] 马克·里拉、罗纳德·德沃金、罗伯特·西尔维斯编:《以赛亚·伯林的遗产》,刘擎等译,第109页。

话,那么,我们也就先要像伯林这样不捐细流地倾听各个文明的声音,由此本文从他那里解读到的"**一个人的文明对话**",无论是作为方法还是气度,才对思想的伟业显得如此重要!

发明传统:伪造还是再造?[①]
——基于中国经验的对比阅读

引 语

这本由多人合作写成的《传统的发明》,最早是从李零兄那里见到的,他当时很是快意地提到了这本"造反派"的新书,具体的原话眼下已记不太确切了,总之就是它带有相当大的颠覆性,把很多以往煞有介事的"神圣"传统,都给扒皮抽筋地毁掉了。——我听着也感觉到很是新鲜,又觉得其中的一些主要观点,也可以解释很多身边的案例,就在借来大致翻阅一过以后,把它收进自己的"人文与社会译丛"里了。

不过,从事翻译——更不要说大规模地主持翻译——也常会带来这样的经验:一本书用外文来浏览时,会增加它的深奥乃至深不可测,有些段落就算一时看不太清,也往往只敢怀疑自己的理解力,总觉得一旦经过"精读"之后,它的"精义"也就肯定要"出来"了。可

---

① 此文是应芝加哥大学的研究项目"On Historiography and the National Imaginary in China"而写,并在2014年5月22日宣读于该校的Joseph Regenstein图书馆,此后又经过笔者大规模的修订。

实际上,有时也会碰上相反的情况:一旦完全是字斟句酌地,把这些外文的段落对译成母语,正所谓"水至清则无鱼"了,反会让一些原本若有若无的疑问,在头脑中更清晰地浮现出来。而真正到了这个时候,由于语言本身不再构成"障眼法"了,又甚至会后悔当初何必选它来译。——当然即使这样,也还是可以由此看出"翻译"的好处,因为它能把一时看不透的、隔得很远的谜团,带来透明的母语中来予以见底的澄清。

此番再到芝加哥大学来参加这个工作坊,又承蒙冯珠娣和苏源熙教授的安排,正好要求由我来给大家来领读这本书,这也算是给了我一个很好的机会,既来讲一讲当年选译这本书的动机,也来讲一讲此后心间留下的谜团。不过,也正因为存有这样的心结,我在下边的这一番领读,就不会是寻常意义上的照本宣科,而会是跳跃在中、西之间的一种"对读",——正如我一向主张的那样,是沿着"照着讲"和"接着讲"而发挥出来的"对着讲"。换句话说,这里所涉及的种种学理,无论在自己看来能不能讲得通,都跟我心中的独特解释语境有关;由此反过来说,我也就只有参对着中国的历史经验,才能讲清自己对于这些论述的理解和不解。

一、全书要义与阅读联想

先来通览一下本书的基本结构,以及书中各部分的大致内容。这是一本由集体完成的论文集,又由埃里克·霍布斯鲍姆和特伦斯·兰格共同编辑,并由内容松散相连、却隐约围绕起一个主轴的七章所组成。——其实类似这样的著作,我们自己在国内也经常会编,所以其中的甘苦也都不难体贴。比如,虽然各位同仁都享有相当的共识,但毕竟聚焦的专业不尽相同,所达成的认识也不尽相同,甚至采取的立场更是不尽相同;这样,有时就并不能完全贯彻最初的创议,而主编也只能尽量去宽容各位的"言论自由",并由此而在内容上留下一些缝隙。对此我们到了后边还会再来回顾。

在全书的七个章节中,第一章的标题是《导论:发明传统》,其作者是因写作《极端的年代》而闻名的、伦敦大学的历史学家埃里克·霍布斯鲍姆(Eric Hobsbawm),他当然也应是本书的主要灵魂人物。正因为这样,此章也应该是本书的主线之所在,否则全书就更难以贯穿起来了。不过,由于本书的第七章《大规模生产传统:1870—1914年的欧洲》,其作者也还是这位主导人物霍布斯鲍姆,而且那一章又很有结论的味道,所以我们为了叙述的方便,也是为了对两章的内容进行对比,就索性把这第一章留到后边去了。

第二章的标题是《传统的发明:苏格兰的高地传统》,其作者是牛津大学的历史学家休·特雷弗-罗珀(Hugh Trevor-Roper)。到这里就应当提示一下,本书的章节似乎是沿着"日不落帝国"的旧日版图,或者沿着"英联邦国家"的当今范围,而自内向外地逐渐扩展开来的。在这个意义上,大概它的这一章或前几章,也就最能够贴近编者的初衷,而我们读起来也会特别顺理成章。——以下便是来自此章的一个选段:

> 现在,每逢苏格兰人聚集在一起颂扬其民族特性时,他们总是通过某种具有民族特色的方式来公开肯定这种特性。他们穿着用格子呢做的苏格兰褶裙,裙子的颜色和式样表明了其"克兰"(clan,苏格兰高地的氏族——译注);当他们沉溺于音乐时,其乐器是风笛。他们将这种传达民族特性的载体归于伟大的古代遗风,其实它在很大程度上是现代的。这种载体是与英格兰

合并以后(其中某些因素甚至是在很久以后)才发展起来的,在某种意义上它是对英格兰的一种抗议。在合并之前,它确实以一种残留的形式存在;但大多数苏格兰人视这种形式为野蛮的标志,它是懒散无赖、掠夺敲诈的高地人之象征。这种高地人多是些讨厌鬼而不会对文明开化的古苏格兰构成威胁。其实,甚至在高地残存的这种载体也是相当新近的,它并非高地社会原创的或独特的象征。①

坦率地讲,正是本章中的诸如此类的句子,比如"他们将这种传达民族特性的载体归于伟大的古代遗风,其实它在很大程度上是现代的",才促发了自己最初想要推动迻译它的愿望。所以,我对这类富有"解构"效果的文句,由于并不能掌握更多的历史细节,也就提不出更多的深入看法了;不过与此同时,即使在读过了这些句子之后,我也并未因此就对爱丁堡那个城市,包括它那触目可及的褶裙和满街生辉的风笛,也包括它那更带有整体感的旧时街景,生出任何"原来如此"的或"上了大当"的感觉。

所以更值得一提的,也许还是我就此生出的对比性联想。比如,其实作为我们"国宝"的京戏,也并不是什么历史悠久的古老剧种,甚至都不是古色古香的高雅剧种。如果真要"信而好古"地挖掘传统的话,那么至少就该推举昆曲来充当"国剧"了,只可惜昆曲台词不好懂,至少一般人是没能力去欣赏它的精雅妙处。——而另一方面,或许更让人感到有趣的是,京戏当之无愧地成了现在的"国剧",或者说,京戏对于地方戏曲的压倒性地位,又是到迟至很晚的当代才

---

① E. 霍布斯鲍姆、T. 兰格:《传统的发明》,顾杭、庞冠群译,南京:译林出版社,2004年,第18页。

被确立的,而且,与其说这是对于古老韵致的回味,还不如说这是在政治力的介入下,且又在失去了方言根据的台湾老兵的助力下,才从当年作为"国剧运动"的话剧那里抢夺过来的。①

让我们接着再来读上本章的一段:

> 于是,正如我们所知,当1745年的大叛乱爆发时,苏格兰褶裙是英格兰人新近的发明,而"克兰"格子呢服装并不存在。然而,叛乱标志着服装上的变化,同时也意味着苏格兰社会与经济史上的变化。当叛乱被镇压后,英国政府最终决定采取曾在1715年(实际上是在此之前)考虑过的措施,来最终摧毁独立的高地生活方式。……然而,历史是没有理性的;或起码它只是部分具有理性。在那些曾经习惯穿着它的人中间,高地装束确实已然灭绝。经过了一代穿裤子的人之后,纯朴的高地农民觉得没有理由再去穿束腰披风或格子呢,而他们曾认为这种衣服是如此便宜和耐用。他们甚至不再穿"简便易得"的新式褶裙。另一方面,那些先前曾鄙视"仆人"装束的中上层阶级,现在却满怀热情地捡起了这种服装,而这种装束传统的穿着者却抛弃了它。②

针对这种历史的"没有理性"或"特别健忘",我们还可以再举出京戏的例子进行发挥。事实上,随着文化传统的迅速失落和鉴赏能力的总体下滑——当然公正地说,也是由于以梅兰芳为代表的、来自京戏内部的创新运动——社会内部的品位也会相应地重组,以应对进行阶层"区隔"的功能要求。于是,以往代表世俗或

---

① 参见何恬:《"国剧":一个针尖,几个天使?》,《中国学术》第二十九期。
② E.霍布斯鲍姆、T.兰格:《传统的发明》,第30—31页。

下层的粗野样式,也会逐渐符合起上层的文雅口味来。正因此,沿着"唐诗—宋词—昆曲—京剧—评剧"的时间延展线索,我们才可以辩证地说,这里是既发生了"下坠"也发生了"上升"。这样一来,如果京戏以前主要是同昆曲相对,而表现出其世俗或下层的一面,那么它后来就掉转了过来,主要是同评剧相对,而表现出其高雅或上层的一面了。

第三章题为《从衰亡到景致:浪漫主义时期对威尔士历史的追寻》,其作者是来自斯旺西(Swansea)大学的历史学家普赖斯·摩根(Prys Morgan)。相对而言,这篇文章的篇幅更为厚重,列举的现象也更加繁多,广泛涉及了威尔士早期历史的编造、威尔士诗歌大会、对于古代德鲁伊特的现代发现、凯尔特人的重新发现、把威尔士视作"音乐之乡"、坚持身着民族服装的威尔士女性、新的威尔士英烈祠、作为地方特色的威尔士风景、文化的徽章等方面。而我们为了呼应前边的内容,在这里就主要关注其语言的方面,即作者在其中所讲的"从'威尔士人的文理不通的话'到'天堂中的语言'"。——作者在本章的开头先向我们这么写道:

> 当人们关注18世纪和19世纪初期的威尔士文化生活时,就会惊讶于这样一个悖论:一方面是旧的生活方式的衰微或死去,另一方面是对威尔士事物之兴趣的前所未有的迸发,以及非常自觉地行动起来保存或是发展它们……在这一时期,威尔士学者和爱国者重新发现了过去,发现了历史、语言和文化的传统,而且在那些缺乏传统的地方,他们创造出了一种从未存在过的过去。浪漫主义的神话制造在威尔士持续了很长时间,在它

以后的历史中留下了永恒的印记。①

　　这段文字使人油然想起,就在离我们"一衣带水"的日本,也同样出现过这种对于"本真性"的保守或再造。也就是说,尽管在一方面,日本文化最被公认的特点,就是特别善于向外部世界学习,或者说,就是特别不害怕文化的"混杂",对此我们从它那高度混杂的语言中,就可以看到最为显明的例证,其间既夹杂着以汉字书写的中文外来语,也夹杂着以片假名书写的西文外来语,而偏偏又相当地具有传递和表达的功能;可在另一方面,又正是为了拯救最"正宗"、最"地道"的日本文化,它那一组非常独特的文化符号,主要包括和服、木屐、料理、清酒、泡汤、花道、茶道、香道、相扑、能剧、艺妓、俳句、樱花、寺庙、浮世绘、富士山等等,尽管曾经让雾里看花的罗兰·巴特如此心醉,偏又是在面对汹涌的西潮而要抢救传统时,才作为标准符号被固定下来。——这种大体上平行出现的历史轨迹,当然也应当属于所谓"传统的发明"。

　　普赖斯·摩根又在这本书中接着写道:

　　　　在十六世纪,与天主教有密切联系的当地文化大部分消失了,而此时并没有一种独特的威尔士新教文化来完全取代它,当地法律体系被废除了,诗歌比赛制度也萎缩了,旧的语言亦被行政当局禁止使用,而且尽管官僚阶层仍然说威尔士语,但他们的举止已变得英国化了,或者说他们已接近西欧的行为模式了。衰退在十七、十八世纪仍然持续……托马斯·琼斯——并非只是他一个人——于1688年提到上帝已"腐蚀了我们的语言",

---

① E. 霍布斯鲍姆、T. 兰格:《传统的发明》,第54—55页。

而且越来越多的威尔士人开始称威尔士语为"古代语言",仿佛这种语言存在于一个衰老的国度。诗人和牲畜商爱德华·莫鲁斯称赞圣阿萨福的劳埃德主教(1688年七主教之一)学习威尔士语,而且用威尔士语说到它是"一种曾经很重要的、被废弃的古老语言",而"现在却像一只华彩尽失的老孔雀"。像威廉·理查兹这样的英格兰讽刺作家在他的《威尔士游记》(伦敦,1681年)中希望这一语言尽快消失;认为它是"威尔士人"的"文理不通的语言",现在只有下层社会才使用它。①

这般似曾相识的历史现象,自然使人想起在普通话压力下的方言,乃至在全球化压力下的汉语来了。于是,就并非纯属巧合,我本人也在新近出版的一本书中,针对类似的话题表达过类似的忧虑:"如果说,当年是在现代性的压力下,部分源自契丹的这种北京语音,才被硬性确定为中国的普通话,那么,同样是在现代性的压力下,来自西方、特别是美国的英语,则被看作是更高级别的普通话。能够通晓和操持英语,不光会带来交流的方便,还被看作身份和教养的象征,就连预备接班的领导人,也往往想要就此进行表演,来博取相应的威望与信任。于是,正是在这样的示范下,人们便以高出对母语不知多少倍的热情,投入了对于英语的培训和学习。到处都可以见到双语的、且主要是教授美式英语的幼儿园和小学。反过来说,读写母语的能力已经普遍下降了,可人们还对此根本不以为意。然而长此以往,势必会加速中国文化在全球化压力下的没落。"②

事实上,也正因为总是有人在对着历史潮流而"逆动"——以往

---

① E. 霍布斯鲍姆、T. 兰格:《传统的发明》,第56—61页。
② 刘东:《再造传统:带着警觉去加入全球》,上海:上海人民出版社,2004年,第62页。

人们总爱操着革命话语把它形容为"反动"——在历史的契机中才总是会出现"反向"的选择,从而,历史的发展才表现为"非决定论"的,才并不是那么的"顺之则昌,逆之则亡",正如普赖斯·摩根接着又追述的那样:

> 在威尔士,复兴和神话制造运动源于威尔士生活中的危机,当时整个民族的生命力似乎正在衰竭。常识和理性要求威尔士人将过去看作是封闭的和已终结的,而且由于他们已"被从历史记载中抹掉了",因此他们应当对自己的命运感到高兴。对于少数爱国者来说,要使同胞们欣赏自己的遗产、珍视自己独有的东西,需要付出超人的努力。他们觉得实现这一目的的唯一方法是仔细思索过去并运用想象力来改造它,从而创造一种新的威尔士特性,这种特性将为民族提供指导、娱乐、消遣和教育。他们创造的充满神秘色彩和浪漫气息的威尔士使得威尔士人能够忘记自己刚刚逝去的过去,获得一种艺术与文学形式的过去;由此他们就一举两得。我们已描述过的巧妙方法在这一威尔士历史进程中的艰难时刻具有重要的愈合功能。①

由此,又不免让人想起那个历史中的"复线"问题,——正如伯林在《启蒙的三个批评者》中所关注的(这本书我们等了这么许久,也很快要在同一套译丛中面世了),事实上,习惯于机械"二分法"的人们,既已把西方文化视同于"潮流本身",而把本土传统视同于"跟不上潮流",他们就往往会下意识地误以为,只有文化激进主义才是从外部舶来的"潮流",而与之对立的文化保守主义,则只是源自本

---

① E. 霍布斯鲍姆、T. 兰格:《传统的发明》,第128页。

土的对于潮流的反弹。然而,真实的历史却要比这复杂得多,甚至有时候会表现得恰好相反,就像我在另一篇文章中所指出的:"正如中国的心智从来不是铁板一块,西方的心智当然也不是一块铁板,故而在中西之间的文化衔接,自然也就会生出多种的选项,绝不可能只有单线的因果。吴宓、梅光迪、张歆海这些人经由白璧德而上溯到安诺德的明确师承关系,使得他们得以从哈佛这样的学术重镇了解到,其实西方也并非只有启蒙话语,而同样有尚古主义,并非只有对于今人的炫耀,而同样有对于古人的尊重。缘此,他们就必然基于此种内在的理路,去重新反思古代传统,以及对于古代传统的现代毁弃。"[①]

本书的第四章,题为《仪式之背景、表演与意义:英国君主制与"传统的发明"》,其作者是哥伦比亚大学的历史学家大卫·卡纳迪恩(David Cannadine)。由于作者要求对历史进行"具有厚度"的描述,所以此文的篇幅就更长一些,甚至整整包含了十个具体方面,这里就只拣其中最能引起联想的部分——也可以说是当初促动了翻译念头的部分——来进行对比式的简要列举。

  显而易见,即使一个反复重复的仪式——像加冕礼这样长时期以来未经变改的仪式——的文本,其"意义"可能发生了深刻的变化,这取决于背景的本质。在一个本质上静止不变的时代,未曾变化的仪式或许真正地反映并巩固了稳定性以及多数人的意见。但在一个充满变革、冲突或危机的时期,仪式有可能故意被维持原貌,以便给人一种持续、一致、安逸的印象,尽管存在大量背景方面的证据,证明情况恰恰相反。[②]

---

① 刘东:《比较视野中的文化保守主义》,未刊稿。
② E. 霍布斯鲍姆、T. 兰格:《传统的发明》,第 135 页。

在这个问题上,可以最方便地平行展示的,还是来自邻国东瀛的相关例子。很显然,正因为受到了生活变迁的冲击,在那里反而要执意地显示什么是"其来有自",表明这种生活有着长久不变的传统,哪怕那明显就是人为"发明"的传统。我们基于这样的分析眼光,再来看看日本上流社会的服饰,就油然会生出不知"今夕何夕"的感慨。无论是其皇后在举行仪式时所戴的帽子,还是首相在正式场合所穿的燕尾服,都是他们在明治维新时从西方学到的;到了现在,恐怕只有日本还在一成不变地保留它,而在世界的任何其他地方,包括在最初发明了它的西方,就顶多只剩下交响乐团在穿戴它了。——而且即使这样,也还是有不耐烦的音乐家出面抗议:为什么大家在演奏时非得穿得像一群"企鹅"?

更有意思的对比联想,发生在当我们从大卫·卡纳迪恩的笔下,读到了下面这类历史概括的时候:

> 放置在这种"厚"描述的背景中,英国君主制之礼仪形象的发展就会展现出四个明显的阶段。第一个阶段,从1820年代以降,甚至更早,直到1870年代,这是一个拙笨的运用仪式的阶段,仪式是在一个仍主要为地方化的、乡土的、前工业的社会中表演。第二个阶段开始于1877年,当时维多利亚成为了印度女皇,一直持续到第一次世界大战爆发。在此期间,英国和欧洲的许多国家一样,出现了"发明传统"的高潮。此时一些古老的仪式被上演,它们包含着一套专门的知识并具吸引力,这都是过去所缺乏的,此外,一些新的仪式被有意识地发明创造了出来,以强化这种发展。然后,从1918年直到1953年伊丽莎白女王加冕形成了另一个发展阶段,这时候英国人使自己相信他们很擅长礼仪,因为他们从来如此。这一信条在很大程度上能够成立,

是因为英国在王室礼仪方面先前的对手——德国、奥地利和俄国——已经废弃了君主制,剩下英国独自置身其中。最后,自1953年以来,英国作为一个强国开始衰落,又加之电视的巨大影响,这意味着王室礼仪的"意义"再次发生了深刻的变化,不过迄今为止,这一变迁的新阶段的轮廓只是依稀可辨。①

这使我随即就想起了毛泽东的故居,它好像也经历了相似的变化阶段。在第一个阶段,它当然最具有毋庸置疑的神圣感,成了红卫兵们日思夜想的圣地,即所谓的"日自韶山出,日出东方红。当今红四面,世界起东风"。到了第二个阶段,它又在思想解放的高潮中,遭到了相应的冷落甚至解构,而我也曾针对《龙年的悲怆》中的质疑,当面向湖南省的学者进行了验证,确知如果从具体的地理方位来看,"文革"中盛行的"韶山日出"的照片,真的只有到"日落时"才能拍摄出来。再到了第三个阶段,由于"改革开放"也出现了一些过程中的问题,于是人们对于"公平正义"的关切,就借题发挥地要通过"怀旧"来宣泄,而由此韶山这个旧时的圣地,也就正好迎合了保守派或失意者的心思。到了当今这个时代,则可算是第四个阶段了,随着物质生产的高速发展,也是由于各种推动消费的"长假",以韶山为代表的"红色旅游"的目的地,就跟其他宗教寺庙的命运一样,都被暗中消解了其原初的含义,只不过在迎合消费主义的强烈欲望而已,——且不说到这样的地方去游山玩水,还更容易找到冠冕堂皇的借口,也更容易从公费中得到报销。

最后,在大卫·卡纳迪恩的长篇大论中,类似下边这样的解析内容,也很容易引起我们的联想:

---

① E.霍布斯鲍姆、T.兰格:《传统的发明》,第138—139页。

英国的评论者们认为那些宏大壮观的仪式的源头可追溯千年,其实,其源头无疑正是存在于国际间就仪式的创造性展开竞争的第二阶段中。然而,这些"传统"之所以能**存续至今**的最重要因素在于,在一战前和一战后的王室礼仪之间保存了独一无二的连续性。在奥地利、德国和俄国,从1870年代至一战这段时期所创造的礼仪,在1917至1919年间随君主制一起——君主制正是这些仪式要提升的形象——化为乌有。因此,在两次大战间的岁月中,取而代之的新统治精英不得不又重新开始。相比之下,在英国君主制得以幸存,而"发明的传统"也与之相伴而行。在两次大战之间英国君主制的仪式形象的确发生了一定程度的革新,但这种革新是在一战之前形成的程式之内,而非其外。①

不过,我这一次的对比性联想,却没有再沿着政治化的路线,反想起在中国随处可见的"正宗川菜"的招牌来了,也许是因为自己刚读过冯珠娣那篇讨论"快感"的论文。②无论如何,对于"正宗性"或"本真性"的执迷,几乎属于人类普遍具有的某种本性,所以,你如果猛然告诉哪位四川人,其实他的老祖宗并不吃辣椒,他肯定是没有办法相信你,尽管他对辣椒的另一种称呼——"海椒",还保藏着对于该作物来源的暗中记忆。事实上,如果按照北京协和医院的科学定

---

① E. 霍布斯鲍姆、T. 兰格:《传统的发明》,第209—210页。
② 参阅冯珠娣(Judith Farquhar):《吃中药》,原载于 *Cultural Anthropology*,1993年第5期。作者在这篇文章中写道:"我想考虑的是快感,那些看中医的人可能追求(无论什么原因)的某种快感。也许从快感——属于主体性可变的、偶然的、逃逸的领域——而非需要——生物人类学多认为其属于人类本性与行为不变的、逃不掉(不可避免)的特征——入手,身体可以重新被放到历史与社会中来。"

义,那种晚至16世纪才从墨西哥传来的作物,所带来的甚至都算不上是一种味道,而只是味蕾被灼伤时的刺痛感。然而,这种痛感终究又糅合了麻椒带来的口感,被后来养成了"麻辣"爱好的四川人,视作了舍此几乎就无法生存的、天经地义的固有传统,他们甚至还为此编出了这可以"抵抗潮湿"的理由。

截至现在,无论是苏格兰、威尔士还是英格兰,本书作者们的关注焦点,都还集聚在这个"联合王国"的本土上,所以这些论述所勾起的阅读联想,至少在我这个来自曾是"半殖民地"的读者这里,也就比较容易被引向某一个定向;而且据我猜想,这个方向也应当正是霍布斯鲍姆所希望的,否则的话作者们就更加乱套了。不过,也许就是受当时的朋友圈制约,接下来本书却把笔锋一转,把矛头对准了大英帝国的殖民地,当然,此时它们已是昔日的殖民地了。

第五章题为《维多利亚时期印度的权威表象之确立》,其作者博纳德·S. 科恩(Bernard S. Cohn)是芝加哥大学的人类学家,而且据说也正是在座的冯珠娣教授的导师。由于此处更多的是在讨论印度现代史的细节,而至少是一般的中国学者对于这类的历史细节,都没有太多的进行品评或挑剔的余地,就让我们直接跳到本章的结论部分吧:

> 当印度人——尤其是在他们民族运动的最初几年中——开始通过他们自己的组织发展出一套属于自己的公共政治风格时,他们采用的是何种风格?我要指出,实际上,他们使用的正是其英国统治者所采用过的那种风格。印度国会中所有委员会的早期会议都与杜尔巴非常相似,其中有游行活动,而且领袖人物及其演讲具有核心地位,这些演讲成为了载体,领袖们通过它们来分享"进步政府"的价值、成就和印度人民所获得的幸福、

安康。英国风格的成效在于它制订了民族主义运动初级阶段的话语形式。实际上,早期的民族主义者宣称,他们比其英国统治者更加忠于印度帝国的真正目标。

1920至1921年的第一次"不合作运动",被认为最终确立了甘地在民族主义斗争中的重要地位。正是在不合作和消极抵抗的形式中第一次尝试了一种新的风格。从本质上讲,在印度这是对英国权威的第一次发展成熟、范围广泛的抵抗。这次运动始于甘地的宣言,即印度人应该归还帝国政府授予的所有荣誉和纹章。甘地这样做不仅是在攻击政府制度,也在抨击政府利用创设荣誉而使其权威充满意义、值得遵守的本领。

甘地对于民族主义运动大部分的贡献在于,他关注创造、表现基于一套完全不同的权威理论之上的新行为规范。这些体现在一系列标志中。印度人不再穿西式服装或他们的帝国统治者下令规定的"本土"装束,而是穿家庭纺制的农民服装。团体祈祷会是阐释甘地的指示的场所,这样的祈祷会与那种杜尔巴式政治集会的气氛不同。印度的朝圣被吸收到了政治中,存在于甘地的游行示威的形式中,而且"政治家走在人民中间"(*paidatra*)的思想现在仍是印度政治仪式的一部分。①

这段历史真是相当有意思,正所谓"意料之外,情理之中"。所以,它立刻就激活了我的本土联念,想起了作为中国象征的"万里长城"。——就像甘地从由来已久的"朝圣"活动中,激发出现代印度的政治仪轨一样,我们这道有着久远历史的防御工事,也有着它一波三折的诠释过程,而为了对应上面进行过的分段叙述,我在这里也权

---

① E. 霍布斯鲍姆、T. 兰格:《传统的发明》,第268—269页。

且将它的历史分为四段。在第一个阶段,尽管在上层社会对于它的反应中,既有过"但使龙城飞将在,不教胡马度阴山"(王昌龄)的慷慨,也有过"羌管悠悠霜满地,人不寐,将军白发征夫泪"(范仲淹)的悲凉,然而,我们从有关孟姜女的悠久民间传说中,却总能看出下层社会对它的怨愤。到了第二个阶段,当长城这个符号传到了西方以后,它就构成了一个刺激神话的源头,并随着中国在西方印象之转变,而不断转换着它的符号意义,要么在伏尔泰那里被视作强大的象征,要么在笛福那里被视作软弱的象征,要么干脆在万念俱灰的卡夫卡那里,被当成了人类荒诞命运本身的象征。

接下来,到了第三个阶段,由于来自外部世界的致命挑战,也是受到了社会达尔文主义的恶性刺激,这道古老的工事则又在抗战期间,跟中华文明的摇篮黄河一起,一变而成了中华民族的伟大象征,并且都被写进了充满民族激情的歌曲中,一个被颂扬为"像你一样的伟大、坚强",另一个被颂扬为"把我们的血肉,筑成我们新的长城",并且后者还被确定为国歌。最后,又到了第四个阶段,在"文革"把大部分文明遗物都破坏殆尽之余,也是适应着改革开放以后涌现的社会动能,它就迎合着作为现代生活方式的旅游要求,也是迎合着外来人士对于异国情调的追求,再次被前来游山玩水的人们给消费了。所以,我曾经半开玩笑地说,前来北京讲学的那些外国教授,一般都会带着三个预订任务:先爬一趟盆景般的八达岭长城,又吃一顿满嘴冒油的北京烤鸭,最后再掏出写好的讲稿留下点儿"买路钱"。

交代完了上边的联想,在结束对于本章的评论之前,我还要再为后边留下一点伏笔:尽管从一种逻辑来看,这本书是沿着大英帝国的疆域,在顺势扩大自己的论述范围,也验证一下这个"解构"模式的适用范围,可是从另一种逻辑来看,当霍布斯鲍姆决定向研究印度的同行来组稿时,却也许又给自己预埋了一个"定时炸弹",尽管他大概并未清楚地意识到它。有意思的是,作为一个坚定的马克思主义者,由于那主义中预设的历史主义逻辑,他也许就更能认同"后结构主义",却又更难认同"后殖民主义"。然而,不管他本人怎么想,任何可以欣赏前边那类颠覆意图的、来自西方以外的文明地带的读者,读到这里恐怕都很难平顺地接受:这些曾被"圣雄"创造性转化的"殖民地"传统,也可以被来自"宗主国"的作者去追根刨底地颠覆,除非这些大英帝国的学者又辩解说,其实自己亦无意进行这样的颠覆。——不过,如果他们真的这么说了,则又会倒过来损害这种模式的效力。

由此我们也就看到了,一旦来清点可能的思想路数,那么这里可以有两种看似都能成立的逻辑。第一种属于笼统的、空泛的和抽象的,它诱导着人们来这样思考问题:既然我们可以反对本国的民族主义,当然也就可以沿着这种思想的格式,去不加分析地解构任何形式的民族主义,哪怕那种民族主义属于被殖民者,从而(或曾经)跟殖民者和宗主国的民族主义,构成了针锋相对的敌对关系。第二种则是更富于历史内容的,从而也更照顾了思想的历史语境,所以它便转而去引导人们这样思考:既然我们已经解构了本国的民族主义,而这种民族主义在过去的扩张中,又曾经对殖民地和半殖民地的人民,形成了很大的压力、颠覆和破坏,从而也就必然在这些受难的地区,正如以赛亚·伯林曾经说过的那样,引发了来自"被压弯的树枝"的反弹,那么,对于这两类都被冠以"民族主义"的、实则具体意涵相当不同的历史现象,我们就应当更加留心地区别对待,而绝不要失去对于后者的理解与呵护。①

与上一章的内容相近,第六章也在剖析昔日帝国的殖民地,题为《殖民统治时期非洲传统的发明》,其作者则是来自牛津大学的种族关系专家特伦斯·兰格(Terence Ranger),此人又名列这本书的第二主编。在这里,仍然是由于缺乏讨论细节的知识背景,还是让我们简捷地走到它的两个结论,或者更具体地说,是从殖民时期之"发明传统"的活动中所获得的、分别来自历史之两个轴向的模糊遗产,——比如先说来自历史横轴的这一项:

> 一项是从欧洲输入的发明传统,它在非洲的一些地方对统治阶级文化仍有影响,而在欧洲本身则大多消失了。在他的《狱中日记》里,恩古吉(Ngugi wa Thiong'o)充满愤怒地描写了当代肯尼亚的精英们:
>
> "前定居者殖民地中的买办资产阶级成员只关注他们自己的命运。他们并不需要外出游历和居住国外以了解和模仿帝国主义资产阶级的文化:他们不是已经从代表宗主国文化的殖民定居者那里学到了这一切吗? 培育于旧殖民体系之中,他们已发展成熟至买办的顶点,将当地的欧洲人看作是绅士风度和贵妇人优雅气派的全部体现。随着阻碍阶级流动的种族隔阂被打破,欧洲绅士风度——上衣翻领上的玫瑰花芽和饰针、胸前口袋里的洁白方巾、燕尾服、高顶黑色大礼帽和金链怀表——不再只是梦想和希望了……旧殖民者报纸中最受欢迎的栏目……就是社会版……而现在这些栏目又在光纸印刷的资产阶级月刊中出

---

① 就此可以参阅被我收入"人文与社会译丛"中的另一本重要的著作,即帕尔塔·查特吉的《民族主义思想与殖民地世界》,范慕尤、杨曦译,南京:译林出版社,2007年。

现了……殖民者打高尔夫和马球,去赛马或是身着红上衣和马裤进行盛大的狩猎……现在,黑人学生们也做相同的事,只是带着更大的热情:高尔夫和赛马已成为'国家'制度。"①

与之类似的情况,刚才在分析日本上流社会的服饰时,我们实际上已经列举过一次了,所以,也就不妨借用自己在别处的说法,来说明这种"泥洋不化"的心理成因——"正因为那类的文化传统,起初也并不是由他们所创造的,日本人反而就把它当成了'金科玉律',不会想到再去对此进行变通,也根本不知道究竟如何去变通了。"②而接下来,再根据特伦斯·兰格的叙述,则还有来自于历史纵轴的另一项遗产:

> 第二个含糊不清的遗产是"传统的"非洲文化;由殖民官员、传教士、"进步的传统主义者"、年长者和人类学家发明的整个系统整理的"传统"。像恩古吉一样否定资产阶级精英文化的人面临接受另一套殖民发明的颇具反讽意义的危险。恩古吉本人通过接受反对殖民主义的肯尼亚大众传统来解决这一困难。正像本章所指出的,年轻男子、妇女、移民——恩古吉表示同情的受剥削团体——有时**已经**能够着手利用混合了连续性和革新的持久活力,这种活力存在于土著文化之中,当这些文化在经过整理的殖民习俗的僵硬刻板之下继续发展时。

> 至于历史学家,他们至少具有双重任务。他们必须使自己摆脱由殖民官员或是很多人类学家记录的非洲习俗就是有关非洲过去的指南的错误观念。同时他们也需要鉴别所有发明传统

---

① E. 霍布斯鲍姆、T. 兰格:《传统的发明》,第336页。
② 刘东:《日本的小大之辩》,见本书第349页。

中有多少是与二十世纪非洲历史有关的,并且力求得出比本文这一初步概述更扎实的有关这些传统的解释。①

在这里,既已是沿着历史纵轴来讲,那么,沿着马克思主义者的理论本能,作者的争辩重心就不再落在这"是否属于"非洲,而毋宁落到了这"究竟属于"哪一个非洲?也就是说,究竟是由外来的"闯入者"和内部的"保守者"所定义和转化的本土传统,还是为曾经缺乏话语权的被压迫者所看重的或至少在他们看来更加"原汁原味"和更具"本真性"的非洲传统?可无论如何,由于我们缺乏这方面的相应知识背景,所以只好姑且撇开对于这种问题的追究,而继续去发挥基于自家本土经验的联想了。

此刻在我看来,也许最具有"可比性"的中国现象,就在于它那种既陷入了巨大尴尬、却又无可选择的大学制度了。首先,当然应该毫不掩饰地承认,中国现行的大学体制,就是从它的西方对手那里引进,特别是我目前所任教的那所大学。甚至,不光是它的学科建制和管理体制,就连我日常工作其间的办公室,也是设在一片新英格兰风格的建筑群中,而且我每天在出入它的时候,都还要穿过一群穿着西式婚纱来照相的新娘。然而,当我们的校长在某次席间问我,早期的清华国学院为什么如此成功时,我却注定会让他感到失望地回答——就是因为当时还没有你所领导的这种大学!换句话说,无论是当年的梁启超还是王国维,都并没有上过什么西式的大学,而心中也只有旧时书院的教育方式,所以就可以讲,他们是无意间用了最适于教导中国文化的方式,来向早期国学院的弟子们传授中国文化。

---

① E. 霍布斯鲍姆、T. 兰格:《传统的发明》,第336—337页。

然而即使如此,中国旧时书院的悠久历史和深厚传统,却并没有能成为人们想要去保存它的思想理由。恰恰相反,它的悠久历史倒是被颠倒了过来,被改造为后来那些西式大学的前身,从而悖谬地证明了这些现代的大学,本身具有可以追溯到很古时代的长久历史。当年我还任教于浙江大学的时候,就听说这所大学的前身是百年以前的"求是书院";日前我又到湖南大学去参观,更发现它已被说成是世界上"最古老"的大学,因为据说它那无与伦比的历史,干脆可以追溯到千年以前朱熹的"岳麓书院"了。

本书的第七章也就是最后一章,其作者还是主编埃里克·霍布斯鲍姆。既然如此,我们就将它和本书的导论结合起来,一并放到下节来进行讨论了。

二、伪造传统或再造传统

第七章题为《大规模生产传统:1870—1914年的欧洲》,其作者霍布斯鲍姆在其中这样写道:

> 本章目的是关注十九世纪创造传统的两种主要形式,这两种形式都反映了这一时期深刻而迅速的社会变化。全新的或是虽然陈旧但也已发生显著转变的社会团体、环境和社会背景呼唤新的发明以确保或是表达社会凝聚力和认同,并建构社会关系。同时,一个变化中的社会使传统的国家、社会或政治等级制的统治形式变得愈益艰难甚或行不通了。这就要求新的统治方法或建立忠诚纽带的新方法。由此必然地,随之而被发明的"政治"传统是更有意识的和深思熟虑的,因为它在很大程度上是由怀有政治目的的机构承担的。然而我们也随即注意到,有

意识的发明其成功与否取决于它能否成功地为公众所接受。支配日渐增长的国家工作人员和日益被迷惑的小学生的新的官方公共节日、仪式、英雄或象征,如果缺乏真正的群众共鸣,那么仍然可能无法动员公民自愿参与。……

在传统的发明这方面,有三项主要革新是尤其相关的。首先是教会的世俗替代物,即初等教育的发展,它深受革命与共和派的原则和内容的影响,并且由牧师(或者可能是修道士,如果他们贫穷的话)的世俗替代物,即小学教师实施的。……第二是公共仪式的发明。这些公共仪式中最重要的巴士底狱日的确切开始日期是1880年。在这个一年一度的宣称法国是源自1789年的国家的日子里,官方和非官方的游行和群众庆祝活动——烟火、街头跳舞——结合到一起,每一个法国男子、女子、孩子都能参与其中。然而在它为更狂热、大众化的表现提供机会(这可能是很难避免的)的同时,它的总趋势是将大革命的遗产转变为对国家盛大活动、权力与公民快乐的共同表述。……第三是已经提到过的公共纪念碑的大规模出现。应当指出的是,与其他国家不一样,第三共和国并不喜欢法国已有的很多巨大的公共建筑——尽管大型博览会于结束之后在巴黎留下了一些这样的建筑——也不喜欢巨大的雕像。法国"雕像热"的主要特点是它的民主精神,预示了1914至1918年以后的战争纪念物的民主性。它将两种形式的纪念碑传遍整个国家的城市和乡村:共和国自身的形象(以现在已为世人所熟知的玛利亚娜的形式),以及被地方爱国主义选择作为自己过去与现在的名

人的有胡须的民间人物。……①

由此可以联想到的是,这种大肆"发明传统"的活动,几乎贯穿于整部中国史之中,所以对于我们简直是随处可见的,而且也是不分高低贵贱、官方民间的。一方面,在社会上层的士大夫那里,就是这样来不断"发明"陶渊明的,正如孙康宜就此撰文综述的:"多少个世纪以来有关陶潜的学术研究汗牛充栋,以至于一个特殊的术语'陶学'也被炮制出来,与诗经学、楚辞学和红学遥相呼应。直至今日,读者阅读陶潜的热情丝毫不减,都在声称重新发现了诗人真正的声音。"②另一方面,在社会下层的老百姓那里,也同样是这样来重新阐释《秦香莲》《白蛇传》《长生殿》的,正如我本人刚刚撰文写道的:"还是出于'想当然尔'的理由,一方面,据说那位实际生活中的陈世美,原本既是个忠臣又是个好丈夫,只因为曾经拒绝向某位老乡徇私,便被后者编派出了'抛妻弃子'的恶劣故事;而此后,又经由民间戏文的经久传唱,陈世美这个名字竟在汉语里,演成了所谓'负心汉'的代名词,这对于那位真实活过的历史人物,当然属于同样的委屈和冤枉。可另一方面,如果从受到压制和争取能动的女性视角来看,文学也正是通过这个'歪曲的'形象,成功地向男性释出了持久的压力,从而保护了她们更愿维系的传统家庭,并就此达成了社会冲突的正面功能。……"③更不要说,一旦来到了现代世界上,而在西方文化的强烈冲击下,在跨文化的交叉语境中,既然所有的要素都在迅速重组,那么,这方面的例子更是不胜枚举了。

---

① E. 霍布斯鲍姆、T. 兰格:《传统的发明》,第 347—349 页。
② 孙康宜:《揭开陶潜的面具:经典化与读者反馈》,《中国学术》总第七辑,第 82—85 页,北京:商务印书馆,2001 年。
③ 刘东:《冲突与团圆的文化功能:文学的另一番理由》,《思想的浮冰》,第 217 页。

然则应予注意的是,霍布斯鲍姆的眼界并未放得这么宽广,他似乎只是在一种特定的意义上,来指称被自己关注的那种"发明的传统"。具体说来,在这位马克思主义史学家看来,此种"旧瓶装新酒"的再生式传统,主要属于在环境剧烈变迁的现时代,由社会的精英阶层或统治阶级,去有意地利用人们的非理性心理,来制造出来的普罗群众的集体认同。——在我看来,恐怕正是这种太过政治化的立场,限定了霍布斯鲍姆的应有视野,使得他对于"发明传统"的历史活动,其判断和态度显得游移不定,并由此也就限定了这种模式的适用性。

说到这里,也就可以引入他写在最前边的《导论》了:

>英国君主制在公共仪式中的盛观显得是如此古老,并仿佛与不朽的往昔紧密相联,在此方面没有任何事物能与之匹敌。然而,正如本书中第四章所证实的,现代形式的这种盛典事实上是19世纪末和20世纪的产物。那些表面看来或者声称是古老的"传统",其起源的时间往往是相当晚近的,而且有时是被发明出来的。……
>
>"被发明的传统"这一说法,是在一种宽泛但又并非模糊不清的意义上被使用的。它既包含那些确实被发明、建构和正式确立的"传统",也包括那些在某一短暂的、可确定年代的时期中(可能只有几年)以一种难以辨认的方式出现和迅速确立的"传统"。……
>
>"被发明的传统"意味着一整套通常由已被公开或私下接受的规则所控制的实践活动,具有一种仪式或象征特性,试图通过重复来灌输一定的价值和行为规范,而且必然暗含与过去的连续性。事实上,只要有可能,它们通常就试图与某一适当的具

有重大历史意义的过去建立连续性。……然而,就与历史意义重大的过去存在着联系而言,"被发明的"传统之独特性在于它们与过去的这种连续性大多是人为的。总之,它们采取参照旧形势的方式来回应新形势,或是通过近乎强制性的重复来建立它们自己的过去。现代世界持续不断的变化、革新与将现代社会生活中的某些部分构建成为不变的、恒定的这一企图形成了对比,正是这种对比使得研究过去两个世纪的历史学家们对"传统的发明"如此着迷。①

由此可见,当霍布斯鲍姆在为本书写作《导论》时,其心目中所念及的这种"发明的传统",确实就有所谓"伪造的传统"的意思。并且实在说来,他这样做也是很自然的,因为对于任何职业的史学家来说,如果有朝一日恍然大悟地发现,某种曾被误认为属于"早出"的东西,实际上竟是"晚出"的和"人造"的,自然免不了就要生出被愚弄的感觉,于是也就一定要设法把它揭发出来。在这个意义上,任何历史学家都会有一点"天真",都会对那个被设定为"历史本体"的、尽管永远碰触不到的"历史一",存有一种遏制不住的内在追求冲动。——更不要说,霍布斯鲍姆还是位旗帜鲜明的马克思主义者,还可以借此来反抗"不公正的"社会现实。

可以说在这个意义上,我们也都有过类似的反抗冲动,所以,我早年也曾写过类似的文章,而它也是在同样的反抗意义上,要借着天安门后面的一抔土丘,来表达对于这类"伪造传统"的颠覆:

我当时什么都没有想,也什么都不会想。不过,这番经历却

---

① E.霍布斯鲍姆、T.兰格:《传统的发明》,第1—2页,着重号为引用者所加。

使幼稚的我对天安门生发了一种无名的失望。而等我长大了一些,特别是经历了十年文化浩劫的价值毁灭之后,这种失望就渐渐地明朗化了,被填充了一些确定的内容。我那时是喜欢做诗的,所以也就对记忆中的景物进行了诗意的联想。我以为,从天安门走到景山,正象征着一个专制皇朝命中注定的全部起承转合。你看——从万众欢腾的天安门,走过杀气腾腾的午门,来到静鞭三响的金銮殿,再穿过佳丽三千、却只准有一个男人的后宫,不是正好走到了吊死过明末崇祯皇帝的歪脖子树下了么?这里的建筑空间,似乎高度凝练地冻结了中国古代周而复始的历史时间,向人们诉说着一轮又一轮大同小异的悲剧故事。谁从这里走一遭,就好像看过了一次中国历史中特有的"王朝循环"。①

正因为这一点,也恰如本文一开始所交代的,当我最早知道这样一本书,乃至最初发愿要迻译这本书时,自己的潜在动机都确实在于,把它当作了一本愤世嫉俗的、反抗正统的著作。而且,尽管作者们的立场存在微妙的差异,可是这本书就总体而论,也确实是或多或少、或浓或淡地,含有某种"澄清"和"嘲笑"的基调;当然,更重要的还是本书的主编,在这方面有其鲜明的理论倾向。——正因此,我说到这里也就难免这么想,要是改由他们国家的爱德蒙·柏克,或者你们学校的爱德华·希尔斯来处理这类问题,那么面对同样的论述对象,他们肯定就会得出不同的学术判断了。

同样不必隐讳的是,一旦这本书被译成了中文,它那种并不掩饰的立场或基调,也马上就被性急的读者们,拿来对付本国的"文化寻

---

① 刘东:《又上景山》,《浮世绘》,沈阳:辽宁教育出版社,1996年,第5—6页。

根"现象,并且很少有人意识到此种做法的简单化。甚至,就连我自己在比较文学的课堂上,也曾图方便地借用这本书来说明,对于处在历史过站中的人们而言,也许从来都没有什么"正宗"或"本真"可言,由此那些文化上的本质主义,或者思想上的原教旨主义,也并不像它们自夸的那样来历可靠。——说到这里,不免又想起理查德·彼得森的那本《创作乡村音乐:"本真性"的制作》来,它正巧也是由贵校的出版社印行的。无论如何,从"文化生产"的角度来研究"本真性"的编织,这本身就属于一种"传统的发明"或"发明的传统"吧? 正因此作者才在其中认定:"本真性并非是它们内在的性质,而是一种社会各方一致赞同的建构,在其中,过去被一定程度地记错了。"①

那么,这是否就意味着,被"创作"出来的美国乡村音乐,跟前面讲过的中国戏文《秦香莲》,都仅仅属于某种伪装"正宗"的骗局呢? 换句话说,为什么昔日中国的戏曲观众,和今日美国的音乐听众,都会要求看(或听)起来相当真实、却又不必太过较真的故事(或音乐)呢? 而这种人为"创作"出来的"本真性",对于这些生灵的真实存在的欲求,又会给予什么样的心理满足呢? 会不会竟是如我以前所论述的那样——"艺术的风筝虽然在'自由地'扶摇而上,却还是有一条纤细如发、而若隐若现的牵线,在遥遥地收拢与控制着它,那就是作为'善'的主观欲求,包括人心中的想象、情愫、希冀与怀想等等。正是出于这样的心灵需求,艺术才会并不拘泥于生活的表面逻辑,而要坚持创造出一个相对独立的文本结构"呢?②这都是需要进一步深思的问题。

---

① Richard A. Peterson, *Creating Country Music: Fabricating Authenticity*, Chicago and London: The University of Chicago Press, 1997, p.5.
② 刘东:《冲突与团圆的文化功能:文学的另一番理由》,《思想的浮冰》,第211页。

正是在这样的认识背景下,更映衬出《传统的发明》这本书,在肯定还是有所创见的前提下,其所念所想也还有不到之处,遂留下了不够完整的解释缝隙。正因为这样,如果再接着往下阅读,我们就会稍觉诧异地发现,也许是受到不同的论述对象和阐释立场的牵引——比如正像我在前边已经提示的,用来解构殖民者的那种激进颠覆手段,不可以被简单地挪用来解构殖民地人民的反抗立场——所以霍布斯鲍姆本人的论点居然也有所滑移。从这个意义来讲,如果细品他写在下边的这些话,则与其说还是在激烈地解构"伪造传统",倒不如说只是在含糊地描述"激活传统"了。

在历史学家所关注的任何时代和地域中都可能看到这种意义上的传统的"发明"。然而,我们可以认为,在以下情况中,传统的发明会出现得更为频繁:当社会的迅速转型削弱甚或摧毁了那些与"旧"传统相适宜的社会模式,并产生了旧传统已不再能适应的新社会模式时;当这些旧传统和它们的机构载体与传播者不再具有充分的适应性和灵活性,或是已被消除时;总之,当需求方或供应方发生了相当大且迅速的变化时。……

同时我们也不应忽略连续性中的断裂,它有时甚至清楚地体现于真正古老的传统主题中。……此种断裂甚至在这样的运动中也能看到:这些运动有意称自己是"传统主义者的",并且对那些通常被看作是历史连续性和传统之栖身处的团体,如农民,具有吸引力。事实上,维护或是恢复传统的运动的出现,无论其是"传统主义者的"或是别的什么,都已显示了这种断裂。在浪漫主义以来的知识分子中已习以为常的这种运动,从来就不可能形成或是保存一种活的过去(除非在想象上为了古代生活的偏僻角落而建立人类的自然庇护所),而是必须成为"被发明的传统"。另一方面,真正传统的力量和适应性并不因为"传统的发明"而变得迷惑不清。在旧方式依旧起作用的地方,传统既不需要被恢复,也不需要被发明。①

而这也许就意味着,由于受到各章松散内容的牵引,于是为了能更全面地概括它们,霍布斯鲍姆到了后来也就有点改口,为这种"发明传统"的做法留下了某种弹性或空间,让它也可能在历史中去扮演"革新"的角色了。就笔者的观点而言,我当然更赞同这样的灵活性,因为在我本人的心目中——而且我是越来越倾向于这么看——所谓"发明传统"的历史活动,并不能被简单地对应于"伪造"传统,它也可能更积极地意味着"激活"和"再造"传统。

不管文明进程是赓续绵延还是突变断裂,人们总是处于过去和未来之间,总是历史过站中的过客,所以,他们真正能够产生持久影响的创新行为,由于种种前定条件的制约,也由于此后历史环境的筛选,就反而只有通过对于旧有传统的有效激活和改造方能完成。缘此,如果"创造性"一词中立地意味着在旧有基础上的革新演进,而不包含任何先入为主的价值设定,那么,则不妨干脆说得彻底一点:其实不单是那些有资格被称作"文化建设"的历史活动是经由"创造性转化"来实现,就连那些根本只能算作"文化破坏"的历史活动,也必须借助于对某些传统因子的创造性激发来进行。②

那么,为什么我会"越来越趋向于"这样认为?这当然是因为,

---

① E.霍布斯鲍姆、T.兰格:《传统的发明》,第5—10页。
② 刘东:《创造性转化的范围与限制》,《近思与远虑》,第31页。

从自己不同时段的工作重心来讲。如果说当年在北大比较所工作的时候,受听众的专业需求所制约,我会更聚焦于文化的解析,也就是从本土的坚硬"传统"中,分解出其中不为人知的外缘文化因素来,那么,在我受命来复建清华国学院以后,由于它当年在"跨越与回归"的回环进路中,早已形成了"中体西用"的独特学风,自己就更关注如何去创造"中国文化的现代形态"。——而这样一种在文化上的自觉建构,自然就要求自己从方法上来考究,究竟如何去"激活传统"或"再造传统",而不是将所有的"发明传统",全都不加分析地指斥为"伪造传统"。

当然由此一来,既然是站立于过去与现在、传统与现实之间,我也难免就像自己那本新作的书名一样,总是站立在八面受敌的"思想的浮冰"之上,而总是感到有点瞻前顾后、左右为难,因为总是要面对来自两个极端方向的风险。——于是,自己的心境也就很贴合霍布斯鲍姆最后提出的那些问题:

> 最后也许会问,为什么历史学家要关注这些现象?在某种意义上,这一问题是毫无必要的,因为越来越多的历史学家在这样做,正像本书正文和它所引的参考书中所证明的那样。所以最好换种表述:"历史学家能从有关传统的发明的研究中获取何种教益?"
>
> 首先,它们是除此研究之外不能被认识的问题和除此之外难于辨认与追溯的发展之重要征兆和标识。它们就是证据。……其次,它阐明了人类与过去的关系,并由此阐明了历史学家自己的主体和技艺。因为一切被发明的传统都尽可能地运用历史来作为行动的合法性依据和团体一致的黏合剂。……所有历史学家,无论其目标为何,都参与了这一进程,因为他们都

有意或无意地对有关过去的各种意象的创立、破坏和重建做出了贡献,这些过程并不只属于专家调查的领域,而且还属于作为政治行为者的人的公共领域。他们可能同样注意到了这一层面的行动。……最后,对传统的发明的研究是跨学科的。它是一个将历史学家、社会人类学家和其他人文科学研究者联系在一起的研究领域,而且如果没有这样的合作,研究将无法进行。①

无论如何,尽管有的时候还不无矛盾,但这次英国历史学家的表述,此刻已经变得更加中性,也更加广谱了。这就更加促动我们去平衡地意识到,一方面,由于总是会受到"求真意志"的鼓舞,所以对作为"伪造"的"发明传统"活动的揭露,还是有助于颠覆本质主义或原教旨主义的文化观念,使我们得以在"知识考古学"的意义上,去更加深刻地开掘自己的历史把握。但另一方面,由于已经把眼界给逐渐放宽,所以无论是霍布斯鲍姆还是我本人,都已经可以更加全面地看到,实则这种被称为"发明传统"的活动,又并非只是在消极地"伪装"或"假造"传统,反而有可能属于"激活"和"再造"文化,并由此而属于文化活动之更为积极的常态。

只有在这个意义上,我们才能理解孔子当年的"述而不作",何以也可能成为一种伟大的文化创造——"孔子思想中的许多智慧萌芽,恰恰是经由不断的释读经典的过程,逐渐展露出它的原创性潜能。而这种文化过程一经展开,从学术史的有机增长去看,就不能再用还原主义的办法去简化,所以也不能把孔子身后的经学,说成是一部信口添油加醋的历史,事实上这样一段不断再解释的过程,恰正是

---

① E. 霍布斯鲍姆、T. 兰格:《传统的发明》,第15—17页。

中国文化逐渐落熟的历程。"①还是在这个意义上,我们眼下才有点惊喜地发现,要是不像霍布斯鲍姆有时所说的那样,只把这种活动规定为"本质上是一种形式化和仪式化的过程",那么,就反而更能发挥《传统的发明》一书的效用,让它的方法论意义显得更加明确,也让它的适用范围显得更加广阔。

事实上,也正是基于这样的方法反思,后来我才在同一套丛书之中,又主持翻译了斯维特兰娜·博伊姆的《怀旧的未来》:"此书劈头就写出了这样的妙语——'现代俄语里有一句俗话说,过去变得比未来更难以预测',真是叫人拍案叫绝!而'过去'的这种'难测',也就勾出了'怀旧'和'未来'间的辩证关系。事实上,在人类对于未来的不断筹划中,传统并不像索尔仁尼琴的论敌们所认为的那样,只是僵硬、消极和沉默的死物;恰恰相反,向前的展望必然要帮助重塑向后的回顾,正如与此同时,向后的回顾也要随时乞援于向前的展望。由此,大为出乎意料的是,实则过去反而最是变化无穷的,传统反而最是丰富多彩的,历史反而最是可能无限的。这一点也正如作者所说:'怀旧不永远是关于过去的;怀旧可能是回顾性的,但是也可能是前瞻性的。现代的需要所决定的对于过往世代的奇思幻想,对于未来的现实具有直接的影响。对于未来的考量使我们承担起对于我们怀旧故事的责任。'"②

或许有点所见略同的是,马丁·海德格尔早在他的《存在与时间》中,就基于自己匠心独运的、属于能动之此在(Dasein)的时间观,而使得对于"未来"的先行谋划,从前向后地渗入"现在"乃至"过

---

① 刘东:《孔子不仅仅是丧家狗》,《道术与天下》,第 204 页。
② 刘东:《苦痛生珠》,《思想的浮冰》,第 249 页。

去"之中。——而笔者曾早在几十年前,就对这种观点进行了相应的综述:"此在(Dasein)只有在他运思到死这种他的'绝对不可能的可能性'、他的'最固有的、无条件的、不可超过的可能性'时,只有在他先行到死这种绝对的虚空寂灭之后,他才可能领悟着死的真谛来为自己的生存作谋划,才获得超越自身的自由。由此,那种不断从将来流向过去的时间向度,由于个体本身在先行到死以后的为死而在。由于人之大限号召人把自己的存在当作不可逃避的责任,就表现为一种不断从虚无化为实有的自由创造。"①

这就更让我们摆脱了"伪造"还是"再造"之辩。如果从哲学的高度来看,相对于存在者的时间,原本就是可以在我们的意识中、从而在我们的人生中"回流"的;而由此一来,既然当下是可以被对于未来的筹划所"激活"的,那么,过去也就是可以从现在入手来进行"再造"的。而正是在这种被称为"激活"或"再造"的筹划中,跟霍布斯鲍姆只将其归咎于"非理性因素"的做法相反,我们眼下倒是可以像爱德蒙·柏克那样,从若干代人无数细小选择的累积中,看出某种综合而成的、从而被"大写"出来的"理性"因素,或者说,看出在"传统"乃至"再造传统"中的积极因素。与此同时,被霍布斯鲍姆更多地赋予了贬义的"发明传统"的活动,也就不再只属于少数的社会精英,不再只表现为他们对于"非理性"民众的故意愚弄,而是反过来,要属于千百万不知名的历史主体自己了。

事实上,在为你们准备的另一篇讲演中,我已经非常明确地提出了,回溯一下中国古代的历史写作,那么在"三代"的这个说法中,原

---

① 刘东:《西方的丑学:感性的多元取向》,第165—166页。其中有关Dasein的译名,原从熊伟的译法写为"亲在",现依通行的译法改为"此在"。

本就埋藏着对于"传统"的积极发明。由此我们也就不妨说,原本就是既有考古学上的"三代",也应思想史中的"三代",可惜当初在启动"夏商周工程"时,没有对这一点给予充分的考虑。——在这个意义上,我也并不赞成只是出于科学的预设,就像顾颉刚那样去层层剥离孟姜女的传说,岂不知在那"层层累积"的历史中,反而潜藏着更加真实的、不可忽视的人类心力;正如我同样不赞成用"古史辨"的办法,去层层剥离中国经学的真实历史。

就算这个理想化的"三代",是被前人虚拟地幻想出来的,然而对于后人来说,他们对于"三代"的不断热心怀想,却也是现实存在和确凿无疑的。

在这个意义上,我们也就不妨说,实则此后的中国历史,就是在以一种"向后回溯"的表面形式,来独特地展开其向前的展望,和开辟其发展的路径。——它很有理由地认为,要是没有对于原初人类生活状态的理想假设,也就失去了让后世复归于此的说服力。①

而九九归一,我之所以要采取这种立场,除去前述的种种学理的理由,还更有一层现实中的缘由。事实上,突然在当今的世界上暴富起来、却又悲惨地发现自己"穷得只剩下钱"的中国人,眼下看待西方、特别是欧洲的眼光,也同样是发生了翻天覆地的变化。——如果说,他们以前主要是羡慕它如此充满了革新意识,正像严复当年以这样的判断所表达的,"尝谓中西事理,其最不同而断乎不可合者,莫大于中之人好古而忽今,西之人力今以胜古;中之人以一治一乱、一

---

① 刘东:《对于往事的中国记述》,见本书第212页。

盛一衰为天行人事之自然,西之人以日进无疆,既盛不可复衰,既治不可复乱,为学术政化之极则"①,那么,他们现在则一百八十度地反转过来,主要是羡慕它如此地富有文化传统:

>创办《中国学术》的主要动机之一,就是痛感我们简直什么传统都没剩下,更没剩下对于传统的敬畏之心。正因此,当这个杂志逐渐成为日常功课的时候,更需要战战兢兢地保守护持,因为它已经有可能逐渐成长为新的传统。……晚近的发展益发使人警觉到,哪怕创造一个如此之小的传统,也至少需要十年甚至几十年的艰辛,而若想毁灭一个哪怕很伟大的传统,也只需一个短暂的瞬间或一个率尔的妄念。②

在这个意义上,如果能够更加开阔地观察,那么像"发明传统"这样的历史活动,其实在整个的非西方世界,都是被带来"扁平化"或"均质化"的西方冲击所必然激起的一种"反向"或"反潮流"的趋势,正如罗兰·罗伯逊所更加宏观地看到的:"我坚决主张,全球化是存心怀旧兴起的首要根源。更具体地说,正是在19世纪后期20世纪初期迅猛加速的全球化这一起飞时期,目睹了发明传统这种强烈欲望的盛行。作为文化政治(cultural politics)——以及文化的政治(politics of culture)——的一种形式,存心怀旧成了全球化的一个主要特征。"③

也正因为这样,才有了我所主张的"从照着讲,到接着讲,再到

---

① 严复:《论世变之亟》,《严复全集》,福州:福建教育出版社,2014年,第11页。
② 刘东:《卷首语》,《中国学术》第十四期。
③ 罗兰·罗伯森:《全球化:社会理论与全球文化》,梁光严译,上海:上海人民出版社,2000年,第223页。

对着讲",才有了我所讲的"比较视野中的文化保守主义",才有了我所讲的"西装革履的文化复古主义",才有了我想在"中体西用"的基础上去"再造传统"的学术努力,才使得我们想要在对于固有文化的"创造性转化"中,经由如此积极地"激活"和"重估"过去的传统,来谋划目前尚且远在未来的"中国文化的现代形态"。

2014年5月22日讲演于芝加哥大学
2015年2月20日改定于三亚湾·双台阁

三　编译

理论的祛魅与登堂

总体攻读与对话意识

理解的热情，或翻译与文化势能

理论的祛魅与登堂
——写在《人文与社会译丛》出版百种之际

1. 终于熬到这套丛书的第一百种了!

译林出版社的编辑专门为此而提醒我,希望能做点什么来庆祝一番,而我这次随即也就答应了下来,因为确实到了一个重要的节点,不会是那种形式大于内容的活动。

所以,在这里也让我索性开门见山吧:那些曾把我们给一时唬住的各种西方新奇理论,到了这个"九九归一"的时候,也就算是到了向我们"祛除巫魅"的节点上了。

2. 回想起来,在那个封闭的国门刚刚开启、西方还神秘得什么都能拥有的时候,这些一窝蜂地压将过来的新奇理论,还真是把我们一下子给震住了,尽管它们有时候也显得似是而非,但基本上又都能够振振有词。

当然,为此我也曾经发出过抱怨,觉得这简直就是一种跟风的时髦,就好像人家巴黎刚刚打个喷嚏,加州那边就开始感冒了,而中国研究领域则干脆发起烧来。——如此一来,那些原本只是在研究中国的人,也就变成了总想要操弄和干预中国的人:

尽管中国传统早在西风中受到过剧烈震撼,可一旦大规模地引进作为完整系统的汉学,它仍然要面对着新一轮的严峻挑战;我们甚至可以说,此间的挑战竟还大过对于主流西学的引进,因为它有可能直接触及和瓦解原有文明共同体的自我理解,使国人在一系列悖反的镜像中丧失自我认同的最后基础。当今中国知识界可怕的分化与毒化,其实在很大程度上正是缘于汉学和汉学家的影响。①

3. 当然平心回想起来,出现这种情况也不奇怪,——只要学术界还希望进行跨越式的对话,那么,这种理论就必然会是他们共同的语言,或曰通分他们的公分母。否则的话,同时拥到一个国际会议上,你所讲的涉及这一个具体领域,我所讲的涉及那一个具体领域,他所讲的又涉及第三个具体领域,彼此之间到底又该如何交谈呢?

于是,剩下来的就只有理论以及由理论所表达的立场与倾向了,——那才是大家能够共享的东西,也才是能把大家连接起来的东西。

在这个意义上,"理论"与"框架"之于社会科学的从业者来说,正如"数学"与"模型"之于经济学家一样,都属于这个共同体的语言纽带,或曰沟通人们的联络暗语。

4. 但无论如何,这种跨国传染的理论时髦,以及由此而带来的生吞活剥、强作解人,到底给中国的心智带来了多少麻烦,却构成了笔者多年前很感忧心的主题:

> 人们很可能只是从宗教的信徒半信半疑地蜕化成了理论的

---

① 刘东:《序〈阅读中国〉丛书》。

信徒;他们是在明知这种(那种)理论并不完全可靠的情况下,就不经洗礼地谈笑风生地归宗了此一(彼一)门派,而从此之后便只顾贪图口舌和口腹之快了。由此一来,**尽管现代社会看似更为多元和丰富,但这个被几条干巴巴理论掏空的生活世界,反有可能比古代文明更为浮薄、浅陋、卑俗和蒙昧,**——既然人们已经失去了对于生存意义的敏感,只会念几句连自己都说服不了的轻飘飘的套话。①

理论确有可能把人越弄越呆,只可惜呆子本人总是缺乏自我意识,还以为只要一朝理论在手,就准会比别人高明和聪明。他们并不认为外来的语式一定要跟原生的语言共同体进行调适,甚至发生微妙的位移,倒觉得只要现实的言说不合外语语法,就准是犯下了不可饶恕的基本语病。在这种思想的暴力与暴虐下,心智的其他要素统统哑口无言,包括种族经验中最为惨烈的记忆。所以,如果福柯曾把培根的名言发挥成了"话语即权力"的命题,那么在我们的现实语境中,这种话语就主要表现为理论话语,而且相当一段时间以来正是福柯本人的理论话语。②

5. 回想起来,当我撰写上述文字的时候,还没来得及再从另一个角度,来特别讲明这种新奇理论的突然泛滥,又主要是源自一个当代西方的学科史问题,——也就是说,是由"文学"这门西式学科突然失去了自己的研究对象所致。

---

① 刘东:《理论与心智》,南京:江苏人民出版社,2001年,第8—9页。
② 同上书,第10页。

具体而言,由于结构主义与新批评的同时"过气",且又分别被解构主义和新历史主义所取代,人们在这种西式大学的文学系里,就不再能沿着"作家、作品"的老路,去展开他们习以为常的那种研究,否则就会被视作"落后"或"过时"。

于是,原本安居于这个行当中的从业者们,也就纷纷选择了尽量速成的改行,他们要么改口说自己是搞历史的,而从家门上投奔了历史系,要么改口说自己是搞理论的,而从思路上投奔了哲学系。

6. 只可惜,这些懒人又从哪边都学不太像——君不见,冒称自己属于历史系的,也并无真正史家的体会,只能勉强把所谓文学史(或思想史)也勉强冒充作历史的一种;而冒称自己专攻思想的,也并不能真去恶补什么柏拉图和康德,只好拣一些浅显的文化批评,哪怕只读过几页相关的书评,便去贩卖其立场,或硬套其框架。

这已是我们多年来常见到的"怪现状"了,本来也以为就会长此以往下去。然而慢慢地,也不知从什么时候起,这些所谓"搞理论的人",已经没办法再这么唬住人了,他们的桂冠也像是变成荆冠了。

甚至,还在自称"专攻理论"的人,其名声若不是带着一股臭味,至少也会裹来一丝莫名的嫌疑,很容易给人留下泥于书本、强词夺理、专攻一点、不计其余的印象,——哪怕这种往往屡试不爽的印象,有时候会冤枉哪位无辜者。

7. 回想起来,我这辈子虽还不算很长,但也已是经历过很多一百八十度的转折。

而在这中间,有些转折当然是伴随着急风暴雨,由此才发生了南辕北辙的陡转,并给人留下了深刻乃至惊悚的印象。而另外的一些并不更小的转折,比如对于美学的普遍厌恶,或者对于国学的普遍热衷,却是在不声不响地进行着,不知不觉地就斗转星移了。而这一次理论的"祛除巫魅",似乎也是同样如此,——仿佛只是在一觉醒来之后,理论就没有那种眩人耳目的魔力了。

更有意思的是,有的人原本满嘴某种理论,可你一旦沿着他的热衷,把那本书给原原本本地翻译过来,他反倒从此缄默绝口不再谈此书了。——这时候,你才醒悟到他不仅没有看过原文,就连其中文的译本也懒得看,根本就只是凭着道听途说。

8. 与此同时,也正是在这个"出版百种"的节点上,望着如此卷帙浩繁的理论名著,我才更加切身地反思到,原来自己也深深介入了此种转折的过程。

也可以说,也正是因为那些理论当初曾把我折磨得够呛,我才发狠要把它们都组织翻译过来,好让它们的本来面貌全都大白于天下!

由此,就要把话又说回来了:要是一旦把它们全都翻译过来,人们反而对此又不以为意了,那么我该觉得多么失望呀,岂不是很多辛苦都白吃了吗?

9. 所以,正因为自己也深深介入了此项"理论事业",在这个作为节点的转折处,我又必须坚定而明确地提醒,不要因为理论的魔力又被看破,大家就觉得从此就可以看轻和小觑它了。

那些迻译进来的理论著作的重要性,仍是怎么高度评价都不嫌过分的,只不过大家眼下读得多了,其代表作也大多都变成中文了,它才不再显得那样神秘和炫惑了。

然而又必须警觉到:如果仅仅因此反而就轻视了它,那么,我们仍自简陋而苍白的心智,也就丧失了向上攀越的坚实阶石。

10. 的确不错,在通过理论来进行的国际学术交流中,难免会出现一些想来取巧的南郭先生,而他们一时间也是占足了非分的便宜。——这是因为,尽管理论总是要结合实际的,但在这些人中间,却只是有些人才是真正地结合了,而另外的一些投机分子们,则只是煞有介事地装作自己也"结合"了。

可无论如何,到了如此人头攒动、彼此说不了几句话的国际会议上,仅凭在理论倾向上的那一点点交叉或叠合,人们也很难一眼就看穿,他们不仅存在着理论上的呼应处,而且存在着实践上的正相反。

正如从"留法勤工俭"的一代代亚洲学生中,既走出了邓小平,也走出了胡志明,还走出了波尔布特。——按说,他们所学到的激进意识形态,也可以算是来自同一个根源,从而构成某种"理论国际"的各国支部;然而,他们到底分别把各自的国家弄得如何,那就不可笼而统之地一概而论了。

11. 所以我想说的是,虽然在一方面,那些可恨又可悲的南郭先生,的确是让人痛心地糟蹋了理论的声誉,但在另一方面,我们却也不能仅仅因为他们的糟蹋,就把婴儿和洗澡水给一起倒掉。

正因为这样,理论朝向我们的"祛除巫魅",并不意味着从此以后,我们就可以不再关心理论本身了,否则我们这个可怜的民族,在思想上也就太不长进了。因为只要它们是在讨论着至深的人生问题,我们就只能去努力去"越过"这些理论,而不是贪图省事地"绕过"它们。

所以恰恰相反,尽管在这个节点上,理论著作已经没那么富有煽动性了,可转念想来,这反倒正是更仔细地通读它们的时机。

12. 这是因为,只有到了这个时候,我们的阅读心理才会更加冷静,不会刚看到几句似是而非的巧辩,就被它炫惑得根本"找不到北"了。

所以,理论对于我们的"祛除巫魅",也无非意味着通过积累而达到了突破,使得它在这个时间的节点上,开始对我们变得历历在目、脉络清晰、优劣分明了。

而正因为这样,我们才有可能不无惊喜地发现,作为处于最高处的文化拱顶石之一,西方的学术文化从未像今天这样,竟是如此清晰、全景而辉煌地展露给我们了!

13. 此外,到了这个向前发展的节点上,虽说现已化作现代汉语的理论书库,仍然嫌不够完备齐整,还需要我们持续刻苦的努力,可它也总该算是"疏而不漏"了吧?可资参考的思想支点也已然够多了吧?

而这样一来,无论哪位也不至于再像以往那样,最先读到了这书山书海中的哪一本,便鲁莽灭裂地倾向于此生都笃信这一本,甚至死不回头地要为它去抛头洒血,——那才是最不善于读书的书呆子呢,或者说,那样做只不过意味着,他是在把读书思考的可贵自由,糟蹋成了充满偶然的宿命。

在这个意义上,我还必须不怕得罪地说出来:即使是现在的自由主义者,尽管他们遭到了巨大的压力,也获得了巨大的掌声,不过,如果仍只是被理论树丛的某"一叶"所障目,那么跟当年的共产主义者相比,他们的这种做法也并无多大的差别,只不过上次别人是从西方找到了某一种可资信奉的理论,而这次你们又改信了那理论在西方的某个对手。

14. 在这个节点上,我们一方面应当领会到,对于中国本土经验的分量,无论如何都应能摆得更正一些了,——因为不管是什么人,都不再能只用几句煽动性的理论,就让他的读者或听众为之膜拜,甚至为之如痴如醉;恰恰相反,正因为他们早已对此司空见惯,这类辞令早就显得太没信息量了。

尤其是,在学术交流如此频繁的当今世界,如果你在跟国际同行面对面时,还只是毫无新意地去对人家讲,在人家的学术界曾经出现过哪些理论,而你又对那理论是何等五体投地,那也实在太缺乏原创性和反省精神了,只会让人觉得你是个根本不足道的可怜虫。

可另一方面,不能再一味地让理论来炫惑我们,却也并不自动地等于,由此就可以让那些理论上的门外汉,不再以自己的无知为耻了,——由此就能让他们不仅可以安然地"因陋就简"下去,还能反过来把"懂得理论"看成别人所犯的一种错误。

15. 所以,还是要公正而全面地看到,那些只会钻理论牛角尖的,和那些只愿拘泥于狭隘经验的,全都显出了某种褊狭与简陋。

此外,还是要带着一点耻感,来记取柯伟林(William Kirby)所发表的评论,他曾经一语中的地把我们的简陋给说破:中国现代政治思想的主要特征,说穿了就是根本没有自己的特征,因为所有被人们舞弄的东西,无论它们表面上多么对立,都是从西方特别是从欧洲进口的,都属于对于欧洲历史经验的欧洲式总结。

而与此同时,我们也要怀着急迫感地看到,由此所造成的种种文化被动,能否被我们和我们的后人所顺利克服,其关键还在于能否完成理论的创新,——否则,我们终究只能祭起人家的理论总结,来扼杀自家经验的丰富与独特性,并让那些被污损的经验朝向我们发出大声的抗议。

16. 更进一步来讲,如果就人类的思维方式本身而言,它毕竟也要靠理论的形态来开拓自己:"理论虽说一经产生便为心智带来了无穷的纠葛与缠绕,其初始动机反而在于心智的自我整理与廓清。——心智若不乞助于澄明自身建构的理论模型,便不能在分化中得到预期的发育;而理论若没有相应的解释功能,也就无法转过来澄明心智,哪怕后来发现纷纭的物象中并无此类预设的齐一性。"①

于是我们理应想到,一种理论既然能被称为理论,就总要表现为抽象概括的形式,由此也就总要朝向未知的领域,发出自己固有的辐射作用。而这当然也就意味着,理论一经在人们的思想中形成,不管我们愿意与否,它都必然要进入陌生的领域,以来验证自己究竟有多大的适用范围。

毕竟无论古往还是今来,都并不存在只适用于某一特例的理论,正如并不存在只能解释"这一只苹果"为什么会落地的引力定律。

17. 顺势而论,如果我们能够再看得透彻些,则实际上,无论是"文明对话"还是"文明冲突",都是由它们作为其价值内核的不同理论,在进行相互的对话、辩难与竞争。

而这也就意味着,在当今这样一种国际格局中,如果撇开爆发战

---

① 刘东:《理论与心智》。

争的短暂极端情况,则国家之间的生存竞争力,主要会表现为进行商战的能力,那么,文明之间的冲突振荡过程,说到底也无非是"理论与理论"之争。

在这个意义上,如果我们辛苦译出的这套丛书,不管属于有意还是无意,总还是显出了西方文明的强势或优势,那也只能归功于那边学者自身的努力。

18. 在这个意义上,以往对于误用和滥用西方理论的苦痛悔恨,和对于表现为文化强势的西方理论的种种抱怨,也就应当转变为对于自家"理论缺失"的深切自责。

谁叫你自己没有能力去进行这样的理论创新呢?要是你更善于在这方面进行富有想象力的创新,那么,不就轮到别人的经验世界会被你强行闯入,不就轮到由别人来质疑你的理论是否能普遍适用了吗?

在这个意义上,我们也就痛切和急切地看到,在"理论创新"方面的迟滞与落后,才真正属于文化造血机制上的最为要命的落后。

19. 就此而论,既然仅只我们这一套丛书,都已被出版到"第一百种"了,那么,如果放开胆子来想象一下,这也许就该是从理论上去"登堂入室"的节点了?

无论如何,现在离我在丛书《总序》中提出的目标,总应当是越来越逼近了:

> 酝酿这套丛书时,我曾在哈佛费正清中心放胆讲道:"在作者、编者和读者间初步形成的这种'良性循环'景象,作为整个社会多元分化进程的缩影,偏巧正跟我们的国运连在一起,——

如果我们至少眼下尚无理由否认,今后中国历史的主要变因之一,仍然在于大陆知识阶层的一念之中,那么我们就总还有权想象,在孔老夫子的故乡,中华民族其实就靠这么写着读着,而默默修持着自己的心念,而默默挑战着自身的极限!"惟愿认同此道者日众,则华夏一族虽历经劫难,终不致因我辈而沦为文化小国。①

20. 而这种对于自身极限的挑战,由于近代以来的巨大外部压强,也由于学术文化的固有内在特性,又终要落实为理论层面上的反馈式对话。

在我看来,我们已经逐渐具备了这种可能,去既基于自己的丰富生活经验,也基于自己对西方理论的了解,还基于它自身的脉络与长短,而向那些外来的理论制造者们,明确地指出那些理论的误用与滥用,以及由此带来的或许是始料未及的恶果。

当然与此同时,我们还要尝试提出更适合解释本土现象的理论。——也就是说,就算它们和西方的理论一样,也要经历在时间维度和空间跨度中的实践检验,然而由于它原本就脱生于中国的经验中,所以至少当它们再返回这种经验时,会具有更强的解释力和包容性,并遇到更少足以证伪的反例。

21. 更为重要的是,只要能够生出此念,则中国文化自身的主动性,也就势必要被调动起来,从而,业已失语很久的本土传统,也势必要随之振作起来,信心满满地加入到国际学术的大潮中去。

---

① 刘东:《人文与社会译丛·主编的话》。

而由此一来,也就势必拉升和激活了我们的传统本身,使它不再只被当作全球化时代的某种地方性知识,而得以从价值理性和普世意义上,向世界重申自己由来已久和言之成理的人生解决方案。

在我看来,只要能在这方面成为有心之人,我们眼下所享有的这个历史瞬间,就应会在中国文明的历史进程中,转变为又一个千载难逢的文化上升期。

22. 回想起来,在那个百家争鸣的辉煌先秦时代,也无非就是有一批勇敢的思想者们,在各出机杼地进行着理论的创新,——君不见,直到眼下在哈佛大学那边,都还有人利用他们当年所创造的理论,来试着回答西方自身的道德判断问题,并且还让哈佛的广大学子都听得津津有味。

而我们如果能重回那种活跃状态,则中华民族也就从价值理性的深处,开始向世界文化进行积极的回馈,而不再只属于理论上的进口国。——只有在这个意义上,我们此生所钟爱的学术事业,跟我们此身所属的国家之地位,才算是合拍、交融和同步起来了。

同样地,如果我们能重回那种活跃状态,那么整个世界的文化——即使是号称"先进"的西方文化——也都将为此而大大地受益,而不再只是去当个自恋的水仙花,以为天下所有的美丽都长在自家的脸上。

23. 当然,正像我早前曾经说过的,理论本身还并不是我们终极的目的,——无论生活在哪个文明共同体中,我们作为全人类的一个分子,其自身的灵魂最终能否得救,都端赖能否借助于理论的滋养,而获得广大、高明而圆融的心智。

而弥足庆幸的是,尽管为了达到这套丛书的现有规模,自己也经过了一二十年的苦熬,并且肯定是耗去了不少的年华,不过,如今注目一下镜中的自己,似乎也并未因此而耗得太老,——至少还没有耗到韩愈所谓"视茫茫,发苍苍,齿牙动摇"的地步。

所以,只要还能正常地天假以年,也许我本人也许就还来得及,再发动一次朝向西方理论的总攻式对话。

24. 此外,这套厚重得几乎无出其右的丛书本身,也正站在自己身后的整排书架上,在为自己的年华毕竟没有被虚度,而留下了终归是磨灭不去的、让自己生出慰藉的印记。

至少,这些图书还可以这么来安慰我:即使你自己未能在创新方面一蹴而就,也总算给学术界的后续梯队,留下了继续在理论上去"登堂入室"的一排排阶石。

无论如何,这在自己大体上充满坎坷的生命旅途中,也聊可充作一种不幸中的幸运、甚至不幸中的"侥幸"了吧!

2014 年 6 月 17 日于清华学堂

总体攻读与对话意识
——研讨会后的回思

这套"人文与社会译丛",其实是我在几经犹豫之后,才终于下定决心宣告启动的,因为当时自己已经创办了另一套丛书,原不想把所有的沉重与繁难——无论是译介海外的汉学,还是译介域外的西学——全都压向一个人的肩头。可谁又承想,人生真是过得飞快,如今就连手头这套较小的丛书,也已达到"出版过百"的节点了!

于是,长期精诚合作的译林出版社,就提议专门为此开个研讨会。负责这套丛书的陈叶编辑,则在研讨会上热情地提出,要跟我再合作出版"一百种";而我的学弟高全喜教授,更是顺着这话头来即兴凑趣,说干脆再编它个"两百种"吧……我当然都能领会这些好意,因为按照现有的工作节奏,再出版"两百种"也就意味着,自己至少要工作到九十岁了,所以这无异于变着法儿说——"祝你健康长寿"!

不过,我又不怕败兴地紧跟着提出,别说再出版它"两百种"了,就算只出版它"一百种",也先要等西方人把它们写出来,否则就只有降低质量了。说真的,自己刚在芝加哥大学的书店里逛了好久——那已经是全美最好的书店了——却很少能再找到既符合这套书的标准、又尚未被翻译过来的好书。而在研讨会上,高毅教授也呼应了我的说法:晚近以来的西语学术世界,能让人眼前一亮的新书的确不多。

我这么说,并不是因为自己认定了,西方世界的学术活力已经耗尽。相反,我倒是倾向于相信,只要能耐心等待和悉心阅读,那边的同行就准会再有大书问世,而且,写在那中间的思考内容,还会像已被翻译过来的一样,会对我们的心智有所激发和拓展。——对于这一点,只要看看那边既生机勃勃、又纪律严明的高等学府,就足以获得满满的信心。

因此,我把话这么反过来讲,其实是想让大家转念想到,面对当代中国的无数困窘,并不能把希望都寄托在"翻译"上,因为答案并不都藏在西方那里。当然,一方面还是必须记住,自从现代世界在欧洲诞生,西方文化在我们这颗行星上,一直享有着最大的动能,也一直在引领着发展的潮流。可另一方面也需要警惕,决不能再像过去的做法那样,在《天演论》带来的应急压力下,误把中西之间的空间差别,直接视同为新旧之间的时间差距,由此,只要是最新一本西学的著作,就会被直接视作最新的"进步"。

正是本着这样的认识,面对刘擎教授对我的当面评议——主要是担心我把迻译过来的西学,看成只要过了"河"就不妨拆掉的"桥"——我又即席补充发表了三点看法。第一,为什么很多源自西方的理论,在西方本身并没有那么走偏,或者至少没有造成这么大的恶果?那是因为,它们在自己思想的原生态中,原有其天然的思想对手,在为这种论调补偏救弊,在替这种观点解除毒性。其实这种让人错愕的反差,早在民国初年就已尖锐地表现出来了:"自二十年来,所谓新学新政者,流衍入中国,然而他人所资为兴国之具,在我受之,几无一不为亡国之媒。"①所以打个比方,就像兔子这种食草动物,在欧洲本土原是不足为患的,还会使草原更显得生机盎然,可一旦忘记带着它的天敌(如狐狸),它移民到澳洲后很快就泛滥成灾了。

第二,除了上述情况之外,任何具体的社会或文化理论,还都是某一文明的特定"语法",所以,一旦把某种"语法"抽离了具体语境,到了别的语境中总难免要"水土不服"。正因为这样,即使针对着前述的知识缺陷,把所有的欧洲理论全都迻译过来,并且全都研读得融会贯通,我们还是不能回避,那不过是对于欧洲历史经验的、具有欧洲风格的理论总结,所以,那还是有可能跟它所"旅行"到的经验世界,显现出微妙的、又往往只到事后才能醒悟的脱节。

第三,从更加积极的面向来说,正如我刚刚撰文指出过的,如果轴心时代的四大圣哲(即苏格拉底、释迦牟尼、孔子和犹太先知),都各自提出过一套"人生解决方案",那么,到了正在大力保护"文明多样性"的今天,这些传承自文明草创期的价值理性,就统统属于人类最可宝贵的智慧资源。而这也就意味着,在这样一个日益全球化的时代,任何一个单独的文明本身,都不可能穷尽全部的真理;相反,那真理毋宁是介乎文明与文明之间,或曰横跨在文明与文明的研讨之中。正因为这样,在下大力气迻译西方理论的同时,我们才不可以有所偏废,反而忘记了藏在自家土壤里的智慧种子。

正是本着上述这些理由,我又在研讨会上向大家提出,没必要再跟着某些论调去故弄玄虚;事实上,就我们需要了解的内容而言,除了由这套译丛所代表的、主要是在讨论"制度智慧"的社会思想之外,西方人再没有藏在背后的什么东西了,而且,在他们自己的主流

---

① 梁启超:《中国道德之大原》。

读书界,也主要就是在阅读这些东西。我还借着刚在译林出版的《伯林与中国》一书,提请在座的同侪特别注意,千万不要误解了伯林"生活在表面"的说法,甚至误以为这正说明了伯林的"浅薄",——事实上,任何的人文主义者、现世主义者、世俗主义和经验主义者,都只能甘愿满足于"生活的表层",因为只要再往下去深探,就只能去面对无底的深渊了:

> 伯林毕竟是一只凡事存疑的经验主义狐狸;而正如开头所引的他对赫尔岑的那段综述那样,大凡秉有这种性格的人,都不相信社会发展有终极的目的,不相信历史有前定的舞台脚本,所以对宗教的彼岸世界毫无感觉、而唯独对眼前的人文世界一往情深。基于这样的视界,伯林自然不会忘记休谟的名言——"生活的目的就是生活本身",从而也自然会在一种无可选择的有限意义上,去享受唯一尚可拥有的凡间生活;甚至,越是一眼看穿了二十世纪是人类文明史中"最残忍的世纪",他就越有可能为他本人的侥幸部分得免而略感欣慰。①

鉴于在这个方面,那些挟"洋"自重、实则最"土"的观念往往盛行,我还要再来补充说明几句。——在交互文化的全球化进程中,必须要分清哪些东西属于"文化之根",和哪些东西属于"文化之果",从而知道哪些东西只能属于"小空间",而哪些东西则可以属于"大空间"。也就是说,由于任何特定的具体文明,都在它的特定起源之处,有其独特而隐秘的、人类学意义上的根源,所以,在这个全球化的时代,真正能够提供给跨文化交流的,便只是从那些根底处长出来

---

① 刘东:《伯林:跨文化的狐狸》,见本书第105页。

的、作为"文化之果"的东西。反之,对于那些隐秘而独特的"文化之根",凡是居于特定文明之外的人们,充其量也只能去同情地了解,力争能够既"知其然",也"知其所以然",而绝不能亦步亦趋地再去学习。

正因为这样,即使已经清楚认识到了,在印度佛教哲理的背后,也还有作为隐秘身体态度的瑜伽修行,或者在希腊悲剧文化的背后,也还有作为民间孑遗形式的献祭节礼,正如在中国岐黄医道的背后,也还有作为身体想象的吐纳导引之术,我们在全球化的"大空间"中,也只能收纳进佛教哲理、悲剧文化和岐黄医道,让它们到未来的世界性文化中,去构成具有普世意义的文化因子。而如果不懂得这一点,一旦领悟到某个"小空间"中的、历史过程中的因果关系,就急着要沿这种关系溯源回去,恨不得让自己从文化上脱胎换骨,那就只能一步步地误入歧途了。——事实上,在全球化已经如此深入的年代,即使在那个特定的"小空间"中,这类"文化之果"与"文化之根"的关联性,也都早已是一种相当隐秘的、并不为当事人所自觉的存在,甚至由此也都只是一种言人人殊的、并不确定的存在了。

这当然不是说,那些"文化之根"由此就不再重要了,而只是说,它们的重要性更其表现于"小空间"中。正是这一个个不可置换、不可替代的"小空间",在一方面,需要在自身共同体的"必要张力"中,维护住自己固有的生活世界,而在另一方面,也要为彼此共享的、多元一体的"大空间",提供出源源不断的文化动力。而进一步说,它们之间的摩擦、冲撞和协商,更要为世界文化的未来发展,提供出作为互动与互渗之结果的方向。——不过,也正是沿着这样的思想逻辑,摆在我们面前的真正文化使命,显然就不是钻进别人的"小空间"去,而是要好好地守护自己的"小空间",好好地照看自己的"文化之根",再把它由此长出的"文化之果",带到全球化时代的"大空间"去,使之构成世界性文化的普世因子之一。

这当然也不是说,我们就不再需要文化史的知识,也不再需要去同情地了解西方人是沿着什么思考到了这里,而是说,我们决不可泥于还原主义的逻辑,而沿着历史决定论的不可靠线索,跟从别人回归到未曾祛除巫魅的"原教旨",也煞有介事地讲起政治文化的"神学前提"来。无论如何,就像罗尔斯的《政治自由主义》所示,我们只能在足以同西方世界重叠的"制度智慧"方面,或者在原本也是建立于文化间性的现代秩序方面,去同它展开社会思想层面上的对话;否则,一旦糊里糊涂地深入进去,其实也就立马要掉落下去了,——而那下面却是深不见底的,是神秘主义和特殊主义的,是在各大文明间无法通约的。

其实早在十五年前,当我还在为这套译丛撰写《总序》时,就已经在自己的意识深处,为这样的"对话性"预留了空间,由此像下面的这样一段话,就印在了每一本译著的前头:"在当下的世道中,若还有哪路学说能引我出神,就不能只是玄妙得叫人着魔,还要有助于思入所属的社群。如此嘈嘈切切鼓荡难平的心气,或不免受了世事的恶刺激,不过也恰是这道底线,帮我部分摆脱了中西'精神分裂症'——至少我可以倚仗着中国文化的本根,去参验外缘的社会学说了,既然儒学作为一种本真的心向,正是要从对现世生活的终极肯定出发,把人间问题当成全部灵感的源头。"

当然,自己在构思这篇《总序》的时候,还没有转移到清华园里来恢复它有着辉煌传统的国学院。然而偏巧,这又正是从清华国学院的立场上,能够对上述问题所给出的既辩证又灵动的答复。——正像这里当年的"五大导师"一样,我们之所以如此看重本土的价值传统,恰是基于对西方文化的学理把握;而反过来说,又正因为有着故国文化的本根,我们在潜心引进西学的同时,也绝不会"卖瓜的不说瓜苦",而要对之进行充满主动性的阅读。

正是出于这样的阅读心理,我才在研讨会的主旨发言中,兴奋地指出了"出版过百"的意义所在:"作为处于最高处的文化拱顶石之一,西方的学术文化从未像今天这样,竟是如此清晰、全景而辉煌地展露给我们了!"——的确,如果史华兹曾经追问过严复,为什么从英国的穆勒倒向了法国的卢梭,而吴宓也曾批评过严复,认为他只知功利主义的"孟德斯鸠、斯密亚丹、约翰弥勒、达尔文、赫胥黎、斯宾塞"的功利主义,而未能进入"卡莱尔、安诺德、罗斯金、爱玛生"的思想,那么,借助于多年来孜孜不倦的迻译,即使比起这位"近世西学第一人"来,我们眼下所能掌握的西学信息,也都不可同日而语了。

也正因为有了这样的底气,我最近才在一次访谈中提出,应当更细致和更全面地获得西方的知识地图。比如,为了纪念这个"出版百种"的节点,我还专门构思了一种课程,从柏克和阿隆,读到阿伦特和伯林,读到桑德尔、泰勒和沃尔泽,再读到施特劳斯和沃格林……"这样子一本本地读下来,研读者就会逐渐地从中发现,其实西方学术界也是一篓子螃蟹,一个掐着另一个,一个能带出一个,所以,真理并不在某个单独的头脑中,而是产生和存在于不同流派的对话中。"——事实上,只是在呼吁进行"全面阅读"的意义上,我才使用了"总攻式对话"这样的提法,它无非意味着"总体性攻读",而绝不会意味着"全面地反扑"。

无论如何,这种健康的、跨越式的"对话意识",应当牢牢建立在自己的心底。既然别人所写下的思绪,也会成为引领自己前行的通途,也会成为提升自己心智的阶梯,那么,这些思想上的交谈对手,也就决不意味着"你死我活"的敌手,而毋宁是伐疴去疾、强身健体的教练。实际上,中国古代的思想者们从来都是这么做的,他们跟印度的思想文化对话了上千年,才攀越到了宋明理学的又一波高峰。——当然话又要说回来,即使是以往深受西域思想影响的理学,也并未丧失自身的文化主体性,并未脱离了孔子开出的文明路向,所以在这个意义上,我们的古人、特别是宋人,其实是很善于读书的。

也是在这个意义上,如果我们也这么善于读书,那么,等到出完"下一百种"之时,由于主动地汲取了更多的西学资源,我们的心智自然会越发强大起来,而我们也自然要开始向着西方反馈,使得整个地球都跟着良性互动起来,像是一个潜心切磋学理的、兼听则明的研讨班。而反过来说,如果我们还是根本不会读书,那么,就算出完了"下两百种",我们的出息也大不到那里去,——正如我多次向大家坦言的,如果仅凭这么个翻译工程,就去侈谈什么"贡献"或"功德",那么,这点"功德"还真是微不足道的。

2014 年 11 月 11 日于青岛·海之韵

理解的热情,或翻译与文化势能
——在"第四届中美文化论坛"上的主旨讲演

翻译之苦是众所周知的,由此就更需要理解外部世界的热情,而对于这种可以追溯到古代道场中的热情,我在一套丛书的总序里曾经这么说,"晨钟暮鼓黄卷青灯中,毕竟尚有历代的高僧暗中相伴,他们和我声应气求,不甘心被宿命贬低为人类的亚种,遂把迻译工作当成了日常功课,要以艰难的咀嚼咬穿文化的篱笆"。

在这个全球化的时代,此种理解的热情,甚至也包括渴望借助于他者的眼光,来加深和拓宽对于自身的理解,正像我在另一套丛书的总序中所说:"不跳出自家的文化圈子去透过强烈的反差反观自身,中华文明就找不到进入其现代形态的入口。"这套丛书就是我所主编的"海外中国研究丛书",它迄今为止已经出版了164种,而总的选题已经超过了200种。

进一步说,我们毕竟又置身于文化互渗的时代,所以即使是在中国研究中,也是渗透了国际学界的时新方法,以至于不了解这些治学的方法,也就难以了解别人治学的结果。——由此才自然又进展到了我的另一套"人文与社会译丛",以专门来翻译西方的政治哲学、社会思想和文化理论;而这套丛书迄今为止也已经出版了110种,而总的选题也已经超过了150种。

不过,应当非常坦率地承认,之所以激发出了这样的热情,并不是因为我们的外文太好了,反而是因为我们的外文根本就不够好,由此才生出了干脆要把外语文本翻译成母语,以便在意识中予以澄清的愿望。所以,要是我们的外语已经好到了真的可以在这个讲台上随意漫谈的地步,也许就反而不会有强烈的翻译冲动了。——这正符合汉语里"老蚌生珠"的意思,即由于某种不舒服的心结,反而产生了亮晶晶的成果。也许正因为这样,我们才能理解,为什么台湾学者的外文相对更好,可他们的翻译热情,反而不像我们这样强烈。

当然同样应当看到,大陆这边如火如荼的翻译,如果跟海峡对岸的情况相比,还享有一个未被大家明确意识到的天然优势,那就是我们无论如何,总还是背靠着一个巨大的汉语共同体,而且,也正是从这样一个语言共同体中,顺势地发展出了它的图书市场,使得中国的翻译更要顺应民间的阅读需求。也就是说,当我们的读者打开他们的钱包,于无意中推动着图书市场的走向时,他们手中的那些钞票,也许就有点类似于你们手中的选票。

但无论如何,如果从创造的根源上来讲,之所以能够在图书市场上,产生了对于翻译作品的需求,还是因为在被引进的国度,显示出了它的巨大文化势能。在这个意义上,我们在翻译上的这种成功,就源自国外学者的治学上的努力,源自他们严格自律的学术操守,他们对于未知领域的不懈渴望,当然,同时也是源自国外学者所享有的激励创造的良好机制。

于是,还是在这个意义上,既然现实的文化的势能,由于各种历史的和现实的原因,仍然并不是完全平衡的,所以,即使彼此间的"互译"当然不失为一种良好的愿望,然而文化的水流还是只能从高处往低处流动。

由此，也就想提出一个善意的建议：在当下的历史阶段，中国政府与其动用自己的意志和资源，来大力地推动外向的翻译，还不如付出更大的努力，来维护好本国内部的知识创新，当然也包括维护好这种创新所必需的、自由创造的文化氛围，——其中自然也应当包括，真心诚意地、纪律严明地，对于屡禁不止的学术剽窃现象，像我们的中纪委那样表现出"零容忍"的态度。

当然反过来说，这种理解的热情，毕竟也需要来自真诚开放的心态，比如我在晚近创办"西方日本研究丛书"时，就在无意中不无惊讶地发现，日本学界那边反而不那么热衷于对于这些国际日本研究成果的翻译和借鉴。无论如何，在我们为了这个丛书而开出的50种著作中，日本那边迄今为止反而只翻译了五分之一，这跟中国大陆基本上已经把汉学名作翻译殆尽，形成了鲜明的对比。

也许，由此我们也就可以理解，为什么我们最近会看到，来自普林斯顿大学和哥伦比亚大学的19位历史学家，会在美国历史学会的刊物上发表联名信，来对日本要求修改夏威夷大学杰里·本特利（Jerry Bentley）和赫伯特·齐格勒（Herbert Ziegler）所著的《新全球史》、特别是其中有关慰安妇的记载的做法表示他们的不满。就这一点来看，也许有点意外的是，反而是中国的开放程度要远远大于日本。

同样地，如果从未来发展的角度来看，正如我们那边当然需要加紧努力，争取多拿出值得翻译的成果一样，美国同行这边，也许同样需要激发出一点理解的热情，来理解他们在中国这边的学术同行，使得中文不仅成为他们治学过程中的"材料语言"，也能够成为国际学术界的"工作语言"，就像我在哈佛—燕京学社的热情支持下，所长期坚持的《中国学术》杂志的方针一样。

事实上，我在斯坦福大学出版社那边，曾经动议过四卷本的《当代中国学术文集》，后来又在芝加哥大学出版社那边，创议过更大规模的"两世纪以来的中国思想丛书"，都是希望能帮助这边来更加全景地了解中国学界的历史与现状。这些创议虽然得到了很多美国同行的赞同，可惜都没有同样燃起美国出版商的热情。这跟我在中国推动出版的顺利纪录，构成了一种鲜明的、让人沮丧的反比。正因为这样，当我把这个讲演的标题写成"翻译的热情"的时候，也是希望能就此进行一点呼吁。

最后我要说，随着中国的国力在快速提高，它也就越来越希望能被外部理解，甚至有的时候——特别是在遭到不应有的误解时——难免会表现得有点急切。所以在这方面，如果我们可以仰赖美国学者的热情，从学术方面看到更多"反向"的翻译，那么，中国学界在学理层面的深层考虑，甚至中国文化在造血机制上的微观变化，就会更容易为外部世界所知晓。这样一来，也许整个世界都会为此而变得乐观得多。

2015 年 4 月 10 日讲演于美国华盛顿"宪法中心"大厦

四 国学

发散又聚敛地重读孔子

对于往事的中国记述

关于陈寅恪的思考提纲

发散又聚敛地重读孔子

——由四册《子曰》引发的畅想

从这套《子曰》①相当特别的导言中,我们可以绘声绘色地得知,钱锺书不仅为之捐出了他自己的稿费,而且直到其生命的终点,也都一直在牵挂着这项工程,并还一直在惦念着其编者的处境。——这当然是可以理解的,钱锺书肯定是会喜欢乃至希求这种竭泽而渔式的材料搜罗,因为也可以认为,他的毕生工作都是在朝这个方向努力的。甚至,由此也就忍不住要这么想象:当年他要是能利用上这种手段,那皇皇的《谈艺录》更不知会扩充多少倍!

只不过,人们说不定随即就会转念:真等有了现在这种技术手段,再写那类"材料汇编"式的著作也就不大稀罕了;对于数据库的迅捷检索,肯定是超出了钱锺书当初的想象,而随时都会根据要求而提供海量的材料,所以真正困难的事情,已经不在于如何著述,而在于如何卒读了。——据说我的老师李泽厚,就曾联想到钱锺书当年付出的那份辛劳,赞叹过由电脑所带来的这种"今非昔比"。当然,我同样也可以理解李老师的心思,他作为一个更属于思想家类型的学者,也是正好借机来宣扬思想的尊严。

---

① 栾贵明编:《子曰》,全四册,福州:福建人民出版社,2013年。

至少,如此来从材料上解放自己,绝不应是为了从思想上偷懒,这一点总是可以从正面来讲的。相反,倒是应该看到,正因为有了如此便捷周备的检索,学者们接下来就更需要去自出机杼了,甚至可以说,他们唯一还能证明自身价值的,也就只剩下创造性思考的成果本身了。——如果说,以往还可以用些没有"功劳"的"苦劳"、用些哪怕从未使用过的"基本功"、用些虽则"不学"却也"有术"的训练,来掩饰自己并未真正深思熟虑过,甚至根本就缺乏进行深思的能力,那么,现在就连这点"障眼法"也都不管用了。

由此,或许有点出乎起初的预想:这套几乎"一网打尽了"所有孔子话语的材料汇编——《子曰》,反而凸显出了"会不会思考"的尖锐问题。比如,它首先就促动我去思考这样一个问题:为什么在车载斗量的传世文献中,诸子百家都有他们基本的立言资格,可以对自己的著作施行冠名权,而享有《老子》《庄子》《墨子》《孟子》《荀子》《孙子》之类,乃至《韩非子》《鬼谷子》《鹖冠子》《公孙龙子》等等,却偏偏在后世被人"独尊"的孔丘先生,反而没有一本自己名下的《孔子》呢?

难道是汉代以后的书生忽略了此事,才让今天的电脑这么有机可乘吗?——那是绝对不可能的!因为古代书生最常挂在嘴边的,原正是此类的"子曰、诗云"。由此,唯一合理的解释也就只能是,正因为对它们最为熟悉,正因为总要被其耳提面命,正因为那是最为吃紧的"圣人之言",就反而不好随意对之造次,而宁可它们这么散落和悬置着,以便从文本的分布和样式上,就对《论语》以外的"子曰"究竟是真是假,为后世的阅读预留出一份警觉来。

如果上述的解释大致不错,那么,也就有必要跟着明确指出,又正因为张口闭口都要援用"子曰",以至竟把孔子的语录越传越多,而显得不可尽信,所以,在传世文本中预留出这样的缝隙,在古人那里也是有着相当理由的。毕竟,孔子的言论、思想乃至行状,既构成了这个文明之精神价值的基本内核,也构成了用来释读其他经文的意义基础。由此一来,就必须让夫子所道出的话语保持相对的稳定性,以便确保固有文明标准的相对确定性。如若不然,这个文明就很难维持足够的向心力了。对于这一点,即使到了礼崩乐坏至此的今天,甚至正因为已是悲惨地礼崩乐坏了,我们便不可不牢记在心。

当然话说回来,尽管我至今仍然坚持认为,这部《论语》即使从世界文明的范围来看,也绝对属于不可多得的好书。然而我又觉得,正由于孔子所讲出的东西太重要了,便不能只因自家的头脑拘泥,而同他的某些思想失之交臂,所以,对于他那些传世语录的阅读与引用,只要是想清了内在的理由,也就不妨更加开放和自由一些。——比如,尽管那曾被乾嘉学子们公认为伪书,我还是照样在刚刚发表的一篇文章中,大段大段地引证了《孔子家语》中的"子曰",因为其间被我打上了着重号的一些字句,最能切中当前社会的一大要害问题:

上敬老则下益孝,上尊齿则下益悌,上乐施则下益宽,上亲贤则下择友,上好德则下不隐,上恶贪则下耻争,上廉让则下耻节,此之谓七教。七教者,治民之本也。①

所谓贤人者,德不逾闲,行中规绳,言足以法于天下而不伤于身,道足以化于百姓而不伤于本。富则天下无宛财,施则天下不病贫。此则贤者也。②

甚至,即使是像《列子》这样一部书,尽管它早已被梁启超断代

---

① 《孔子家语》。
② 同上。

在魏晋了,我也照样从中读出了重要的儒学思想,而且,它们也已被我引进另一本快要交稿的新书中了:

> 子贡倦于学,告仲尼曰:"愿有所息。"仲尼曰:"生无所息。"子贡曰:"然则赐息无所乎?"仲尼曰:"有焉耳。望其圹,皋如也,宰如也,坟如也,鬲如也,则知所息矣。"子贡曰:"大哉死乎!君子息焉,小人伏焉。"仲尼曰:"赐!汝知之矣。人胥知生之乐,未知生之苦;知老之惫,未知老之佚;知死之恶,未知死之息也。晏子曰:'善哉,古之有死也!仁者息焉,不仁者伏焉。'死也者,德之徼也。古者谓死人为归人。夫言死人为归人,则生人为行人矣。行而不知归,失家者也。"①

坦白地说,自己大着胆子这样做的理由,也并未经过多么复杂的考虑,而无非是出于运思过程的自身逻辑。也就是说,不管上述文字的写作风格如何——那倒完全有可能是经过后人改写或重编的——我都宁可不管不顾地认为,毕竟是出于跟"生无所息"一脉相承的文化立场,当年的曾参才会对"生死"问题这样来表达:"曾子有疾,召门弟子曰:'启予足!启予手!《诗》云:"战战兢兢,如临深渊,如履薄冰。"而今而后,吾知免夫!小子!'"②同样地,顺着与此一脉相承的思想逻辑,后世的张载才会对"存殁"问题这样来阐发:"存,吾顺事,殁,吾宁也。"③

还可以再举一个更简明的例子,来演示一下自己筛选材料的程

---

① 《列子·天瑞》。
② 《论语·泰伯》。
③ 张载:《正蒙·西铭》。

序。正因为头脑里早已预装着"朝闻道,夕死可矣"①的语录,当我阅读到类似下面这样的话语时,便会从瞬间的印象中直觉地感到,下面这段话终会是"虽不中、亦不远"的,或曰终归是"即非孔子、也属孔门"的——"子贡曰:'君子亦有休乎?'孔子曰:'阖棺兮乃止播耳。不知其时之易迁兮,此之谓君子所休也。故学而不已,阖棺乃止。'《诗》曰:'日就月将。'言学者也。"②

那么,要同时考虑到上述两个侧面,岂不是会使我们左右作难了吗?——但那也没有多大的关系!反正世间大多数的要紧事,都会要求我们瞻前顾后、左右权衡的。而且,也正是在这样的瞻前顾后中,我们的思想才能逐渐表现出全面性,从而对于据说属于孔子的话语,不管那是传世的还是出土的,甚至也还包括今后有可能出土的,都抱持一种"有条件开放"的态度,或者不妨说,是抱持一种"聚敛式开放"的态度。

这种态度意味着,我们首先还是要在某种程度上,坚守住古人对于重要文献的那份警觉,不能让孔子的文本表现得太过松散,像是根本穿不起来的"一地散钱",很难再保住思想的系统性与稳定性。比如,在眼下被收进这本《子曰》的文字中,即使不说《韩非子》中那些可疑的引用,至少那些出自《庄子·杂篇》的"孔子语录",要是根据我本人的阅读直觉的话,那是断然不会当真出于孔子之口的,——它们无非是一些用来"假托"的故事,只属于某种"寓言"式的幽默笔法,甚至还带有着戏弄或嘲讽的意味。

这样一个极端的例子,也就从理解的边界处向我们昭示,以后但

---

① 《论语·里仁》。
② 《韩诗外传·卷八》。

凡碰到了这样的情况,都要先想起一句绕口令似的话——"电脑本身并无头脑"。正因为这样,如果只通过它那种机械的检索,去网罗所有列在孔子名下的语录,而缺乏相应的理解、甄选与处理,那么,就很可能因为负载的信息过量,反而把孔子从言谈到思想到形象,都弄得模棱两可和殊不可解了;甚至,也就有可能直接借着孔子之口,来道出"孔子样样不行"、而"庄子样样高明"的荒谬判断。如果真是这样,那么这些画蛇添足的"子曰",也就只能平白给儒家思想来混乱了。

不过,在问题的另一侧,我们在面对比《论语》字数更多、有时也同样有价值的文献时,又确应抱持更宽松开放的态度,以便吸取乾嘉或古史辨的教训,不再把原应属于自家的思想材料,"宁可错杀一千"地给拒之于门外。——从这样一层考虑出发,我初步形成的腹稿是,等将来研究得更为透彻些,也确乎可以围绕着《论语》所确立的意义内核,又倚靠着思想自身的逻辑力量,而层层外推地排列组织起来,建构起表现为不同"可靠度"的、分列于"中心与边缘"的、既统合又有弹性的孔子话语体系。

甚至,我还进一步大胆地设想,将来要是真想编纂这么一部书,以期只要一册在手便可知孔子全貌,那么,不妨考虑把它索性就称作《孔子》,从而尽管是在其身后几千年,仍把夫子的著作权交还到人家名下。而且,再进一步来设想,这样一部具有内在弹性与层次的书,也不妨干脆学学《庄子》的做法,先把表述于《论语》中的、内容最为确定的孔子语录定为《内篇》,再把表述于其他经书中的、内容相对可信的孔子语录编为《外篇》,而最后,又把记载在《史记》《孔子家语》《列子》、甚至《孔丛子》等中的"子曰",宽容地——甚至有时候怕要加括号地——编入它的《杂篇》之中。

当然，即使如此还要赶紧说明，就算这种设想可以算作"集大成"式的，它也绝不会是"至大无外"的，因为一旦如上文所说的那样，碰到了像《庄子》中的那类"子曰"，也就算碰上我们宽容的底线了。——换言之，在眼下所设想的这部书中，至少对暂且还理解不了的"孔子话语"，仍然不妨姑且把它们悬置起来；而以后，如果经由学者的进一步研究，又发现哪句被悬置的语录仍可理解，他们还可以同样行使思想的权力，再把它们随时而方便地"补遗"回来。

再稍微从意涵上引申一下。就释义学所揭示的规律而言，这就会既是一个以"思想"的力量来收束"材料"的过程，又是一个在"向心"的基础上鼓励"发散"的过程，由此，这又会既是一个基于《论语》的确定性来"以理求义"的过程，也是一个借助于引进新材料来增益《论语》义理的过程。——之所以这样子来"执两用中"，当然还是因为我们也正面临着双向的任务：既不能让人类因为我们的盲目操作，反而瓦解和散失了《论语》这本最伟大的著作，又不能让人类因为我们的故步自封，就使孔子的思想失去了应有的弹性与广度。

这些话听起来似乎有点玄妙，但它们却并非什么新异的论断。在以往的长期阅读过程中，哪怕是人们未曾自觉地意识到过，而且哪怕是针对最吃得准的《论语》，人们也还是脱不开释义学规则的制约，只不过把它用得有好有坏罢了。比如，人们难免先去倚靠那些读通的意义，再去琢磨某些意思读不通的文句。可这样一来，这种解释活动所依据的前提，也就往往不再是文意本身到底如何，而是自己先定的解释立场究竟如何了，——此后便不过是些文字游戏罢了。正因此，我们才常会看到，人们有时会通过一些文字游戏，勉强地让哪个字通假为哪种意思，由此便误以为自己已经读通了，甚至一时也把其他人都给唬住了；只不过，说不定哪一天又有人恍然大悟，发现那种以往人云亦云的解释,实不过是穿凿附会、强作解人而已。

事实上,我本人就曾在一篇近作中追问过:"《论语·雍也》上,有所谓'质胜文则野,文胜质则史。文质彬彬,然后君子'一句,其文意看上去最为浅显,基本上可以被人们下意识地背诵。然而,究竟什么才是'文胜质则史',它究竟带来了什么样的迷思,又潜藏着什么样的精义,果真被人们弄清了吗?"[①]而基于这样的问题,我也紧跟着就指出了其中的释义学规则:"只怕这又主要是因为盛行一时的舶来观念,悄悄起到了心理暗示作用,使人不由自主地要把孔子现代化,以为他是在素朴地讨论着辩证法问题,也即把内容和形式看成是对立统一的。——说到底,这些人实则是在心里原已存有了此念,就像法官在宣判前早已有了心证,所以也就只能这样来以己度人,判定得孔子的心智就跟自家的一样简单。"[②]

我在那篇文章中得出的具体结论,没有必要在这里多去涉及,反正它已经公开发表出来了,有兴趣的话大家可以去参阅。——所以,这不过是个手边的方便例子,借将过来提示本文的读者:如果连在面对意义较为确定的《论语》时,我们都必须随时准备开动脑筋,使文句的含义朝自己的思想过程开放,那么,一旦面对这四册内容更加松散、更不确定的《子曰》,我们的阅读任务就益发严峻了,它甚至要求我们只要打开书卷,就一定要表现出相应的思想功力。

这才是本文想要触及的关键之点!在我看来,正是这四册"无所不包"的《子曰》,反而很有刺激性地提醒了我们,就算已从民间广泛兴起了"国学热",就算国人又普遍找回了对于孔子的兴趣,但是,

---

① 刘东:《"文胜质则史"的真义——历史与现实中的佞史传统》。
② 同上。

只要有谁还不失为一位思想者,他就必须在如此泥沙俱下的文献大全面前,激发出自出机杼的主动性来,从而通过自己创造性的阅读,来独特地筛选和组织孔子的话语,以此来反映自己独到的理解。而由此也就可以说,尽管我们都喜欢阅读和引用孔子,也由此共享了某种精神的价值,但又不可否认,在某些精微的细节与局部上,每一副认真思考着的头脑,都可能有一套经过自家处理的、却跟别人不尽一致的孔子话语。——在这个意义上,不管今后是否实际印出了我设想中的那部《孔子》,总归在每一副认真思索着的头脑中,都会隐约存在着这样一本内容或许略有差异的书。

　　事实上,只要儒学还活泼泼地存在着,这种灵活阅读与理解的规则,就会是它向前发展的基本规律。因此,从这本《子曰》所汇编的材料中,我们也正巧就能看到这样的规律。如果说,就连在《论语》这样的经典中,也包含了不少孔门弟子的话语,那么,既然这本书又把晚出的材料并入,就肯定会有更为绵长的儒学话语,会被电脑不假思索地收录进来。由此编出的集子,如果还只沿用朴学家的说法,大概只会被说成是芜杂与窜乱;然而我个人对此的看法,相形之下却要积极和进取得多。——我甚至认为,即使是《孔丛子》这样的著作,的确像前人所说的那样"文气软弱,全不似西汉文字"(朱熹语),然则只要把它排列到《杂篇》之中,认定它属于边缘或外围的儒家话语,也就足以从这种"孔氏家族的学案"(李学勤语)中,看出以往未曾看到的重要意义来。

　　那么,这种重要意义又究竟何在呢?——至少有一点想法,可以先在这里讲出来。我觉得,这类"学案"正是一种特殊的学术史,所以,正像西方人一方面很难从柏拉图笔下,完全把那位苏格拉底给剥离开,另一方面却又庆幸从中看到了思想的发展脉络一样,只要善于利用儒门后学的这些发挥,我们也可以借此窥探到一个处于不断传承中的、具有内在生命力的儒学话语。这样一来,如果考虑到卡尔·雅斯贝尔斯的相关描述,我们就简直是在论说同样处于"轴心时代"的、中国的"雅典学园"了。

由此,让人忍不住发出遐想的是,同简直像谜一般的早期雅典学园一样,中国先秦时代的儒学话语,乃至于它的墨家话语、老庄话语、法家话语等等,在一个并无现代学术体制的情况下,究竟是怎样进行自我传承与更替的呢?进一步说,这种"学在民间"的传统又究竟是如何创立的?它如何能鼓舞出如此活跃的智慧活动,以至于当年所焕发的精神创意,要远远而且普遍高出后世的水准?——我想,如果我们连这样的谜底都能揭示出来,那么,也许就真正算是找到了复兴儒学的法门吧!

于是说来说去,终于还要把目光伸向前面的路。如果说,那种总是循环于总体和局部之间的、为释义学所揭示的意义发明过程,在一个具体的文明伸展路径之中,也恰恰体现为文化发展的有机过程,那么,我们就更要在聚敛与发散的对冲之间,去自觉维护儒学思想本身的"必要的张力"(托马斯·库恩)。——也就是说,一方面应当肯定,既已掌握了电脑这样的利器,那么由此而提供给人脑的思考材料,也肯定是陡然间增加了很多,从而也就给对于孔子的理解,带来了向外发散的巨大动能,包括更多样的语义选项、更宽广的解释空间和更弹性的解放可能。

可在另一方面又要警惕,我们还须同时具备更强的思考力,方能保持住"必要的张力",以确保如此海量资料的内向聚敛,从而让孔子当年道出的种种语录,还能在后世凝成一个有机的价值整体,以至他还可以保住思想的魅力,在我们的文明中薪火相传地发展下去。

只有在如此这般的释义过程中,孔子的思想才能既去稳定地传承着,又在随机地开放着,——既开放向不断被重新释读或出土的文字材料,也开放向不断展现出新颖侧面的现实世界。

无论如何,只有先在头脑里想清了这些,我们才算是做好了相应的准备,来迎接这四册业已成书的《子曰》——以及尚在想象之中的那部《孔子》——所带来的充满机会的心智挑战。

2013 年 8 月 5 日写毕于清华园立斋

对于往事的中国记述
——作为一种文化的历史学

一

让我们从亚里士多德的《诗学》谈起。作为一个"爱智者",他虽然淡化了其老师柏拉图对于诗人的愤怒与轻蔑,却仍在这本书中排出了"哲学强于文学、文学强于史学"的知识等级序列。

所以,如果我们还保有对于异在文明的敏感,尚未被近代以来的西方冲击所全然同化,那么就不妨说,在古希腊的文化发展历程中,之所以有传统上所谓的"文学年代"和"哲学年代"等等,其底层的原因就在于,文学、哲学和史学各科,一直都在相争与角力。

然而,这种情况对于同样处在"轴心时代"的中国人来说,却完全是不可想象的。无论如何,史家在中国文明中的地位,显然都是相对更高的和不受争议的;而他们所代表的那种知识类型,也是所有学者都必须具备的。

由此,也就想到了露丝·本尼迪克特的"文化相对主义",——无论她的具体论点如何受到学术史的洗汰,然而她那种富含平等精神的方法革新,都从未显得过时。

而从这样的立场革新出发,我们就可以推导出,对于处于不同"文化模式"的人类部落而言,"记述往事"这样一件文化工作,尽管从来都属不可缺少,但其意义也是不可通分的,而它们经由源头流过来的河床,也是大相径庭的。

就中西方的不同史家传统而言,简要一点儿说,它们一个是来自《尚书》和孔夫子、司马迁和司马光,另一个则是来自希罗多德和修昔底德、吉本和兰克。

那么与此相应,虽然同样都在记述往事,然而文化记忆这件事本身,在中国文明的结构中,却是由具有不同地位的社会精英所承担的,由此它的地位也要显赫得多,和被看重得多。

对于这一点,即使到了中国文明已在解体的时代,我们也还能从早期清华国学院的教师构成中看出来,——它那举世闻名的"五大导师"(梁启超、王国维、陈寅恪、赵元任、李济),虽然其知识面都非常渊博,但其中为主的都还是以史学名家的。

二

尽管在运用像"文学""哲学"这类产生于文明间的"洋泾浜术语"时,需要特别小心,因为如今被视作"文学"的、代表着礼乐精神的《诗经》,在当年的语境下更应被说成是"经学",不过,我们眼下可以姑且假设一下,如果在古代中国确实有过类乎"文学"和"史学"的精神样态的话,那么,对应着古希腊的从"迷索思"向"逻格斯"的过渡,或者对应着它从"文学年代"向"哲学年代"的过渡,在中国这边的相应知识类型分化或发展,就应当是孟子所说的"王者之迹熄而

《诗》亡,《诗》亡然后《春秋》作"①。

当然这并不是说,在写作《春秋》之前,神州就没有对于往事的记述了,相反,这种工作在此前也是由来已久的。——比如,李泽厚就曾撰文认为,当时的史官这个职业,是从再往前的巫师那里演化而来的。

但无论如何,儒家当时对于历史叙事的突出的道德关切,却开辟了记述往事的新型流派乃至主流流派,从而决定性地构成了中国史学的主要底色。

正是基于它高蹈于众的地位,我们才能领悟到,为什么孔子又会说出"质胜文则野,文胜质则史。文质彬彬,然后君子"②。——事实上,正如我以前撰文论述过的,孔子这里所使用的、和"野"相对的那"史"字,首先都不是在描摹某种状态,而是在刻画某种社会分工。

> 也就是说,它们的原初意义应当更为生鲜,是在切实地指谓某类实存的对象,并不能跟现代汉语中分工明确的形容词直接画上等号。我觉得,只有在明确了这一层之后,我们才有可能进一步领悟到,其实除掉上面提到的第一重关系——即"文"与"质"之间的关系之外,孔子这句话还涉及了另一重关系,即在"野(人)"和"(祝)史"乃至"君子"这三个群体之间的对应关系。③

这也就意味着,"史"这个字在这里指称的,当然不会是能写出《春秋》的"良史",而是在此之前已然普遍堕落的、正分工掌管着文

---

① 《孟子·离娄下》。
② 《论语·雍也》。
③ 刘东:《"文胜质则史"的真义——历史与现实中的佞史传统》。

书的"祝史",或者被孔子所深度厌恶的、只会"巧言令色"的"佞史"。对于这种社会的分化,章学诚的表述虽然不同,但也有大致相仿的论述:

> 三代以上之为史,与三代以下之为史,其同异之故可知也。三代以上,记注有成法,而撰述无定名;三代以下,撰述有定名,而记注无成法。夫记注无成法,则取材也难;撰述有定名,则成书也易。成书易,则文胜质矣。取材难,则伪乱真矣。伪乱真而文胜质,史学不亡而亡矣。良史之才,间世一出,补偏救弊,愈且不支。非后人学识不如前人,《周官》之法亡,而《尚书》之教绝,其势不得不然也。①

由此可知,虽然此前早已有了这方面的从业者,但由《春秋》所代表的史学革新,仍然是非常关键的转折。——无论孟子"《诗》亡然后《春秋》作"的说法,是否确实是于史有徵的,总之都因其演成了儒家的标准说法,所以至少在后世的沿革中,对于中国的史学起到了关键的形塑作用。

正因为这样,我们才会顺势看到,对于道义和价值的深切关怀,对于人物品行的评判臧否,对于历史责任的牢牢铭记,也就贯穿始终地成为这种独特史学的典型特征。

三

进一步说,既然是"《诗》亡然后《春秋》作",那么进行"作《春

---

① 章学诚:《文史通义》。

秋》"这样的积极主体活动,也就获得了其先入为主的目的和动机。——也就是说,人们记述、提醒和评论往事的基本目的,不可动摇地在于修正和扳回此后的历史轨迹,使之逐渐返回到那个足以产生"思无邪"的《诗经》的淳厚年代,这也就是所谓有着"王者之迹"的"三代"。

对于这一点,如果那些有考古癖的还原主义者,此刻又想科学地来"古史辨"一把,那是根本没有用武之地的。——就算这个理想化的"三代",是被前人虚拟地幻想出来的,然而对于后人来说,他们对于"三代"的不断热心怀想,却也是现实存在和确凿无疑的。

在这个意义上,我们也就不妨说,实则此后的中国历史,就是在以一种"向后回溯"的表面形式,来独特地展开其向前的展望,和开辟其发展的路径。——它很有理由地认为,要是没有对于原初人类生活状态的理想假设,也就失去了让后世复归于此的说服力。

由此,就可以顺便澄清一个由来已久的误解了。自从中西文化在近代碰撞以来,人们便一直循着"种加属差"的定义规则,来寻找某种导致中国"落后"的肇因,——而这样一来,跟没有"悲剧"的文体大体相同,人们也一直在为中国自古以来就没有荷马式的"史诗"文体,而深深地引以为耻。

有意思的是,大概正是为了洗雪这种"国耻",还专门在这么一个现时代,利用位于中国境内的边远西藏,以现代手段发明了举世最长的中国史诗——《格萨尔王》。可惜,大概除了有意发明它的人,和不得不努力校对它的人,它已经长到了不可卒读的程度。

然而,如果把思想解放一下,反而可以转而悟到,不再依靠盲诗人的集体传唱来记述往事,正说明古代中国早在往事记述方面,有了更加个性化的、从而更加发达的写作方式,——也正是这一点,才使得史学在中国社会的权重更大。

这种尊重史学的文化心理,作为一种必备的文化修养,同样传递给了后来的统治者,对此只要看看范祖禹的《帝学》,就可以获得笃定的了解。而由此就反过来保障了,中国历代史官的高尚地位,从来都跟西方历史学家的地位完全不同。

我们再看看素为历代士夫所重的官修正史,再回想一下它郑重的编修过程,也同样可以知道,这种把对于往事的记述看得"惟此为大"的传统,的确是一直在中国文明的进程中传递和延续了下来。

另一方面,正由于有了"《诗》亡然后《春秋》作"的道义起点,有了圣人训诫的耳提面命,又使得中国的那些史家们,即使身在官场甚至宫中,也仍然相当程度地保留了"秉笔直书"的史德,——在这方面,正如人们所长期熟知和传诵的,出现过许多非常感人的英雄故事。

四

由此,基于比较文学的警惕眼光,还确实不能把古代中国的史部文化,径直地等同于西方的 history。——或许可以不太精确地说,在人类知识谱系的钟摆架上,"史部"曾经在中国更靠近于人文一极,而 history 在西方曾经更靠近于科学一极?要不就干脆这么说,史部在传统中国的文化中,主要还不是一个知识系统,而属于一个价值系统?

与此同时,想一想孔子、司马迁和司马光,我们又可以知道,中国的文化传统相当不同于希腊,在其内部的诸学问分野,并不是在相互争执与贬损,反而经常要由四部之间(经史子集)来相互补充。

也正因为这样,所谓"刚日读经,柔日读史",才会成为士大夫们的标准日常功课。我多次就此强调指出,这种分为"四部"的知识,更像一个人的五脏六腑,根本就不容割裂式的分工。所以,经学和史学之间的互动与促进,即既从往事中找出道德教训,又基于纲常伦理来反思既往历史,从来都是最典型和常见的中国阅读心态。

在这个意义上,由于都是从"六艺"或"六经"传递下来,就像本于《诗经》的后世"诗教"一样,这种本于《春秋》而发展到后世的史学,也应当被视为一种中国特有的"史教",也就是说,它曾表现为任何寻常士子的日常功课,而且人们是否对它进行反复的温习,也曾构成文明能否正常延续下去的关键。

当然要注意,在这种意义上,这种"史教"中的"教"字,毋宁说就更偏向于所谓"教化"之"教",而非所谓"宗教"之"教"。——也就是说,它反而是充满历史经验的,而不是属于先验世界的;它反而是富于理性精神的,而不是属于独断信仰的;它反而是记述人间事务的,而不是去狂想化外之域的。

作为华夏文化"历数千年之演进"而达到的最高峰,这一点也理所当然地,在一个被称作"儒者统治"的高峰朝代,要表现为辉煌的宋代史学的基本特色。——也正因为这样,这种宋代史学的基本倾向,也就理所当然地,被本院导师陈寅恪的史学实践继承下来。

只有在这样的基础上,像赵翼《廿二史札记》那样的精彩点评,作为一种个人的读史心得,才具有一种补充的重要性。——此外,无论发挥了多少个人特色,既然是立意要来"秉笔直书",就不能过分地文过饰非,于是在中国的史学中,就贯穿着一种朴素的"求是"精神,而正由于此,这种史家笔法还是和"文学"笔法,截然拉开了心理距离。

出于同样的心理原因,基本的史实,作为一种共通的经验,作为一种认同的基础、一种诵念的常项、一种标准的记忆,也并不需要过于别出心裁的、作为个人专利的刻意"创新"。所以,如果有人执意去做"翻案文章",这种小知间间地要"小聪明",绝对会被具有古风的史家们所厌弃。

由此,一个相关的要点也就在于,也正是借助于这种朴素的信赖,这种普遍的认同,这种持续的传习,中国史家对于往事具有某种朴素确定性的记述,才反而会作为一种"替代"手段,具有了"史诗"般的文化功能,给整个民族留下了集体的记忆。

五

由此看来,芝加哥大学的苏源熙(Haun Saussy)近来冷然向我提出的问题,即中国历史写作如何不同于西方历史写作的问题,看来大体上还属于美国式的"平行比较"的问题。——我胡乱地、未加验证地猜想,他大概还是在冒着某种"比较的风险",要从这个遥远的、孤立的文化传统中,找到一个足以为其本国史学所借鉴的参照系吧?

而可惜的是,作为受到了他所属的那个传统之强烈冲击的现代中国人,我所看到的当今文明间的借鉴或传播,却主要表现为单方向的和压倒性的,也即主要是由"先进的"西方史学来冲击"落后的"中国史学,所以,我反而更倾向于运用"影响研究"的思路,去历史地考察和追踪自家传统的"失落"问题。

原本,正如我早就撰文认可的,"国学"与"汉学"应当是并立的两造:

> 中国人虽久有自家的以"经史子集"分类的学问,但倘非在

近代发觉别家也有自成谱系的学问,"国学"二字便绝无提出的必要。在此意义上,"国学"从一开始便是作为"不完备"的对待物问世的,意味着国人已意识到从未将天下学识"尽入彀中"。如此,"国学"在本质上不仅不排斥属于外缘知识系统的"汉学",还坚信凡"旁观"者必有其"清"的一面。①

可真正的麻烦和干扰却是,由于西方摧枯拉朽般的冲击,正如我后来又指出的,大多数中国学者在研究方法上,也都欣欣然地"自我殖民化"了:

> 由于西方文明长期以来太过强势,以至于某些来自外部的方法与视角,也在巨大的压强下移入了我们文明的内部,甚至竟完全压倒了内部的声音。比如最近,人们对于某些字面上的雷同,投以了普遍而持续的关注;然而,除了这种较易鉴别的抄袭之外,其实更足以毁灭国内学术界的,恐怕还不是单纯字面上的剽窃,而是对于来自外部的"问题意识"的、不足与外人道的拷贝。②

比如,所谓"古史辨派"在现代中国的兴起,以及它所带来的对于传世史料的局外人般的怀疑,就是西方的"科学史学"投向中国的强烈阴影。再比如,所谓"整理国故"的无谓学术努力,也无非是要尽量抚平中国文化胆敢跟西方的任何疏离与不同,——在胡适看来,那无非是把这样一堆只有文物价值的死物,统统整理和收纳到他所带来的西方知识系统的抽屉里。

---

① 刘东:《国学与汉学》,《理论与心智》,第185页。
② 刘东:《清华国学和域外汉学》,《道术与天下》,第400页。

可实际上,如果再度回到露丝·本尼迪克特的前述立场,我们并不难发现,其实任何模式的人类文明——当然也包括科学的西方文明——都会有自己的难以自觉到的"文化前理解",都有它们掩藏在基本学识之下的地平线。

的确不错,从李济的挖掘工作开始,中国新兴的考古学家们,就总是需要将考古学验证于传世的材料。这种所谓"二重史证"的方法,似乎属于本土学者的"迷信"。——然而转过来想想,在对特洛伊的古迹进行有名的挖掘之前,西方的考古学家及其赞助人,不也是先受到了荷马史诗的导引和鼓动吗?

话虽如此,却正如李零曾经在《中国学术》上所转述的,他们竟连中国史家的"二重史证"也看不大上,而只相信必然是零散破碎的、看似科学的考古学报告,由此就批评王国维是把"大坛子"装进了"小坛子"里边。——然而我就不信,西方人难道只靠鸡零狗碎的考古学材料,就能拼凑起自家文明的古史图谱吗?

这就是我常常揭露的、眼下在中国学界竟也常见的"汉学心态"。无巧不巧的映照则在于:中国现代史学的主流,由于胡适和史语所占据了主要的资源,也就总是显得洋派十足;而与之相应,由费正清开辟的美国汉学,其主要的存在形态也恰恰正是历史学。——这就使得前者在知识的样态上,倒很像是美国汉学的回声或支部;而且,他们到了台湾以后就更像,并且是越来越像。

与之对应,倒是台湾民间的学术界,特别是在某些边缘的哲学系里,反而产生了更有活力的新儒家。甚至,即使是在现在的台湾,也往往是大学里的文学系里,反而更多地保留了稍微原样点的国学。

不久前看到台大的叶国良教授在讲,台湾现在的学者只敢循着知识性的立法,去讨论古代人物和材料的真伪、时代等问题,而不敢再随便利用传世材料去立论,也看不到在传世文献与传世文献之间,其实也可以进行彼此之间的互证。

而与此相应,我也不去讳言,中国大陆在改革开放以后,或许是以我创办的《中国学术》为代表,和以我主持的"海外中国研究丛书"为模板,也更加进入了史学的"现代化"时期,——以前的论文还不是这样的写法。

然而,也正因为担负了"始作俑者"的责任,针对着这种压倒性影响的负面效应,我又不得不再三地提出警告:千万不要把美国汉学学得"太像"了,——尤其是那些正在构思博士论文的年轻人,现在竟连标题的句式都设计得简直是如出一辙。

六

当然也无可否认,西方史学作为一种重要的知识系统,从来都有它值得学习的一面,包括晚近以来的似乎特别走红的全球史、环境史、妇女史等等,我今后还会一如既往地,继续主持这方面的介绍与引进。——只是,这种跨文化的学习,又不能是失去主体性的和矫枉过正的。

回顾起来,过去时代的中国人,哪怕是他们中间的史家,对于历史的了解也是管窥式的、散点式的、不无模糊的,而缺乏西方式的知识系统,——正是这种明显的缺陷,说服了包括梁启超等人在内的学者,必须要从西方那里汲取史学的营养。

到了现在,我们的史学倒是越来越科学化、知识化、系统化了。只可惜,在以个人为创新本位的西式专利制度下,由于各种各样的身外之物的诱惑,致使种种挖空心思的"反弹琵琶",几乎已是层出不穷和见怪不怪,从而使得史学不仅不再能倚靠经学,反而往往更加雷同于文学。

这就不光是矫枉过正的问题了,这是完全发展到事情的反面了!本来,人们是嫌古代的史学还不够"求是"和"求真",才动议要向西方史学学习的。可他们万万没有想到,如今这种学习的结果却是,反而丧失了做学问的道义前提,沦落到了各种随心所欲的文字游戏中。

最可怕的是,就连很多研究者本人,也是非常坦然地、不以为耻地、自觉自愿地,以此来游戏人生和游戏文字,——而这样一来,中国人希望取法西学而获得的"进步",也就突然变得已是适得其反了。

公正而平心地说,中国的史学传统本身,本来既有优秀的、需要保留的一面,也有不好的、需要改进的一面。——而犬牙交错的是,我们现在当然也向西方学界讨教了一些值得学习的东西,不过与此同时,我们也把自家原本较有价值的东西,给心怀鄙夷地自暴自弃掉了。

尤其是,如果考虑到路径依赖的问题,由于对于往事的记述,在中国文明的特有结构与文化心理中,原本占据着更为重要的地位,那么,由此带来的文化紊乱与失序,也就意味着更加深重的问题,——由于"史教"的衰微,这个文明正遭遇到非常独特的重大危机。

也就是说,尽管中国并无宗教式的精神形态,但正由于"孔子作《春秋》而乱臣贼子惧"①,史学才使得人们对于身后,也有了同样的关怀和惕惧。——而中国式的、具有人格品格的伦理道德,很大程度上就附丽于此。

> 齐景公有马千驷,死之日,民无德而称焉。伯夷、叔齐饿于

---

① 《孟子·滕文公下》。

> 首阳之下,民到于今称之。其斯之谓与?①

> 世衰道微,邪说暴行有作,臣弑其君者有之,子弑其父者有之。孔子惧,作春秋。春秋,天子之事也,是故孔子曰:"知我者,其惟春秋乎;罪我者,其惟春秋乎。"②

甚至,仔细来品味下面这段记载,我们应能体会到,无论是向来处于强势的毛泽东,还是一般比较谨慎的刘少奇,也都同样曾在这种对于历史的敬畏中,出现过心态、语气和操作上的变形:

> 对刘少奇等人对形势的估计,毛泽东非常不满。1962年夏,在中南海游泳池毛泽东当面批评刘少奇:"你急什么?压不住阵脚了?为什么不顶住?""西楼说得一片黑暗,你急什么","三面红旗也否了,地也分了,你顶不住?我死了以后怎么办!"刘少奇激动地说:"饿死这么多人,历史要写上你我的,人相食,要上书的!"③

同样地,现在再来读北岛早期最有名的那首诗,也会读到对于历史的这种敬畏,那是中国人在绝望状态下的最后希望:

> 卑鄙是卑鄙者的通行证,
> 高尚是高尚者的墓志铭。
> ……
> 新的转机和闪闪星斗,
> 正在缀满没有遮拦的天空。

---

① 《论语·季氏》。
② 《孟子·滕文公下》。
③ 郭德宏、林小波:《四清运动实录》,杭州:浙江人民出版社,2005年,第11页。

那是五千年的象形文字,

那是未来人们凝视的眼睛。①

然而,既然现在连"良史"本身都不存在了,那些想要为非作歹的人,也就更加肆无忌惮了。比路易十五那句"我死后,管他洪水滔天"更为可怕的是,眼下就连毛泽东都要牵念的"死后",也都再没有人感到畏惧了,因为干脆再没有史家们去秉笔直书了,而且人们干脆不再阅读历史了。

既然只剩下"卑鄙是卑鄙者的通行证"了,那就索性借着这一肚子的下流去畅通无阻吧,——这就是当今中国的主流风习!

七

更加讽刺的是,在解构掉了史学的主流之后,反而是曾被儒家强力压制的、以往不能登堂入室的"佞史"传统,倒在官僚统治的现代社会遍地开花了。——回顾起来,沉浸在经学诠释中的历代学者,早就借着对于所谓"质胜文则野,文胜质则史"的解释,而指出了这种"小传统"的暗中存在:

史,掌文书,多闻习事,而诚或不足也。②

策祝文胜质,则礼所讥失其义、陈其数是也。史官文胜质,则当时纪载或讥为浮夸者,是也。③

---

① 北岛:《回答》。
② 朱熹:《四书章句集注》,第89页。
③ 刘宝楠:《论语正义》,上册,北京:中华书局,1990年,第234页。

> 质朴胜过文采,则像一乡野人。文采胜过了质朴,则像庙里的祝官(或衙门里的文书员)。①

这样一来,历史学家们,也就从最值得尊重的、代表文明高度的人,一下子转变成了最可有可无的、根本不值一提的人了。——这也就是陈寅恪所代表的那种气节和气度,为什么突然显得如此遥不可及的原因。

更加要命的是,晚近以来,在科技官僚的外行压力下,在"世界一流大学"的空洞诱惑下,西方史学所带来的那种形式合理性,也已成为"国家社科基金"的主要考核指标,而在这种徒具表面的学术外衣之下,所谓"秉笔直书"的道义冲动,反而更加要被抑制住了。——否则岂有得到批准立项的可能?

事实上,那些被孔子深度厌恶的"巧言令色"的佞史,向来都比胆识具备的令人钦敬的良史更容易谬种流传,因而也更容易形成气候。于是长期以来,他们总是可以提供大部头的史籍来粉饰太平,总是可以提供最琐碎的断烂朝报来堆满书架,总是可以提供无厘头的野史掌故来充斥巷议,总是可以反复炒作旧芝麻陈谷子来为传媒补白……然而,他们到头来也总是逃不脱这样的不治之症:无论如何也提不出任何独立的识断、判定与抉择。而由此一来,这群人简直就把整个历史学科都给消费和透支掉了,也就是说,他们既已向当朝的权贵证明了,历史编纂对于任何不合理的东西都是有益无害的,其实也就向后世的子孙证明了,历史编纂对于任何严肃的精神事业都是毫无意义的!②

---

① 钱穆:《论语新解》,第145—146页。
② 刘东:《"文胜质则史"的真义——历史与现实中的佞史传统》。

正因为这样,当今的中国史学家们,也都罕有那种奋勇的担当了。——作为一个显著的案例,我反而经常痛心地看到,那些研究中国经学史的人,可以比朱熹还更清楚历史的细节,然而这些从业者的平均道德水准,即使以较为委婉的口气来表述,也绝对也不会高于普通的百姓。

与之相反,倒是在狭小的民间社会,还有些以业余兴趣来记述往事的人,反而倒是他们更多地保留了以往那种史家的风格,比如从老年人写作的回忆录,到记者们写作的历史演义,从已有的《东方历史评论》,到新创的《国家人文历史》。

只可惜,显得相当吊诡的是,这些人所表现出的学术水准,也大多只是业余的,所以,那些受过更加严格训练的——其中当然已包含西学的训练的——所谓"学院派的"史学家们,又往往不大能看得起他们。

所以说,下一位陈寅恪、下一位欧阳修或司马光,乃至下一位孔夫子,才应是被我们焦急等待的、真正具有文化聚敛意义的"良史"。

2013 年 4 月 6 日拟于清华园立斋

关于陈寅恪的思考提纲

还记得早在九十年代之初,我就向老友钱钢推荐过"陈寅恪"这个悲壮的选题,而这位当年曾以挖掘史料著称的"报告文学家",还从我这里拿走了一大摞有关陈寅恪的书籍。可惜,他后来又默然无语地把它们全都还给我了,似乎我推荐的并不是适合于纪实文学的题目。

同样还记得,也就在钱钢把书还给我不久,我们再次见面时又谈到过陆键东刚出的那本书,他也解释了无论如何仅凭我那些书,还写不出后者所达到的轰动效果。当然我也应当承认,我本人当初也无法想象到《陈寅恪的最后二十年》所搜罗到的那些历史细节,——我原本也只是受到了陈寅恪生平之悲壮故事的感染,特别是那种由其早期的治学可能性而在现实的人生轨迹中所留下的巨大悲剧性悬念。

实际上,正因为有了陆键东所披露的那些细节,陈寅恪这个名字才真正受到了广泛的关注、留恋和尊重,而这也正是这本书的主要历史作用。否则,仅以当今中国公众的文化水准,以他们对于本国国史的肤浅了解,真正够格去欣赏陈寅恪学术成就的,哪里会有这么多?

就在这种广泛而持续的公众关注中,陈寅恪这个名字,构成了一种令人骄傲的精神象征。——他那封倔强的要门生去转告"毛公或刘公"的信,成为空谷足音,成为旷世绝响,成为整整一代学人的"最后的颜面"。因此,后人绝对应当用纯金的材料,把陈寅恪的下述语句永远铭刻下来:

> 必须脱掉"俗谛之桎梏",真理才能发挥,受"俗谛之桎梏",没有自由思想,没有独立精神,即不能发扬真理,即不能研究学术……独立精神和自由意志是必须争的,且须以生死力争。正如词文所示,"思想而不自由,毋宁死耳。斯古今仁贤所同殉之精义,其岂庸鄙之敢望"。一切都是小事,惟此是大事。……
>
> 因此,我提出第一条:"允许中古史研究所不宗奉马列主义,并不学习政治。"其意就在不要有桎梏,不要先有马列主义的见解,再研究学术,也不要学政治。不止我一人要如此,我要全部的人都如此。我从来不谈政治,与政治决无连涉,和任何党派没有关系。怎样调查也只是这样。
>
> 因此,我又提出第二条:"请毛公或刘公给一允许证明书,以作挡箭牌。"其意是毛公是政府最高当局,刘少奇是党的最高负责人。我认为最高当局也应和我有同样的看法,应从我说。否则,就不谈学术研究。①

无论如何,在当代中国的一般大众那里,这种从"独立精神,自由思想"方面对于陈寅恪的体认,肯定是至关重要的。甚至,从本院会议室的墙上也可以赫然看到,就连当代中国的最高领导人,同样要向这种精神的力量致敬。——不过话说回来,从清华国学院的角度来看,如果仅限于这样去理解,就又显得太单薄和太平面了。

---

① 陆键东:《陈寅恪的最后二十年》。

还应当进一步去领会到,如果换在八十年代的"文化热"中,尽管人们可以心怀悲愤地去纪念张志新,可以心怀仰慕地去怀想顾准,但他们却不会如此珍惜地去眷恋一位研究国学的大师。——事实上,只有进一步等到整个民族都开始珍惜自家传统的时节,人们才会如此心悦诚服地去钦敬陈寅恪,乃至去惋惜他曾经悉心呵护的故国文化。

君不见,历史语境的斗转星移,有时候是大起大落的,有时候则是润物无声的,而当代国人对于自家传统的态度转变,显然就属于后一种类型。——曾几何时,就连援引一下"仇必和而解"的古训,都会无情地碰到雷区;而那些看似怀有"逆反心理"的民众,也由于受到统治意识形态的先入制约,而同样地沉浸在由《河殇》所代表的反传统情结中。

所以很有意思也相当戏剧化的是,后来人们简直是在一觉醒来后,就觉得自己的思想背景全都掉转过来了。他们简直如梦方醒般地,突然不再把自己不堪忍受的现实,全都归罪于传统文化了;相反,他们开始意识到了所有这一切,都是因为刚刚过去的文化浩劫,——换句话说,不再是传统文化本身,而是传统文化的毁弃与丧失,才是凡此种种滔天罪孽的真正祸首。

正是在如此特定的舆论气候下,就更需要体会相应的解释语境。尽管有人简单化地把陈寅恪也说成了"自由主义者",甚至是"政治自由主义者",然而需要警惕的是,把一位公认的国学大师,一位始终不渝的文化保守主义者,归类到某种准西化的狭隘派别,恐怕只能带来更大的误解。——在我看来,陈寅恪对于"独立精神,自由思想"的提倡与坚守,充其量也只是强调"秉笔直书"的传统士风史德,在跟外来的学术精神作有条件的重叠与契合。

而如果再回顾得远一些,就连陈寅恪的父亲陈三立,也曾写诗赞扬过西方的思想家穆勒——"吾国奋三古,纲纪非狡狯。侵寻狙糟粕,滋觉世议隘。夭阏缚制之,视息偷以忩。卓彼穆勒说,倾海挈众派。砭懦而发蒙,为我斧天械。又无过物忧,绳矩极显戒。萌芽新道德,取足持善败。"①当然同样不待言,那位散原老人也绝不是满眼西化的"自由主义者",他也只是从传统士大夫的立场与操守出发,契合与赞同了由严复所阐释的要求划定"群己权界"的主张。

顺便还要再说一句——而且也并不是什么题外话——作为晚清大诗人陈三立的儿子,陈寅恪本人也同样是一位重要的诗人:他不仅毕生都在进行诗歌创作,也不光把诗歌修养和学术研究结合了起来,更重要的是,他还就用自己充满跌宕与坎坷的生平本身,写下了一首可歌可泣的传世长诗,而这也正是我当初所体会到的其悲壮之处。

再回到这篇提纲的主线来。——如果看不到文化传统在陈寅恪那里所表现出的巨大能动性,还是一如既往地受制于激进主义的话语,只允许外来和尚到中国的讲台上大念"洋经",那么,就会像张祥龙对于新文化运动的判定那样,只能把自家的文化传统压制得完全失语,从而虽然以"自由"作为一种好斗的口实,却适得其反地丧失了"深层的思想自由":

> 广义的新文化运动接受的恰恰是传统西方的二分法思想方式(dichotomous way of thinking),所以一直带有强烈的思想专制倾向,却意识不到这一点,还要经常标榜自己的多元、宽容和思想自由。这其实是更可怕的……它并不偶然,并非由某些人士

---

① 陈三立:《散原精舍诗集·读侯官严复氏所译英儒穆勒约翰群己权界论偶题》卷上,第57页。

的个人性格决定,而是这个运动的思想方式本身所命定的。既然相信真理已经在握,道路已经标明,剩下的只是如何去充分实现这真理,那么也就不可能尊重他们眼中的非真理的自由和生存权。①

相形之下,倒是当时尚在芝加哥大学念书的甘阳,大约因为天性就喜欢立异鸣高——也许还额外地因为我把它带出国门后曾专门托人送给了他——就反而旗帜鲜明地反对过《陈寅恪的最后二十年》这本书,认为它反映了"没落的""自恋的"保守主义倾向,并且还就基于这种极为偏颇的判定,流露出他对这种舆论气候的敏感:

> 我个人对此非常怀疑。因为在我看来这种保守主义只能造成知识界在思想上暮气沉沉,在知性上顿足不前,在心态上则未老先衰,一派黄昏景象。例如只要注意到《陈寅恪的最后二十年》那种文化没落主义式的自恋心态在中国知识界能引起如此普遍的心理共鸣,我们就不能不怀疑中国知识界是否已经穷途末路,惟借凭吊遗老而发遗少之牢骚?②

当然,没必要为这类最容易过时的"时文"去多费笔墨了,还是应当从陈寅恪自己的立场出发。无论如何,要是在这个盛行"后殖民"的年代,还是只把眼睛盯住舶来的西学,只愿去引进它现实拥有的某个流派,而今天要去执信它的这一个极端,明天则去转向它的另一个对立面,却又总是满足于一叶障目和一知半解,那么恕我直言,实则就其深层的做派而言,即使是当今中国最旗帜鲜明、也最富于勇

---

① 张祥龙:《深层思想自由的消失:新文化运动后果反思》,《科学文化评论》第 6 卷第 2 期,2009 年 4 月。
② 甘阳:《反民主的自由主义还是民主的自由主义?》,《二十一世纪》1997 年 2 月号。

气的自由主义者,也和往年的、同样富于牺牲精神的文化激进主义者,在思考习惯上是同出一辙的。

正是针对诸如此类的简单化倾向,我才在新近完成的《再造传统:带着警觉加入全球》一书中,这样来提示本国文化的必要能动性:

> 试想一下:为什么偏偏是坚守儒生气节的陈寅恪,反会奋笔写下堪称"清华校魂"的名言:"来世不可知也,先生之著述,或有时而不彰。先生之学说,或有时而可商。惟此独立之精神,自由之思想,历千万祀,与天壤而同久,共三光而永光"?① 又为什么偏偏是被称为"一代儒宗"的马一浮,反而会在反驳章学诚的考据时,沿着儒家的思路发挥出这样的思想:"今人言思想自由,犹为合理。秦法'以古非今者族',乃是极端遏制自由思想,极为无道,亦是至愚。经济可以统制,思想云何由汝统制?曾谓三王之治世而有统制思想之事邪?惟《庄子·天下篇》则云:'古之道术有在于是者,(某某)[墨翟、禽滑厘]闻其风而说之。'乃是思想自由自然之果"?②

当然进一步说,此间的答案还更心同此理地在于,国学与西学之间原本就有这样的叠合处。——而正是在这个叠合处上,验证出了陈寅恪的中西文化观,从一开始就是"选点准确"的。尽管有不少重要的学者,如邓广铭、傅璇琮、桑兵,显然是出于"维护"前贤的目的,否认过陈寅恪曾主张"中体西用",而不那么有名的蔡仲德,虽说认

---

① 陈寅恪:《清华大学王观堂先生纪念碑铭》。
② 马一浮:《泰和宜山会语》,《马一浮全集》,第一册(上),第 11 页,杭州:浙江古籍出版社,2013 年。

定了这一点,却又把陈寅恪的这种文化立场,直截"归谬"为不言自明的错误。不过,一旦摆脱了文化激进主义的这类桎梏,我在这方面的看法却完全相反,——也就是说,正因为他如此明确地主张"中体西用",陈寅恪跟本土学术文化的关系,才同他跟西方学术文化的关系一样,可以说是非常经典和堪为楷模的。

我还曾充满感叹地对同学们讲,陈寅恪竟从一开始就如此眼光锐利、选点准确,肯定是和他那丰厚而严格的家学有关:"我近年来一直在思考中体西用的问题,最后笃定,就应该是中体西用。这个问题历来思想家各有各的看法。但陈先生从一开始就笃定中体西用,一生未改。这种识断,高明,不容易。陈先生毕竟是陈宝箴的孙子。陈宝箴跟张之洞可算得上是战友。凭这样的家世,陈先生从小所看到、听到的掌故,所结交、了解的人,耳濡目染的那种文化,真不是旁人所能想见的。所以,他的判断错不到哪儿去。"①正因为这样,我们才会充满赞叹地看到,时年只有三十几岁的陈寅恪,就能在他著名的《王观堂先生挽词》中写下这样的话:

> 当日英贤谁北斗,
> 南皮太保方迁叟。
> 忠顺勤劳矢素衷,
> 中西体用资循诱。②

这就是此后他那句有名自述——"思想囿于咸丰、同治之世,议论近乎湘乡、南皮之间"③的思想渊源。而从这样的文化立场出发,

---

① 刘东(口述):《如何同情理解陈寅恪》,彭姗姗记录稿。
② 陈寅恪:《王观堂先生挽词并序》。
③ 陈寅恪:《冯友兰〈中国哲学史〉下册审查报告》。

他自然要将自己的学术纲领表述为:"窃疑中国自今日以后,即使能忠实输入北美或东欧之思想,其结局当亦等于玄奘唯识之学,在吾国思想史上既不能居最高之地位,且亦终归于歇绝者。其真能于思想上自成系统,有所创获者,必须一方面吸收输入外来之学说,一方面不忘本来民族之地位。此二种相反而适相成之态度,乃道教之真精神,新儒家之旧途径,而二千年吾民族与他民族思想接触史之所昭示者也。"①

我曾在其他地方分析过,此种看似"简单化"的文化框架,曾经引起过相当的反弹,因为看起来它好像把两边都给"看扁"了,既未能看到西方本身的精神文化,又未能看到中国自己的物质文化。——不过,如果人们又能转念想到,当年的"中体西用"之说,其实并不是在泛泛而谈,而是在针对中国的特定语境,原也不难同情地理解到:这种纲领并非在抽象的意义上去判定,西方的文明世界中只有物质文化,而是从"跨文化"的意义上来指出,它带给中国的主要震动与冲击,是表现在高度的物质文明方面。此外,这种纲领也并非在抽象的意义上去宣称,唯独东方的文明世界才有真正的精神文化,而是在"路径依赖"的意义上指出,对于生活在这块土地上的国民而言,如果想要保住改革与转型的根基,就唯有先去保住自家的精神传统。②

正因为这样,还正如我又曾接着指出的,对于陈寅恪当年做出的文化选择,我们就不应当去撇弃它、绕过它或曲解它,而应当旗帜鲜明地去重新阐释它和有效激活它,让它获得更为丰富、具体和

---

① 陈寅恪:《冯友兰〈中国哲学史〉下册审查报告》。
② 参阅刘东:《未竟的晚期:〈欧游心影录〉之后的梁启超》,《中国学术》第三十期。

全面的内容:

> 要知道,寻常所谓的"西方文明",其本身也是多元的甚至分裂的,而真正能跟中国文明既相通又互补的,则首推所谓"两希文明"中的希腊文明。跟中国文明的基因一样,这种文明的基因同样既是理性的、怀疑的,又是现实的、审美的,还是人间的、乐观的;但跟中国文明不同,由于偶然发生的历史成因,它却发展出了科学文化与民主制度,而这两者都被五四先辈总结为现代文明的基本因子。
>
> 在这个基础上,晚近以来我一直在思索着,应当重新阐释和激活"中体西用"之说。试想,如果我们未来的社会共同体,能够建立在"中—希文明"的文化间性之上,既保有丰厚的传统文化资源,足以修持个人的道德心性,又能借鉴从希腊舶来的民主体制,来调节这些个人之间的关系,那么将会是一幅多么和谐又活跃的图景!进而,如果将来培养出来的年轻人,都能既有"慎独"的道德操守,又有"仁者爱人"的相互关系,还更能以喜悦静观的好奇心,去探究自然物理的奥秘,那将会是一种多么成功的教育体制!如此一来,我们就将在个人与自我、个人与个人、个人与社会、个人与自然诸方面,全方位地进入良性规范,——这将是一个多么健康的、生机勃勃的文明!①

由此又联想到,曾经不断地听有人说到,早期的清华国学院是个"神话",有时候他们这么讲是充满了追慕和艳羡,有时候则是暗含着揶揄和嘲讽。可不管怎么样,此刻我却要咬紧牙关,对此再追加上

---

① 刘东:《关于"当代精神困境"的答问》。

一句:如果早期清华国学院是个"神话",那么身处这种"神话"中的陈寅恪,就更属于"神话中的神话"!——令人惊叹的是,即使陈寅恪的命运是以悲剧的形态结束的,他还是向我们雄辩地证明了,哪怕就在如此混乱可怕的时代,也照样能够出现精神上的伟人,而且这种出现还并不属于什么意外,而是从文化逻辑上就完全可以预料的。

由此令人可惜的是,一旦中国的国门在他身后再度向世界敞开,西方人几乎是出于本能地,马上就要来找"中国的阿赫玛托娃"之流了。对于这一点,我已借着《黑天的故事:文革时代的手抄本》①一文,提示过深藏其中的文化误解,以及由此带来的取向误导。而相形之下,我们眼下却能较为清晰地看到,如果真要来寻找什么的话,那么像俄罗斯人那样的文化坚守,更应保藏在较为丰厚的本土传统中,比如在古代中国最被看重的史家传统中。——从这个意义来看,陈寅恪和顾准当年都在研究历史,这绝不会是纯属偶然的巧合。

当然从另一方面说,又跟俄罗斯的帕斯捷尔纳克、阿赫玛托娃、曼德尔斯塔姆、茨维塔耶娃、巴别尔、肖斯塔科维奇等人同命相连的是,陈寅恪也是以其个人所遭遇到的巨大生活苦难,换得了对于固有精神传统的挽歌般的延伸。——如果我们把他的这种苦难经历,跟同为"四大导师"的赵元任后来在海外的幸运生涯进行对比,就可以看得更加清楚。

这也就涉及了对于自由选择的严峻承担问题。——无论如何,正因为那个人的结局太过悲惨,就引起了人们在事后的不断复盘,而总是想要从各种细节中去寻绎:这种苦难对于陈寅恪本人而言,究

---

① 参见刘东:《黑天的故事:文革时代的地下手抄本》,《道术与天下》,北京:北京大学出版社,2011年。

竟是否可以通过"渡海"来避开。事实上,这正是余英时那本《陈寅恪晚年诗文释证》的源起;而近些年来,胡文辉以其《陈寅恪诗笺释》,张求会以其《陈寅恪丛考》,更是让各种细节都逐渐浮出了水面。

不过更值得注意的是,陆键东的这本《二十年》还向我们暗示,即使是在选择留在大陆之后,陈寅恪原也还可以有另外的选择,可叹他竟又再次倔强地对抗了官学,而宁可选择滞留在南国一隅(用他的话是"栖身岭表")。实际上,从事态发展的最终结局来看,那次毫不妥协的倔强选择,也同样是付出了惨重的个人代价。——我本人偏巧借住过社科院位于干面胡同的"国宝楼",见到过一大批劫后余生的老学者,由此也就难免要生出这样的联想:要是陈寅恪果然能来职掌历史二所,得以被拥在大批文科学者中间,那么尽管这位枯眼的老人后来也会受到冲击,但至少总不至于被红卫兵直接斗死吧?那座"国宝楼"又有哪位是被斗死了呢?

从这种个人选择又油然联想到,我还曾见到过不少陈寅恪的学生——后来照例都成了学界大佬——在一次座谈会上非要咬定,他们的老师当年是绝不会"赴台"的。这好像是解答了我多年的悬疑,然而,一问到支撑他们这种猜测的理由,居然又只是因为认定"陈先生是爱国"的。这就根本说不通了:毕竟台湾并不是什么"外国"吧?再说,就算去了"外国"又有多么"大逆不道"?陈寅恪当年不是曾经明确地想要远赴牛津吗?而且,获得了美国国籍的杨振宁,后来还不是被这边引为旷世的荣耀吗?

所以,其实那些大佬的潜台词还在于——陈寅恪跟后来的执政党并没有什么"过结",由此当年才没打算去刻意趋避之。然而我想,真正站得住的合理答案还在于,即使以陈寅恪的历史经验之丰富,恐怕他当年也不可能充分逆料到,以自己的地位之高、声望之隆,而且还灰暗到只打算写写《柳如是别传》这类文字了,竟然还会受到政治力的不断迫害。毕竟,像"文革"那样极端恶劣的历史经验,是连像在苏俄的历史中都找不到的,属于人类社会史中最为凄厉惨烈的一次!

此外,对于陈寅恪缺乏必要理解,还表现在人们眼下对他的景仰,除了那句"独立精神,自由思想"的格言外,也就只剩下羡慕他的学术"基本功"了,比如他通晓着多少门外语,他可以熟诵多少部典籍,他能够随口回答多冷僻的掌故等等,而由此一来,也就把他跟某些只会掉掉书袋、撑撑门面,却又受到了过分优待的腐儒或佞史,雷同为同一等的低下水准了。

正因为这样,我才刚刚向《新京报》的记者指出,其实陈寅恪的真正重要性和不可替代性,乃在于他是本土史学传统"最后的玫瑰",而这一点恰恰被当代人给普遍忽略了。——而反过来说,也正因为这种普遍的忽略,此刻才更需要旗帜鲜明地提出,作为孔夫子、欧阳修和司马光的学术传人,作为保有着价值关怀和伦理判断的、从宋代学术精神中走出的一代"良史",陈寅恪属于我们曾经拥有过的、而现在更是特别急需恢复的文化传统!

> 默念平生,固未尝侮食自矜,曲学阿世,似可告慰友朋。至若追踪前贤,幽居疏属之南、汾水之曲,守先哲之遗范,托末契于后生者,则有如方丈蓬莱,渺不可即,徒寄之梦寐,存乎遐想而已。呜呼!此岂寅恪少时所自待及异日他人所望于寅恪者哉?
>
> 虽然,欧阳永叔少学韩昌黎之文,晚撰《五代史记》,作《义儿》、《冯道》诸传,贬斥势利,尊崇气节,遂一匡五代之浇漓,返之淳正。故天水一朝之文化,竟为我民族遗留之瑰宝。孰谓空

文于治道学术无裨益耶?①

而眼下的可怕情况则是,由于受到种种有形无形的桎梏,被拉住"牛鼻绳"的学者们,几乎都在为"社科基金""核心期刊"等等所苦,偏又食髓知味、嗜痂成癖,竟致不光是浑然不觉其苦,而且还茫然不以为耻。——正如陈寅恪当年的一首诗所云:"弦箭文章苦未休,权门奔走喘吴牛。自由共道文人笔,最是文人不自由。"②甚至有的时候,更如陈寅恪当年的另一首诗所云:"改男造女态全新,鞠部精华旧绝伦。太息风流衰歇后,传薪翻是读书人。"③

对于宋代文化,陈寅恪曾经给出过著名的论断:"华夏民族之文化,历数千载之演进,造极于赵宋之世。"④而蔡仲德亦尝就此综述说:"在中国文化中,陈寅恪突出地推崇宋代史学,如其《陈垣〈明季滇黔佛教考〉序》说,'中国史学莫盛于宋',《略论稿》说,'宋贤史学,今古罕匹'。而在宋代史学中,陈寅恪最推崇的则是欧阳修、司马光其人其学,故其《赠蒋秉南序》说,'欧阳永叔少学韩昌黎之文,晚撰《五代史记》,作《义儿》、《冯道》传,贬斥势利,尊崇气节,遂一匡五代之浇漓,返之淳正',其《述论稿》说,'吾国旧史多属于政治史类,而《资治通鉴》一书,尤为空前杰作'。"⑤

长期以来,对于陈寅恪这种判断的充足理由,人们一直都未闻其详,还无法从现代的狭隘分工来理解,一位以魏晋隋唐为业的史家,何以如此越俎代庖地独重宋代,直到其门生卞僧慧老人拿出了早年

---

① 陈寅恪:《赠蒋秉南序》,《寒柳堂集》,第182页。
② 陈寅恪:《阅报戏作二绝》。
③ 陈寅恪:《男旦》。
④ 陈寅恪:《邓广铭〈宋史职官志考证〉序》。
⑤ 蔡仲德:《陈寅恪论》。

的听课笔记,我们才恍然大悟地从中得悉,原来陈寅恪当年已经开出了宋史方面的课程,而且如果不是紧接着就爆发了抗战,也许他就会在我目前所在的这所清华园内,把自己在这方面的想法给源源地讲出来了。——当然,这就更属于充满偶然与伤感的历史悬念了!

> 研究欧阳修,最可注意者为《朱子语类》。卷一二九自国初至熙宁人物,讲人;卷一三九、一四〇论文,讲著作。朱子批评国朝人物、读书方法,是了解朱子最好材料。朱子无忌讳,不似清人;不似明人门户之见。最公正,最深刻。
>
> 今日中国,旧人有学无术;新人有术无学,识见很好而论断错误,即因所根据之材料不足。朱子有学有术,宋代高等人物皆能如此。①

与此同时,当然也毋需讳言,对于陈寅恪的缺乏同情理解,还表现在人们对于《柳如是别传》的无原则捧杀。

> 写作这样一部书,还是跟陈先生眼睛坏了有关,属于无奈之举。如果陈先生眼睛没坏,凭他的才华,绝不可能就盯着这件事,跑一趟图书馆就得有二三十个题目出来。但眼睛坏了,只能是秘书去替他找材料,再一句一句读给他听,所以就认准这个事,一写写了三大本。但必须要承认,陈先生写这个书,是非常非常有毅力的。除了上面说过的困难,还有许多只有写作的人才能理解的难处。比如,我一写作就会便秘。这是因为,写作的时候即使在睡梦中也会有心神相系,会有焦念,这就影响肠子半

---

① 《陈寅恪先生欧阳修课笔记初稿·一九三六年九月二十六日第一课》,《中国学术》第二十八期。

夜的运动,晨起就会便秘。据说,陈先生都是把每句话想到十分成熟,才口授出来,由秘书笔录。一个目盲的老人,要把每句话都想到成熟的地步,那晚上肯定就是不能睡觉了。想必陈先生得需要特别强烈的进口安眠药,才能够入睡。所以,陈先生写作《柳如是别传》,还是相当令人佩服的。①

很多时候,陈先生想好的稿子,一觉起来就忘了。最精彩的句子,就没有了。陈先生晚年最好的句子,相当部分曾经存在于他的心里而没有发表出来。到了口述的时候,他只不过是在借助手之手写作,无论灵感、语气与生动都已经和存于他内心的历史场景有异。陈先生晚年最大的痛苦,除了病痛之外,就是著述与写作的痛苦。他是以全部生命投入著述。晚年陈先生的神经衰弱与失眠已经日趋严重,睡不着觉,因为要想问题。②

事实上,也正因为这种写作的基本特点,陈寅恪对它的局限性早有自省,正因为这样他才在1963年,就此写下了这样的感叹——"十年以来继续草钱柳因缘诗释证,至癸卯冬粗告完毕。偶忆项莲生鸿祚云'不为无益之事,何以遣有涯之生',伤哉,此语实为寅恪言之也。"③

正因此,我们就更要从方法上明确,像汪荣祖在《史家陈寅恪传》一书中那种"句句是真理"式的捍卫或辩解,并不见得就算是对于陈寅恪的最好维护,因为那样做看似再忠诚不过,实则反而有违于"独立精神""自由思想"和"批评态度",由此也就有损于他生前最

---

① 刘东(口述):《如何同情理解陈寅恪》,彭姗姗记录稿。
② 曾琳:《剧变时代的陈寅恪》,《南方人物周刊》2014-04-23。
③ 陈寅恪:《十年以来继续草钱柳因缘诗释证,至癸卯冬粗告完毕。偶忆项莲生鸿祚云"不为无益之事,何以遣有涯之生"。伤哉此语,实为寅恪言之也。感赋二律》。

为看重的治学精神。在我看来,秉持着这种精神的治学生涯本身,而不是某个具体的研究结果,对于一位学者来说才是最重要的。所说我们最后要说,还是那几句我们在前面已经引证过的、当年他写来纪念王国维的名言,才可以最贴切和最允当地被用来纪念陈寅恪自己:

> 来世不可知也,先生之著述,或有时而不彰。先生之学说,或有时而可商。惟此独立之精神,自由之思想,历千万祀,与天壤而同久,共三光而永光。①

2013 年 7 月 17 日于清华园立斋

---

① 陈寅恪:《清华大学王观堂先生纪念碑铭》。

五 汉学

"汉学"语词的若干界面

跨文化阅读的汉学资源

国学、汉学与中国学

"汉学"语词的若干界面

我对语词的基本态度是:一方面倾向于相信,正如后期维特根斯坦所说的那样,语言原本是一种"随机漂浮的"生活游戏,并不存在一种"从正确走向更正确"的理性趋势,所以也根本不必去非此即彼地澄清它,甚至非要整齐划一地去规定死它;可在另一方面,我又倾向于主张,针对某些足以纲举目张的、能够牵一发动全身的语词,又至少要弄清楚它到底有着哪些特定的用法,而它们又分别被嵌入到了哪些特定的语境,以免陷入"三岔口"式的交流盲区,白白浪费了自己的脑力和别人的精力。

不待言,本文指向的"汉学"正是这样一个语词,或者说,它是一个既相当关键、又歧义迭出的"能指",往往即使被某些人学舌般地应用着,却也未必清晰地指向了公共的"所指"。而由此就同样不待言,自己今番之所以想要从"汉学"语词的内部和外部,来循序划定这个语词的若干界面,也正是因为已然看到了大量有意无意地误用,它们无事生非地扰乱了正常的思想交流。

一、狭义的和广义的汉学

先让我们来基于各种不同的语境,历数一下在这个乍看简单的

"汉学"一词的名目之下,到底包括了多少种各不相同的义项。

第一,首先非常容易弄清的是,在中西文化尚未发生碰撞之前,"汉学"一词最笃定的语义,自然也是同样限制在中国文化的语境内部,而与更强调义理思考的"宋学"相对而立;由此,它当时所指称的对象或内容,也主要是指基于训诂、考据的文献学。正如梁启超在《清代学术概论》中所概括的:"其治学根本方法,在'实事求是'、'无征不信'。其研究范围,以经学为中心,而衍及小学、音韵、史学、天算、水地、典章制度、金石、校勘、辑逸等等;而引证取材,多极于两汉,故亦有'汉学'之目。"①

值得一提的是,也许只不过是出于某种"巧合",等到"汉学"一词在中西交通中获得了国际的意味,也即在它变成了通常所说的"国际汉学"之后,这种"国际汉学"自身的最初知识形态,也同样基本上表现为文献学或语文学。而如果就此来进一步推想,我又隐隐约约地感觉到,或许在这种"共变"中还掩藏着什么潜在的、尚未被学术界发掘出来的关联,——比如,至少在费正清的研究范式革新尚未出现之前,那些身在域外的中国研究家们,既然尚未能开拓出新型的、用以研究中国的路数,也就只能先去沿袭本土汉学家们(即乾嘉朴学家们)的固有套路了。

第二,由于日本也同样引进了并使用着汉字,就使得"汉学"这个中文语词后来又从东瀛那里,反向地引入了一个很容易被混淆的义项,有必要在这里来进行特别的提示,那就是曾在日本语中使用过的"汉学"。一方面,这个"汉学"当然也是指研究中国学问的,如日语词典《广辞宛》中所解释的:"在日本,一般总体上是指中国的儒学

---

① 梁启超:《清代学术概论》,南京:江苏文艺出版社,2007年,第11页。

和中国(传统)的学问。"不过,由于这里的研究主体毕竟属于"非我族类",所以"汉学"也就相应地被用来指称一门把"作为外国的中国"当作研究对象的学问,而与以日本本国为其研究对象的"国学"(或曰古学)相对称。另一方面,同样显出了某种"共变"关系的是,跟上述的第一个义项的内容相连,"汉学"在这里也同样是意指着文献学或语文学,属于比较老派或经典的传统知识形态,而这又与由狩野直喜所代表的、后起的或新派的所谓"支那学"形成了对称。

不过,由于中国文化对它的长期浸染,便使得日本人一旦面对这类"中国性"的问题,就难免要面对在"他者"和"自我"之间的复杂缠绕。这一点也很像中国人到了后来面对佛教时的情景,以至于在文化的长期叠加融合之余,往往已经很难厘清究竟哪些属于别人、哪些属于自家了。具体而言,尽管"汉学"在日本的一般语境中,确实是跟专门研究"和学"的"(日本)国学"(或古学),以及专门研究"西学"的"兰学"相对称,可在另一方面,由于中国典籍已是如盐入水一般地融入了,并且无可剥离地构成了所谓"日本性"的有机组成部分,或者说,已经部分地转化成了日本自身的文化传统。所以,"汉学"一词在日本语中的实际应用中,又往往并不像后起的"支那学"那样,只具有指称对于某种异国文化的研究的意思;恰恰相反,由于它也同样承载着去传递"日本传统"的任务,所以往往倒又隶属于日本学府中的"国文科"。

第三,由上一种义项还生发出,肯定是和台湾曾经长期受到日本的占领有关,"汉学"一词在日语中的表现为"自我"与"他者"之间的复杂缠绕,居然也渐次波及台湾对于该词的理解。这种文化上的潜移默化主要表现为,一方面,"汉学"一词在台湾那里,当然还是被用来指称研究中国的学问,可在另一方面,如果仔细地进行体会却又能发现,在海峡对岸这种"汉学"的研究对象,又并没有被那些"自古就属于中国"的同胞们,不假思索地直接视同于自家的"本土"文化,相反倒多少显出了一点若隐若现的生隔,尽管这种微妙的距离感有时并没有被人们自觉地意识到。而进一步说,这种生隔的理解自然也是受到了某种外部力量的牵引,正如我从前已经就此撰文指出过的,即使还不能说下述两者已经是"等距离"的,然而毕竟在很长的历史时期内,台湾所讲的"汉学"也是跟"和学"相对称的,而且小孩子一旦到了入学的年龄,就势必要面对文化上的选择——不是选择去进入"汉学堂",就是选择去进入"和学堂"。可想而知,也正因为从开蒙教育就存在这种选项,才导致了人们后来在心理认同方面的困扰。

正是沿着它的这种用法,最近自己作为它的"受邀提名者"之一,才会收到通知,知会我"汉学奖"作为首届"唐奖"的四个奖项之一,已被授予了任教于普林斯顿大学的余英时先生。大概对于"汉学"的这种用法在海峡对岸,已经不会引起任何迟疑或质疑了,——在那里,只要是以中国为研究对象的,那么就不管他是来自哪个国家或地区或哪个文明和语种,都可以被笼而统之地被称作"汉学家"。而紧接着,余英时发表出来的"获奖致辞"也同样反映了这样的理解:

> 汉学今天已走上了彻底全球化的道路。和二十世纪上半叶不同,我们基本上已不大理会汉学的国界问题,很少有人再经常把"中国汉学"、"日本汉学"、"法国汉学"、"美国汉学"等之专

名挂在嘴上。在这个地球上,汉学只有一家,无处不然。①

由此想到,本院还会从台湾定期收到《汉学研究通讯》杂志,而只要看看它每期的目录就可以判定,它同样也是在不加分别地理解上来使用"汉学"二字的。

不过,谁要把这种毕竟跟大陆的用法有些生隔的、暗中把汉学的研究对象视作文化"他者"的用法,不加任何分析地照搬到中国大陆,那还是会使我们在语感上感到有些别扭的。比如,前些年短暂创办过的一份同仁刊物——《清华汉学研究》,其主体却只是在刊载来自本土的国学研究成果,这就会引起一些不必要的混乱了。——这就好比,如果有人把这份杂志的主编说成是"汉学家",那么循着大陆约定俗成的语词用法,大家不言而喻地会以为此人准是位国外的学者,而决想不到那竟是土生土长的葛兆光。所以,有了我今番的这次特地澄清,以后要是再碰到这类明显误用的情况,人们至少就不能再以"台湾那边都这么用"来简单地搪责了。

第四,循着上述义项中所蕴涵的距离感,我们顺势就来到了"汉学"一词在现代汉语中的那个最主要的义项,并且由此也就挑明了一个最关键的语词界限。一般而言,先不必去追问它的这种含义到底是怎么在随机漂浮中生成的,反正只要发言者不就自己所使用的词义去进行特别的声明,那么,他在现代汉语中所讲的"汉学"一词都是在用来泛指:"外邦人以对于他们而言是作为外语的中文来研究对他们而言是作为外国的中国的那种特定的学问。"这就是我本人经过长期沉淀以后,对于"汉学"一词所给出的具有确凿内涵的定

---

① 余英时:《比较西方,汉学已经彻底全球化》。2014 年 9 月 18 日余英时在台北领取唐奖汉学奖时的讲话,参见 http://news.ifeng.com/a/20140918/42021382_0.shtml。

义。——至于这种业已约定俗成的用法,一开始究竟是怎么产生出来的,那仍然有待学术界去进一步讨论乃至争论。不过,这种讨论和追究毕竟已经属于"第二义"的问题了,甚至也很有可能永远得不出公认的结论了。然而即使这样,也并不会影响到我们遵循着上述定义,去把握到这个语词所包蕴的基本确定性。

那么,这个词汇会不会跟其他"旧瓶装新酒"的词汇一样——比如"艺术""宗教""革命""经济""文化"等等——都是原本在中文里另有一层意思,后来却又被日本人覆盖上了第二层语义,所以还应当算是取道于日本引入的西文外来语呢?刚刚读到,对于这类"鹊巢鸠占"的外来词汇,陈嘉映是用他所谓的"移植词"来命名的:"比新造出来的词更值得注意的,在我看来,是第三种词。它们是汉语里原有的词,但用它来翻译某个外文词后,我们逐渐不再在它们原有的意义上使用它们,而主要在它们用来对译的外文词的意义使用它们,这些词原有的意义反而被掩盖了。"①众所周知,对于诸如此类的日式汉语的比较研究,已经成了晚近学术界的一大热点;而我本人早年所写的《西方的丑学》一书,也曾经"预流"过这样的语义探险。

不过,语言的变化毕竟是不一而足的,而且每个语词都有它具体而微的、不可被替代的曲折故事,容不得我们想当然地去进行推断。因此,仅就我本人的迄今为止的有限目力所及,还真是无法就此勾勒出清晰的线索。比如,虽说在郭嵩焘于 1878 年所编的《伦敦与巴黎日记》中,"汉学"的确曾被视同于 Sinology,②但是,到了由赫美玲于 1916 年所编的辞典《官话》中,Sinology 却既被解释为"汉学",又被

---

① 陈嘉映:《从移植词看当代中国哲学》,《同济大学学报》(社会科学版),2004 年第 5 期。
② 参见郭嵩焘:《伦敦与巴黎日记》,"走向世界丛书",长沙:岳麓书社,1984 年。

解释为"中国文学",说明在当时并没有被规定为一种解释,[①]而到了由陆伯鸿、宋善良于1921年所编《法华新字典》中,这个Sinology则又只被解释成了"中国语学"。[②]初步的猜想应当是,这种混乱的情况大概说明了,正由于"汉学"一词在中西碰撞以前,就已经在日本语中具有了确定的用法,所以它反而无法像其他固有的汉语语汇那样,轻易地就能在那里同哪个西文词汇"搭上桥"。

第五,即使只存在着以上几种义项,"汉学"一词的语义都已经足够繁杂了,然而,生活的河水仍然在不住地往下流淌,又导致这个语汇继续在沿途去沾染上新义。下一节我还会更详细地叙述,由于费正清卓有成效的个人努力,以及由此而带动起来的"中国研究"(Chinese Studies)在美国的崛起,就硬是从以前"国际汉学"的固有领地中,又拉出了一种作为区域研究的、用来研究中国的新派学问。而且,这支"中国研究"的队伍又由小到大,由弱到强,甚至由少数特例变成一般常态,竟然转而逼得原有的"汉学"(即Sinology)一词,在一种相对构成的语境中,反派生出了另一层较为狭窄的语义。——简而言之,它不再被用来统称所有立足于域外的研究中国的学问,而仅只意味着与美国的"中国研究"相对称的、主要是存在于西欧与日本的、较为老派或者较为传统的、对于中国经典文本的书斋式或学究式的研究。

几乎有点侥幸的是,得益于南京大学——霍普金斯大学的率先合

[①] Hemeling, Karl Ernst Georg, *English-Chinese Dictionary of the Standard Chinese Spoken Language and Handbook for Translators*, including Scientific, Technical, Modern and Documentary Terms, Shanghai: Statistical Department of the Inspectorate General of Customs 1916.

[②] 参见陆伯鸿、宋善良:《法华新字典》,上海:商务印书馆,1921年。

作,自己对于这种区分是从一开始就已清楚意识到了。所以,现在从那两套翻译丛书的总称就可以看出,我本人多年前开始主编的那套"海外中国研究丛书",到底跟王元化主编的另一套《海外汉学丛书》划定了怎样的界限,尽管后者却未必自觉意识到了这种界限(因为他曾经请庞朴捎话要把两者合并)。——不言而喻的是,这种界限当然是沿着下述的概念区分而划定的:"它(汉学)无疑是外国(特别是西方)知识生产过程中的精神产品,并且无疑要随其本土知识生产方式的转变而步步演进。是故,'汉学'一词在现代亦必衍生出宽窄两义。广义上,它可以指称'一切非本土的研究中国的学问'。狭义上,'汉学'(Sinology)一词则与以现代方法来研究现代中国的'中国研究'(Chinese Studies)相对,仅仅指以传统方法来考释中国古代文化特别是经典文献的学问。"①

说到这里,如果仅就"汉学"一词的语义而言,那么它似乎已经被我们全部道尽了。——不过,如果就它丰富的外在规定性而言,却仍留有两层尚未被说完的意思,需要在这里再作进一步的补充说明。

第六,如果基于我在上面所给出的基本定义,即"汉学"乃属于"外邦人以对于他们而言是作为外语的中文来研究对他们而言是作为外国的中国的那种特定的学问",那么,再比对着中国人自己对于本土文化所进行的研究,也就在对应中引申出了它的另一种必要的"规定性",即"汉学"是一门跟我们自家的"国学"互成对待的学问。——事实上,正是在国人明确意识到自家学识之边界的时候,域外的"汉学"才作为传统的"国学"的知识对立面,而在一种"双峰对峙"的相对状态中,在汉语世界中确立了自己的这一层新的语

---

① 刘东:《国学、汉学与中国学》,见本书第287页。

义。——这一点,正如我晚近在论述"国学话语"的时候所指出的:"尽管或许有日文中的两个汉字组合,来作为最初引进活动的模板或提示,但当人们在中文语境中明确提出'国学'二字的时候,其问题意识却绝对是自家的和本土的。——具体而言,他们之所以挑起了'国学'二字,并不是故步自封地要做井底之蛙,相反倒首先意味着在面对文化他者,尤其是压强巨大的西方学术时,由于已经明确意识到了对手的强大,才转而发出对于本土学术文化的自限性定义。"①

由此,也就需要更加清楚或更加清醒地意识到,既然"汉学"已经在人们的意识中获得了这种学术合法性,那么,也就在同时破除了国人自己对于中国问题的话语垄断。——这一点,也正如我以往在论述"中国研究"时所指出的:"如果借用康德的一个说法,我们可以尖锐地揭露和批判说,人们对于生于斯长于斯的文明环境本身,往往会产生某种'先验幻象',以致对那些先入为主的价值或事实判定,会像对于'太阳从东方升起'之类的感觉一样执信。也正因为这样,那些学术研究家的文化使命,才恰在于检讨现有的知识缺陷,适时地进行修补、突破和重构。在这个意义上,我们必须毫不犹豫地挑明:任何人都不会仅仅因为生而为'中国人',就足以确保获得对于'中国'的足够了解;恰恰相反,为了防范心智的僵化和老化,他必须让胸怀向有关中国的所有学术研究(包括汉学)尽量洞开,拥抱那个具有生命活力的变动不居的'中国'。"②

---

① 刘东:《审问与明辨:晚清民国的"国学"话语》,北京:北京大学出版社,2012年,第12页。
② 刘东:《对话中变迁的"中国"——序〈阅读中国〉丛书》,《用书铺成的路》,北京:北京大学出版社,2010年,第113页。

第七,如果再来进一步地追问,"汉学"为什么会从知识生产的根基处,就注定要跟我们的"国学"来二水分流,那么,则又像我在上引文章中紧接着写到的,这当然是因为,尽管它的研究对象同样是中国,然而它的研究主体却又外在于这个国家,而由此也就决定了,它在知识形态上其实更属于西学的一支,或正如我曾用英文来更加明晰地咬定的,它在本质上是属于"Western Scholarship on China":"汉学毕竟既是中学的一支,更是西学的一支,那中间潜伏着许多未曾言明的外在预设,本质上跟本土的国学判然分属于两大话语系统。正因为这样,尽管中国传统早在西风中受到过剧烈震撼,可一旦大规模地引进作为完整系统的汉学,它仍然要面对着新一轮的严峻挑战;我们甚至可以说,此间的挑战竟还大过对于主流西学的引进,因为它有可能直接触及和瓦解原有文明共同体的自我理解,使国人在一系列悖反的镜像中丧失自我认同的最后基础。当今中国知识界可怕的分化与毒化,其实在很大程度上正是缘于汉学和汉学家的影响。这种要命的相对化刺痛着我们:一旦丧失阅读和思考的主动性,陷入别人的话语场中而无力自拔,就有可能被别人特有的问题意识所覆盖,乃至从此难以名状自己的切身体验,暴露出文化分析的失语和学术洞察的失明。"[①]

为了避免引起可能由此产生的误解,或者说,为了能在我所讲的"思想的浮冰"上避开来自两方面的危险,说到这里就不得不再从另一个方面,来说明汉学的这种与生俱来的知识特性,并不会自动构成它本身的先天"罪过";恰恰相反,只要我们自己善于跟它展开积极

---

① 刘东:《对话中变迁的"中国"——序〈阅读中国〉丛书》,《用书铺成的路》,北京:北京大学出版社,2010年,第113—114页。

的对话,它的这种特性就有可能反而被视作"对话者"的主要益处:"汉学作品的可贵之处,恰恰在于它们是能给我带来新奇感或具有颠覆性的认知。而这种颠覆性说到根上,是来自它们在文化上的异质性。虽然汉学分明是在讨论着中国问题,却仍然属于西学的一个分支,贯注的是西方世界对中国的视角,凝聚了西方学者对于中国的思考,而不是对中国文化的简单复制。非常宝贵的是,正是由这种思考所产生的异质性,才构成了不同文化间取长补短、发展进步的动力。反过来说,要是所有汉学家对中国文化的观点与认知都变得与中国人如出一辙,我们反而就失去了反观中国问题的参照系。正因此,我一直都在主动追求、并组织引进这种知识上的异质性,尽管外国汉学家们也经常以不靠谱的'乱弹琴',惹得我勃然大怒或哈哈大笑。"①

二、狭义汉学与中国研究

以上的种种框定,主要是在围绕"汉学"一词的外部界面来进行,——虽说笔者也曾顺便在"汉学"一词的内部,提及了"中国研究"在这门传统学问内部的崛起,并且说明了"汉学"由此又获得了广、狭不同的两种含义。而接下来,既然在"广义汉学"的内部,已经出现了两个相对独立的分支,即老派的"狭义汉学"和新派的"中国研究",那么,本节接下来需要进一步厘清的,就理应是存在于这两者之间的,也即存在于"广义汉学"内部的知识界面。

基于这种理由,我现在就要再在这两者的对映下,来历数一下所

---

① 刘东:《跨文化阅读的汉学资源》,《东方早报》2014年3月2日。

谓的"狭义汉学"与通常的"中国研究",又各自显示出了什么样的特点。

第一,应当看到,尽管这两者的宗旨都是在研究中国,可是如果就各自的聚焦重点而言,它们实际所侧重针对的具体对象,还是存在着既微妙又确定的差别,而由此我们大体上就可以这么讲:如果狭义汉学所开展的是文本研究,那么,中国研究就更偏向于经验研究;或者说,如果狭义汉学所开展的是经典研究,那么中国研究就更偏向于现实研究。

说到这里,在前边已经给出了"广义汉学"和"狭义汉学"的定义之后,我还需要再对发轫于美国的"中国研究",接着给出基于自己长期阅读的定义,那就是——"作为地区研究的一个分支,它是一门以近现代中国为主要对象、以追问中国现代化进程为基本宗旨、以广义的历史学研究为主要形式、横跨着和调动了各种学科的、具有相当社会科学色彩的、现实感和功利性很强的、具有浓烈美国文化色彩的综合学问。"在给出了这个长长的定义之后,一方面我需要说明,下面要循序刻画的在"狭义汉学"和"中国研究"之间的种种对比,都是从不同角度来展开这个定义;另一方面我也应该说明,正是借助于将从多层次展开的下述不同侧面,自己才逐渐确立和丰富了这个复合的定义。

这里先来分说上述特征的最后一点,也即它那"浓烈的美国文化色彩"。事实上,正是这种实用主义的价值取向,再加上它那作为超级大国的世界性的生存态势,才使得在战后崛起于美国的中国研究,更多地聚焦于中国的经验与现实之上,而与传统的或曰狭义的汉学拉开了距离。唯其如此,美国的学术界才会既有这样的兴趣,也有这样的眼界,更具备这样的能力,来设想出如此讲求实用效验的研究事业,并又在催生出它的最初形态之后,很快就凭着美国本身的超强国力,把它从少量的例外推广成了学界的常态。——说到这里,我们只需再看看澳洲汉学家的一段描述,就可以大致了解由此所导致的在当今的"广义汉学"内部的态势分布了:

> 虽然在欧洲、亚洲以及澳大利亚有许多研究中国的机构,但无论是从专家的数量还是研究成果的数量来说,美国都占据主导地位。例如,在国际互联网上有一个专门探讨当代中国问题的小组,美国的学者人数最多,有300人;澳大利亚第二,可是只有19人。这种主导地位还反映在西方研究中国的国际性语言是英文,美国学者的研究趋势代表了全球当代中国研究的趋势。所以,最早涉及这一研究领域的美国在国际学术舞台上居于举足轻重的地位。①

与此同时,还应当特别强调指出,同上述的价值取向和生存态势相匹配,在美国的文化中还曾经强烈地渗透了基督新教的传教色彩,而这一点也某种程度上预设着它的中国研究的治学风格。当然,如果仅仅从表面上看,源起于传教运动的美国的"广义的"汉学家,也一直都在努力克服自己太过强烈的传教色彩,而且他们后来得以成功克服这种色彩的程度,也往往就构成了检验其学术活动之严肃程度的水准线,但是,正如我以往的著述曾经指出的,即使不说这种"传教之根"是其无法克服的知识原罪,可它对于美国汉学(包括中国研究)影响,也仍然是非常顽固和挥之不去的。

相比起其欧洲和日本同行来,那么美国的中国研究家们,无

---

① 腓特烈·泰伟斯:《西方的当代中国研究》,《当代中国研究》2004年11月号。

疑更喜欢对中国指手画脚,更爱把自己头脑中的价值理想——包括明显建筑在无知基础上的对于"文革"动乱的虚幻理想——强加到中国人身上。尽管明知自己的那点中国知识,还存在着各种各样的局限和缺憾,尽管明知自己是因为并无切肤之痛,才大着胆子开出激进的药方(有时候真可以说是虎狼之药),他们却似乎天生就不会冷静地旁观,总要仅凭自己的喜好来为中国立法。因此,正是这种在对比中凸显出来的、不断干预其研究对象的强烈主观态度,向我们反复提醒着,他们终究还是有一条潜在的传教之根。①

第二,跟上述的区别紧密相连,又应当看到,尽管这两者的宗旨都是来研究中国,可是如果就各自的聚焦重点而言,它们所侧重关注的具体历史时间,还是存在着既微妙又确定的差别,而由此我们大体上就可以这么讲:如果"狭义汉学"更侧重于传统中国,那么"中国研究"就更侧重于现当代中国;换句话说,它们要么更多的是在跟华人故去的先祖打交道,要么则更多的是在跟中国在世的今人打交道。——而由此又进一步决定了:如果前者对于书面文字的阅读能力要求更高,那么,后者就是对于口语听说的交流能力要求更高;甚至可以说,如果前者只需静心躲进书斋便可成就学术的伟业,那么,后者如不能亲临中国场景就会失去亲切的感觉。

"狭义汉学"的上述固有特征,我们在前边已经多有涉及;至于后起的"中国研究"的上述特征,也只需再验证一下裴宜理的下述解释,便可以对其获得较为清晰的印象了:

---

① 刘东:《美国汉学的传教之根》,《道术与天下》,北京:北京大学出版社,2011年,第339页。

美国的当代中国研究几乎是与人民共和国同时诞生的。第二次世界大战前,曾有几所美国大学开设了汉学方面(中国古典文学作品研究)的课程,但有关当代中国历史的课程却很少见——更不要说当代社会科学了。直到1949年中国确立了共产主义制度之后,美国政府、一些基金会和学术机构才开始意识到发展有关当代中国的专门研究的迫切性和必要性。在这一领域中,福特基金会(Ford Foundation)决定在东亚研究中投入3000万美元的资助是最为关键的激励;同样重要的还有《国防教育法案》,它在分配政府奖学金时,也将现代汉语包括在对重要语言的研究之内。①

对我而言,如果还有什么要补充的,那么就是从一方面来讲,这种研究上的"迫切性"与"必要性",在用来说服机构为此打开钱袋时,自然是再方便不过的理由了;自己在别的地方也曾经说过,汉学在当代欧洲的日渐寂寥,也说明一旦失去了这样的实用理由,那么在这种功利滔滔的可怕年代,仅仅凭靠纯粹知识上的高雅兴趣,已经根本不足以说服短视的官僚机构,从而也就不足以防止一个知识共同体去渐次走向衰落了。不过,从另一方面也必须看到,过于强烈或紧迫的实践使命,也往往会冲淡人们在知识上的兴趣,以至于弄到后来,反倒因为学者们所获学识的表浅,转而妨碍了他们实践使命的完成。此外,过于强烈的"服务于现实"的冲动,也经常会对研究的心态产生反作用力,而那些用来吓唬拨款人的夸大言论,一旦被说顺了嘴并且流向了流俗的传媒,也往往会回馈过来又吓到了自己。正是

---

① 裴宜理:《半个世纪的伙伴:美国的中国研究与中华人民共和国》,见《北美中国学:研究概述与文献资源》,北京:中华书局,2010年,第320页。

由于这样的缘由,在冷战中崛起的美国的中国研究,正如它当年对于苏联的研究一样,由于跟它的研究对象仍有严重的利害关系,就往往像是对一个生死搏斗之对手的研究。

对于这一点,还可以参考一下欧文·哈理斯的下述说法:

> ……多少年来,美国人一直很难理性地看待中国。他们总是在要么浪漫化中国,要么妖魔化中国之间剧烈摇摆。对中国的观察思考总是拘泥于某种刻板的模式:中国是一个聚宝盆,拥有广大的市场和投资机会;中国是一个楷模,无论从古代的孔夫子到现代的小红书,都是超凡智慧的源泉;中国是一个病夫,需要基督教或西方民主对之谅解帮助和理疗;中国是一个忘恩负义的民族,对我们的善意帮助缺乏回应甚至毫不领情;当然还有中国是一个威胁,现则在一些非常夸夸其谈并不乏影响的美国人眼中是对手,一个怀有恶意的超级大国。①

第三,尽管两者的宗旨都是在研究中国,可是如果从学术风格的角度来看,则它们之间还是存在着相当明确的差别,也即"狭义汉学"更多地隶属于传统的人文学科,而"中国研究"则更多地揉进了现代的社会科学——尽管我为了防止自己挑明的"比较的风险",②更愿意将它们之间的这种差别,看作是一整排光谱之上的相对差别,而不是钟摆之摇摆两端的极限差别。

的确不错,如果从"广义汉学"的历史来看,把"社会科学视角"

---

① Owen Harries, "A Rear of Debating China", *National Interest*, Vol. 58. Winter 1999/2000, p. 146.
② 参阅刘东:《比较的风险》,《理论与心智》,南京:江苏人民出版社,2001年,第150—159页。

带入中国史学研究的做法，至少可以上溯到法国汉学家葛兰言（1884—1940），而由于此人碰巧既是汉学大师沙畹的学生，又是社会学大师涂尔干的学生，所以，他能写出像《古代中国的祭日与歌谣》那类的著作，就可以说既是顺理成章的，又是相当例外的。可无论如何，由于他那些带有实验性质的学术著作，从一开始就充满了争议和疑问，所以这种"前卫"式的学风在当年的欧洲，充其量也只能算是聊备一格的一只"先足"。——而真正想要围绕着中国这个具体对象，来展示传统文科和现代文科的互渗与互动，并且把它逐步推展为整个学术界的普遍气候，那还非要等到在哈佛大学的"稻田课"里修造成了"费正清的鱼缸"①才行。

《美国和中国》一书所作的是概括性的评述，但它内容紧凑，高度浓缩，决不是那种松散的系列演讲。它就中国问题所作的多学科的分析，部分地是依据于我所记录的其他学科的权威学者对中国区域性研究发表的见解。我曾请专家委员会的三位成员弗里德里奇（C. J. Friedrich）、爱德华·梅森（Edward S. Mason）和帕森斯（Talcott Parsons）用一些选择得当的词句把政治学、经济学和社会学的基本原理分别概括出来，然后在他们各自的演讲中用更为简明的方式把这些原理运用于说明中国的具体情况。结果，我不仅学到了许多新的知识，而且也增强了自己在处理自己了解甚微的一些问题时的自信心。这些各学科的带头人传给我们的都是各自研究领域中的最基本的方法。当我在中国待过六年以后，我完全可

---

① 关于这些掌故，请参阅费正清:《费正清对华回忆录》，上海:知识出版社，1991年。

以自己收集资料,并用实例来阐明他们所提出的这些原理了。①

平心而论,在西方世界现行的学术语境中,如果只是把有关中国的课题,囿闭于传统的汉学学科或东亚系科,那么,由于它的研究对象本身——至少是对于西方人自己而言——就具有某种文化上的特殊性,所以也就很容易流于或偏于特殊主义和文化歧视。而基于这一点也就可以证明,由于社会科学预设了一视同仁的视角,把它的研究对象都当作同等的"行为人",所以后起的中国研究就更倾向于普遍主义的态度,至少是不能只用"文化特殊"或"人心有别"的理由,来搪塞某些看上去"难以索解"的棘手课题。正因为这样,无论周锡瑞或柯文的义和团研究工作,还有多少需要商榷或尚待补足的地方,我们都应当从更深的层面中读出,他们对那些原本看似"匪夷所思"的拳民,总是先要预设"人同此心,心同此理"的前提,才可以展开代入理性模式来进行的学术分析。

另外,这种相对晚出的、更靠近"科学"的研究风格,也打破了传统汉学的学科界限,而且这种界限到现在也仍然处于不断的化解中。在过去,无论"狭义的汉学"还是"广义的汉学",都无非是在东亚研究和历史研究这两块领地,来展示自身的存在并进行相互的竞争。可是,如果按照费正清当年的设想,甚至就连这个中国研究的"历史学阶段",也仍然属于远不能令人满足的;而沿着现在的势头发展下去,则完全有可能在美国出现既居于学术主流又专司中国研究的哲学家、政治学家、经济学家、法律学家、社会学家、人类学家……到了那个时候,这些人恐怕都不能再被称为"汉学家"了,而由此一来,甚

---

① 费正清:《费正清对华回忆录》,第395页。

至就连"广义汉学"的边界都会因之而模糊起来。这样也就可以看到,在美国的"中国研究"自有其特色的同时,它的这种特色又是在不断变化和迁移的,所以可以说其风格本身就处在不断地形成和蜕变中。

第四,尽管两者的宗旨都是研究中国,可是如果从学科建制的角度来看,它们却一个属于专门化的分科研究,另一个属于跨学科的区域研究。由此,前者的标准做派,更像是韦伯在其著名的论文中讲的,"如果他不能给自己戴上眼罩,也就是说,如果他无法迫使自己相信,他灵魂的命运就取决于他在眼前这份草稿的这一段里所做的这个推断是否正确,那么他便同学术无缘了"①。而后者的标准做派,则宛如吴承恩笔下的那位孙行者一样,"浑身解数如花锦,双手腾那似辘轳"②,由此要是弄得好,当然可以获得"十八般武艺样样精通"之誉,但要是弄得不好,只怕也难免"花拳绣腿、真力不足"之讥。

正因为要提倡这种"科际整合"或学科交叉,所以就像费正清当年曾经解释过的,这种区域研究的学术特征,跟上面叙述过的社会科学视角的大量引入,在实践中大体上就属于"一体两面",关键只在于从哪个角度去观察它:

> 对中国的区域性研究是哈佛对第二次世界大战作出的反应之一。它普通的一般的称呼是"区域研究"。"区域性研究"(Regional)这一词是哈佛的叫法,它是与某一特定地区连在一起使用的特定的称呼。这两个词的意思都是进行更为专门的多种学科的研究,即同时使用社会科学的各种手段对世界的某一

---

① 马克斯·韦伯:《以学术为业》,冯克利译,北京:三联书店,2005年,第52页。
② 吴承恩:《西游记》,第七十三回。

部分进行专门研究。①

如果对此还有什么需要补充的,那么就请允许我不客气地说,正像自己当年在社科院工作时看到的情况一样:凡是这种主要是依据"区域"来划分、而不是沿着"学科"来冠名的研究机构,往往就会更多地受到地缘政治的牵制,而更少地受到学术传统的感召;从而,它们也往往就会更多地受到官僚机构的咨询,和更少地受到学术同仁的关注;由此一来,它们服务于现实政治的意识也必然会更强,而对内在理路的专注度也势必相应较弱。——比如,从艾尔曼掺杂着批评口吻的下述描述中,至少可以体会出一部分区域研究专家的学术口碑:

> 起初,亚洲研究在西方的大学里是"东方研究"的一部分,其中包括了中东、中亚、南亚、东南亚以及东亚。这种错误的归类,至少有助于开始从事亚洲研究,但是到了20世纪,所有的学院人士都明白了土耳其与"东方"中国实在没有什么共同点,而且这种归类方式足以显示,欧洲学者在19世纪所能构想出来的理论架构何等偏失,而他们在历史方面又是何等无知。结果,西方关于中国与日本的教科书里,称呼遂由"东方"转变成"远东",再转变为"东亚"。同样地,美国大部分的东方图书馆也终于改名为"东亚图书馆",表示馆藏内容主要是有关韩国、日本和中国。
>
> 到了20世纪的晚期,新一代的东方论者突然希望将完全不同的东西都纳入"太平洋周边"这个新范畴里。这大部分是那些专攻当代亚洲研究的人的杰作,对于在太平洋沿岸生活与演

---

① 费正清:《费正清对华回忆录》,第393页。

变的民族与社会的社会、政治、经济、文化,以及历史的长期轨迹,他们没有兴趣。用"太平洋周边"这样一个标签把这些民族与社会方便地一网打尽,显然流于简化与误导,重蹈上一代学者使用"东方"这个错误范畴的覆辙。将哲学、史学、人类学、文学、语言学和社会学诸学科,融入"太平洋周边"这个认识论范畴,当然能很便利地使新儒家研究取得优先性,视它为在东亚太平洋周边民族的文化生活里的共有领域。①

此外还应当补充说明,如果我已经指出过硬币的前一面,即新兴的"中国研究"打破了老派的"传统汉学"的学科界限,尝试着把各种社会科学理论都结合于中国的历史与现实经验,从而大大拓宽了以往的研究视野、关注主题和论述内容,那么,眼下这枚硬币的后一面则是,由于过多引入了社会科学的理论前提和潜在预设,特别是,由于过于急功近利地去向中国历史追问可否"现代化"的问题,也就很容易使本土文化的价值传统受到忽视,并且使古代文明的特有轨迹受到悄悄地"修正"或篡改,由此甚至反倒给顺势去理解中国的近现代进程制造了障碍。对于这个问题,等我写到下面时还要详细来谈。

第五,尽管两者的宗旨都是研究中国,可是如果从治学心态来看,它们却一个更沉湎于静观的兴趣,另一个更自觉到功用的企图,由此从某种意义来讲,这两种治学活动一个可以算是阅读在前,另一个则应当算是问题在先,所以一个表现出了好古成癖的特性,另一个则表现出了唯新是从的癖好。

在学术研究上这般"唯新是从"的好处,当然是活跃、敏感而大

---

① 艾尔曼:《中国文化史的新方向:一些有待讨论的意见》,《学术思想评论》第三辑,沈阳:辽宁大学出版社,1998 年,第 425 页。

胆,敢于在论述的题材上不拘一格,也敢于在治学方法上无所不用,并由此而充满了探险的刺激和发现的快乐。然而反过来说,在学术研究上这般"唯新是从"的弱点,则又在于往往会太过热衷于赶潮流,流行什么话题都不过是一阵风,说要研究"城市"就都去研究"城市",说要研究"女性"就都去研究"女性",说要研究"上海"就都去研究"上海",说要研究"市民社会"就都去研究"市民社会"……正像我多次挖苦地形容过的,由于这种研究风格太喜欢花样翻新,看上去就有点像是"国际时装业"的路子:只要法国巴黎那边打了个喷嚏,那么,美国加州这边马上就跟着伤起风来,而我们的中国研究则干脆高烧不止了! 另外,在时尚的学问很容易"流行"的反面,固有的研究成果也就同样就很容易"过时",所以说穿了,那些时尚的学问原本就命定会"速朽"。进一步说,如果再回过头去重读那些"速朽"的著作,你会发现那些曾经滥竽充数的"南郭先生"们,或许从一开始就已经自觉地意识到了、甚至是自觉地利用到了这种学术上的"速朽性",否则,他(她)们又岂能对史料如此恣意妄为地进行裁剪,又岂能对引文如此随心所欲地进行翻译,又岂能姑且基于明显站不住脚的新说来立论? 不过转念想来,既然这些"速朽"的著作只不过是一块"敲门砖",那么,只要用它敲开了大门拿到了终身教职(Tennue),大概就要数作者本人就最乐得对它掉头不顾了,谁还在乎它是否会被后来的学者再去揭穿?——这看来又是出于典型的实用主义文化心态吧!

更有甚者,它在表面上虽然是"无所不用其极",可在骨子里却又是"万变不离其宗",因为说到根子上,这样的研究心态毕竟又是属于"问题在先"的,而且就西方学界的现有资源来说,那些占据了"先入为主"地位的因而好像是带有"普适性质"的问题,又毕竟只能

从"欧洲中心"的理论框架中提出。——在这方面,也正如我以往曾经就此说穿的:

> 不管承认与否,出于在全球知识生产体系中所占有的支配地位,而且作为西方学术的一个分支,中国研究领域的思想模式就其本质而言,总是离不开脱生于欧洲经验的价值预设和社会理论。由此,自觉或不自觉地,研究者们也总是倾向于先入为主地认定这些理论的全球普适性,从而在思想深处悄悄地把西方的经验看作世界的中心和模板,把西方的过去看作中国的今天和未来。在这个意义上,其实发达国家的先进性,首先就表现为更为发达的人文学术和社会科学,表现在这些学科的先进方法和前定预设中。①

第六,尽管两者的宗旨都是研究中国,可是如果从其身份认同或学术立场来看,大概它们却一个更自认为是汉学家,另一个却至少自认为是历史学家,乃至自认为是其他各种社会科学的专家。而由此一来,它们中就是一个更靠近于中国本土的国学,另一个更隶属于大洋彼岸的西学,乃至于一个更自甘于当代学术的边缘,一个更愿弄潮于当代学术的主流。

前边已经讲过,实验性地运用各种社会科学理论,当然有可能形成学科交叉的知识优势。更进一步,这类嫁接实验对于亟缺理论的国内学术界来说,还更有率先进行探险、以便积累经验的积极效果,由此在这样的意义上,即使是那些明显不算成功的、甚至简直显得生吞活剥的实验,也至少是暴露出了某些特定理论的缺陷,从而提供出

---

① 刘东:《中国研究领域的测不准原理》,《道术与天下》,北京:北京大学出版社,2011年,第385—386页。

了现实的教训和暴露出了突围的缝隙。所以在这个方面,也正如我曾经宽容地写到的:

> 学术界的现状教训了我们:哪怕再粗陋再空疏的理论,也只能以更精深更博大的理论去取代,而万不可代之以对理论思维的厌恶,否则就终将受制于最没有根底的最坏的理论。在这个意义上,其实恰是我们介身其中的现存学术生态,由于它从不鼓励理论创新,——特别是文科学术的理论创新——,才从根本上堵塞了足以激活传统的文化创新,才从根本上导致了海外对国内的学术势能,才从根本上造成了外缘理论对本土心智的无端滋扰。由此可见,只要我们自己还不能出息成理论家,就只有搬用别人理论的资格。①

如果在这样的前提下,我也很是赞成裴宜理提出的下述展望:

> 想要记载下现代中国历史上的一些关键问题的强烈愿望,敦促社会科学家们从事当代中国研究,他们也为解决世界上其他地方的疑难问题提供了有效的思路。在这种情况下,中国研究就可能从一个"消费领域"(依靠来自其他国家的研究来获得分析的洞察力)成长为一个"生产领域"(即有能力产生令一般比较研究者感兴趣的原创性分析)。②

不过,如果只是就眼下的阶段来讲,则又正如我刚在上面判定过的,这类看似"无所不用其极"、实则又"万变不离其宗"的理论试用,有时却反而对人们构成了某种理解的魔咒。——比如,我又曾在跟

---

① 刘东:《理论与心智》,南京:江苏人民出版社,2001年,第13页。
② 裴宜理:《半个世纪的伙伴:美国的中国研究与中华人民共和国》,见《北美中国学:研究概述与文献资源》,第324—325页。

国外同行的当面交流中,提出了这样一个吊诡而沮丧的问题:

> 到底为什么越是想要进入中国内部,越是主张到中国去发现历史,越是强调所谓中国中心观,就反而越是跟中国事实隔膜,越会在中国水面上看到自己的倒影,越是脱不开骨子里的欧洲中心论呢?①

而理应给予足够警惕的是,实则这方面的真正症结,还是在于生长出那些欧式理论的西方土壤:

> 说到底,恐怕还是需要去检讨理论活动本身。一方面,人们越想钻进中国进行更加深入精细的研究,就越是要借助于专业化的理论知识;然而另一方面,鉴于当今世界知识生产和理论创新的实际情势,人们越是想要仰重这些理论知识,就越是脱离不开当初产生这些理论的西方语境,于是这些理论框架的自身局限就越会显现出来,它限制得这些研究者更加难于真正进入中国的语境。②

写完了这些,还必须再进行两点必要的说明。其一,以上这些在"对比中"刻画出来、借以帮助自己来进行总体把握的特征,原本就只有"相对而言"的意义;或者说,它们原本就只属于韦伯意义上的"理想类型",而一旦回到千差万别、犬牙交错的经验形态中,两者之间的界限自然就不会有这般清晰,甚至,只要特别留心进行搜集,足以作为"反证"的案例也比比皆是。其二,以上这些不一而足的特征,它们在经验形态中当然是相互支撑的,所以,我刚才分别对它们

---

① 刘东:《中国研究领域的测不准原理》,《道术与天下》,第389页。
② 同上书,第390页。

进行的说明,原也只是为了叙述的方便,所以也只是相对地区分开来,而并不存在形式逻辑上的严格"相互排斥"的关系。——我预先就说明了这两种情况,是为了预防哪个"好事者"又见猎心喜,再费神找出几个亦此亦彼的"例外"来,正好"发表出来"跟我进行商榷。

三、我曾设想过的"中国学"

除了上面抓取的六种特征,为了论述得更加周全,还应再补充说明一点,那就是美国的学术界还有一个非常独到的、却未被充分注意的特点,那就是作为一个综合国力独步天下的移民国家,美国还最容易吸纳来自其他各国的知识分子,并将他们快速地补充到自己的研究队伍中去,并转而对他们分别来自的故土进行研究,——无论就其空间、资源还是制度弹性来说都是如此。而在这样的大背景下,一俟中国大陆开始改革开放的进程,美国的"中国研究"也就逐渐打上了最新的色彩,因为从我们这边漂洋出去的留学生们——当然主要还是文科的学生——迫于必须找到教职方能居留的压力,大多数都在那边改行搞起了"中国研究",其中有不少人还已成了下一代的中坚力量。

事实上,当我目睹着这样的成分变化,又打算在"海外中国研究丛书"里另辟一个专事译介海外学子成果的"子系列"的时候,便已经遭遇到了由此带来的身份问题。当然,由于这些海外学子总还是在进行"中国研究"的,所以我在这套丛书里,还能暂时避开他们到底算不算"汉学家"的定义困难。不过,由于这些人为数越来越多,而且越来越密集地游走于边界,一会儿代表着美国学术界来发言,一会儿又回来发表谋职讲演(job talk),甚至还乘着国内创办"一流大学"的机缘,讨巧地占据了两边的教席,这就使得"国学"和"汉学"间的固有边界,的确在不断地模糊化和松动化了。由此一来,"汉学"在现代汉语中的既定含义,也肯定就添加了要求迁移的变量。——比如至少应当说,如果参对一下前面所给出的定义,那么这些人已经不再是用"对于他们而言是作为外语的中文",来研究"来研究对他们而言是作为外国的中国"了。在这种情况下,人们要么就只能坚守原有的"汉学"定义,拒不承认这种"出口转内销"的学者,也属于那种来自外邦的"汉学家";要么,就必须去修改固有的"汉学"定义,甚至像台湾的前述做法那样,去尽量扩充"汉学"这个"能指"的"所指",干脆认定但凡研究中国的学者,就都属于一个不分彼此的大范畴了。

这样一来,我们也许就更加能够理解,为什么台湾学界会对"汉学"一词,采取如此大而化之的用法。毕竟,那边学者的圈子和规模都较小,而且除了"花果飘零"过去的那一代人,在文化上的自我意识也都不太强;尤其是,要是以"中研院"的史语所为代表,从它的基本治学路数来判定,也差不多可以算是美国汉学的一个"支部"了,此外,"中研院"那些最为资深的院士,也大体上是由任教海外的华人学者来充任的。既然如此,索性就把"汉学"一词的边界也模糊掉,或许反而可以带来交流的便利。

不过,如果就大陆这边的情况而言,情况恐怕就没这么简单了。无论如何,既然分属于当今世界上两个规模独大的国家,那么在中、美两国的学术界之间,也就势必会发生更多的对话与切磋。而由这一点所决定,作为"传统学术文化之总称"的"国学",和作为"西方学术一个部门"的"汉学",也就天然地要产生出彼此的界限来。——正因为这样,即使果真到了哪一天,由于出身大陆的"中国研究家"

的边界游走,使得"汉学家"的身份也会模糊了起来,从而连带得"汉学"一词的词义,也随着之生了某种"随机漂浮",那也并不会自动地就意味着,我在前面所列举的种种彼此间的分野,也都会跟着一个词义的迁移而化为乌有了。

恰恰相反,就算是果真到了那样一天,"汉学"一词的固有边界已经变得犬牙交错了,那么,人们在索性撇开这个歧义的词汇不用之后,还是有必要再来另创一个新的词汇,来概括性地指称那种活跃于大洋彼岸的、反映了不同问题意识的、被他国用来研究中国"西学的分支",也就是我在前边所讲的"Western Scholarship on China"。在这方面,笔者可以算是一个"唯名论"者,不会相信概念本身能构成什么最后的根基。正是从此念出发,我才在刚刚接受过的一次访谈中,索性说穿了当今国内学界的很多被动,都是源自那些拿腔拿调的"汉学生",——也就是说,源自那些汉学家替我们培养的学生:

> 试想,在"文革"浩劫刚刚结束的时候,在受到海外汉学家的主宰之前,谁能想到去宣扬"文革"是好的,那不成了狼心狗肺吗?那不要遭受雷劈吗?但是,很多人此后却要漂洋去留学,很多人读的还都是汉学博士,而在那边的汉学家中,又有很多人都是当年的红卫兵,家里还挂着"文革"时代的画像,他要告诉你"文革"是好的,你想不接受也不可能,不然第二天就得卷铺盖回家。要知道,这跟在中国读书的情况不同,导师的宰制力要大得多。在中国,如果你决计不跟这位导师了,还可以换另外一位导师,甚至即使从此不读书了,也不会马上就发生签证问题,还可以去中关村谋个生计。当然另一方面,国外的导师对学生也不错,会默默产生情感上的感化。于是,在这双重因素的影响下,很多留学生就慢慢地被收编了,成了我们后来看到的新左

派,而且弄到后来,他们的招牌或者文化资本,也仅仅限制在这个方面,由此中国的知识界也随之分裂了。①

当然,即使这样讲也并不意味着,那些强把中国史料"代入"欧洲理论的汉学成果,哪怕是其中最剑走偏锋、最歪曲经验的成果,就不再具备它们自身的存在意义了。不过,与此同时也须清醒地看到,它们的意义与其说是针对着中国,倒不如说是在借中国话题来"说事儿",以寻求对于本国病症的医治,——也就是说,这种写作活动充其量也不过是在"借中国之酒杯",来"浇美国(或欧美)之块垒"。在这个意义上,一旦那些携着洋老师之"虎威"的"汉学生"们,也到中国的语境里来鹦鹉学舌,恣意曲解他们原本不会缺少的中国经验,便会暴露出一种更深意义上的抄袭来:

> 最近,人们对于某些字面上的雷同,投以了普遍而持续的关注;然而,除了这种较易鉴别的抄袭之外,其实更足以毁灭国内学术界的,恐怕还不是单纯字面上的剽窃,而是对于来自外部的"问题意识"的、不足与外人道的拷贝。——这种在方法和视角上的投机取巧或缴械投降,尽管能用一些速成(肯定也将会速朽)的"学术产品",去迎合别国学术"星探"的固定口味,然而它带来的深层恶果却是,使得中国人从其灵魂深处,就逐渐丧失了提出独特问题的心理能力,和磨灭了解决这类问题的心理动机。②

当然,不去否认在"国学"与"汉学"之间的确存在着这种界限,

---

① 刘东:《绘制西方学术界的知识地图》,载《共识网》,2014年8月4日。
② 刘东:《清华国学与域外汉学》,《道术与天下》,第400页。

并不会从逻辑上意味着,由此就会喜欢或满足于这种分裂的状态;恰恰相反,笔者早在十五年前就明确地提出,为了摆脱这种心智上的分裂状态,以便让人们的中国理解趋于整一,还应在"国学"与"汉学"的两种片面性之上,再磨合出能够被双方共享的、属于更高形态的"中国学"。——而这样一来,也就捎带着牵连出了正被热议的"中国学"问题,且让我先把相关的情况简述一番,再基于自己非止一次的相关论述,来回顾一下这种真正有其理据的"中国学"。

在我看来,仍然是跟海外学子的双向游走以及由此带来的身份模糊有关,人们近来才会围绕着北大仓促宣布的"燕京学堂"计划,爆发出了争执不下的、有时甚至很是意气用事的辩论。而在这些往返辩论中,恐怕最能引起人心激动的问题,除了校方打算从头改建燕园这个北大文科长期的所在地之外,就要数它匆忙打出的那块模糊的学术字号——"中国学"了。无论如何,校方都从未把这个学科的外延与内涵解释清楚,而且大概也根本就没有办法把它解释清楚。所以,还确实是如同高峰枫在他的批评文章中所说的:

> "中国学"算是一门独立的学科吗?它和西方传统意义上研究中国古代文史的"汉学"(Sinology)如何区分?这门新晋的跨学科研究是否提出了新的学术问题、开拓了新的研究领域、确立了新的研究方法?看一看"中国学"下设的六个研究方向,其中既有人文学科(历史、哲学、文学),也有社会科学(经济、法律),还有应用型研究(管理、公共政策),"中国学"的范围到底如何界定,让人摸不着头脑。假如研究殷商考古的学生,与管理和公共政策专业的学生,学习一年之后,同获一种叫作"中国学"的硕士学位,那我们就不得不追问这门最新出炉、涵盖广阔的学科,究竟应归入哪一门学问。凡与中国沾边的题目,是否都

可以一股脑纳入"中国学"的范畴？一个宣称包揽了人文、社科和实务三界的学科，如何能在学理上予以充分、严谨的论证，这是主事者所未明言、而我们亟需了解的问题。①

有意思的是，如果笔者曾在十五年前发表过企望，呼吁基于"国学"与"汉学"的融合交汇，去磨合出反映了重叠意识的、学殖更加深厚的"中国学"，那么，眼下这种被称作"中国学"的学科则刚好相反，竟被看成了最为初阶的、至为简易的东西，学生们甚至连听懂中文课程的能力都无须具备，只需用英文听取一年硕士课程，就足以训练出此后去研究中国的能力了。——由此反过来想，如果请哈佛那边依样设计出一门"美国学"来，也是只让中国的本科毕业生过去学习一年，而且也根本不要求他们能听得懂英文，那么，哈佛的同事会觉得这能算是什么高等学历吗，会把哈佛院(Harvard Yard)里最显赫的位置让出来吗？

所以显而易见，这种所谓的"中国学"不可能带有什么创新内容的，也是大大有悖于基本教育规律的。由于它的设计过于匆忙和急于求成，终究就只能用英语来传授最简单的"汉学"知识。既然如此，又何必徒增混乱地动用我早已赋予它特定意义的这个"中国学"概念呢？毕竟我当年的设想，正是首先发表在北京大学的刊物上面的。——不过，说来更有意思的是，也正是在这一片质疑声中，对于这个"燕京学堂"批判最烈的甘阳，其所根据的主要理由之一，居然还在于把"中国学"看得太过简单了：

> 更根本的问题还在于，在所谓"中国学"领域，中国还需要

---

① 高峰枫：《谁的"燕京学堂"》，《东方早报》2014年5月25日，头版。

依赖西方进口吗?在"中国学"领域,难道我们没有充分理由要求,全球所有从事中国研究的人都必须首先中文过关,能够用中文与中国学者交流,否则他们有什么资格做"中国学家"?北大不坚持中文作为中国研究的基本要求,反而搞什么"英文中国学",这不是自我糟蹋自我作践吗?①

甚至,爱走极端的甘阳为了把话说绝,表示这个"中国学"的名号不值一顾,干脆就一笔抹杀了"汉学家"的主体:

> 老实说,在中国研究领域,西方学界除了少数确实优秀的学者以外,多数学者的特点也就是英文娴熟,很多不过是转述或转译中国学问的常识而已。而众所周知,在对现当代中国的研究方面西方学者更是充满文化政治各种意识形态偏见。至于那些满篇套用各种新潮理论术语的西方论文和著作,通常恰恰是最差的而且很多不过是垃圾,新术语新理论更多是用来掩饰学术训练不足、功底薄弱和思想空洞的门面而已。只有那些自己没有学问的人才会对这些垃圾顶礼膜拜。②

看到这里真是不禁莞尔。——要知道,鉴于自己"对引进'海外中学'所承负的特殊责任",想当年正是由我本人率先提出,只怕汉学家群体和我们自己,也难免是"尺有所短、寸有所长"的,所以且不可把汉学著作径直当作了不刊之论,而只能将其当作"展开进一步讨论的起点":

> 若从方法论上进行总体的检讨,恐怕海外汉学家的研究工

---

① 甘阳、刘小枫:《北大的文明地位与自我背叛》,《21世纪经济报道》2014年7月24日。
② 同上。

作本来就很难克服如下三种层层递进的障碍。其一,正像我们不敢奢望自己能对西方"生活世界"里的总体经验具有完备的直觉把握一样,我们也不应苛求生活在其他文明圈中的学者们能对中国的文化环境享有足够的实感;所以就一般的情况而言,那些学者尽管可能通过对于文字材料的刻苦阅读而"放大"中国文明的某些细部,却无由借助于耳濡目染式的融会贯通来"还原"中华文化的整体氛围。其二,由此就导致了,正像我们很难在认同于其他文化的基础上真切全面地体验到其他社会所面临的多重困境一样,我们也无法寄望于别人足以圆通无碍地领会到当代中国人所怀有的复杂多变的"问题意识";所以就一般的情况而言,马克斯·韦伯所主张的同情移想式的社会学研究方法便很难被他们真正履践,相反其治学活动的基本预设倒往往是针对本有的"话语阈"和读者群的。其三,由此又导致了,正像我们这边易受行政干预的职业文化往往会派生出"抱残守缺"的毛病一样,西方那边易受市场导向的职业文化也常常会引发出"刻意求新"的弊端;所以就一般的情况而言,对于海外汉学界那些不断花样翻新的、甚至可以说是"全息地"反映了各种时髦套路的论著,我们固不能不假区分地统统贬斥为"商标性的"作品,却也同样不能毫无甄选地认定,所有那些原本是从西方经验中抽绎出来的理论模式(包括许多最初只属于文学批评方面的理论模式),全都"普适于"对中国本土经验的描述与清理。①

---

① 刘东:《警惕人为的"洋泾浜学风"》,《理论与心智》,南京:江苏人民出版社,2001年,第30—31页。

而无巧不巧,偏偏又是甘阳本人针对我的这篇文章,发表了他的《谁是中国研究中的我们?》①,就好像我是在无理地主张"认识论霸权",想要基于本土的话语权来垄断对于中国的研究,宛如我曾经讽刺过的那种站不住的陋见——"土老师是检验洋学生的唯一标准"。可谁又承想,在时光推移了二十年之后,这位老朋友竟然不声不响地,偏偏转移到我本人的立场上来了,——当然也只是被强加给自己的那种立场,因为我从来都不愿这么走极端,弄得就像刻意表演的海豹那样,刚刚从"思想的浮冰"的这一边缘爬上来,就赶忙又从它的另一边缘滑落了下去。②

事实上,我在哈佛当着一群著名汉学家的面,曾经相当诚恳地感谢过他们,尽管与此同时,我也没忘记说明自己在观点上的保留:

> 尽管时紧时松的政治空气不无干扰,时冷时热的图书市场也不无影响,但在九十年代的中国,仍有很大的未定因素,要取决于我们的努力或者不努力。当然说到这里,更应当首先感谢在座的同行,尤其是像史华兹教授这样卓有成就的前辈学者。不管你们的具体论点能否被最终接受,你们都以无可辩驳的学术量,帮我们维护着学术研究的尊严,并以此吸引回来了一部分读者。③

而且,在伯克利的魏斐德猝然长逝的时候,我也曾相当动感情地回忆起,与这些朋友的交往是何等之快乐:

---

① 参阅甘阳:《谁是中国研究中的我们?》,《二十一世纪》1995年12月。
② 参阅刘东:《如临如履地叩其两端》,《思想的浮冰》,上海:上海人民出版社,2014年,第1—5页。
③ 刘东:《中国大陆学术出版的现状》,《理论与心智》,第250页。

在利欲熏心的年代选择做学问,不管有多少亏要吃,但至少还有一件事,那是官场和商场都比不了的,这就是你可以广泛地以文会友,甚至到整个世界的范围内,去寻找跟你志趣相投和智力相等的朋友。这样,你所拥有的至情至性的知己,肯定要比那些毕生以尔虞我诈为业的人多得多。簇拥着这些朋友,你不仅可以增容头脑、同商大计、共享情怀,还更可以像齐美尔所说的那样,在社会交往的游戏形式中,享受到接近美学标准的快乐。在那样的时刻,你甚至会搓搓双手踌躇满志地想到,人还没准真是一种高等动物吧?①

所以,即使我也曾指出过汉学家的研究短板,那也决不意味着,自己会觉得他们的成果大多都不足取,或想要自行垄断研究的话语权。差不多刚好相反:正因为认识到他们的队伍是庞大的,力量是可怕的,我才更加意识到了与之争鸣的必要性——"这就是我们身陷其中的困境,它一直意味着某种现实的危险:判断的真值问题只被还原为声音的大小问题,假说的合理性质仅仅取决于论证的绵密程度,缘此中国就有可能是或不是任何东西。"②同样地,也正因为认识到他们的学术论证是绵密的,从而是只可越过、不可绕过的,我才一直都在小心规避着来自两方面的危险——既不遗余力地主持译介它的学术成就,又不懈陈词地向读者指出它的误区与盲点。所以,这里并不存在任何意气之争,而无非是从知识生产的机制上考虑,"国学"与"汉学"的视角是不能彼此替代的:

事实上,由于中华文明的自身规模,远非西太平洋岛屿上的

---

① 刘东:《未尽的文字缘》,《道术与天下》,第381—382页。
② 刘东:《警惕人为的"洋泾浜学风"》,《理论与心智》,第19页。

原住部落可比,所以对于我们这种文明的研究,就不能仅仅来自文明的外部,不能只是被突如其来的"闯入者"所垄断。正因为这样,对于"中国"这样一个学术对象,也就注定可以有"外部研究"和"内部研究"这样两种天成的视角。——如果前者必然是外在的,那么后者就可以是内省的;如果前者必然是价值无涉的,后者就可以是同情的;如果前者必然是冷静或冷漠的,后者就可以是同情和体验的;如果前者必然是实验或解剖的,后者就可以是涵泳其间的;如果前者必然是专科的,那么后者就可以是通识的;如果前者必然是分析的,那么后者就可以是综合的;如果前者必然是僵硬的,那么后者就可以是灵动的和充满弹性的。①

这样一来,沿着两种作为"必经之路"的片面性,也就自然走到了笔者曾经设想的、作为一种"交叉路口"的"中国学":"正因为当今天下是'公说公有理,婆说婆有理',我们就更不能满足于这种分裂的状态,而应企盼'公'与'婆'能尝试建立起码的共识,于是,一个真正超越国界和捐弃褊狭的'中国学',正在我们的心念中呼之欲出!"②由此可知,这个新词在我那里,毋宁意味着在国际学界的深层互动中,以双方的心力所共同托举出来的、属于更高知识形态的领地。——也正因为这样,我才既不会像"燕京学堂"的计划那样,把这个"中国学"看得如此之初阶,如此之儿戏,也不会像甘阳对它的批评那样,把这个"中国学"看得如此之轻松,如此之简易,正如自己早在二十年前就已经开始憧憬与描画的:

---

① 刘东:《清华国学与域外汉学》,《道术与天下》,第399—400页。
② 刘东:《国学、汉学与中国学》,见本书第299页。

"国学"和"汉学"的并存,使人同时看到了两幅中国图景。第一幅由于有切身经验和母语环境的支持,而更像是印象派的点彩画,其优点是总体架构依稀可辨,其缺点是具体轮廓太过模糊。第二幅则由于有分析方法和论证步骤的支持,而更像是教堂里的镶嵌画,其优点是细部界面清晰利落,其缺点是整体布局太过变形。而"国学"与"汉学"进行对话的目的,正在于让这两幅图景相互重叠彼此矫正,以便最终得到符合透视原理的写真画卷。缘此,就既不能闭目塞听地蔑视理论思维,又不能削足适履地歪曲经验事实,而只能为了向华夏父老负责,去悉心探求更适于解释本土现象的研究范式,从而既消除困扰已久的文化误读,又完成心仪已久的理论创新。①

应当看到,在这种相互倾听的活动中,"国学"之不可取代的地位,恰在于它以其独特的价值预设,也以其知识上的陌生性,构成了跟"汉学"对话的另一极。最近看到徐鸿在他本人的微博上,也是有感于上述的争论而写道:

> 新的"中国学"学堂,讲历史学的应是经世致用史学,其读法如王夫之《读通鉴论·叙论》,而不是现代西方史学所流行的食衣住行生活文化史。讲孔孟,讲的是为人处世的道理,而不是用西方哲学来附会,讲得玄到没人懂,所谓"新儒家"。许多现代中国学学者,论文很会写,为人处世一团糟,这就不是中国学了。

尽管他在这里所讲的"中国学",如果按照我的理解似乎更应被称作"国学",但他以此为名而指出的那种知识独特性,则正是我早

---

① 刘东:《国学与汉学》,《理论与心智》,第186页。

在二十年前就撰文坚持的。

　　最后,还是不要忘记再来总结性地强调,即使这样去坚持"国学"的独特性,也并不意味着由此就要掉转过来,又想去消磨掉"汉学"知识的独特性;恰恰相反,即使在"研究中国"这个有限的学术领域,也应当去主动地鼓励、而不是消极地化解精神的多样性。应当看到,在文化交流正步步深入、文明关系正日趋密切的全球化时代,不仅世界早已构成了中国的生活背景,中国也早已构成了其他文明的生活背景。所以,甚至就连我们所生于斯、长于斯的这个国度,也早已不再仅仅属于我们自己了。正因为这样,在汉学家的独特话语体系中,才注定要出现属于他们自己的中国理解;而对于这种总会有别于我们的识断,我们其实并没有任何"认识论特权"去嫌好道歹,而只能虚怀若谷地首先承认,这些看法既不是优点,也不是缺点,而只是别人的特点。——只有具备了如此虚一而静的"听德",我们才有可能把尚在设想中的、希望借此来超越文明疆界的"中国学",办成一个兼听则明的学术研讨班,以期带领两方的公众共同走出目前这种知识上的分裂状态。

2014 年 10 月 6 日写毕于静之湖·沐暄堂

跨文化阅读的汉学资源
——发言提纲

曾经在北大的讲演厅中,听到过这样的介绍或"表扬",说某某汉学家所发表的观点,在他那些西方同行中间,算是"最为靠近"我们中国学者的观点,由此才是"难能可贵"的。——可我从来都不这么看!

事实上,如果到了美国亚洲学会的年会上,或者到了哈佛广场的书店里,我最倾向于忽略或"浅尝辄止"的,往往倒正是那些用 Chinglish 写出来的作品。——它们的作者,往往正是那些先被我们在这边训练出来,又考过了托福去那边移民的新一代的所谓"汉学"学者,他们由于我们自家教育的限制,写出的作品也多半是一览无余,听个开头就能想象到干巴巴的结尾。

所以这意味着,至少对我个人来说,汉学作品的可贵之处,恰恰在于它们是具有某种颠覆性的,而这种颠覆性说到根上,是来自它们在文化上的外在的异质性,——这充分显示出,虽然汉学分明是在讨论着中国的问题,却仍然要属于西学的一个分支,是所谓 Western Scholarship on China(即"关于中国的西方学术")。

不必讳言,我从来都在主动追求着这种知识上的异质性,借此来激发自己的思考与想象,尽管它们也常以不靠谱的乱弹琴,惹得我勃然大怒或哈哈大笑。此外,通过我本人的先期阅读、筛选和组织,它们所持有的文化异质性,也是二十几年如一日地接续涌入了中文语境,甚至构成了国内新一代学人的必读书籍和言说背景。

在这个意义上,这种持久不断的阅读活动,也就持续地突显了汉学作品在当代中国语境中的跨文化性质。也就是说,在当今这个全球化的时代,即使一位读者只是在关心着中国问题,他的阅读视界也必定属于跨文化的。

可与此同时,我也同样在尖锐地、不懈地提示:一定要警惕这些作品的异质性和颠覆性,特别是当我们考虑到,由于它们采取了"中国研究"的形式,并且在讨论着中国历史或现实中的细部问题,其潜在的异质性和颠覆性就往往更加难以被人自觉地意识到。

事实上,至少从相当一个历史时期以来,对于头脑的松动会演变为对于根基的动摇,而拿来主义的精明也会演变为唯洋是从的讨巧,所以只要能看穿其间的障眼法,那么就不难理解:当今很多困扰国人的迷局与滋扰,都是由一些食洋不化的、被汉学家训练出来的"汉学生"们所引进的。

于是在一方面,我们仍然必须怀着强烈的求知欲,自觉意识到任何一次认真的开卷,都是在主动去拥抱新奇的和异端的知识,不管它们来自这个共同体的内部还是外部。——我们决不能故步自封到了这种底部:只指望有人以其独立完成的研究,而总能验证我们固有的和老旧的知识,否则,我们从这种阅读中就什么都学不到。

但在另一方面,对于这种跨文化阅读中的异质性,我们又不仅要"知其然",还更要"知其所以然",我们要具备相应的深厚汉学史知识,足以了解那些汉学家的言说背景,足以爬梳那些学术话语的来龙去脉,足以体贴别人可以说出来的和不便说出来的,以同时看穿这些作品中的"洞见"与"不见"。

　　我当然也知道，所谓"中国性"也是在不断漂移的，所以，就连我现在所意识到的或判断到的那些"洞见"与"不见"，到了时过境迁、斗转星移之后，随着我本人主体立场的变化，也都会不断地有所漂移和转化。——只要是真的到了那个时候，我就会毫不犹豫地公开修正自己。

　　可即使如此，我们的基本阅读策略仍应当是一如既往的——既然我们已经生而为中国人，而且我们的凶吉未卜的和方生方成的未来，还要取决于自己对于中国的了解与判断，以及自己基于这种知识而做出的文化选择，那么，为了能更加自主地把握住自己的命运，则不管什么样的知识与范式更新，都还是要先经过自己头脑的思虑与处理，而不是亦步亦趋地只是听凭别人发落。

　　唯其如此，才能算得上是善于利用这场跨文化阅读运动中、弥足珍贵的汉学著作资源。

2013 年 11 月 13 日草于清华园立斋

国学、汉学与中国学[①]

很高兴有机会来到北大,跟诸位先生交换关于国际汉学的心得,因为按照我的估计,尽管某些学校在这方面已经先行了一步,但以北大的人物之盛和感召力之强,只要诚心愿意动手,它在这方面的优势马上就会显现出来。

从学术发展的一般规律来看,把汉学纳入最高学府的课程,已经是顺理成章水到渠成了,仅仅从引用率就可以看出,它已对国内学界产生了越来越普遍的影响。除了发挥原有的研究优势以外,大学的使命正在于敏锐地发现具有潜力的新领域,及时把它从社会引进讲坛,从而保持知识增长的正常张力。比如我们都知道,直到韦伯那个年代,他才有资格在德国的学府里首次执鞭主讲社会学;而从此之

[①] 这篇稍有点口语化的讲演稿,是自己十五年前向北大同行发表的讲演,而我当时还尚未(或曰正待)调入这所学校,所以这样的一份报告,也正属于美国同行爱讲的那种"求职报告"(job talk)。而过后,我就信手把这份文档归入了一个文件夹,并且在此后的整整十五年间,都误以为它已发表在《理论与心智》一书中了,只是到了最近想要征引它的时候,才发觉此文仍属于"未刊稿",也不知这是编辑的差错,还是我本人的疏忽。可此时,自己已在任教北大十年之后,又调来隔壁的清华园里工作了五年,而且,我在那次讲演中所憧憬的、当时正待创办的《中国学术》杂志,也已印刷得跟我差不多高了,焉能不让人顿生"白驹过隙"之慨!也正因为这样,现又应友人之请要将此稿付梓,也算是为自己流逝得太快的生命,留下一段或非全不足道的印痕罢?——作者谨记。

后,这个新兴的学术传统竟一发不可收,成为整整一个多世纪以来的显学,以至于如果不借助韦伯、齐美尔,不借助阿多尔诺、哈贝马斯,乃至卢曼和贝克等等德国社会学家的智慧,大家简直都不知道该怎么思考现代社会和人类困境了。

系统了解国际汉学的脉络与布局,可以使我们的文科研究与教学,获得大致——对应的精神对立面,使大家时常越出现有的知识边界,换个角度从头思考原以为解决了的问题,甚至本来并没有构成问题的问题。因此,汉学这个知识领域的存在和传授,就向同学们提醒了这样的治学准备:即使你只打算研究母国文化,也必须占有大量的外文资料,否则视界和心胸就难免褊狭,就无法站到前沿寻求真正的创新。

另外,系统了解国际汉学的脉络与布局,不仅有助于引进一个镜中的自我,也有助于引进一个精神上的他者。这是一种另类的学术发展史,足以跟北大目前已经开展的"学术史研究"形成呼应和参对。而在相互的对比印照中,两方面的来龙去脉都会彰显出来,彼此的长短得失也都会展露出来。我想,对于学术史研究这种工作,怎么评价都不过分,因为总结现有的知识生产体系,发现其中的成败得失,找出最佳的运思路向,正是一个国家的国脉之所寄、一个文明的文运之所寄。

还有,系统了解国际汉学的脉络与布局,也有助于增益对外部世界的进一步了解,尤其是设身处地地了解别人对我们的了解。文明与文明的对话,有时候显得相当艰难,以致朱维铮教授曾经极而言之,把这种对话形容为徒劳无益的"聋子的对话"。但无论如何,只要不想让这种困难的倾听演成激烈的对抗,那就必须认真修习对话的技巧,即使在听到了别人对我们明显的误解之后,也不是只会表示义愤和匪夷所思,而要能知其然更知其所以然,知道别人为什么会这样说。在这个意义上,了解国外汉学的基本情况,正是做到知己知彼的关键,因为汉学家们对中国的理解,恰恰在很大程度上代表着和引导着他们国家的公众舆论。

不过,无论今天的话题多重要,在正式开始讨论之前,仍有必要对这个思想对象加以界定。首先应当注意到,所谓"汉学"并不是一个特定的学科,而是规模建制跟我们的大文科大体相等的、整整一大块知识领地。正因为这样,尽管我们需要了解和研究汉学,但天底下却只能有汉学家,而不可能存在"汉学学家"。这种特殊性就给我们的心智带来了挑战:一方面,大家都只能从自己的专业出发,分类对口地去了解某一特定方向的汉学成果,从而使我们的知识从整体上显得支离破碎;另一方面,任何个人又的确不可能全盘了解整个汉学,他干脆连这样的念头都不要生,否则就只能成为彻底的杂家,不仅没有请别人入自家之瓮,反而丢了自己的专业和优长。

解决这个矛盾的唯一办法,就是充分发挥集团的优势。尽管我本人一直主持着一项小小的汉学译介工程,可我在回答《北大研究生学志》的提问时,只把它比作自己的一个"精神私生子",从来就没想当个"汉学通"。而且,即使仅就北大中文系的范围而言,我也有许多需要向大家请教的地方。比如对于汉学家在研究中国文学方面的成就,我的把握就肯定赶不上这里的乐黛云教授、陈平原教授、葛晓音教授、钱理群教授,以及许多其他我还无幸结识的教授;而对于汉学家在研究中国考古金石方面的成就,我的把握也肯定远不如这里的李零教授。这还只是就学科而言,而如果就国别而言,更加值得指出的是,相比于严绍璗教授的日本汉学研究和孟华教授的法国汉学研究,我充其量也只是对美国汉学稍有了解而已。这种知识上的互补性,也正是可以看好我们的合作前景的原因之一。

鉴于我本人知识上的局限,今天的话题就只能大体限定在美国汉学。而说到这一点,则需要顺便澄清一下:什么是"汉学"?什么又是"美国汉学"?先来看前一点,从日常语言学派的观点看,语言的游戏规则既是约定俗成的,又是随着生活实践不断变化的,所以现代汉语中的"汉学"一词,它的意思就不再是"宋学"的对称,而大致可以跟"国学"互成对待。后者是国人对其祖国的研究,可以说是"内省"的"中学";前者是外人对其"外邦"的研究,可以说是"旁观"的"中学"。在这一点上,我们没有必要学台湾人,他们讲的"汉学"是跟"和学"相对的,在很长一段历史时期内,小孩子到了入学的年龄,不是进"汉学堂"就是进"和学堂"。正因为这样,李登辉表现出的"族群认同"才会出现这样大的问题。

接下来需要澄清的则是,这样的一种汉学,在知识类型上属于他国"区域研究"的一个分支,是应着其他文明从自身需要出发来认识中国这样一种问题意识才确立的,因此,它从逻辑上就必然是外国知识生产过程中的精神产品,并必然随其本土知识生产方式的转变而演进。由此,随着西方学术的自我演变,"汉学"一词在现代就势必衍生出宽窄两义。广义上,它可以指称"一切非本土的研究中国的学问"。狭义上,"汉学"(Sinology)一词则与以现代方法来研究现代中国的"中国研究"(Chinese Studies)相对,仅仅指以传统方法来考释中国古代文化特别是经典文献的学问,它属于经典研究(Classic Studies)的一种。

由此,我们就追问到了美国汉学的特点。尽管在美国并非完全没有传统意义上的"汉学",但就其主流而言,他们的汉学却无疑属于"中国研究",或者说,属于新派的汉学。我们这套书之所以取名为"海外中国研究丛书",而自觉地跟王元化先生的"海外汉学丛书"区分开,正是因为一开始就把侧重点放到了新派的美国。此中基本的区别是,如果老派的汉学属于标准的人文研究,那么新派的汉学则超出了这个范围,带有相当的社会科学色彩。作为地区研究的一个分支,它是一门以近现代中国为主要对象、以追问中国现代化进程为基本宗旨、以广义的历史学研究为主要形式、横跨着和调动了各种学科的综合学问。从优势上说,这种研究打破了传统汉学的学科界限,把各种社会科学理论及方法都拿到中国史中实验,大大拓宽了以往的研究视野和论述内容。但硬币的另一面却是,过于急功近利地专注于追问现代化问题,也容易使传统文化遗产的精神价值受到忽视,使古代中国文明的特有历史轨迹受到忽视,甚至反倒给理解中国的现代化问题制造了障碍。

附带说一句,美国汉学还有一个非常显著、却往往被人们忽视的特点,那就是作为一个综合国力独步天下的移民国家,它比任何其他国家都更容易吸纳中国本土的知识分子,将其补充到他们自己的研究队伍之中。这种特点到了中国大陆改革开放以后,就变得更加突出,因为我们派出去的大量留学生,十有八九都在那里改搞了中国研究,其中不少人明显要成为下一代汉学的中坚。这种情况就意味着,就我们刚才所做的国学与汉学的划分而言,在美国那里更是你中有我、我中有你。当然,眼下媳妇们大多还没熬成婆,所以我们现在看到的情况,更多的都是拿着洋腔洋调,被迫顺从美国导师的安排和偏好。但从长远的眼光看,研究队伍的这种成分变化,毕竟会使研究内容起相应的变化。另外,将来大洋两岸的交流也会变得愈加顺畅;这是中华民族存储在大洋彼岸人才银行里的资本,就看我们会不会提取了。

做完了这些界定，我接着就向大家汇报一下，自己是如何在主持这项工程的过程中，逐渐摸索汉学的基本脉络和布局，反复思考它对本土学术的应有影响，从而一再调整自己的既定目标的。表面上看，"海外中国研究丛书"好像是一以贯之地连出了50本，而且还有20本左右正在翻译、审校和排印的过程中，但在我个人的内心世界中，这些书籍的意义从来都不是一成不变的。

在这项计划启动之初，我曾在丛书的总序中写道："这套书不可避免地会加深我们一百五十年以来一直怀有的危机感和失落感，因为单是它的学术水准也足以提醒我们，中国文明在现时代所面对的决不再是某个粗蛮不文的、很快就将被自己同化的、马背上的战胜者，而是一个高度发展了的、必将对自己的根本价值取向大大触动的文明。可正因为这样，借别人的眼光去获得自知之明，又正是摆在我们面前的紧迫历史使命，因为只要不跳出自家的文化圈子，去透过强烈的反差反观自身，中华文明就找不到进入其现代形态的入口。"说实在的，逐字逐句地译介别人的"中学"，要比心悦诚服地译介他们的"西学"，更容易使人汗颜使人悲从中来。不妨试问：曾使我们绞尽脑汁的大陆上的西学研究，又能有多少成果受到人家同等的器重？所以双方在研究水准上的差距是无可否认的。

但如今再来回味这段话，当年潜伏在我心目中的，与其说是崇洋媚外，倒不如说是求真意识。当时我最服膺的名言之一，是所谓"学术乃天下公器"，而隐藏在这个"公器"之下的前理解，自然也就是"学者均心同此理"了。并不是说，外国人就一定做得比我们好，外国人就不会犯错误，但做学问毕竟是有一定之规的，只要不受政治运动的干扰，只要能有充足的科研经费支持，那么如果他们犯下了错误，就迟早会被大家共守的治学准则所矫正。在这个意义上，挑选一些做得比较好汉学成果翻译出来,只是因为人家帮我们提出和搞清了许多问题;这些问题只要能假以时日和条件,我们自己也照样会提出和分梳清楚,但现在既已有了现成的答案,就没有必要再做重复之工了。

即使到现在,我也不觉得上述想法没一点道理,所以我这次专门挑了两本新近推出的译著,来演示它们如何满足了我们的求知欲。

我们先来看郝大维和安乐哲两位教授的《孔子哲学思微》。这部著作的英文标题是 *Thinking Through Confucius*,所以台湾那边把它译成《悟透孔子》,并不是没有字典根据的。不过后来我仔细看了上下文,却发现这个标题原来是个双关语,既有 think through 孔夫子的意思,又有 through Confucius 而思考的意思,很难用汉语同时表达出来。由此,仅从"通过孔子而思"这一点就足以看出,这本比较哲学著作原是写来反驳欧洲中心论的。具体而言,就是反对西方人以自己的架构和取向,来强求孔子的思想就范,相反倒是应该把儒家哲学当成具有独特价值的精神支点,来反省西方哲学自身的某些基本取向。

然而饶有兴味的是,相对于儒家文化圈的学者来说,这本比较哲学的著作却能带来相当别致的阅读效果:参对着西方哲学的某些基本预设,来反忖自家思想深处的文化本根,这种解读策略就不再是"通过孔子而思",而是"通过苏格拉底而思"了。尽管郝大维和安乐哲均隶属于欧美的思想谱系,而非来自儒家社会的文化保守主义者,可其行文间却不但没有流露文化沙文主义,反倒表现出对中国文化本位的"固执";而且,由于其西学学养更易于举重若轻地剖析欧美传统,他们就反比某些以非母语去读解这种传统的中国作者,更易于反省其有限性与相对性,不仅不会像全盘西化论者那样自以为真经在手,甚至比某些新儒家的代表,更能自觉对抗西方话语的无形支配。

书中给人印象最深的、也是最具挑战性的论点,就要数他们对"内在超越"这种提法的异议了。先来回顾一下相关的学术背景。记得我在"文化热"的高潮中,先是从余英时的文章中、后又从牟宗三的著作中,读到了"内在超越"这种说法。初读起来当然莫测高深,但后来越是仔细寻思,就越觉得它恰好比是"方的圆"。就"圆"的一面而言,它确实借"超越"二字,凸显了在人格修持方面不断上提的涵养过程,从而有助于体贴和表达儒家伦理学说的丰富层次。但就"方"的一面而言,它又确实无法照搬"超越"一词,去突破仅以"从心所欲不逾矩"为修身极境的内在限制,甚至反倒有碍于妙悟和分说由"上下同流"的宇宙论预设所必然派生出来的中国文化的审美精义及悦乐心态。这种困惑我当年在博士论文中就曾提到过。

然而如果进行深层阅读,要害却不在于追问这种提法制造了多少迷雾,而在于思索人们为什么不自觉地制造了迷雾。不容否认的是,个中的难言之隐恰恰在于,在西方话语的长期重压下,外来的"超越"一词早被"价值化"或者"正当化"了;所以,人们已顾不上分辨究竟是在释读中国哲学还是"准西方哲学"了,因为在救亡保种的重负之下,好像不在本民族的历史中生造出类似的文化基因,便不能为中国文明争夺进取的冲力和生存的权利。想清了这一点,我们才会彻悟到,惟其不再将"本体"与"现象"的二元割裂视作不证自明的天经地义,才有理由在即使判定孔子未曾设定超然的绝对本源和形上支点时,也丝毫不替中国文化心虚气短。

因此妙就妙在,偏偏是这两位意识到了本有精神传统之限制的西方作者,反而并无偏见或歧视之嫌地指出,由于"内在"和"超越"这两个源于西方的对立概念在逻辑上不能合取,所以如果非要用西方术语来刻画儒家,那么孔子哲学的基本预设毋宁显示了"内在而不超越"的特征。他们为此而提供的学理根据是:一方面,原理在欧美哲学传统中的支配地位,必然在精确语义上要求对于"超越"的设定——"严格意义上的超越应被理解为:如果原理乙的意义及重要性不求助于原理甲就不能被充分地分析和理解,可反过来却并绝非如此,则原理甲对原理乙的关系便是超越的。"而另一方面,体现于中国思想传统中的从自然主义的立场来解释存在的强烈倾向,又远未向即使像"天"这般高高在上的概念赋予独立于世界之外的先存品格和创世能力——"天是全然内在的,并不独立于构成自身的现象之总和而存在。断定由现象'创造'了天,跟说由天创造了现象同样正当;故此天与现象间的关系乃是相互依赖的。天的意义和价值取决于其诸多表征的意义和价值,而天的秩序则体现在由其相关部分所达致的和谐中。"

当然需要说明的是,在思想史研究的领域中,像郝大维和安乐哲的这本书,以及葛瑞汉的《论道者》和芬格莱特的《孔子:神圣的凡夫》,在汉学著作中都几乎属于特例。因为这些人原都是知名的英美哲学家,所以一旦处理起思想史来,比之于纯粹东亚系出身的汉学家,更能显出思想的力度和透彻,不会受制于一般的俗见,只会去追问中国有没有过自然科学、有没有过自由人权、有没有过开出现代性的可能。

然而这并不是说,纯粹科班出身的汉学家就不足观。我们再来看最新出版的这本《血路》,它的副标题是"革命中国中的沈定一传奇",作者是以研究浙江精英闻名的萧邦奇教授。说来见笑,沈定一乃何许人也,刚在国外翻到这本书的时候,我脑子里竟是一片茫然,所以"ding yi""ding yi"地拼了老半天,也弄不清这是哪两个汉字。

由此原以为这不过是无名之辈,可是略加翻阅却发现不得了,原来他既是中共一大的代表,又是国民党西山会议派的领袖!试问咱们的百年历史中,还有比这两次会议更重要的集会吗?可更加蹊跷的是,不光是我个人无知,回国后一查工具书,连公认编得最好的《近代史辞典》也同样无知,它干脆连沈定一这个词条都没有!这究竟是怎么回事?直到把这本书读完,我才琢磨过味儿来!沈定一这个人物实在太复杂了:如果从书中着重描写的上海、杭州和衙前这三个场域来观察,他居然分别扮演了左翼报人、国民党省党部主席和农民运动领袖这样三个角色,最后还不知道叫谁给暗杀了。你叫咱们的近代史专家怎么归类?干脆省去这份麻烦算了!

所以,正如萧邦奇教授所写的:"'我们不知道他是好人还是坏人',当地官员在凤凰山上如是说。为什么?看一看他下面的头衔:地主、知县、省议员、西山会议派领导人、国民党保守派代表人物、地方精英领袖,这些头衔正如'文化大革命'时农民炸开他的坟墓时所说的,都够得上'黑五类分子';再来看看他做的事:领导抗租运动,并鼓励动员工农群众,鞭挞巡抚的父亲,怒斥省督军,呼吁不怕牺牲赶赴广州争夺权位,伺机寻求东山再起,以新思路、新观念使掌权者胆战心惊,从这些事迹来看,其色彩又是红色的。"也许,循名责实这种把握世界的方法,在人类而言是共同的,不过我们也应当承认,在极"左"思潮的影响下,这种方法的缺点被我们弄到了极致,命名简直就像"文革"时的"戴帽子"一样!

所以,沈定一这个选题好就好在这里!它以一个极端不好分类的特例,颠覆着经过两极简化的宏大历史叙事,从而深刻地提醒人们,我们身后的历史,原本是由日常生活中无数细小、偶然、主动的个体选择所决定的。因此一方面,从微观的角度看,个体的身份认同从来都是闪烁不定的,它要随着社会的持续变迁进程而不断更替,另一方面,从宏观的角度看,历史的进程也决不受目的论和决定论制约,它要取决于千百万个体选择所形成的基本动力机制。那种把历史人物看成不是好人就是坏人的史观,或者再稍加一点掩饰和修正,还有犯了错误的好人或者偶有功绩的坏人,简直就是"见与儿童邻"了。

当然话说回来,对汉学家的成就也不能迷信,哪怕他是公认的汉学大师。比如就拿我译的《蒙元入侵前夜的中国日常生活》为例,作者谢和耐教授作为法兰西学院当年唯一的汉学院士,其权威性当然是不容怀疑的。对于这本书的好处,我在《今宵梦醒何处》这篇文章里,也已经作过充分的肯定。而且,我在翻译这本书的过程中,也确实觉得非常感动:一位远在他乡的学者,完全凭靠纸面上的阅读,来还原一个异国的生活情调,探入古代中国的潜文化,这得要下多大的苦功呀!不过即便如此,你还是能够感受到他的局限,比如他居然根据阿拉伯旅行家那些不足征信的材料,由杭州城里的房荒而推定,当年的富人都是住平房或两层小楼,而穷人则多住三到五层的高楼;再比如他居然根据肉类的消费量推定,杭州城里的穷人才吃米饭和猪肉,而富人则更加偏爱羊肉;甚至他还把"酒烧香螺"这样的小食,说成比"宋五嫂鱼羹"更加高档的菜肴。这些误解都相当耐人寻味,因为作者无疑是根据巴黎的郊外别墅和市内公寓,来理解杭州城里的富人区和穷人区,想不到无论是从当年皇城的形制出发,还是从古代建筑的材料力学出发,都根本不允许穷人住这样的高楼大厦;另外,他也肯定是从法国人对烤面包和小羊排的爱好出发,来判定中国的穷人可以大嚼米饭和猪肉,想不到中国的饮食文化可以说是猪肉文化,连皇上也主要是进食这种体外蛋白的;至于他为什么把炒田螺这样的菜肴看得那么高档,更是因为他长了一个法国人的酷爱蜗牛的胃！由此可见,受切身经验和人生阅历的限制,汉学家在理解中华生活世界的时候,会受到生活实感的巨大障碍。

再往更深的层次探看,汉学家受到的主要限制,更在于他们的学术话语本身。我们已经提到过,汉学在知识谱系上是西方区域研究的一个分支,由此便决定了,他们的学术活动只能从本有文明的自身需要出发,向自己所属的知识生产体系负责,去延续和发展他们本身的学术传统。这样一来,一方面你会生出感慨,觉得他们的研究太爱花样翻新,甚至极而言之,受现存国际学术霸权梯次的制约,简直只要法国巴黎打个喷嚏,美国加州那边马上就会伤风咳嗽,紧跟着中国研究也就高烧不止,以至于你作为这套书的主编,也不得不紧张地追踪美国汉学的范式更新,因为有时候重要的并不在于人家写了什么,以及你的直觉能否接受,而只在于他是沿哪种路数写的。但另一方面,你又会猛然间恍然大悟,觉得他们无论多么求新求变,仍然有万变不离其宗的盲点和误区！

这方面最明显的例证,就要数美国三代汉学的内部争论了。表面上看起来,相对于费正清的"冲击—回应"模式和列文森的"传统—现代"模式而言,以柯文等人为代表的第三代美国汉学家,已经开始主张以"中国中心观"为纲领,来发掘中国本土社会的历史主动性和内倾延续性了,但是,由于他们关心的主题,仍是中国过去的历程到底有利于还是不利于朝向西方文明框架的"现代化转型",所以这种研究纲领就仍然摆脱不掉"西方中心观"的束缚。即使已经希望"在中国发现历史",他们的要旨也仅限于去追问,这种历史中的潜在活力究竟是否有助于打破中国传统社会的内在结构,所以其结论仍与中国的事实有相当的隔膜。这种隔膜大体表现在两方面:首先,如果就整理未被西方文明撞碎之前的中国传统而言,由于只图发现在中国文化从总体上受到"创造性破坏"的同时,到底还有哪些文明碎片又足以被"创造性转化",所以他们就无法看出,在过去的文明系统中,应这种文明结构自身要求而发育出来的种种文化因子的原有功能。其次,如果就认识中国历史的现代进程而言,由于刻意要反拨老一代汉学家的"冲击—回应"模式,牵强地在中华文明内部勾勒出一种"现代化指向",反而矫枉过正地低估了近代以来西方文化对中国历史的影响力度。总而言之,受韦伯主义思想惯性的制约,他们总是不由自主地把"能否产生合理性资本主义"的问题,当成一把梳理中国史料的篦子(黄仁宇的"数目字管理"是其中最恶劣的例子),从未转念思索另一个更深刻的问题:至少从中华文明的价值理念来看,这种现代化运动的实质并不合理,因而绝不可能在中国古代社会内部自发地滋生出来的。由此可见,仅仅"在中国发现历史"还远远不够,还应当向他们断喝:必须到中国去发现文明和价值!

这方面的例子不胜枚举,我在以前的文章里也说过不少了。这次我想说一下黄宗智的新著《民事审判与民间调解》。这本书的副标题是"清代的表达与实践",意在通过对当时民法制度实际运作的分析,来凸显在清代法律的实际特点。具体而言,是企图证明民事诉讼在数量比例上、在衙门行政中所占的地位上、在当事人的性质和动机上、在知县判案的根据上、在衙门胥吏的行为上以及在诉讼费用等问题上,实际情况都与官方表达有很大差距。由此作者就得出结论,清代的法律制度是由高度道德化的表达和比较实际的运作共同组成的,它在这两方面是相互抱合、对立统一的。

也许作者的本意已经是求新求变了。但我在读完这本书以后,却在读书笔记上不由得写下了这样一段话:"其方法论不过'亦此亦彼'耳,即中国既有民事审判又有民间调解,既讲究道德又讲究法制,既有实质合理的法律又有形式合理的法律。尽管由此对韦伯的结论进行了小小的补正,反益使中国事实陷入一种不合体的西方框架。由于对儒家话语不能同情地了解,他就只能从工具的角度解释中国的法律及其操作,看不到儒家本身作为一种终极价值指归,可以赋予法律以根本不同的意义,更看不到我反复张扬过的那种'偶合'现象,也就是说,大凡经过长期历史洗汰后留下来的传统,你会发现它左右都解释得通,因为它原本就是由各种各样的合理因素反复磨合后形成的。如果他具备这种眼光,那么他就可以设想:强调民间调解不仅是一种儒家的价值,而且它还是一种早熟的郡县制帝国唯一能够支付得起的制度成本,因此儒家不仅是价值合理的,而且是工具合理的。我们想想灭亡秦朝的两次民变,都是由于形式合理却密如凝脂的法律逼出来的,就不难理解这一点。当然这样他就得彻底转换观念:中国文明并非如他所理解得那样,仅仅是西方文明的一个变种或亚种,而是自成体系自圆其说平分秋色的另一文明。"

先生们!这就是汉学,就是跟国学有着本质区别的汉学!尽管论述的对象看上去都是中国,但它跟我们本土的知识生产体系,却分属于迥然不同的两种学术话语,所以任何看上去中性的信息资料,一旦纳入到这两种话语体系中,就会受不同"前理解"的制约,被给予完全不同的处理。正因为这样,我赞成这样一种阅读心态,只要一打开汉学书籍,就必须保持警觉甚至与之搏斗,去体察它难以逾越的知识界限。由此,潜藏在我们内心深处和逻辑深处的价值取向,就会被更加自觉明确地意识到,我们的创作冲动就会得到大大激发,我们的文思就会源源涌出,我们的国学就会和汉学一起并长争高。

当然话说回来,在思想上与之搏斗,并不意味着事事跟它"斗气儿",否则在一种恶性循环中,汉学译介这种文化交流的典型案例,就会被糟蹋成文化误读的典型案例。向国人介绍西方的"中学",跟向他们介绍西方的"西学",有相当基本的差异。后者很容易被当成心悦诚服的"取经",即使对其中的细节处理不够满意,也只有通过进一步阅读来扩充视野,即使对其中的理论框架无法同意,也至少可以当成精神对话的另一极。而后者则容易被当成"照镜子",如果自己的影像跟预期差距太大,就会从本能上进行抵触。所以,决不能主张任何认识论霸权,认为中国只有中国人才能研究,否则就会挑起无休止的"内外之争",悲观点儿甚至可以说,就会形成一种循环往复的不断误读:先由西方学者来误读中国,再由中国学者来误读他们的误读,又由西方学者继续误读中国学者对他们的误读……这就掉入黑格尔意义上的"恶无限"了。

要打破这种恶无限,就必须在文明间学会平等的对话。既然在我们的知识视野中,势必出现双峰对峙的两派"中学",既然国学和汉学互成对待这件事本身,就暗示了彼此实际各有局限,谁也不可能穷尽所有的真理,那么,我们对汉学家的成果就必须学会宽容。在这种心情下,我惊异地发现,原来大大出乎自己的逆料,如果这套书还算有点贡献的话,那并不在于它孤零零地引进了多少正确的断论,而在于它不很自觉地以相对完备的覆盖面,引进了一个活生生的自我更生着的学术传统和治学过程,构成了外在于我们精神活动的独立参照系。于是在我的内心中,这套书的选题标准也发生了微妙的变化,它不再从个人的见解和直觉出发,去简单判定某本书"是对是错",而更希望从原有的学术语境出发,考量它能否代表那个知识领域的最新或主导倾向。即使对那些一时难以接受、甚至乍看几同儿戏的论点,它也开始变得越来越宽容和谅解了。我甚至在《国学与汉学》中说:"恰因为'汉学'在知识谱系上属于'东方学',能够'全息'地舶来外缘文化观念,才反而更值得好好研读,以便既取其具体结论又取其基本方法为己所用。缘此,不光应当感激国外同行的学术'洞见',促进了国人的多元自我意识,使大家广角地环顾着中国,甚至还应感激他们的文化'偏见',诱使国人去努力理解别人的立场,进而渐次管窥到了西方。"

也许哪位先生要疑虑:你这种态度是不是太和稀泥了?要是连中国的基本形象都弄不清楚,还能对父母之邦负起道义责任吗?这确实是非常严峻的问题。为了防止现有的知识被彻底相对化,使人只要一涉足中国研究领域,就马上陷入一大笔糊涂账,连最基本的是非都不敢执信,连最基本的事实都不敢首肯,我们又有必要大张旗鼓地强调——引入外来文化刺激来促进今后的知识革命,借助多元研究范式来颠覆旧有的心理定势,都只是一种必要的手段而绝不是终极的目标。尽管国学与汉学的兴奋点不同,有时简直到了戏剧性对立的地步,比如正当这边郭店竹简走红的时候,那边的热点竟是《制造孔子》这本书,认为孔子这个人根本就是子虚乌有,然而,正因为当今天下是"公说公有理,婆说婆有理",我们就更不能满足于这种分裂的状态,而应企盼"公"与"婆"能尝试建立起码的共识,于是,一个真正超越国界和捐弃褊狭的"中国学",正在我们的心念中呼之欲出!

这种憧憬中的学术"大一统",并不是要以消磨彼此的治学特性为代价。恰恰相反,即使在"中国学"这个有限的经验领域,也应当主动鼓励、而不是消极泯灭精神样态的无限多样性。如果到现在还像我当年那样认为,汉学家只是在帮助我们提出和解决问题,那就有点幼稚可笑了。在文化交流和传播正步步深入、各文明间的关系正日趋密切的现代世界,从根本上说来,中国早已构成了其他文明的生活背景之一,故此也早已不再仅仅属于我们自己。因此,在汉学家提出问题的独特视角、解决问题的独特方法以及潜藏其后的独特话语体系中,肯定会屡屡出现属于他们自己的、并不为我们所熟知的"中国形象"。而对于这种总在颠覆着我们现有自我意识的学术成果,我们其实并无特权去嫌好道歹地判定,别人的种种结论反映了其优点抑或缺点,而只有理由虚怀若谷地承认,人家的种种看法反映了他们自己的治学特点。只有从这种思想认识出发,我们才有可能把未来的超越国界的"中国学",真正设想为生动活泼的、兼听则明的研讨班。

毫无疑问,要建立这样一种中国学,光靠译介汉学著作是远远不够的。所以近年来我一直在苦苦寻思,如何不断向国人提供新的汉学代表作品,使之从中发现值得认真对付的交谈对手的同时,也试探着向国外学界进行良性回馈,以同样帮助他们克服自身的研究局限。为此,从学术策略上考虑,就必须努力创造跨国的学术论坛,使汉语尽快转变为国际学术的工作语言。具体说来,就是要挣脱以下两种"别人嘴大、我们嘴小"的被动局面。首先,相当一段时间以来,由于"东西""南北"交织的种种落差,"改革开放"居然仅仅意味着,要么就由海外学者走进来,到中国采集原始的素材数据,要么由海内学者走出去,到国外提供有待加工的土产,似乎学术实验的重心只在人家那里,而真正称得上"研究"的工作也只在人家那里。其次,不管是什么原因造成的,反正眼下的中文学刊无论品位高低,在美国那边全都不能"打分"不能承认,弄得多数留学生根本不敢用汉语写作,生怕耽误了艰难的谋生活动,这就既抑制了他们的学术产能,也不利于调动海外兵团的积极性,使其效命于汉语学术的崛起。

基于这种考虑,我现在非常兴奋地向大家报告,经过近两年耗尽心力的努力,我们的《中国学术》季刊终于要马上就要由商务印书馆推出了!这是一份面貌全新的杂志,它采取了这样几个基本策略:第一,在格式上完全国际化,不再为论文划分细栏,也不再强求篇幅的短长,以免让国外同行觉得不规范;第二,主办单位由哈佛—燕京学社担当,以便借助哈佛的势能,来向对方学术的腹地扩散,尽快获得国外学术界的承认;第三,学术委员会由海内海外各出一半,连编辑部成员也是海内海外各出一半,以便从一开始就获得双方的认同;第四,严格实行通行的双向匿名评审制度,而且逐步做到海内的文章由海外评,海外的文章由海内评,以从心念深处争取互动和互补;第五,所有的文章必须译成中文发表,而且所有的文章都要求首次发表,以便逐步养成国外学者靠阅读中文来追踪学术最新进展的习惯。在这样的策略下,我们把自己的纲领宣布为:"提升我国人文及社科的研究水准,推展汉语世界的学术成就;增强文化中国的内聚力,促进中外学术的深度交流;力争中文成为国际学术的工作语言,参赞中国文化现代形态在全球范围内的重建。"衷心希望诸位能成为我们的道友,使这个杂志逐渐成为大家的事业!

  最后我要说,如果真心憧憬"中国文化现代形态在全球范围内的重建",那就必须清醒地意识到,我们的学术灵魂能否最终得救,很大程度上取决于能否完成理论创新。必须清醒地意识到,任何的理论创新都有天然的辐射性,也就是说,在此后的知识增长过程中,它总会被合法地试用于其他经验。由此,只有重视理论思维富于思考活力的文明,才可能对别人显出深刻的影响,在国际学术这个激烈的话语竞争场上立于不败。其实,这正是美国汉学能给我们的最大挑战和启示。一方面,我们应当感谢我们的西方同行,把本身必然具有"辐射效果"的理论框架,率先应用于对中国经验的把握,而且这种实验无论成功与否,都是认识不断深化的必经路途,否则我们对西方的种种文化理论,还只能空洞地当作思想史或方法论史来读。另一方面我们又必须心存警惕,他们充其量也只是拿西方主流话语中的既定框架,部分成功地寻找着跟中国材料的接榫点,所以虽不应否定这类思想游戏的实验意义,但同时也要看破,只靠这种小打小闹的范式更迭,不仅无益于凸显中国经验的世界性意义,还有可能使对它的诠释永远沦为西方研究的副产品。

正因为这样,决不要因为美国汉学的某些失误,特别是它误用了某些新理论,就因噎废食地厌恶理论思维本身。哪怕是再空疏再荒唐的理论,也必须用更体精思微的理论来代替它,而不是用纯粹的经验主义去代替它。所以"理论创新"四个字,理应成为我们念兹在兹的东西。首先,它更能提醒在理论思维和经验事实之间的小心翼翼的平衡,而不是仅仅去修补外来研究范式的篱笆;其次,它更能突出本国传统资源的能动作用,而不是片面强调外缘文化模式的解释功能;最后,它更可以扩散这种研究在世界范围的辐射,而不是把它的贡献和意义局限于中国一隅。深愿大家能以此志共勉,不再把我们的事业仅仅当成某种地区研究,而是看作有可能结出世界性理论成果的园地,看作有可能产生重大思想智慧的温床。果如此,则汉室之隆,可计日而待也!

1999 年 12 月 8 日讲演于北大
2014 年 11 月 1 日订正于清华

六 日本

把东亚还给东亚历史

封闭的开放

日本的"小大之辨"

把东亚还给东亚历史

——中日关系的反思与愿景

1. 这样一个标题,也可以写成《把东亚历史还给东亚》,不过我紧接着又写下的副标题,却无论如何都是不变的,也即整理有关中日关系的零乱思绪,通过对于过往历史的批判性回顾,来反思两国还能否达到长治久安,至少是为此而提出值得去追求的愿景。

首先要挑明的是,在这个令人头疼的问题上,我们实在太需要一种超越型的大智慧了,——以引领人们走出目前这种胶着并恼人的困境,来追求和获得东亚地区的长治久安,而这种足以让我们放宽眼界的大智慧,则只能来自深沉而透彻的历史感。

事实上,早在我动念想去创办那套"西方日本研究丛书"的时候,就已经隐约地预感到,如果任由对于历史的茫然无知,且又放纵充满嫉恨的浅近经验,去对应迅速发展的东亚情势,就一定会走向难以自拔的泥潭。

不过我也得坦率地承认,我当时仍然未能够逆料到,这方面的危机竟会来得如此之快。它不仅使得旁观的人们为之目瞪口呆,看来也使得当事的政治家们很难理出头绪了。

2. 然而,正是作为理解背景的东亚历史,却可以令人信服地告诉我们,在受到西方传来的现代性所裹挟之前,或者说,在尚未被西方文明所剧烈冲击之前,这个地区的历史曾是长期稳定而平衡的。

不可否认的是,在这块目前被称作"东亚"的地区,中国文明曾经长期具有主导性的文化势能,特别是唐宋两朝,不仅自己处于关键的转换期,也给周边地区带去了文明的果实。——由此同样不可否认的是,一旦来自中国的儒家思想,在东亚地区成了占主导的观念,其胜残去杀、止戈为武的价值观念,本身就构成了稳定的关键因素。

虽然中华帝国当年所谓的"朝贡体系",也带有一种虚拟的或象征的不平等,但毕竟,却只出现过一次例外情况,才给这个地区的长久和平带来了威胁,然而那严格说起来,却是来自尚未完全"中国化"的蒙元王朝。——这意味着我灵活地认为,文明及其疆域曾经是充满动态的,故历史上常发生这样的情况,先由某个外族在一时战胜过汉文明,却又因为这个文明的文化高度,而在此后"中国化"的过程中,逐渐融化为该文明的有机部分。所以,也只有到了该王朝的中晚期,它的行事方式才能代表中国文化。

这种对于遥远身后事的历史回顾,并不是子虚乌有的天方夜谭;相反,它才是借以展望东亚未来的关键支点。从法国年鉴学派的布洛赫开始,人们就一直在为"历史学有什么用"而苦苦思索,不过在我看来,人们以往围绕它的辩护,还是显得太过消极了。——转念来看,正如眼下我们所看到的那样,就人类自身的远大前途而言,还根本没有什么别的学科,能比结晶了人类经验的历史学更有用处。

3. 然则,无论是属于"机会"还是"危机",抑或两者兼而有之,一旦现代西方的生产与生活方式传入这个地区,以往的平静相处就不得不被打破了。正如我早就提出过的,后发现代化国家的发展轨迹,除了有自身内部纵向的"路径依赖"之外,还有彼此之间横向的"路径互动"。

也就是说,像中、日、韩、俄这样的近邻,由于在空间上太过接近和挤压,一旦它们同时启动了现代化运动,从而空前地向外伸出触角,那就往往会陷入灾难性的竞争关系,从而其彼此的发展路径之间,就会不可避免地相互干扰。这也就是人们曾经嗟叹的,在现代化的关节点上,只要是"一步赶不上",那就会"步步赶不上"了。

应当毫不犹豫地指出,这样一种残酷的竞争关系,曾经给中国与韩国的——其实也包括日本本身的——近现代历史都带来了深重的灾难。这也曾促使老一代中国人经常就此感叹说,现代中国有了如此"虎狼般的"近邻,实在是再不幸没有的事情了。

当然正因乎此,也让我们坚定地、并且充满赞赏地说一句:类似于勃兰特或者村山富市那样的忏悔,其实并没有什么丢人与羞耻,相反倒是这种胶着历史状态的良好解药,所以应当为这种有勇气的行为,真诚而热烈地鼓掌喝彩。——无论从什么意义来讲,他们都应被视作本国的功臣,因为否则的话,正由于自己迟迟不能摆脱历史包袱,反会对邻邦生出更多不应有的疑虑,又给今后带来更多的不安定因素。

4. 不过,陷身于当前这种胶着的情势,我们还应进一步看到,由此所造成的相互干扰与阻断、且又导致了记恨与猜疑的历史,不光是留下了一个可怕的过去,还正给中日两国间当代的历程乃至未来的历史,预埋下了很多非常值得警惕的陷阱。

在这种情况下,我们甚至可以从另一种意义上,来运用"后殖民主义"这个术语,——它意味着即使殖民主义者走了,但他们却并不是留下了真空,而是在身后留下了浓重的阴影;由此,他们在被迫撤离时所念出的魔咒,到现在都还束缚着人们的手脚与思想。

实际上,也远不止眼前这么个光秃秃的、似乎故意被模棱两可地留作引信的小岛,让我们看看印度与巴基斯坦之间的冲突历史,以及大量非洲新兴独立国家之间的冲突历史,打量一下它们之间被人为划定的、完全是直线式的机械边界,就可以明显看出这种预留的危机。

在我看来,这种危机有时候是无心留下的,有时候则是故意留下的;此外,它们有时候表现为定时炸弹,有时候则更表现为遥控炸弹。

5. 既然如此,就更要从宽阔的视野看到,其实日本在战前的那种扩张意图,也无非是由早期资本主义的生产方式所逻辑要求的。也就是说,那原本正是早期西方列强所走过的老路,只不过后来轮到日本也想走这条路时,那路旁碰巧有个韩国、中国和俄国。

由此在一方面,当然还是要毫不犹豫地指出,日本当年对于朝鲜和中国的扩张,尽管是受到特定的历史结构所制约,并且在某种意义上,也可以说是为现代世界的压缩空间所逼,却仍然属于不折不扣的、充满罪恶与血腥的侵略行径。而且,正因为日本当时尚未完成自己的现代化,所以即使以西方殖民者们的、本来就属可疑的标准来衡量,日本军队的文明水准都是远远不够的,这在西方所拍摄的影片《桂河大桥》中,可以清晰地看出来。

但在另一方面,也应当更加开阔与平心地看到,西方人在判定这类扩张问题时,向来都有着暗中袒护自己的双重标准。比如,尽管肯定不乏相应的阅读面不大的历史著作,然而至少是一般的西方公众们,决不会同等地看待自己(包括自己的祖先)对于印第安人和澳洲土著人所进行的、很可能是更加野蛮的灭绝活动。

正因为有了这种有意无意的视差,我们才可以设身处地地理解,为什么日本人对此也往往很难心服口服:难道你们当年向着其他依附性地区的扩张,就可以被历史的逻辑所允许,就应当算是符合道义的潮流吗?为什么一旦大和民族想要有样学样,就必须为这桩历史大罪反复道歉?

6. 顺便说一句,尽管奉行"双重标准"对于任何一个有限性的主体,看来都是不可能完全避免的,然而,这对于一个打着"普世价值"旗号的文明来说,仍然会显得格外难堪甚至"伪善"。

正因为这样,在近现代的中国社会中,至少是从由巴黎和会所引爆的五四运动开始,每逢西方世界赤裸裸地亮出它的"双重标准"来,都会给正在迷恋其"普世价值"的人们以当头一击,从而给此后的历史带来恶劣的影响,甚至带来灾难性的决定扭转。

正是鉴于这种情况,我才在《公理与强权》一文中痛切地回顾——

> 打从接触西方的第一天起,我们就把世界舞台的真正导演,看成是依仗船坚炮利的蛮横"强权";此后经由长久绞尽脑汁的"盗火",才看清那强势背后的"群己权界",并把它看作普适文明的基准"公理";可恰值那个正为"自由"弘法的五四,这个"进步"世界却公然张口鲸吞,再次迫使注意力集中于深重的外侮;一直到饱尝了闭关锁国的惨痛代价,才又重在"改革"和"开放"之间画上了等号,诚心诚意地想要伸出双臂拥抱世界……没想到风水还要轮流转:似乎越是低首下心地要向西方学习,这位老

师就越匪夷所思地痛打学生,越朝着别人指明的方向寻求着"进步",那个文明世界就越表现出野蛮骄横!

如果不是出于这样的"双重标准",那么我们今天到底怎么解释,他们对处于同一海域的防空识别区,竟然只愿承认日本先设立的,而不愿承认中国后设立的?而他们对一前一后发生在科索沃和克里米亚的公投,也竟然只愿承认有利于西方的,而不愿承认有利于俄罗斯的呢?

7. 幸运的是,似乎历史发展的隐秘锁钥,也潜藏在刚刚过去的进程中。不管怎么说,如今都早已过了资本主义的那个早期发展阶段,也就是说,尽管它的全球化扩张从来都未曾消歇,但它毕竟是采取了更加平和而隐晦的跨国商战的形式。

而与此相应,民族国家之间的那种僵硬壁垒,也早已在这种渐次成为常态的跨国活动中,逐渐变得软化、融化和淡化起来,根本不再需要去动用刀兵来打破。而且,全球经济的一体化水平已经达到了这样的地步:任何一次出于爱国主义的对于某国产品的抵制,都马上会反而损害到自己国家与国民的利益。

正因为这样,任何对于国际大势稍有现实感的人都知道,一方面,从现实利益的角度来看,拥有众多跨国公司的日本,再也没有侵略中国的可能与必要,而另一方面,从文化价值的角度来看,正在稳步朝向传统价值复归的中国,更是绝对没有侵略日本的动机与需要。

那么,事实既然原已明摆在那里,两国间为什么又非要闹成今天的样子,就好像真有什么不能和平共存的理由呢?——这恐怕还是要从头去检讨由麦克阿瑟所留下的战后安排了。

8. 说穿了,这样一种本身就谈不上"正常"的战后安排,原本就是以对于东亚人的文化歧视乃至种族歧视为前提的,唯其如此,当年的占领军才没打算对于日本人也像对待自己的文化同胞——德国人那样,真正要去触及和改造其深层的灵魂。而这样一种看似宽容的放纵,也就给战后的日本预埋下了难以"正常"归入国际秩序的畸形根源。

更加微妙而富于机心的是,也正因为已经提前意识到了日本在文化上或意识形态上的"另类"或"不正常",所以作为一种不得已的防范或震慑,这种战后安排也就只有把日本安放在自己卵翼底下,以免又逃逸出什么不利于美国利益的、被称作"神风"或"零式"的妖孽。

由此,就应当具有洞察力地综合看到,战后强加给日本的这两个方面,实则既是不可或缺的、又是相反相成的。——也就是说,正因为已把它压制在自己卵翼底下,西方才看似大方地、和同床异梦地容忍它保留了对自己的"异己性"。

在这个意义上,我们也可以同情地对日本说上一句,哪怕是在《和平宪法》的正当名义下,如果永远都让一个国家停滞在某种"长不大"的状态,而且不管经历了多长时间的发展,外部环境发生了什么变化,哪怕是设立了必要的限定性条件,也绝对不容许它去越雷池一步,这同样属于并不"正常"的一种形式。

9. 毫无疑问,如果从"短时段"的历史视角来观测,日本还曾经相当得益于这种临时性的安排,甚至还曾在两大阵营的冷战对峙中,由于长期不必承担正常的国防费用,而大量享受到了超额的和平红利,从而获得了令世界瞩目的高速起飞。——同时不可否认的是,处在改革开放初期的中国,亦曾因这种压力下的安排,在它滑向现代化跑道的那个起飞瞬间,享受到了一段难得的和平发展时间。

不过,毕竟到了时过境迁之后,这种战后安排的权宜性、脆弱性和不合理性,也就同样日益明显地突显出来了。正因为这样,无论人们喜爱与否,它都终于会像两德之间的那道柏林墙一样,在"长时段"中显得越来越不合时宜。

在所有的因素中,最让历史的天平发生失衡的发展变量,或者对于日本舆情的最大催化剂,当然还是随着中国的快速崛起,和美国国力的相对下降,仅仅靠《日美安全条约》的一纸保护,已经不能让日本获得足够的安全感了。——看看美国最近在克里米亚的归属问题上,既那么贪婪挑事、四处出击,又那么虚张声势、力不从心,就一定会让某些曾经盲从它的人士更觉胆寒。

而事实上,也只有到了这样的历史关头,日本才会大梦初醒地发现,原来自己在"富甲天下"的同时,居然仍然属于一个"非正常"的国家。——这就是人们经常讽刺它、而它又感到不甘心的现状,即日本国既是经济上的巨人,又是政治上的侏儒。

10. 这种日渐放大的被动、警觉与屈辱,当然很容易激起民族主义的反弹情绪。我们尽管对此肯定是不能赞同,也必须大声疾呼地予以批评,但又应基于由此诱发的文化心理,去理解当代日本那种逆世界公议而动的、对于靖国神社中战争亡灵不加区分的参拜。

再加上,在日本固有的、并又受到保留的文化心理中,原本就有德川家光式的"以小博大"的精神,或者黑泽明电影中的"以死为美"的精神,更不要说,那种冒死攻打珍珠港的武士道精神,又没有像德国的容克贵族制度那样,在战后受到粉碎式地认真清理,凡此种种,就更从文化的惯性上鼓动了个别政客的挑衅。

此外,一个显而易见的诱因则是,美国本身也鉴于中国的快速崛起,而不断宣称要实行"亚太再平衡"的战略,——只不过实现这种战略的必要经费,又因为自身国力的相对下降,而眼睁睁地根本无法去落实,遂只好有限度地去怂恿和放出日本的力量。

可无论如何,所有这种针对中国的危机处理,在我看来都陷入了一个历史的误区,即误认为当代中国的这种快速崛起,反而是不正常的和具有破坏性的,而没有能更加开阔和公允地看到,这正好才开始让历史变得正常起来。

11. 由此,必须一针见血地指出,如果说美国的那种战后安排,原本就出于一番权宜之计,那么,美国眼下这种玩火式的怂恿和放纵日本,也同样属于一种相当危险的游戏,也有一旦释放出来就很难收回、甚至反而咬到自家手指的危险。

正因为这样,我们近来才会如所预期地看到,美国的舆论本身也已开始越来越明确地批判安倍晋三,因为他所欣赏的那部影片《永远的零》,以及它所表现出的"神风"精神,其实就是在从珍珠港、中途岛,到硫磺岛和冲绳岛,用来跟美国军队进行拼死一搏的勇气。与此同时,美国对于日本借去、而迟迟不肯归还的那些武器级的钚,也开始焦虑和紧张起来了。——它大概也开始意识到了,如果日本真正弄出几件核武器,与其说是会用来对付中国的,还不如说是用来挥舞给美国看的,毕竟,中国当年还只是蒙难的苦主,而只有占有巨大优势的美国,才结结实实地用原子弹修理过它。

的确,如果就其真正的用途来说,就算这类核武器再多上一倍,也不可能真正威慑到中国什么,因为它毕竟太过地大物博了;且不说,在这方面更加强大的中国,一旦对它实施起"二次核打击",那么对于并无战略纵深的日本而言,就必将会演为灭国之灾。——日本对于这一点,当然也会心知肚明的。

不过,日本同样可以念念不忘的是,哪怕只是有了一两件这种东西,就至少可以在逻辑上或理论上,具有了向美国"报一箭之仇"的可能,这反而不失为一种心理上的理由,至少可以提供某种陶醉想象的空间,特别是在还想为"神风"申遗的心情下。小津安二郎在他的《秋刀鱼之味》里,就曾在日本军歌的再次回响中,让其主人公借着微醺的酒意,公然道出过这样的台词——"战胜的话,现在你和我就都在纽约。"

12. 既然大家同属于东亚人,就可以共同作出一个整体的判断:从这个地区自身的历史传统与地缘政治来看,只要还是一如既往地任由外部世界、特别是西方势力来随意操弄——尽管我并不一定非要事事都用"阴谋论"来定义这些操弄——那么,这个曾经平静过几千年的文明地区,就仍将像过去那个世纪一般被折腾得永无宁日。

所以,也只有让自己站得更加高远一些,改从历史的"长时段"来纵观鸟瞰,才可以跳出历史细节的羁绊,避开很多看似无法逃脱的陷阱,解开很多好像无法摆脱的心魔,来看到东亚地区的真正远大的前途。

无论如何,当现代化的纸牌开始均摊的时候,无论是中国人民,还是日本人民,也就必须随即跟着清醒下来,而对于两国的幅员、规模、资源、历史和文化,在一种平心和冷静对比的基础上,获得足够明智的现实感。

尽管一个多世纪以来,仗着对于西方文化的快速学习,日本人至少曾在一半的意义上,完成了福泽谕吉"脱亚入欧"的任务,从而相对于陷入衰落与战乱的中国而言,暂时获得了相对而言的、如今似乎已经有点习惯了的优越感,然而,他们眼下更应学会去习惯的,还是在历史"长时段"中的应有常态。

13. 有了这样的长远眼光,首先就日本本身的现实态势而言,就切不可在"健忘"历史的心理基础上,显得过于小气、狭隘和短视。毕竟,中国的起飞如今才刚刚开了个头,它的综合国力才刚从总量上超过你们,而平均到每个中国国民的人头上,根本对你们还是瞠乎其后、望尘莫及的。

然而即使如此,正像以往几十个世纪的历史所昭示的,由于国家规模与文化传统的缘故,中国在当今世界的崛起与复兴,以及它在本地区的主导性影响,已经是势不可挡的时代趋势了,而且,这也并非什么历史的"反常"现象,而恰是在朝更公平的方位去摆正历史。由此,根本不可能再像过去那样来出手阻断中国的发展,即使以美国的国力也不敢做此妄想。

所以,如果还是带着百余年来所形成的、已经完全过时的有色眼镜,从心底就看不惯当代中国的"暴富",并由此而对历史去进行"误操作",那就终将会给日本带来一场巨大的噩梦,从而给两国人民——特别是日本人民——带来深重的、甚至是灭顶的灾难。

然而如果转过念来,想到正因为已获得了长久的积累,也由于毕竟已在现代化方面先行了一步,那么,就算整个东亚今后发展得更加平衡,使得中日之间的权衡变得更趋正常,转化为一个举足轻重的"大国"和一个不可轻视的"强国"之间的关系,这对日本人来说也并不算什么不可接受的事。——打个比方,这就好像在当代欧洲去做一个瑞士人或丹麦人,仍要比去做一个德国人更受羡慕,那毕竟意味着更优越的生活质量、更宁静的生活环境和更丰足的社会福利,尽管如果非要就其国际发言权而言,那么由于人口规模与国家幅员的限制,前者终究还是不能与后者相比,而且也根本没必要去强行攀比。

14. 另一方面,如果说,日本方面不应把对于东亚历史的前瞻,仅仅建立在对于近代中国的短暂衰败之上,那么,中国方面也同样不应当一叶障目,仅仅把对于东亚历史的长远规划,建立在因一次胜败而形成的格局上。

如果那样的话,也同样会显得心胸和气度不够。这种缺乏历史远见的冤冤相报,和对于现状的不依不饶的维持,以及由此生出的对于"军国主义复活"的惊吓,只能导致去继续要求维护住美国人所留下来的、原本就作为权宜之计的战后安排。

即使只是从中国自身的利益出发,我们也应当同样转念去想到,如果永远都要压制日本做个"非正常"的国家,那么,就只能去日益激化它的民族主义反弹,从而越发加重那里已然出现的、越来越明显的"全民右转"倾向,因为它在这样的地缘政治安排下,只能是越来越缺乏足够的安全感。

如果非要坚持这样强硬的政治操作,那么,反会把自己拖入无休止的军备竞赛,让整个东亚地区都为之不得安宁,既付出原本并非必要的高昂国防费用,也付出越来越有伤颜面的外交口水。而反过来,正所谓"退一步海阔天空",如能同意它在渐进的路线图中,并且在认同普世价值的前提下,基于合理的和可信的规模,逐渐成为一个既值得尊重、又不足为患的正常强国,那么,双边关系反而可以变得稳定下来。

15. 另一方面,如果沉溺于当前的胶着困境中,既不能自拔也不想自拔,那显然是上了外部势力、特别是西方势力的当,——它们正好把反正过了时也要报废的军用物资,分别以高价卖给你们两边,来赚取原可作为东亚地区发展后劲的宝贵资本。

而与此同时,这里还想特别强调的是,无论从哪个国家来看,刻意去夸大外部危机和煽动民族情绪,都注定会最为贴合某个特定利益集团的要求;而正因为这样,对于这种不断索要军费借以自肥的非理性做法,两国的政治家们也都应予以足够的警惕与约束。

与此相反,倒是很有理由去转念想到,在当今这样的国际局势下,正在经历高速起飞的中国,只要能够做到内政清明和透明,并且真正做到决策越来越民主化,和越来越认同儒学传统的和平主义,那么,依它现在已有的综合国力与无可比拟的战略纵深,理应可以在它同一个中等规模的邻国——尽管也是绝对不可小觑的强国——的关系上,具有足够的自信与定力。

而最最要不得的,就是每天都在横店影视城里,没完没了地去虚拟杀死大量"鬼子"。这种十足廉价的"快感生产",反而会给自己的心理留下了绊子,让整个国民都走不出历史的魔影。

16. 照我看来,与其没完没了地算这笔旧账,还不如把那些历史的罪责,干脆记在作为源头的西方冲击身上。也就是说,应当放宽眼界更加牢固地记住,如果不是从西方传来了扩张主义的现代性,那么,尽管中国文明长期占据着主导,但中日之间却在几千年间都曾和平共存过。

正因为这样,我才在这里尝试地提出,应当再次"把东亚还给东亚历史", 或者换个说法, 应当重新"把东亚历史还给东亚", 以促请大家就此发出进一步的思考。应当更具历史感地看到, 尽管由于受到了西方的干扰, 而在这个地区出现过短暂的失衡, 然而在历史的波澜渐渐平息之后, 东亚历史终究应当归入基本的常态。

而这种常态, 如果一言以蔽之, 就是在一个具有文化原创力的、倡导民胞物与的"大国", 和另一个特擅学习的、同样优秀的"强国"之间, 原本就应当具有的、正常而共生的邻里关系。

当然, 这种历史形态的正常化, 并不意味着照原样地搬回历史, 而是在新颖的基础上、在经过了现代化洗礼的前提下, 所逐渐重新达成的一种国家间的平衡关系。由此, 即使这是一种相对平衡的关系, 也会是在动态中寻找到的平衡。也就是说, 即使走到了比较理想的将来, 两国也会在现代文明的规则上, 进行相互的竞争、追赶与激励, 但无论如何, 却不必动辄就想要兵戎相见, 乃至派生出难以释怀的世代深仇。

17. 从这种历史的应有常态出发, 同样可以来反省日本自身的定位。在以往东亚地区的发展极不平衡、未能同步进入现代化的情况下, 东瀛那边曾经提出了"脱亚入欧"的目标, 这至少是可以理解的; 然而, 到了其他国家也开始雁阵起飞的时候, 也有人想要反福泽谕吉之道而行, 又提出再让日本来"脱欧入亚"的目标, 这同样是可以理解的。只不过, 由于背上了二战带来的道义包袱, 而又总是在道歉问题上出尔反尔, 这一回归的目标就很难实际达成。

无论如何都应当充满历史感地看到, 福泽谕吉在以往所提出的那个目标, 只是鉴于现代化的发展尚不均衡, 而只要失去了那个前提, 这个口号就会显得不必要和不现实; 所以, 在当代这种日益全球化的大势中,甚至正如麦克卢汉所说的,连整个地球都快要变成一个村落了,如果还要拘泥于那样的口号,那就显得只不过"生活在过去"了。

甚至,我还要进一步批判性地提出,如果从更长远的眼界来看,无论是"脱亚入欧"的目标,还是"脱欧入亚"的目标,都毕竟还是显得太过机械了。说到底,它对两侧都缺乏基本的认同感与忠诚度,所以就必会从两个相反的方位,使日本的地位左支右绌,——要么就像战后的这种安排那样,成为西方在东亚的"马前卒",要么则恢复战前作为说辞的妄念,去替"大东亚"来首当西方文明之冲。打个比方,这就会像《伊索寓言》里的那只蝙蝠,从两边都不能讨到好而只会碰上壁。

而反过来,作为最早进入现代化的东亚国家,日本既不应当"脱亚入欧",也不应当"脱欧入亚",反而理应在一种谨慎的权衡中,不是成为欧亚势力之间的冲突地,而是成为两块大陆之间的津梁,从而获得左右逢源的均势地位。——倘非如此,偏要非此即彼地进行"选边站",那么从长远的历史时间来看,则日本的国势必然危乎殆矣。

18. 总结起来,我所主张的"回到东亚历史",当然不是要恢复早年的中华帝国,和准此所形成的旧有朝贡体系,而只是要促使大家对于这个区域的理解,清醒地回复其原有的基本态势,既包括它的文化传统和历史传承,也包括它的地缘政治与地缘经济,以及建基在所有这一切之上的、对于整个世界事务的影响力度。

进一步说,我所主张的"回到东亚历史",也就是要坚定地回复到这个地区曾经所享有的、相对自主的历史常态,而不再把它内部的任何风吹草动,甚至把它面前那根软弱的牛鼻绳,都交付给外部势力来决策和操弄。

更进一步说,我所主张的"回到东亚历史",就是呼吁要在全球化已经发展得更为均衡的时代,去重新调整在过去的世纪内所发生的倾斜,不再把那些历史的灾难与罪恶当成常态,以正常地安排原应如此的外交与外贸态势、交往与交流活动。

再进一步说,我所主张的"回到东亚历史",就是希望从作为"长时段"的过往历史中,去找回足以引领它去达成长治久安的基本蓝图,从而让本地区原本认同的"泛爱众生、推己及人"的普遍价值,重新构成确保"永久和平"的道义规范,而不再让西方在20世纪所投下的石头,永远在该地区的水面上中激起涟漪。

19. 如果都能敞开如此宽广的胸怀,而真诚地想要回复到正常的关系,那么,作为一位生活在当代的中国学者,我就愿意首先充满尊重之意地指出,其实我们的近邻日本,眼下有太多值得我们虚心学习的地方了。

比如,它在实现了现代化的同时,至少还保留了最多的传统因子;比如,它在经济高速起飞之后,其农村生活并未如我们这般凋敝;比如,它在完成了高度工业化的同时,还保持着良好的生态环境;比如,它在个人本位的现代竞争中,还保留了公司内部的亲和感情;比如,它在达到很高生活水准的同时,却相对耗费了较少的能源;甚至——这一点其实反而更让我羡慕——比如,它即使出现了长达十多年的停滞,其社会内部也还照样保持安定……

在这个意义上,我要尽量公正地说,我们过去有多少值得日本学习的地方,日本现在就有多少值得我们学习的地方。也是在这个意义上,我更要大声疾呼地说,这个邻居虽然就近在我们家门口,可我们对它的了解却实在是太少了!

正因此,我在《序〈西方日本研究〉》一文中,才这样呼吁大家都来"阅读日本",而"借助于这样的知识,我们当然也就有可能既升入更开阔的历史长时段,又潜回充满变幻偶因的具体历史关口,去逐渐建立起全面、平衡、合理与弹性的日本观,从而在今后同样充满类似机遇的发展道路上,既不惮于提示和防范它曾有的失足,也不耻于承认和效仿它已有的成功"。

20. 也正因此,我才又在前述的这篇文章中,既充满焦虑、也充满希望地这样写道:

> 一方面,由于西方生活方式和意识形态的剧烈冲击,也许在当今的世界上,再没有哪一个区域,能比我们东亚更像个巨大的火药桶;然而另一方面,又因为长期同被儒家文化所化育熏陶,在当今的世界上,你也找不出另一方热土,能如这块土地那样高速地崛起,就像改变着整个地貌的喜马拉雅造山运动一样。——能和中日韩三国比试权重的另一个角落,究竟在地球的什么地方呢?只怕就连曾经长期引领世界潮流的英法德,都要让我们一马了!

换句话说,由于各方所具有的势能,都因为现代化而变得如此强劲,就已使得东亚这块古老的土地,在我们的脚下变得如此狭小,好像已经显得"一山容不下二虎"了,——更不要说还要再加上韩国这第三位老虎!

所以在我看来,又只有等到这三个国家的人民、从而这三个国家的政治家,都能在长远历史感的宏大框架下,并在胜残去杀、止戈为武的价值范导下,敞开了足够宽广敦厚的胸怀,东亚这块土地才可能再度变得宽广起来,从而足以容得下中日韩三国的共同崛起,以使今后的历史像此前的几千年历史一样,不致被心中的共同焦虑给焚毁于一旦。

2014 年 3 月 22 日于清华学堂

封闭的开放
——围绕《明治维新》一书的随想

1. 我以往对于汉学名家魏斐德的处女作《大门口的陌生人》,曾经当面公开给予过高度评价——就在这位老友宣告荣休的那次庆典上——认为他这本书虽然篇幅没那么大,其成就反而超过他别的大部头,这种独特的论断大概也曾使他有点愕然。

而实际上,我当时未曾详细道出的潜台词在于,这本书仍然属于"冲击—回应"模式,所以,它反向相当雄辩地向我们证明了,只要不那么教条地、充满弹性地应用它,那么,"冲击—回应"的模式就并没有那么过时。

我甚至猜想,这个中国研究中的"冲击—回应"的模式,其实最早是由清华大学历史系的教授蒋廷黻提出的,而当时费正清正好在这边做讲师,适巧这个判断也正好贴合他最初的海关研究,所以,费正清就把这个模式接了过去并大大发展了。

2. 应当留意的是,蒋廷黻正好是研究中国现代史的,而由此我们应当更进一步地想到,如果仅就现代中国的历史而言,实则那个模式当年总结出的,也正是中国人自己的切身感受。

换句话说,如果仅就"现代"这个最在近前的断代而言,这种模式其实也并未夸大西方的影响,——当然,这种影响虽则十分巨大,却未必就称得上正当或合理。相反,倒是第三代汉学家对它的刻意反拨,尽管是出于"同情理解"本土之内倾性的好意,却反而容易在所谓"两台大戏"之间,故意而且执意地有所走偏。

进一步说,至少就西方空前扩张的现代世界史而言,这个模式还不仅适用于中国,也同样适用于临近的日本,由此才见出了在费正清与赖肖尔之间的共识。——再推而广之,它还理应适应于为数更多的、自近代以来便遭遇到西方冲击的非西方国家。

3. 作为对上述看法的一种补充,我们读到,福泽谕吉当年对于日本历史的总结,似乎也同样属于"冲击—回应"的模式:

> 日本自建国以来二千五百余年间,政府的所作所为,完全是同样事情的重复。这就好像多次诵读同一版本的书,或多次表演同一出戏剧一样。新井氏所谓天下大势的九次变迁,或五次变迁,只不过是一出戏上演了九场,或上演了五场罢了。某一西洋人的著作里曾经说:亚洲各国也有骚乱和变革,其情况无异于欧洲,但并未因这些变乱而促进国家文明的进步。这种说法,未尝没有道理(政府虽有新旧交替,但国内局势仍原封未动)。①

4. 正因为这样,收入我所主编的"西方日本研究"丛书中的威廉·比斯利的《明治维新》一书,就跟早就译译过来的魏斐德的《大门口的陌生人》一书,暗中有着异曲同工之妙。

具体而言,它们都是在沿着"冲击—回应"的模式来描述,在日

---

① 福泽谕吉:《文明论概略》,北京编译社译,北京:商务印书馆,1960年,第146页。

本或中国社会的内部,是如何在来自西方的外来压力下——尽管这种压力还只是体现在门前或海岸——逐渐地开始发酵和变质,而产生出前所未有的、由表及里的和不可逆转的变化。

由此,历史的关键奥秘也就在于,尽管外部冲击的来源和性质并无不同,然而不同的社会内部事先存在着怎样的结构,以至会怎样回应这种冲击,却可能产生出各不相同的路径依赖,从而演成各不相同的政经大戏,也让历史的当事者生成了不同的感受。

5. 在外来观察者威廉·比斯利的笔下,这段日本近代史更让我们想起,历史的延伸往往是出乎意料的,甚至可以说是吊诡的或曰"辩证"的。

事实上,在这种事变的起始阶段,大概因为本土还刚刚开始发酵,所以变化就基本上只含有传统的性质,也就是说,它主要地还只表现为在分封的藩国和集权的幕府之间的固有冲突。

当然,即使是在这个时刻,来自西方列强的外部冲击,也是表现为"商船与炮舰"的联合夹击。只不过,这种冲击更加深层地表现在,一旦德川幕府在西方的压力下,被迫跟列强签订了不平等条约,那么,这种公然的羞辱就迅即损害了它对内的权威,从而打破了日本内部天平上的均势平衡。

6. 而无巧不巧,由此日本固有的二元性政治结构,便促使了一向怀有野心并迷信武力的大名们,以"攘夷尊皇"作为搞事的借口,来发泄他们久有的积怨宿嫌,以挑战德川幕府那业已受到削弱的权威,——当然由此一来,也便无意间加强或恢复了天皇的统一权威。

可无论如何,大名在实际上却并不比幕府更"先进",也并不比它更了解西方的奥秘,所以,它们甚至也无法意识到自己行动的性质。也即既然凡此种种的变化,都是在西方的巨大压力下产生的,那么,就算这种冒险的挑战行动,产生了以往不可能产生的效果,由于受制于如此巨大的外来变量,它在客观上也不会再沿着传统的路径,来满足自己固有的"上进心"了。

正好相反,大名们这种大胆挑战的"成功",非但并不意味着自己能取幕府而代之,到了头来,反而悲惨地意味着"废藩"的终局。换句话说,大名们最是"搬起石头砸自己的脚"了,他们竟如此张狂和喧闹地追逐到了自己的末日。

7. 所以,在"明治维新"初期所发生的,或许正像威廉·比斯利所指出的那样:

> 1867年末和1868年初发生的事件有两个特征值得强调。其一,它的运作方式是封建性的,并充满个人色彩:表现为那些最终都可诉诸其私家军队的雄藩大名之间的争斗。其二,它们代表的是为权力而进行的斗争,而非意识形态之战。斗争当下涉及的利害不是日本的基本制度是否需要改变,而是那些以将军的名义执政的封建诸侯,是否由另一批意欲以天皇的名义掌权的诸侯,特别是来自萨摩和长州的诸侯所取代。出于这个理由,幕府的对手对口号的兴趣甚于对行动计划的兴趣:他们敏捷于谈论王政复古即"恢复天皇统治",或富国强兵即"使国家富裕、使军队强大"之类的泛泛而言(这些言论或许因他们指责幕府"自私""滥用"权力而被放大),但却在如果他们取得政权后将可能采取哪些具体的措施上语焉不详。在政治争论中此类现

象并不罕见。①

8. 这种产生于历史行程中的、往往大大出乎意外的效果,似乎相当符合黑格尔所讲的那种"理性的狡计"。也就是说,那些大名们是以排外的动机和旗号起始,最终却偏偏导致了日本的门户大开。

唯其如此,才能使后世的读者信服地想到,现代西方的压力作为宏观的历史背景,是无论如何都会在日本史中显现出来的,——就像地表上的水流无论怎么改道流动,到头来都是无关宏旨的,因为流水作为"万有"之一的物质,终究要受到来自地心引力的暗中制约。

也唯其如此,学者们才足以借此而展现出,历史的发展终究还是要符合某种"统计学规律"的,并不全都取决于别出心裁的或不可预测的"偶然"。

9. 但即使这样,历史就它必须"当机立断"的那个瞬间来说,又总要采取某种经验主义的、吉凶未卜的试错方式,而并非当真在遵循黑格尔式的理性套路。就此而论,威廉·比斯利这本书的好处便在于,它通篇都充满了写作的张力和悬念,从而堪称是憋足了"方生方成"的劲道,来展现出历史在突破每个关口时的试探性与或然性。

也就是说,即使在后人看来那已属于大势所趋,可在每个具体的人类历史的关头,都并不会像历史决定论者所独断认为的那样,竟能够"不以人的意志为转移";恰恰相反,正由于具体的历史当事人,还是有其各自的欲念与盘算,从而相对于历史的宏大结构,还是享有各

---

① 威廉·G. 比斯利:《明治维新》,张光、汤金旭译,南京:江苏人民出版社,2012年,第293页。

人小小的选择自由,所以,历史的发展总还是充满了相反的苗头和冲动。

换句话说,在历史的河床真正延伸到哪里之前,它并非必然就要流淌到那里去,而且在作为历史潮头的当事人那里,也并不会有人当真就能确切知晓,它已不可更改地要流淌到那里去。——只不过,一旦所有的或然性都被坐实,它也就被归结成了固定的模式,从而让后世的人们包括历史学家们,忘却了早先闪烁不定的选择机缘,和在哪个河道上再反向地"打个弯"的可能性。

10. 在这个意义上,要是再把主体的意念也考虑进来,那么我们也许就有理由认为,在一组大体相似的或起步轨迹大致平行的历史进程中间,如果第一次的历史发展,往往表现为缓步的行进和彷徨的改革,那么,第二次的、急欲去拷贝和重现它的历史发展,则很容易演成强行的突破和震荡的革命,盖因为在后一轮的历史行程中,人们对于历史发展的确切目标,在头脑中已经形成了太过固定的蓝图。——在这个意义上,如果说东亚地区中的日本史,相对更像是"自然的"英国史,那么就可以说,跟着希望奋起直追的中国史,就难免更像是"人为的"法国史。

林毓生曾经用所谓"创造性转化"的范式,来凸显现代中国如此一味求新、反而欲速不达的困窘,这当然也是想从意识的层面上,去寻找历史究竟"何以至此"的解答。不过,他竟然只打算通过思想史来解决问题,从而就非要到中国固有的文化传统中,去寻找他所谓"全盘性反传统"的成因,在我看来却是根本找错了地方,是因为"只认死理"而在"缘木求鱼"。——事实上,正如我们现在所看到的那样,一俟中国传统有了复振的苗头,人们首先想到要去反对的,正是所谓的"全盘性反传统"。

而我们如果能再看远一步,去寻找这种社会意识的客观成因,则此间的教训毋宁在于,唯其能把历史启动得较早,日本的近代史才得以相对平和,而哪怕只是落在后边一小步,中国的近代史就难免要更加凶险。

11. 换句话说,所谓的"一步跟不上,步步跟不上",会在思想的历程中具体表现为,既然一旦"落后"就要"挨打",一旦"落后"就害怕被"开除",那么,"落后"的状态就必使人心变得急切,而人心一旦变得火烧火燎起来,他们对于手边历史的操作,就难免要被催逼得走样变形了。

在这个意义上,就连现代中国所标举的所谓"反封建"的革命话语,除了学界最近检讨过的、那些来自苏俄的理论教条之外,同样还有邻近的日本史模板在暗中作祟,——这当然是因为,日本当年确实是通过"反封建"的废藩,而最终达到了明治维新的历史效果。

由此又不禁想到,那些研究中国现代史的学者们,如果只想就中国来谈论中国,而在心里没有一部可资参照的日本现代史,那么,他们就往往会不知其所以然,就往往会忽略掉其潜在的背景因素。

12. 针对这一点,也可以再来读读威廉·比斯利笔下的历史对比:

> 两国之间的历史差别对研究明治维新也有特别的意义。一个是日本在文化选择方面相对的自由:它不像中国那样受制于一个视角看它的社会以及它在世界上的地位。日本早已引入了中国文化的元素,并与它自己的其他文化因素长期共存;因此,

吸收欧洲文化的一部分,并不会损坏完整且独特的日本文化实体,只不过是给现存的由两种文化——其中就有一种无论如何也是"外国的"——增加了第三种可能性。①

进一步说,现代中国所遭遇的磕磕碰碰,由此也就变得更容易理解、更让人心平气和了。这是因为,就算被白鲁恂给不幸言中了——"中国只是一个文化,却伪装成一个民族国家",它进行这种"伪装"所需要的时间,也注定要比只是有样学样的日本更长。

13. 毫无疑问,中国现代史中的惨痛教训,是怎么去深刻总结也不过分的。不过,如果把望远镜再掉转过来,我们又应当不偏不倚地观察到,并且也不惮去向日本的同行去严肃提醒,在日本自身的现代历程中间,也并非没有潜伏相应的危机。——历史容或有近路和远路之分,然而无论选择什么样的路径,都可能遭遇到那上面的独特陷阱。

就像早年留学法国的周恩来,大概由于更熟悉革命的逻辑,就总爱批评英国人的惯常做法,太喜欢保留"历史的尾巴"一样,我们从上面的历史描述中,实不难转念省悟到,正因为有着"攘夷排外"和"加强向心"的初始动机,日本当年朝向外部世界的、作为一种城下之盟的学习,又准是有几分无奈和几分保留的。

而在所有要保留的传统要素中,最被优先考虑的又恰是那个"国体",或曰进行"富国强兵"的那个主体,由此,才会既充满矛盾、又合乎逻辑地发展到了,作为缓进变革的明治维新才刚刚起步,日本就已经琢磨着要对外部的朝鲜挥戈动武了。

---

① 威廉·G. 比斯利:《明治维新》,张光、汤金旭译,第409页。

14. 正是在这个意义上,不同于以往对于"明治维新"的神话,威廉·比斯利并没有把它看成什么完整意义上的"革命",反而更倾向于把它看成夹杂着现代成分的"民族主义"运动:

> ……我仍不愿意将维新称作完全意义上的革命。这部分是因为日本所发生的事情缺少公开的社会目标,而具有公开的社会目标正是历史上"伟大"革命的共同特征。但是,维新之所以不是完全意义上的革命,还因为它所产生的社会的性质;在这个社会里,"封建主义的"和"资本主义的"元素,在为国家富强而奋斗的旗号下共生共存。而催生这个社会的政治运动,无法合理地视作"资产阶级的"运动。这是因为,在这场运动中,武士扮演了统治角色,而且在运动结束之后,政权仍保留在他们的手中。考虑到农民暴动的结局,这场运动当然也不是"农民的"。如果这两者意味着运动的最初刺激来自于对大众暴动的恐惧的话,它也不是"绝对主义"或"右翼分子"运动。那么,当这些标准的解释种类无一适用时,还剩下什么解释呢?或许只好把它称为一场民族主义运动。这场运动不正是由那些在性质上是民族主义的情感所推动的吗?①

上面的这个判断,对于我们理解此后日本史中的种种吊诡,可以说是至关重要的。

15. 正是在这个意义上,鉴于日本晚近以来所遭遇的麻烦,我们就需要格外再深看一步。人们以往经常赞许地说,在所有完成了现

---

① 威廉·G.比斯利:《明治维新》,张光、汤金旭译,第417—418页。

代化的国家中,日本是保留传统文化要素最多的,而由此才既保护了文明的多样性,也保护了社会的延续性,这当然也是不在话下的。然而,硬币的另一面却又表现在,日本所保留很多的传统文化要素,往往并未经历过现代的严苛洗礼,或者说,往往并未在现代化的框架下,并且在别具匠心的"创造性的转化"中,先被痛快淋漓地洗一次牌,再来重新评估其文化的功能。

近代史学者杨国强也曾说过,日本人把西洋东西都送给我们了,他们自己反而是什么都不学,显然这也是看到了此一侧面。——由此看来,还真是不能一味去抽象地肯定,日本到底保留了多少文化传统,而需要更加就事论事地具体分析,它所保有的那些传统文化要素,到底是融入了现代的世界,还是跟它的大势有所背离。

无论如何,就算这个国家所保留的传统再多,它也不会比欧洲自身所保留得更多吧?可是,为什么欧洲保有的传统要素,特别是在二次大战以后,并不让这个世界觉得那样刺目呢?具体而言,为什么在欧洲,就容不下个靖国神社之类的东西呢?这当然是因为,欧洲所保留的文化传统,都经过了现代框架的功能转换。在这个意义上,万不可被"脱亚入欧"的口号给迷惑了,——说穿了,要是果然"脱亚入欧"了,日本倒不会跟近邻产生这么多的麻烦了。

16. 我们看到,威廉·比斯利也同样指出了从头反映在福泽谕吉那里的自相矛盾和首鼠两端:

> 这一新发现的民族主义深深影响了"自由主义"的宪法运动。"我一生的追求就是增强日本国家的力量",福泽谕吉1882年写道,"与对国家力量的考虑相比,国家内部的统治问题、政府落入何人之手就显得无足轻重了。即使是一个在名义和形式

上都是独裁的政府,只要它能足够强大以使日本强大,我就对它感到满意。"这里,民族主义的福泽战胜了自由主义的福泽,哪怕仅仅是暂时的战胜。①

17. 如果进一步阅读,这样的心结在福泽谕吉本人的著作中,也从来都是清晰可见的:

"……试看当下首都的情况,凡骑马坐车趾高气扬驱人避路的多系海外洋人。偶有警察、行人、车夫、驭者与洋人发生口角,洋人总是旁若无人似地拳打脚踢,懦怯卑屈的日本人根本不敢还手,怎样也奈何不了洋人,有些人只好忍气吞声连法庭也不去。偶有因买卖交易等问题而诉讼的,也得到五大通商港口去受外国人的裁判,结果还是有冤无处申。因此,人们都认为与其诉讼而得不到申冤,不忍气吞声倒省事。这种情景,恰如软弱的新媳妇站在凶狠的婆跟前一样。洋人既然这样有势力,又是从富国来到穷国,花费较多,于是一般贪利之徒,争相献媚,企图发洋财,因此,在洋人所到之处,无论是温泉、旅馆、茶馆或酒家等等人情都变为浇薄不问事理的曲直,只看金钱的多少,这就使得本来已极傲慢的洋人愈加狂妄自大,这种情况实在令人不胜厌恶。"以上是小幡君的议论,我也完全同感。此外,同洋人发生关系的,还有居留地问题,有内地旅行问题,有雇佣外国人问题,有出入港口关税问题。在这些问题上,在表面上虽然各国彼此之间一律平等,但实际上还不能说真正平等。既然同外国不能平等,如果我们又不重视这个问题,那么,日本人民的品格必将

---

① 威廉·G.比斯利:《明治维新》,张光、汤金旭译,第409页。

日趋卑屈。①

18. 正是在这样的基础上,就顺势提炼出了本文的标题。——正所谓"天下没有免费的午餐":既然我们经由上面的思绪,已经看出就连"明治维新"本身,也同样是具有内在矛盾的,那么,即使我们不像威廉·比斯利那样,只把它更消极地视作民族主义运动,也必须深入地看到它的内在矛盾。

准此,在这个日本近代史由以发出的地方,我们就不无意外地发现,就连该国当年所进行的"开放",竟也是迫不得已和并不情愿的,因为就明治维新的初始动机而言,之所以要打开门户,恰恰是为了再关上门户,为了加强对于固有传统、特别是"国体"的保守。

要体会到,由福泽谕吉讲出的那些"反话",绝非穆斯塔法·凯末尔讲出的那类对于保守势力的假意搪塞。在这个意义上,从明治维新初年开始发生的,还真是一种"开放的保守"和"保守的开放",或曰一种"开放的封闭"和"封闭的开放"。

19. 进一步说,既然这种"封闭的开放"是被"威逼"出来的,它就总会在后世表现为,又只有在强大的压强下才能勉强维持。

也正因为这样,在那本有点令人难堪的、以"拥抱战败"为题的战后史著作中,约翰·道尔才会这样追击到日本人当年的屈从:

> 很多美国人,当他们到来的时候,做好了心理准备将面对狂热的天皇崇拜者所带来的不快。但当第一批全副武装的美国士兵登陆之时,欢呼的日本妇女向他们热情召唤,而男人们鞠躬如

---

① 福泽谕吉:《文明论概略》,北京编译社译,第190页。

也地询问征服者的需求。他们发现自己不仅被优雅的赠仪和娱乐所包围,也被礼貌的举止所诱惑和吸引,大大超出了他们自身所察觉的程度。尤其是他们所遇到的日本民众,厌倦战争、蔑视曾给自身带来灾难的军国主义分子,同时几乎被这片被毁的土地上的现实困境所压垮。事实证明,最重要的是,战败者既希望忘记过去又希望超越以往……①

20. 也正由于只向"威逼"屈服——哪怕只是临时性的屈服——才可以向我们解释,何以向日本"以德报怨"的中国人,反而会被日本政客们瞧不起,而让日本民众惨遭涂炭的美国大兵,反而成了百依百顺的"蝴蝶夫人"的负心的平克顿?

对于这一点,还可以举出涩泽尚子的另一本书为证,而它的题目也是有点令人难堪的,即作者所谓的"美国的艺妓盟友"。尽管该书的主旨是想从美国方面来检讨,它究竟是为何和如何把日本从"敌国"转变成"盟友",然而,这位所谓的"盟友"毕竟是在屈辱地迎合着别人的想象:

> 要理解美国民众对日态度由憎恶的种族敌人到重要盟国的巨大转变,我们可以在美国大众话语中寻找线索。战后的美国大众话语中认定两个"自然的"不争的等级关系——男性高于女性,成年人高于儿童——并且将这种等级关系比拟在"白种人"同"有色人种"的美日两国的国家关系上。将日本比喻成女性,这样日本的政治附庸国的身份就像艺伎附属于男性客人一

---

① 约翰·道尔:《拥抱战败:第二次世界大战后的日本》,胡博译,北京:三联书店,2008年,第5页。

样顺理成章;而日本被比作孩童则突出了其成长为"民主"国家的潜能。战后美国人开始用这种普遍接受的、既有的、对性别和成熟度的思想意识看待美日关系。美国民众在性别与成熟度这两个互相强化的概念框架下理解美日双边关系,也开始不再将日本人看作野蛮人,而是需要美国引领和爱护的附属物。①

21. 更加令人信服的证据是,即使是日本本国的学者,也同样借曾经助于福泽谕吉的例子,来剖析这种由来已久的、欺软怕硬的双重标准:

> 福泽把清朝国策视为攘夷主义,混同于幕末日本的攘夷主义,从而对其进行了批判。但是,从当时日知识分子的常识出发,中国驱逐外人最有名的事件是鸦片战争,无论何人都会联想及此。这一事件乃因英军破坏"天理人道",强迫清政府认可鸦片进口,对此,以林则徐为首的清军进行了果敢的抗战。福泽后来在《全集序言》中,谈到"倘若以理谈判,欲停引进(鸦片),对此贻害他国之事,英吉利断无不睬之理",然而,"林则徐此一无谋既莽者出",乃"激怒"了英国。所以,他断言这是中国的"自作自受"。在此,福泽把"天理人道"的问题偷换为政治手段的问题,把林则徐批判为"不计国力",归根结底便把英国视为始终讲求文明道理的国家。而就在前面的美文当中,却还写着"倘遇国耻,日本国人,全民舍身,扬国威光,此方可称之为一国之自由独立"。在国家耻辱面前,"不计国力"而战斗的气概就

---

① 涩泽尚子:《美国的艺妓盟友:重新想象敌国日本》,油小丽、牟学苑译,南京:江苏人民出版社,2011年,第5页。

包含在"舍身"这一表达里面。另外把无力之"非洲黑奴"放在比较的另一端使其意义也显得栩栩如生,但在此这些问题却完全被忽视了。①

22. 说到这里,就不妨再来回顾明治维新的起因。在我看来,德川幕府当年的对外行动,顶多不过是类乎李鸿章那样的举措;也就是说,它即使被迫做出了不少的让步,也不过是因为自己的"弱国无外交"。正因为这样,在巨大而刚性的历史结构面前,并不存在太多的个人过错。

然而令人嗟叹的是,正是这种想要拯救日本的"洋务运动",反而遭到了地方大名的齐声抗议,引起了各级武士的激昂反对,到头来只让历史的当事人,落得个土崩瓦解、身败名裂。

也基于这样的潜在心理,尽管口头上讲着要"脱亚入欧",而且也确实引进了一些西化的因素,但那些没有讲出的心理理由,毕竟还根深蒂固地存在,所以,终究还是要为发展到后来的历史,留下了再去提出"近代的超克"的伏笔,甚至,也留下了再走到"大东亚共荣圈"的理由。

23. 在这个意义上,尽管梁启超当年是那样地心仪"明治维新",但他毕竟还是属于一种世界性的"文化",哪怕是正要"伪装"成民族国家的"文化",所以他在另一位日本当代学者的笔下,才显出相对更为宽阔的胸襟:

---

① 广田昌希:《〈劝学初篇〉与〈文明论概略〉》,收入子安宣邦:《福泽谕吉〈文明论概略〉精读》,陈玮芬译,北京:清华大学出版社,2010 年,第 172 页。

梁启超像这样通过文化相对主义来解体固执传统的旧习。只有在其终极处,他内心的"中国的近代"才能确实地鼎立起来,并且准备了迎接通向这个地平线,即大同世界这一全球性共生思想的容器。所以,在梁启超的内心,与日本的近代之超克论者完全不同的、为恢复人的全体性的人文精神,换而言之,与后现代主义共鸣的回路,已经原初地、微少地,并且是根源性地开拓出来了。在《欧游心影录》"世界主义的国家"一节中,他是这样说的:

"我们的爱国,一面不能知有国家,不知有个人。一面不能知国家,不知有世界。我们是要托庇在这国家底下,将国内各个人的天赋能力,尽量发挥,向世界人类全体文明大大的有所贡献。将来各国的趋势,都是如此。我们提倡这主义的作用,也是为此。"

然而,在我们日本人中,很难看到梁启超同时代,或者即使是现在,像梁启超那样,以王道心性的人文精神为基石,为通向大同共生的深谋远虑。远方,对日本人来说,依然很遥远。①

24. 即使到了现在,号称保留传统最多的日本人,在其思维深处都仍是顽强日式的。即使是见过他们如何"拥抱战败"的约翰·道尔,也不由得转而又要埋怨日本人顽固的"封闭性":

日本的某些特质使人们乐于封闭地看待它,而战后的密闭空间,也极易使人将其夸张地视为"典型的"独特的日本经验。

---

① 中村哲夫:《梁启超与"近代之超克"论》,载狭间直树:《梁启超·明治维新·西方》,陈玮芬译,北京:社会科学文献出版社,2012年,第365—366页。

不仅外来者倾向于孤立和隔离日本的经验,其实没有人比日本国内的文化本质主义者和新民族主义者,对国民性和民族经验假定的独特性更为盲目崇拜了。甚至是在刚刚过去的1980年代,当日本作为全球资本主义的主宰出现时,也是其"日本"经验的独特性,在日本国内外吸引了最多的注意。尽管所有的族群和文化都会通过强调差异区分自我、也会被他者所区分,但是当论及日本的时候,这种倾向被发挥到了极致。①

25. 正因为这样,日本这个国家的"既最先进、也最落伍",从世界范围来看也是非常突出的,而且说到底,这才是它既被公认为是"富甲天下"、又被公认为是"非正常国家"的深层原因。

否则的话,人们也就很难去理解,这个国家何以非要冒天下之大不韪,仅仅是为了满足口腹之欲——据说又是一种顽固的"传统"——而继续当着全世界抗议者的面来捕杀海豚或鲸鱼。

正因为这样,不光是我们这样的被动卷入者,即使对于当今日本的当政者来说,明确地记住明治维新的这种两面性,记住它那种"封闭的开放"的局限性,也是躲避不开的沉重历史责任。——唯其如此他们才能做到,既去庆幸明治时代所付出的较小历史代价,也能意识到它留给后世的较大历史惰性,从而既充满警觉又富于前瞻地,躲开有可能造成再次沉没的历史暗礁,以便把日本列岛的巨大船队,更顺畅地引领到普世而透明的大洋中去。

2015年1月8日于清华学堂

---

① 约翰·道尔:《拥抱战败:第二次世界大战后的日本》,第10页。

日本的"小大之辨"
——或作为方法的英国

1. 自我身份认同的模棱两可,既可能带来一定的危险,也可能带来相应的机会,所以是名副其实地"危与机"并存。

从这个意义来讲,的确不能过分僵化地看待自己,否则就自我制造了发展和蜕变的阻碍。人们寻常所说的"不想做元帅的士兵,就不是个好士兵",也正好含有这样的意思。——再推广开来,不仅对于一个个人是这样,而且对于一个国家也是这样。这也就是说,如果一个并不算很"大"的国家,却又自以为很"大",那么也是显出了某种"上进心"。

2. 但反过来说,又正如个人能力确有大小一样,地球表面的形状也是不规则的,所以留给人类的地块也就大小不一,由此在有的时候,即使把自己定位为"小",也就算不上什么"原罪",更不属于什么丢人的事。——相反,我在欧洲旅行时看到北欧各国,甚至看到意大利境内的圣马力诺,都真心诚意地羡慕过它们的"小",甚至由此想起了"小的就是好的"那句名言。政治体量的"小",往往就意味着单纯和透明,也容易接受民意的监测。

白纸黑字的证据是,早从《道德经》的写作年代开始,就有很多中国人在欣赏这种"小国寡民",所以,如果老子当年在出关以后,走到了今天的瑞士和新加坡,看到它们的自我定位如此明确,愿意踏踏实实去做一个"小国",他一定还是会对此大为赞赏,认为这就意味着"甘美"和"安乐",即所谓"甘其食,美其服,安其居,乐其俗"。

3. 另一方面,尽管中国本身的国家规模,可以被归入"大"的范畴,然而它的自我形象,却由此出现了相应的困扰。——对此我曾写过《大国之"大"》一文,进行了毫不含糊的剖析。

说到底,正因为国家的规模太"大"了,内部的差距也就太"大"了,所以中国本身的自我定位,亦随即出现了困扰难解的问题。——即使到了现在,经济总量都已是世界的"第二"乃至"第一"了,可人均收入仍落在世界的"第一百"之后,那么,这样的国家到底属于发达国家呢,还是属于发展中国家,就连这都成了难以回答的问题。

4. 不过,正如中国有句老话所讲的,一方面是"大有大的难处",另一方面则是"小也有小的难处",而关键就在于如何清醒地认识和扬长避短。正因为这样,我今番再次就此撰文,便不是要继续检讨中国的情况,而是想分梳一下日本的情况。

当然,这两种情况也是连在一起的,由此才构成了成组的对比,正如庄子所示,所谓"大小"从来都是相对的:"汤之问棘也是已。穷发之北,有冥海者,天池也。有鱼焉,其广数千里,未有知其修者,其名为鲲。有鸟焉,其名为鹏,背若泰山,翼若垂天之云;抟扶摇羊角而上者九万里,绝云气,负青天,然后图南,且适南冥也。斥鷃笑之曰:'彼且奚适也?我腾跃而上,不过数仞而下,翱翔蓬蒿之间,此亦飞之至也。而彼且奚适也?'此小大之辩也。"①——这也正是本文标题的语源出处。

5. 首先不妨指出的是,诸如此类的"小大之辨",一直都在困惑着中国人对日本的认知,正因此自己以前才会这么写道:

> 甚至,就连不少在其他方面很有素养的学者和文化人,一旦谈起东邻日本来,也往往只在跟从通俗的异国形象——不是去蔑视小日本,就是在惧怕大日本。而更加荒唐的是,他们如此不假思索地厌恶日本人,似乎完全无意了解他们的文化,却又如此无条件地喜欢日本的器物,忽略了这些利器玩好的产生过程⋯⋯凡此种种,若就文化教养的原意而言,都还不能算是完整齐备的教养。②

6. 再进一步说,不光是中国人会就此生出迷惑,就连日本人自己,也会因为这样的"小大之辨",而杞人忧天地滋生出了很多困扰,——读到下文我们就可以省悟,有时这根本就是因为想不开而自寻烦恼。

当然应该承认,还是沿着这样的"小大之辨",日本的自我定位也在发生着变迁,从而日本的历史也发生着相应的变化。读一读日本的近代史,我们会发现从织田信长,到丰臣秀吉,到德川家康,都是在以命相拼地"以小博大"。而由此日本才从一堆零散的"小",转变成了维新后的整一的"大"。

---

① 庄子:《逍遥游》。
② 刘东:《"西方日本研究"丛书总序》。

7. 应该积极地评价这种"以小搏大"的上进心态,也确曾给日本带来了上升和进取,从而给近代日本带来了发展的机运。

不过,也许正是因了这一点,某些日本历史的当事人——大概也包括在新世纪的当事人——也就会不由自主地、却只在私下里这么想:要是当年继续"以小搏大"成功了,当代的日本不就变得更"大"了吗?正因此我才在上次撰文时,引用了小津安二郎的一句电影台词,它给我留下了相当难忘的、甚至匪夷所思的印象:"战胜的话,现在你和我就都在纽约。"

8. 难道说,从这种不知餍足的"蛇吞象"的心态中,我们还看不到从日俄战争,到侵华战争,再到太平洋战争的影子吗?

正因为这样,又必须再反过来提醒一下,这种习惯于"以小搏大"的赌命做法,也是逻辑地潜藏着必然的灾难——且不说那种兵戎相见,无论如何也是有违于人间正义的,只就战争这门艺术本身而言,也是需要各方面的必备资源。否则的话,只会不分青红皂白地"以命相拼",即使单纯从自身的安全出发,也显得过于冒险和孤注一掷了。

9. 所以就必须把它说穿:当年发生在日本内部的"以小搏大",受昔日那一堆"小"社会的规模制约,实则并未遭遇过堪称厉害的强敌,更不要说是世界级的强敌了。——正因为这样,人们在这类战争中所获得的相对狭隘的国内历史经验,就不应被简单地带到日本外部去;否则,只会盲目地发挥武士道精神,一味对着外部去争强斗狠,结果只能给自己和受到挑战的邻国,带来不应有的、灾难性的困扰。

由此说来,关键还不在一城一池的具体得失,而在一旦把有限度的"以小搏大",照搬到广袤而不可限量的大陆上来,那么,尽管一时间也许可能会得胜,比如不光是在甲午海战、日俄战争,还有在侵华战争的初期,但毕竟,这只能在特定的外在条件下,部分和暂时地满足主战的希望,——比如,要么是美国方面太过大意,要么是中国方面太过积弱,要么是俄国方面因为内部的缘由,未能没有派出像朱可夫或华西列夫斯基那样的虎将。

10. 进而言之,就算当年真侥幸把战争打赢了,它以自己原有的那种规模,就果然能在"马背上安天下"吗?而它以自己原有的文化高度,就足以消化吞到肚子里的那些东西吗?——这里就涉及那些实施战争所必备的、更加隐形的资源了。

不管怎么说,要是不能进行有效消化的话,那么即使退一万步说,就算日本当年一口吞下了中国,无论是丰臣秀吉的那次,还是东条英机的那次,后来所得到的结果也未必就好。让我们看看努尔哈赤的后人们,就知道那终会是什么滋味了:一旦以如此稀少的人口数量,融入了不知大自己多少倍的且更有文化高度和韵味的汉族中间,那么,这对于整个满族的历史命运而言,也只不过是冰雪消融般的一次性失落。——在这个意义上,也许"战败了"对日本反而更好,至少还能保住文化和族群上的认同。

11. 由此也就联想到,描写珍珠港事变的美国影片《虎!虎!虎!》,之所以会在自己国家一败涂地的结尾处,反而安排日本的战胜者山本五十六,为自己民族的长远前途长叹了一声,也正是沿着这种"理性选择"的逻辑。

不过,这其实也反过来说明了,美国人从自己的或曰"正常的"思维方式出发,即使到了真实的战争爆发之后,也仍然感到有点无法理解,为什么小小的一个日本国,竟会选择以这样的方式来"以小博大",或者干脆说,为什么要这样的"不自量力"?毕竟从长远的战略眼光来看,这无异于从一开始就选择了"无条件投降"。而相形之下,汤因比毕竟是一位大史学家,所以他刚一听到珍珠港那边的轰炸,就在日记中喜不自胜地对自己说:"我们终于打赢了!"

12. 大约还是出于这种所谓的"正常"心理,正如我在新写的文章中所提醒的,其实时至今日美国人也只顾着跟他们的大陆对手争锋,还是没有能充分注意到,在日本的潜在文化心理之中,仍然一直埋藏着这样的隐患:

> 再加上,在日本原本固有的、并又受到保留的文化心理中,原本就有德川家光式的"以小博大"的精神,或者黑泽明电影中的"以死为美"的精神,更不要说,那种冒死攻打珍珠港的武士道精神,又没有像德国的容克贵族制度那样,在战后受到粉碎式的认真清理,凡此种种,就更从文化的惯性上鼓动了个别政客的挑衅。①

13. 当然话说回来,"以小博大"也要有一定的依据,日本毕竟还是介乎"小大之间"。——按理说,在联合国的全体成员队伍中,其实日本的规模也并不算很"小";尤其是,如果把海域也都计算在内的话,它甚至比当年的霸主英国都还要"大"些。也正因为这样,它

---

① 刘东:《把东亚还给东亚历史》,见本书第 313 页。

才拥有了相对雄厚的国力,才有可能生出自以为很"大"的观念。

  只不过,无情而坚硬的现实却又是,它周边的国家偏偏规模更大,——不光是这个"一衣带水"的、往往会后发制人的中国,此外还有位于北部边疆的、素以骁勇彪悍著称的俄国,以及由当年的黑船所代表的、足以跨太平洋逼近过来的美国……不幸的是,正如本文主题所示,"小"和"大"的判定又只能是相对而言的。

  14. 试想,如果日本不是正巧位于中国的周边,如果它不是从日俄战争开始以俄国为宿敌,如果它不是偏又在二战中招惹了美国,或者说,如果它是位于非洲或大洋洲,那么,它无论怎么去想象自己的规模,大概也都不会引来现实的麻烦。

  然而,现实存在的态势却是,它偏偏就夹在这三个大国的范围内,由此也就特别需要谨慎的生存智慧。——其实也正因为这样,一旦它又拘泥于近代日本的历史经验,习惯于"以小搏大"的文化心理时,也就很容易丧失必要的"现实感"了。

  15. 当然应该意识到,在无穷分化和千变万化的现象界,并不存在完全一样的两组事物,所以,从比较视野中得出的任何结论,充其量都只具有相对的意义,于是也都有可能带来相应的误导。——但即使如此,我们还是不得不采用"比较"的方式,这毕竟是人类最基本和最简明的思维方式。

  由此,如果上次"德国—瑞士"的对比,有点让绕不出"小大之辨"的邻国感到不舒服,那么就请允许我再换用一个"美国—英国"之间的对比吧!也就是说,一方面,正像"G2"这个新词所意味的,中国依它的规模可以比作美国;而另一方面,我们在下文中会不断指出，日本在很多方面则可以比作英国。——当然，既然是在利用"比喻"性的思维，它真正关注的就只是两者的比例关系，所以在这里把日本比作英国，也并不比把它比作瑞士更大，如果中国也相应地被比作德国的话。

16. 在我看来，日本完全可以、而且绝对应该，把自己跟当年学习过的英国进行对比。因为，这两者之间的可比性的基础，在于它们全都"立国于岛上"。我们即使仅从这么一个起点，就可以马上得出正反两面的印象。——首先从正面来说，由此带来的好处无疑在于，一旦技术发展得相对成熟，不再被包围自己的大水所困，那么，它们就会在蓝色海洋的时代，率先得到工业化发展的机遇，从而迅速和领先地得以腾飞。

只不过，在这同一枚硬币的背面，其不言而喻的负面因素也在于，一旦由于它们的这种率先海外扩张，而在殖民地催生出了发展的力量，并且，后者也在几经迟疑和挫折之后，终于接受了现代性和加入了全球化，从而使其国力也开始强盛起来，那么，像英国或日本这样的岛国，其立国之本就会显得相对脆弱，越来越缺乏必要的战略纵深，甚至缺乏足够的物质资源了。

17. 可是，又不能总是把希望寄托在，让别国的发展总是失败下去、让别国的进程总是受挫下去吧？否则，要么就会总是情不自禁地，想要去出手阻断邻国的发展，从而越来越多地结下历史的积怨；要么就会在别人的发展面前，只去回忆自己辉煌于一时的领先，而对现实的状况感到焦躁和失落。

这才是当今世界的大势所趋！——现代化运动尽管会有潮起潮

落,但它的波澜荡来荡去,毕竟会逐渐在这个地球上摊平。所以在一方面,如果有谁想要阻挡这种趋势,那它反而会落在潮流的后头,甚至会被那巨大的水流所淹没。然而在另一方面,如果人们能有足够的现实感,也就不难像当年曾经抢得先机一样,如今也坦然地安于这个更公平的世界。

18. 这正是我们从英国历史中看到的情况。而由此也就愈加清晰地表明,原来这种"立国于岛上"的国家,的确是最容易遭遇到"小大之辨",竟然一会儿扩张出去,一会儿又龟缩回来。所以,由此所造成的种种迷思,往往就有可能使之陷入严峻的生存考验。

此外,不得不提的是,一般来说生于这类岛国的人们,当然有可能是相当聪明的,因为他们信息通达、耳目聪明;但反过来,这些岛民也有可能天生就显得小知间间,既然他们曾在历史上四面临海、孤独无邻,并由此造就了心胸狭隘的井底之见。

19. 顺势而论,唯其有了前一种禀赋,这些岛民在历史和文化上,才相对更容易灵活地调头,正如我亲自见识过的、总是在紧跟世界新潮的丹麦人。然而,唯其有了后一种禀赋,这些岛民也可能表现得相当自闭。

日本人能够快速从善如流的一面,已经是世人共知的了,所以,这里就不妨再讲讲刚好相反的例子。——回味一下日本的正式礼服,你会饶有趣味地发现,无论是天皇和皇后所戴的帽子,还是首相所身着的燕尾服,竟然都还是在明治维新时代学到的,而在当今的世界上,大概除了日本人之外,顶多只有古典乐团在表演时还在穿戴它。

20. 或许有理由这样说，正因为那类文化传统，起初并不是由他们所创造的，日本人反而就把它当成了"金科玉律"，不会想到再去对此进行变通，也根本不知道究竟如何去变通了。

所以总起来看，一方面，善于学习的确是日本民族的突出优点：无论是以往朝向具有文化高度的唐朝，还是后来朝向具有文化高度的西方，它都能迅速地学到很多对自己有用的东西；可另一方面，这同时也就预设了他们的缺点：既然这些都是从别人那里学来的，就往往不知怎么从根基处进行创造。——这又是我们从"小大之辨"的吊诡中，意外看到的另一种日本的吊诡特性。

21. 如果从它当年的文化"母国"的立场来看，近代日本的可恼之处显然在于，为什么它就没有想到也去当个"头雁"，去带领着整个东亚的雁阵高速起飞呢？它的巨大邻国，曾长期让它分享自己的创造，从而沐浴着自己的文明之光，可它怎么才刚多学得这么一点，就嚷嚷着要去"脱亚入欧"呢？为什么才刚领先这么一点，就连个"亚洲国家"都不屑于再当了呢？

> 日本人哟！你忘恩负义的日本人哟！我们中国究竟何负于你们，你们要这样把我们轻视？你们单在说"支那人"三字的时候就已经表现尽了你们极端的恶意。你们说"支"字的时候故意要把鼻头皱起来，你们说"那"的时候要把鼻音拉作一个长顿。①

---

① 郭沫若：《行路难》。

22. 所以在我看来,给现代日本种下深层祸根的,莫过于当年这种"远交近攻"的"脱亚论"了——

> 唯今之计,我当决断,与其坐待彼等昌明,共兴亚洲,莫若早脱其列,携手西洋诸国,待彼二国,则如西人即可,子不闻近墨者黑乎？是故,我国势必拒此东方之恶邻于心念也。①

正因为这样,从地缘政治学的战略意识出发,我又不得不对之作出这样的劝告：

> 如果从更长远的眼界来看,则无论是"脱亚入欧"的目标,还是"脱欧入亚"的目标,都毕竟还是显得太过机械了。说到底,它对两侧都缺乏基本的认同感与忠诚度,所以就必会从两个相反的方位,使日本的地位出现左支右绌,——要么就像战后的这种安排那样,成为西方在东亚的"马前卒",要么则恢复战前作为说辞的妄念,去替"大东亚"来首当西方文明之冲。②

23. 归根结底,在相对而言的国情比对中,就日本自我定位的"小大之辨"而言,其实只有"小"才是比较真实的,而所谓"大"则多是虚拟的,或者说,是它自己想要通过拼搏而达到的。

当然,即使是最想要"以小搏大"的人,也不可能完全不具备"现实感",然而可悲的是,那却往往要等到"踢到铁板"之后。——事实上,日本如果真是这么无可争议的"大",那就不必在战后去当所谓的"艺妓盟友",而样样都要看美国的脸色行事。在这个意义上,可

---

① 福泽谕吉:《脱亚论》。
② 刘东:《把东亚还给东亚历史》,见本书第319页。

以知道非要硬撑着"称大"的人物,其内心肯定是有点发虚的。

24. 那么,思想上的出路究竟何在呢?既然认定了在英国和日本之间,存在着切实的可比性,我就很想跟着再来忠告一句,如果想要获得真正清醒的、足以祈福禳灾的"现实感",那么,日本现在就理应多向英国的历史讨教。——或者借用沟口雄三的一个句式,这正是所谓"作为方法的英国"吧?

一说到这类的"现实感",眼下人们大概是为了劝诫日本,就总是爱拿它与德国对比,表扬德国不像这个战败国那样,有了历史罪过就勇于跪下,这当然是有道理的。不过在另一方面,至少在"小大之辨"的问题上,其实更具有可比性的,反而是在英国史和日本史之间。

25. 正如近代英国的历史所告诉我们的,一个"立国于岛上"的民族,当然也可以造就出"日不落帝国",从而短暂地成就它的一代霸业。即使到了今天,这个所谓"第一个现代化国家",都仍为现代化事业刻下了自己的印迹,包括它那无远弗届的语言和文学。

然而,终究由于其立国基业的狭小,随着全球化真正向全球波及,这样的岛国就不能再维持全球垄断了。——由此而九九归一,至少是它的政治统辖范围,终究还要缩回自己四面临水的本土。

26. 正因为这样,最足以从中找到启发的是,尽管曾经雄霸一时,包括切实统治过新大陆,但是,一旦在那里爆发了独立战争,英国人马上就在战败之后,就表现出了精明过人的"现实感"。——也就是说,一俟发现国力对比发生了逆转,英国的决策头脑马上就变得非常现实，不再虚拟地吹涨起"小大之辨"，转而承认了美国所占据的领导地位，并且在毕竟是"同文同种"的基础上，逐渐建立了跨越大西洋的国家联盟。

而幸运的是，正由于有了这种特殊的紧密关系，才让美国在二战中最终出手援救了英国，——就算丘吉尔对于不列颠帝国的这种没落，总难免心有戚戚焉。实际上，也正因为有了这样的特殊紧密关系，才使得汤因比在美国终于被拖下水的那一刻，有理由写下那句"我们终于打赢了！"

27. 这才是"退一步海阔天空"呢！——如果原本跟中国"同文同种"的日本民族，也能具有英国民族这样的灵活性和现实感，不去过分执迷于自己分外的东西，至少不是只在这类的执迷中讨生活，那么，它又有什么理由不像英国人对美国人这样，来回心转意地亲近自己命定的巨大邻邦？

果然能够做到这一点，那么一切都会豁然开朗，拨云见日。我们由此会恍然大悟地发现，即使是一次很血腥的战争，在历史的长河中也算不了什么，至少不算是不可逾越的障碍，就像美英之间也曾爆发过战争一样。——而关键只在于，只要有了英国人那般清醒的"现实感"，只要有了英国人那般开阔的"大智慧"，那么，所有现存的被动和死结，也就足以被心念一转地化作财富。

28. 在本文的开始处，我曾经充满艳羡赞赏地提到过瑞士的"小"，而在本文的结尾处，我还要再赞赏地提到另一种"小"，那就是像荷兰、葡萄牙这类国家的"小"。事实上，在这样一个普遍的"后殖民主义"时代，不光是英国要从昔日的殖民地中退出，跟它属于同一类的老牌殖民国家如荷兰、葡萄牙,也早已放弃了往年那种"以小搏大"的念头,而退回去专心经营本分中的"小",并且获得了仍属于领先的生活质量。——即使当今的天下仍不那么理想,但毕竟殖民主义的时代早已过时,没有必要沉醉于那个罪恶的过去。

如果日本也能彻悟到这一点,那么它终将会惊喜地发现——这其实并不是什么噩梦,而只是一场噩梦的结束。

29. 如果中日之间终能走到那里,那么在实际上,也就实现了我提出的"回到东亚历史",或者"把东亚还给东亚历史"。正因为这样,就让我再来重复一下自己就此的想法:

> 我所主张的"回到东亚历史",就是呼吁要在全球化已经发展得更为均衡的时代,去重新调整在过去的世纪内所发生的倾斜,不再把那些历史的灾难与罪恶当成常态,以正常地安排原应如此的外交与外贸态势、交往与交流活动。①

而准此再进一步地思考,"我所主张的'回到东亚历史',就是希望从作为'长时段'的过往历史中,去找回足以引领它去达成长治久安的基本蓝图,从而让本地区原本认同的'泛爱众生''推己及人'的普遍价值,重新构成确保'永久和平'的道义规范,而不再让西方在20世纪所投下的石头,永远在该地区的水面上中激起涟漪"②。

2015 年 1 月 25 日写定于三亚湾·双台阁

---

① 刘东:《把东亚还给东亚历史》,见本书第 320 页。
② 同上。

七　文学

伟大背后的伟大

另一种爱情

那就爱这个"错"吧

伟大背后的伟大
——从《索尔仁尼琴传》看俄国文学传统

俄罗斯的大作家索尔仁尼琴,是我生平最为景仰的人物之一,为了他那钢铁般的、充满强烈自信的"写作意志"。正因为这样,我已经不止一次充满敬意地写到了他,——比如我曾经这样为他感叹道:

> 令人感动的是,这位伟大作家偏在得过了诺贝尔奖之后,还能推出这么多不朽之作,甚至可以说,他一生中最重要的扛鼎之作,既包括早已读到的《古拉格群岛》,也包括刚刚开始迻译的《红轮》,都要么是在他得奖后印行的,要么是在他得奖后创作的,以至于简直就教人感叹:要么那个奖发得太早了,要么那个奖该多发几遍!——由此再联想到他那些往往躺在荣誉榜上的同行,也就益发反衬出来:这才是一位真正的、未曾异化的作家,一位不为外因所累的作家。①

然而,这次再读萨拉斯金娜所著的两卷本《索尔仁尼琴传》,其中最令我触动和难忘的,却首先是他当年所享有的那种气场。

---

① 刘东:《苦痛生珠》。

在我看来，也正是透过索尔仁尼琴周围的这种气场，才反映出了隐藏在个人背后的、作为一种深厚传统的俄罗斯文学的伟大，以至于人们只要是生活在这种传统下面，总会不自觉地受到它无形的影响。——在这个意义上，它便可以说是伟大身影背后的伟大背景。

说起来，如果依照历史悠久的中国的标准，俄罗斯的这种伟大传统，其创建也并不是"很久以前"的事情，因为被公认为"俄国文学之父"的普希金，距离我们也不过区区两百年而已。

然而，自从普希金决定性地降世之后，俄罗斯文学那繁密而灿烂的群星阵容，却又绝对当得起那"伟大"二字，如普希金、莱蒙托夫、别林斯基、赫尔岑、果戈理、屠格涅夫、陀思妥耶夫斯基、托尔斯泰、契诃夫、谢德林、蒲宁等等，即使是在整个世界的范围内，也都构成了所谓"文化教养"的基本内容。——而反过来，你即使把美国文学的全部阵容都给加上，也根本就难以望其项背，尽管美国这个在其他方面堪称伟大的国家，开国的时间也已有两百年了。

而从上面那串名单再接续下来，我们又可以从索尔仁尼琴那封写给苏联作协的公开信中，看出他对这种伟大传统的自觉认同与强力呵护：

> 他捍卫俄罗斯的经典作家以及革命后遭受迫害和被迫害致死的经典作家：陀思妥耶夫斯基、叶赛宁、茨维塔耶娃、阿赫玛托娃、布尔加科夫、普拉东诺夫、曼德尔施塔姆、沃洛申、古米廖夫、克留耶夫、扎米亚金和列米佐夫。他为帕斯捷尔纳克说话，认为

这个作家的命运应验了普希金的预言:他们只善于爱死去的作家!①

当然,我们从上述那份受迫害的名单又可以看出,真正轮到索尔仁尼琴出手抗议的时候,那伟大的传统已在遭到颠覆或毁灭了。不过即使如此,又正像我以往同样就俄国传统所写到的:

> 传统的伟力竟这等巨大,哪怕在遭到毁灭的过程中,它仍自如此强韧,如此富于激发,如此底蕴深厚。而相形之下,那一时取得了强势的统治意识形态,在创造可以传世的艺术形式方面,就单薄得只剩下可怜了——它那种简单横蛮的过滤(比如当年苏共中央经常作出的关于某一具体作品的决议),不光从未能防范住一切,而且也从未能建构起什么,充其量也只能导致艺术作品的失败,而从未导致过它的成功……②

既是降生在这样的传统下,索尔仁尼琴当然也就属于它的产物,尽管只能属于它的悲惨命运的悲惨产物。

然而,又正像我在构思《皇族艺术家》一文时发现的,心中所含的愤懑冤屈,和这种经验的巨大振荡摆幅,会带来极为丰富和复杂的感性,而如此宽广深邃的感性世界对于艺术家来说,又是"有之未必然,无之必不然"的重要条件。所以,生命体验中的跌宕起伏,对于成就艺术家来说,就显得特别重要。

---

① 柳·萨拉斯金娜:《索尔仁尼琴传》,下册,任光宣译,北京:人民文学出版社,2013年,第645页。
② 刘东:《做巴顿,还是做朱可夫》。

正因为沐浴在这种传统之下,索尔仁尼琴才会从小就志乎此道,即使一时间条件还达不到,让他只好姑且先修习一下数学。——甚至,如果不是命运的捉弄或成全,那么,就像他曾利用数学来指挥炮火一样,索尔仁尼琴后来也完全可能吃一辈子的"数学饭"。

这意味着,即使一心就想要写点儿什么,也要先积攒起可写的东西才行。而事实上,在他突然遭到逮捕之前,索尔仁尼琴虽然有着满肚子的激情,但却也有着满脑子的茫然,那无非是青春期的无名躁动罢了。

所以,如果不是粗暴地把他抓起来,把他投入到足以体验人性极限的古拉格炼狱,让他获得作为宝贵财富的苦难经验,这个体制也就不会如此愚蠢地,专为自己制造出如此强大的对手了。

更不用说,他那两次早早就罹患癌症的经历,以及两次奇迹般复原的经历,更使他早在自己的青年时代,就已多次经历了死神的磨炼,而等到他再从阴曹地府杀将回来,那已经是民不畏死而刀枪不入了。——在这个意义上,他几乎是在35周岁的时候,就已经进入了我常向学生讲述的那种我行我素、不管不顾的"后期写作"了。

事实上,任何普通人或曰稍微"正常"的人,恐怕都经受不住他所遭遇的那种长期而持续的巨大压力,那中间不光包括劳改和病痛,还包括散布谣诼和投毒。当然,这并不是说他就显得"反常",而只是说他无疑已属于"超常"。——如果没有这种"超出常规"的意志,他后来就不会再从死亡率较低的、从事技术工作的劳改营,反而挑战地要求再回到死亡率较高的、从事中体力劳动的劳改营。然而,我们后来率先读到的《伊凡·捷尼索维奇的一天》,却正是来自在这种劳改营里的切身体验。

对比一下,即使老是害怕肉体被消灭的肖斯塔科维奇,也还只是在用朦胧晦涩的音乐语言,去反讽地或歧义地戏弄着这种体制,甚至还时不时地要"上贡"一点电影音乐,或者时不时言不由衷地敷衍当局几句,来暂时打消斯大林想要毙掉自己的念头。而到了索尔仁尼琴那里,就干脆变成了直截了当地,由一个个人来单挑一个超级大国。

但无论如何,正因为心中有了那伟大的传统,才会给了索尔仁尼琴坚定的意义支撑,使他可以一口咬定地写下去,而且写完了还马上就藏起来。——有意思的是,从早年那些曾被沙皇流放的作家那里,他也同样继承了从事这种斗争的技巧,那也属于这个伟大传统的有机部分。

而说到底,这自然还是因为,在那种既有传统的暗示下,对于自己默默写作的最终效果,索尔仁尼琴总有着朦胧而明确的预期。

那伟大传统中所富含的历史感,就是这样在默默地告诫着人们,只要能够坚定不移地写下去,这本身就是在创造着历史,这才塑造出了他所秉有的"写作意志"。——换句话说,跟那种"百无一用是书生"的自叹相反,这位写作者从他背后的伟大传统中,总能汲取到直面永恒的绵绵力道:

> 只要生活允许(即,并不是每天,但每个月有数次),小说的日志就记得很有规律,它证明了索尔仁尼琴——就是他在写作。"如今,"他在1972年3月15日的日记里记道,"我有三周或者甚至一个月没有动笔了……只要有几天没直接写东西——脑袋

里就如此疲倦,大脑如此懒惰,甚至很难把稿纸按照分类在桌子上摊开。只要每天写作——就感到浑身有使不完的劲。"只要有救命功能的每日写作暂时还没有把他丢掉,那么各种威胁、诽谤、地狱般的冲动、疯狂的信件、恶毒和报复的意图就对他鞭长莫及,他就能得意地远离它们。①

正是在这种伟大的传统下,人们才刚读完索尔仁尼琴拿出的第一篇小说,就会在那里额手称庆,发现他们所钟爱的托尔斯泰和契诃夫,终于有了当之无愧的当代传人。而这也就意味着,那些无论怎么享有官方荣誉的作家们,相形之下就只属于传统的"不肖子孙",从而也就无形中被视同为"行尸走肉",——即使人们嘴上尚没有这么说,而且,即使是在这些"行尸走肉"本人的内心中。

也正是基于这样的历史感,身为诗人的特瓦尔多夫斯基才会顶着压力说,先别惦记着怎么去保护《新世界》杂志了,要是连《伊凡·捷尼索维奇的一天》都不发表,我还主编这杂志干什么呢?

还是在这种伟大的传统下,出身于显赫的文学世家、几乎熟悉整个俄罗斯文坛的利季娅,还刚刚见到初出茅庐的索尔仁尼琴,就已在日记中悄悄称他为"经典作家"了,——为了他身上那种罕见的精神力。此后,她更在自己的日记中写下了这样的评价:

> 苏维埃时期的俄罗斯文学,在索尔仁尼琴之前就有几位伟大的诗人:阿赫玛托娃和帕斯捷尔纳克,几位杰出的诗人:曼德尔施塔姆、茨维塔耶娃;几位杰出的小说家:日特科夫、布尔加科

---

① 柳·萨拉斯金娜:《索尔仁尼琴传》,下册,第744页。

夫、特尼亚诺夫。索尔仁尼琴出现之后,他们开始闪射出新的光芒。他赋予他们新的品质:力量。就好比给那些豪华的车厢配上了一个功率强大的火车头。

他们从一个个孤零零的天才和文豪变成了俄罗斯文学。成为一个整体。他设法把大家联合起来了。①

所以,传统从来就不属于哪一个人,哪怕那是个再强有力的人:它更加雄辩而真实地表现在,自己是属于一个文化上的共同体,而表现为无形而默契的集体力量。

在这个意义上,传统就不光会制造文学的作者,也同样会制造文学的读者,——而索尔仁尼琴的力量,也正是汲取于他那为数众多的读者,其中既包括那些有幸听过他背诵自己作品的朋友,也包括那些潜在的、想象中的读者,甚至是未来的、生于自己身后的读者。

而这两者叠加起来,就构成了这部传记中屡屡出现的、充满了激情与骚动的那些朗诵场面。

> 您来的那个晚上就是一部作品,一部文学作品,一部在情感上、政治上完整的作品……我们如此激动,几乎听不进去您在讲什么。其实是:谢米恰斯内依同志禁止的事情,索尔仁尼琴给放行了!在我们的生活里,难道什么时候有过这种情况?……这是一次历史事件……一次人生中难得的陶醉……我们一小群人走在大街上,心中完全充满了儿时的、无拘无束的热情。我们走

---

① 利季娅:《捍卫记忆》,蓝英年、徐振亚译,桂林:广西师范大学出版社,2011年,第367页。

到了面对着卢比扬卡的地方,这座石砌大厦似乎第一次让我们瞬间感到已不那么固若金汤,不那么不容怀疑!①

甚至,就连对他进行如此严酷打压的那些敌人——在其他作家看来是如此可怕的敌手——也同样在某种程度上属于这样的传统,尽管他们对这种传统的任何看重,此时都只能反过来进行表达了。

所以,在一方面,读一读苏联后期的、充满了各种粗暴"决议"的文学史,或者读一读利季娅日记中对于弗丽达、茨维塔耶娃、帕斯捷尔纳克、布罗斯基、索尔仁尼琴等人遭遇的记述,就可以发现从某种意义上,这只能是那伟大传统如何遭到蹂躏的历史;可在另一方面,当然也是在另一种意义上,索尔仁尼琴和苏联当局却还在玩着同一个游戏,包括他们之间那种捉迷藏式的游戏。毕竟,如果是在更加野蛮的斯大林时代,这个麻烦会被更加利落地从肉体上消灭掉。

无论如何,正是在这种传统的余荫下,当索尔仁尼琴应运而出时,就连最高领导人赫鲁晓夫,也会为《伊凡·捷尼索维奇的一天》而着迷;同样地,那些身居高位的政治局委员们,当时居然也都人手一册地拿着它。

甚至,在赫鲁晓夫被颠覆下台并失去自由以后,他还会让女儿去代向索尔仁尼琴的新作表示祝贺。——如果只是为了虚与委蛇的政治理由,他此时已没有进行这种表演的必要了吧?

可悲的是,也正因为打心眼里重视它,觉得它的意义实在不可小

---

① 柳·萨拉斯金娜:《索尔仁尼琴传》,下册,第639页。

觑,才总是想要去折腾它,这就跟"文革"时代对待文史哲的情况一样。

然而,也正因为实在是从心底看重它,他们又同样不敢小看索尔仁尼琴。就连那些不可一世的中央书记们,一旦坐到了"只穿了件衬衫"前来的、显得漫不经心的索尔仁尼琴的对面,特瓦尔多夫斯基也会冷眼旁观地记下来,他肯定要比这些官员们显得更强有力,——这当然是指其内在的、恒久的精神力,而不是外在的、一时的蛮力。

当然,正如索尔仁尼琴所申述的那样,俄罗斯文学的伟大传统,已经在苏联时代被毁灭殆尽了,所以已经很少能再继续产生伟大的作家了;即使产生了也只能遭到驱逐,从帕斯捷尔纳克,到布罗斯基,到索尔仁尼琴……

也正因为这样,那位肖洛霍夫面对"剽窃手稿"的流言,就注定了只能是百口莫辩,因为他再也拿不出另一部《静静的顿河》,而无论如何,只有同样具有这种水平的作品,才能决定性地终结这些流言。

然而,至少那伟大传统的背景还在、余荫还在,所以苏联作家的地位仍然相对很高,高到了其他国家的作家简直都无法想象,——就算那好处多被肖洛霍夫之流拿了去。

正因为这样,在以赛亚·伯林的笔下,俄罗斯文学所享有的巨大优势,才通过这样的细节表现出来:

> 在紧接着的战后岁月里,事实上直到生命的终结,老作家中最杰出的人物发现他们的处境很奇怪,就是他们成了读者的崇拜对象,也得到了当局半信半疑的宽容:一座小而逐渐消失的帕

纳塞斯山,由年轻人的倾慕支撑着。在各种私人聚会和派对上凭记忆背诵诗歌,在大庭广众之下朗诵诗歌,在革命前的俄国都很普遍;新奇的是,帕斯捷尔纳克和阿赫玛托娃也都向我讲过,就是当他们对着济济一堂的听众朗读诗作时,偶尔会在一个句子上停顿下来,现场经常会有许多观众马上提示他们——提示的作品有已经出版的,也有尚未出版的(并且在公开场合是找不到的)。没有一个作家不受感动,或不因这种诚挚的敬意受到鼓舞。他们知道自己的地位是独特的,这种万众瞩目在某种程度上很可能会让西方诗人艳羡。①

无论如何,即使在最死板僵化、最透不过气的时代,那伟大的传统都还至少是部分地存在着。这样说到底意味着什么呢?——意味着在人们的内心中,早已在虽则悄然无声、但却广泛持久地怀疑着宣传口径。怪不得在苏联流行着那么多的政治笑话,比如所谓"《真理》没有了,但还有《消息》"。

否则,人们就不会向索尔仁尼琴投以忘情的掌声,为了他讲出了那些自己一时还不敢明说的话,而且还说得那样精彩、到位和强有力。——而到头来,也正因为还是有这样的人心在,那橡树才能被这头牛犊给轰然顶倒。

这就是文学所可能保有和发出的力量。——也正因为毕竟还有这样的力量,即使在被毁灭和撕裂的过程中,俄国文学的伟大传统,也仍然在闪耀着它的耀眼光芒,从而在继续出手拯救着俄罗斯。

---

① 以赛亚·伯林:《个人印象》,林振义等译,南京:译林出版社,2013年,第197页。

基于同样的道理,记得我也曾跟一位汉学家朋友说过,其实像他们这种象牙塔里的"学术人",对于改变美国人心目中的"中国形象",并发挥不了多少实际效用的,——要是我们能再有一位赛珍珠,去用文学的力量来打动美国的心灵,那么中国人眼下就不致这么被动了。

如果从比较文化的角度来分析,俄罗斯的文学能够如此有力,是因为它在某种程度上,涵盖或替代掉了其他学科的功能,比如历史学的叙事功能。

在这个意义上,尽管北岛们特别想要模仿(或充当),而且汉学家们初来乍到这个国度,也确曾想在这里找到中国的阿赫玛托娃、帕斯捷尔纳克和索尔仁尼琴,然而在实际上,由于社会结构、文化心理乃至自我期许的不同,却只有由陈寅恪们所代表的史学传统,才在中国的文化语境中具有这样的力量。

> 尽管中国并无宗教式的精神形态,但正由于"孔子作《春秋》而乱臣贼子惧",史学才使得人们对于身后,也有了同样的关怀和惕惧。——而中国式的、具有人格品格的伦理道德,很大程度上就附丽于此。①

只可惜,当代的历史学家在眼下的中国,已不再具有那种令人尊敬的社会地位,因为他们在各种威逼利诱下,基本上都已经缴械投降,反而发扬了另外一种"辞胜质"的佞史传统。——

---

① 刘东:《对于往事的中国记述》,见本书第219页。

人们似乎不约而同地发现了,写史竟能提供一种非常方便的借口,来掩饰自己内心的惰怠无能,因为它相对而言更容忍述而不作的表面形式,并不苛求独立大胆的立论。正因此,才会看到满城争说陈年故事的热闹光景:不光是那些搞文学的,随着内部研究的风光不再,纷纷开始自我标榜为史学家,就连那些搞哲学的,也因其无非是在复述别人的思想,而同样自我标榜为史学家。①

实际上,也正是它的特别突出的、作为一种代偿机制的叙事功能,才使得"现实主义"成了俄罗斯文学的主流,即使是最横行无忌的宣传口径,也只能再在这个词上加个"社会主义"的定语,以便在所有的"写实"文学作品中,先行剔除具有"反苏"嫌疑的"现实"。

可无论如何,到底"说真话"还是"不说真话",仍自是俄罗斯作家之间最重要的分水岭,也成了检验其良知的最好试金石。

即使是西蒙诺夫那首写于二战的诗:"亏了你的苦苦等待,/在炮火连天的战场上,/从死神手中,是你把我拯救出来。/我是怎样在死里逃生的,/只有你和我两个人明白——/只因为你同别人不一样,/你善于苦苦地等待",就像李双江用他的"小颤音"所唱出的那首《再见吧,妈妈》,虽说不无造作的煽情成分,却也照样夹杂有部分的真实,从而也同样属于那个伟大传统,正如当时战壕中的那些读者所说:

> 每当你的诗在报上出现,我们团就有极大的兴奋。由于报纸的份数有限,我们会把它剪下,抄成副本,相互传诵。我们都

---

① 刘东:《"文胜质则史"的真义——历史与现实中的佞史传统》。

想读你的诗,喜欢讨论你的诗,已把《等着我吧》记在心里。它所表达的正是我们的感受。我们在家乡,都有妻子、未婚妻、女朋友。我们希望,她们会等下去,直到我们凯旋。①

由此请允许我说句玩笑话,若是当年俄罗斯的作家们,也能想出所谓"魔幻现实主义"的招数,什么都半真半假,什么都亦庄亦谐,什么都似是而非,什么都看得见抓不住,那么他们的日子就会好过得多了。——当然那样一来,俄罗斯文学的伟大传统,也就已经算是给解构殆尽了。

在这个意义上,那种竟连果戈理和布尔加乔夫都划归"魔幻现实主义"的时髦做法,就正好比把莱蒙托夫式的"多余人",给胡乱编派成了加缪式的"局外人"一样,全都属于历史、文化和头脑的移位。

换句话说,既然是从普希金那里走来,那么只要仍然属于这个传统,人们就不能低下那高贵的头颅,不能弯曲那伟岸的身姿,——正如他笔下的那首《致恰达耶夫》:

……
但我们的内心还燃烧着愿望,
在残酷的政权的重压之下,
我们正怀着焦急的心情
在倾听祖国的召唤。
我们忍受着期待的折磨

---

① 转引自:奥兰多·费吉斯:《耳语者:斯大林时代苏联的私人生活》,毛俊杰译,桂林:广西师范大学出版社,2014 年,第 418 页。

> 等候那神圣的自由时光,
> 正像一个年轻的恋人
> 在等待那真诚的约会一样。

至于说,俄罗斯高贵的文学传统,是否还会在它的伟大背景中,再次涌现出这般伟大的身影,从而让人们足以再次以手加额地说:终于又看到了托尔斯泰、契诃夫和索尔仁尼琴的后人,我们对此也只能是紧张地拭目以待了。

在全球化正把一切多样性都要磨平的时候,我们此刻都已不敢去多想,那伟大而历经磨难的传统,是否也正在离我们远去,是否也正被扩张的物欲给消费掉;甚至,我们此刻都已不敢多想,如果没有西式基金会的赞助,那里是否还会出现本书中常有的、作为一种典型文学场景的作品朗诵会。

但无论如何,正因为忧心忡忡地牵挂着这一点,我们就总还拥有足够的理由去发出惊呼:只有想要彻底毁掉本民族传统的行为——无论那是俄罗斯的传统,还是我们自己的传统——才是在全部人类历史中所可能出现的、最愚不可及和不可饶恕的行径。

所以在这方面,就更应当记住维特根斯坦的断言:

> 传统不是一个人能够学习的东西,不是他想要的时候就能捡起来的一根线;就跟一个人不能选择自己的祖宗一样。

2014 年 12 月 25 日于清华学堂

另一种爱情
——对于叶芝和苏轼的一次重读

一

"社会究竟是如何可能的?"这是齐美尔曾经追问过的、一个带有根本性的问题。而他对此所给出的回答则是,社会乃是一个过程,一个在具有意识的个体之间进行互动的过程。而由此也就可以领悟出,无论我们身在其中的这个社会,发展成了如何令人眼花缭乱的复杂形态,你若真想追根究底的话,它最深的基础都还在于你自己的意识,——是因为你既意识到了自己对于他者的需要,也意识到了他者对于你自己的需要。

换句话说,深藏在地面之下、并最终构成了社会的基础的,其实是在于社会性动物的基本潜能,在于我们本性中充满人情味的那一面。——惟其有了这样的潜能,那么,即使不是在神学的意义上,或者不是在马丁·布伯的意义上,在我们这些社会性的动物之间,也有可能形成超越了"我—他"关系的、富于亲密性质的"我—你"的关系。就此而言,基督教也不过是利用了我们的社会本能,而不是教给了或提升了我们的社会本能。与此同时,安东尼·吉登斯对之寄以厚望的、所谓变革中的"亲密关系",也正是要扎根和溯源于这样的人类潜能。

无论如何,社会学家所以要关心和追问这样的问题,乃是因为设若我们的个体从其生命的底层,就根本并不具备这样的潜能或本能,而足以去关切其他个体的存在和需要,甚至怀着"理应""甘愿"乃至"幸福"的感觉,去为其他个体做出贡献乃至牺牲,那么,任何人类社会都将不可能存在和持续下去。也正因为这样,任何成功延续的人类共同体,都必须倚重这种至关紧要的人类情感,从而为自身铺垫出必要的心理基石。——只不过,由于西方文化的冲击与覆盖,人们眼下经常忘却了,不光苏格拉底要在《会饮篇》中去讨论"爱情是什么"的问题,也不光基督教要在《圣经》中去宣扬"爱邻人如同爱自己",中国的儒学先哲也同样要在《论语》中重复着"仁者爱人"的教诲。

与此同时,还是由于西方文明的冲击与覆盖,人们眼下恐怕就更想不到了,基于这种人类的潜在生命本能,至少是从两千五百前的"轴心时代"开始,不同的文明就有可能循着不同的价值理性,而各自发展出一套有关"亲密关系"的独特观念来。而这种观念上的独特性,又正是本文标题中"另一种爱情"的由来。——当然,一旦被冠以了所谓的"另一种",从语气上就难免显得有些"另类"了,可这又不过是因为,来自西方的所谓"爱情"观念,已被视作了天经地义的"常规",甚至被视作了发展"亲密关系"的不二法门。相形之下,其他文明的、包括本土文明的"爱情"观念,由于已被压抑在文明碰撞的废墟之下,就只有等待后人的"知识考古"了。

上述这一番非常简短的铺叙,就算是本文在理论上的起点。

二

的确,尽管人们总是要去谈情说爱,虽说有些人只是在逢场作戏,却也颇有些人把它当作了生活支柱,然而,所谓"爱情"的内涵究竟是什么,它又在近代以来的西方冲击中,发生过怎样的变化与迁移,却都并不是不证自明的东西。就此而言,"爱情"对于很多人来说都是"难的"。——毕竟,在生命中潜伏着发展出"我—你"关系的本能,属于一回事;而如果只想凭靠直觉就能把握到文化的价值,则属于另一回事。

有意思的是,正因为心中有着对于"爱情"的困惑,莫扎特歌剧中的情种凯鲁比诺,才唱出了百听不厌的那段插曲:

> 你们可知道,什么是爱情?
> 你们可理解我的心情?
> 我想把一切讲给你们听,
> 新奇的感觉我也说不清。
> 只感到心中翻腾不定;
> 我有时兴奋,有时消沉,
> 我心中充满火样热情,
> 一瞬间又感到寒冷如冰。
> 幸福在远方向我召唤,
> 转眼间它又无踪无影,
> 不知道为什么终日叹息,
> 一天天一夜夜不得安宁;
> 不知道为什么胆战心惊,

但我却情愿受此苦刑。①

回顾起来,尽管我自己也曾盲从过"爱情"的流行观念,而且,任何人在他情窦初开、难以自持的那一刻,也只来得及去追随血管中的冲动,而不可能事先就反思过用来定义这种冲动的观念。——然而无论如何,一旦我开始也对本土文化进行"同情的了解",我自然也就要开始针对与此相关的价值观念,进行跨文化意义上的梳理和清点了:

>只要看一看中国人对"福"字的理解,就不难发现,他们的注意力是何等地集中于浮世的欢娱,而对于百年之后的身外之事不作非分之想了。《尚书·洪范》说,人生有所谓"五福":"一曰寿,二曰富,三曰康宁,四曰攸好德,五曰考终命。"后来,汉桓谭在《新论》中又把"五福"解释成"寿、福、贵、安乐、子孙众多"。不管人们把这种安于现世、乐于现世的幸福观判为精明还是浅薄,抑或兼而有之,他们都首先必须承认,它已经融进了中华民族的性格深处,并且确曾有助于这个民族在种种有限的事物中最大限度地享受生活。可以说,中国的民间俗神正是伴随这种对于幸福的理解和对于生活的期求而产生的。②

甚至,大概不会只是出于巧合,而是基于久有的好奇心,也是基于亲身获得的体会,我当时也曾沿着上述的思路,进而指出了中西"爱神"的不同妙处(对此我在下文中还要再来回顾)。——只不过,由于受到当时的论题所限,我还没来得及去进一步澄清两种"爱情"的观念。

---

① 莫扎特:《费加罗的婚礼》,第二幕《你们可知道什么是爱情》。
② 刘东:《民间俗神》,南京:译林出版社,2009年,第41页。

进一步说,今番既要再来就此落笔,那么由于长期沉潜于那个学科,我就更倾向于要从"比较文学"的角度,来考察在相对独立生成的文明语境下,人们是怎么分别对"爱情"进行理解和表达的。——在这里,"比较"当然是不在话下的,毕竟那是对于文明的跨界寻思;可是,为什么又要从"文学"材料入手呢?这自然又是因为在我看来,此类材料要比任何理论性的文字,都更便于让作者去袒露心扉,从而也更易于让我们去洞悉其本心。正因为这个缘故,尽管切入的角度有所不同,我近来也同样是从文学的材料入手,讨论过发生在张爱玲和胡兰成之间的关系,并从中得出了"爱那个错"的、异乎寻常的结论。而与之相比,眼下这篇文章的关切焦点,则要转到在叶芝和苏轼之间的文本对比。

三

　　先来看看西方的"爱情"概念。在那边,最富于文化上的独特性、却也最让人莫测高深的是,尽管那源自于两性间的关系,而属于某种特定的交往行为,可是,人们在那个语境中谈论的"爱情",却往往只需要那过程的前一半,便可以宣告"爱情"行为的完成了。——而这种尚且停留在"相思"阶段的过程,一旦发展到相对独立出来,也就表现为很特别的"柏拉图式恋爱"了。

　　这种堪称"纯粹"的恋爱或"相思",既可以说是很吸引人的,也可以说是很折磨人的。但此中的吊诡却在于,"情场"虽则失意、"赌场"却很得意,特别是当你已把生命的意义,赌在了"文学生涯"的成败时。也就是说,一方面,越是只享有那过程的前一半,就越是只剩下苦不堪言的"相思",乃至纯属一厢情愿的"单相思";可另一方面,越是郁结起挥之不去的苦闷,也就越容易诱发出情不自禁的写作,——毕竟"接吻的口是不暇唱歌的"。

不消说,这种永远都不去释放、而只是在积攒强度的郁结,也自有其不可替代的妙处。也正因为这样,我在写于早年的一篇文章中才说,其实自己是打从很小的年龄起,就已经被俄罗斯大诗人的一首名诗,给形塑了对于"爱情"的基本理解:

> 当我在《爱情的圣经》中释读柏拉图的《会饮篇》时,曾借用哲学话语写道——"就这样,爱情之美妙的一瞬,蹦出了时间中的生生灭灭,在人的一生中空间化地定格,获得了一种非有限性。就这样,人之变动不居的意识流中,凸现出一种永久性的体验,它点石成金地将生活诗化和幻化为永远值得动情追忆的、永远值得再重新开始一次的东西……"显然,我当时吟诵的,正是普希金的《致凯恩》。①

接触过外国诗歌的读者也都知道,我在上述文字中所意指的,正是普希金笔下那种最经典的"瞬间感受"。——记得苏联文学界当年有过讨论,认为普希金写出的这种"瞬间感受",不仅是标明了所谓"爱情"的真谛,而且也给出了所谓"抒情诗"的标准:

> 我记得那美妙的一瞬,
> 在我的面前出现了你,
> 有如昙花一现的幻影,
> 有如纯洁至美的精灵。②

---

① 刘东:《忘不了的普希金》,《浮世绘》,沈阳:辽宁教育出版社,1996年,第22页。
② 普希金:《致凯恩》,戈宝权译,《普希金诗选》,长春:吉林文史出版社,2004年。

由此可知,如果借茵加登的美学术语来讲,这种作为"幻影"和"精灵"的"形而上质素",也肯定是为我们对于"爱情"的理解,增加了深厚而浓郁的内容,甚至也为恋爱者的内心世界,增加了相应的深度和厚度。——于是,也正是基于类似的理解,我才会在写于同期的另一篇文章中说:"人们当然可能谈情说爱一辈子,也不知道柏拉图为何人,但是,如果有人竟然从来不曾有过丝毫柏拉图式恋爱的体验,那他就根本不知爱情为何物了。"①

不过,正因为由此而产生的诗歌,尤其是它所定格的"瞬间感觉",已经转而在很大的程度上,形塑了我们对于"爱情"的理解,所以,经过亲身的体验和回味之后,我反过来却又带着懊恼发现,这种纯之又纯的"爱情"概念,一旦被确立为"不二"的标准,也往往会给人生带来相应的困扰。——这又是因为,这种"爱情"往往要基于"第一印象",甚至只要求保持这种"第一印象",即所谓昙花一现的"幻影",或纯洁至美的"精灵",以便引起自己"惊为天人"的膜拜。这一点在实际生活中,原本都已经是足够困难了。

更不要说,即使如此"纯洁至美"的印象,终能在"情人眼里"给制造出来,它也很难被顺利地带到婚后生活去,以致正是在它的强烈反衬下,原本是作为"恋爱"目的的婚姻,反倒要被形容为"恋爱"的"坟墓"了。——不用细问,周国平当年发表在《读书》上的文章,肯定也是基于他在这方面的感慨:

> 热恋中的情人个个都觉得自己是幸福女神的宠儿,但并非人人都能得到热恋的机遇,有许多人一辈子也没品尝过个中滋味。况且热恋未必导致美满的婚姻,婚后的失望、争吵、厌倦、平

---

① 刘东:《爱情的圣经》,《浮世绘》,第100页。

淡、麻木几乎是常规,终身如恋人一样缱绻的夫妻毕竟只是幸运的例外。①

幸而,后来好像是在赵越胜的推荐下,自己又从头阅读了沈从文的作品,并且在他所描绘湘西风情中,体会到了不那么"小资"情调的,更加本土风味、也更加贴近伦常日用的"中式爱情"。由此我才心旷神怡地回味到,原来周国平所讲的那种"爱情的悖论",也未必就是我们天生的宿命,——只要我们能在"爱情"的概念上,也能获得更多的文化自觉,和更丰富深沉的历史感,从而也可以采纳较为"多元"的标准:

> 在紫金色薄暮光景中,五明并排坐到阿黑身边了。他觉阿黑这时可以喊作阿白,因为人病了一个月,把脸病白了,他看阿黑的脸,清瘦得很,不知应当如何怜爱这个人。他用手去摸阿黑下巴,阿黑就用口吮五明的手指,不作声。
>
> 在平时,五明常说阿黑是观音,只不过是想赞美阿黑,找不出好句子,借用来表示自己低首投降甘心情愿而已。此时五明才真觉得阿黑是观音!那么慈悲,那么清雅,那么温柔,想象观音为人决不会比这个人更高尚又更近人情。加以久病新瘥,加以十天远隔,五明觉得为人幸福像做皇帝了。②

四

不可否认,越是严守普希金式的"瞬间"标准,我们就越会充满

---

① 周国平:《幸福的悖论》,《读书》1988年2月。
② 沈从文:《阿黑小史》,长沙:岳麓书社,2013年,第75页。

感慨地发现,"谈恋爱"可比"做学问"困难多了。——后者毕竟还取决于自己的努力,而前者往往只能体现为不可控的"宿命"。一方面,在这个早已散文化的尘世凡间,是否能有一位"纯洁至美"的"精灵",如诗歌一般亭亭玉立在你的面前,这并不能由你本人来决定,而至少要从二十多年以前开始,由另一位母亲去着手准备;而另一方面,这种绝对不可强求的巧遇,偏又会在如期而至的人生鼓点中,催促着你必须要限期来完成,否则就有可能错过了一切,包括也错过了自己的青春期。——正因为如此,人们才往往会心怀沮丧地发现,越去遵从普希金式的"瞬间"标准,到头来在大多数的情况下,也就越意味着要去将就与凑合;换句话说,越是高高地树立起了这个标准,也就越容易无形贬损了自己的人生。

幸而,随着越来越多地介入了比较思维,自己也就越来越明确地意识到,其实这种有关"爱"的感觉,其中也有相应的历史和文化积存,所以也是融入了相对性和时间性的。——比如最近又通过陈建华的引述,我了解到彭小妍在台湾又写出了新作,从中指出了在1920—1930年代张资平、穆时英等人的作品中,所出现的"爱"或"爱情"都已受到日语词义的影响。而她还追溯到十九世纪的韩语《圣经》,以及同一时代的华英词典,发现"love"一词在那些文本里,就早已被译成了"爱"或"恋爱"的字样,并由此给传统中国更惯用的"情"字,带来了丰富而别样的外来含义。①

别的不说,正由于西方文化中的"恋爱",总与它的宗教信仰连在一起,我们才能反过来看到,那种神性被人情味儿冲淡了的、从而更具

---

① 参阅彭小妍:《浪荡子美学与跨文化现代性:一九三〇年代上海、东京及巴黎的浪荡子、漫游者与译者》,台北:联经出版事业公司,2012年。

有亲和性的、几乎能够跟我们肌肤相亲的"女神"形象,才构成了这种文化的至深奥秘之一,——正如我们从歌德名作的结尾处所读到的:

> 世上最高的女王!
> 使我在这无所不包
> 的蓝色天帐
> 窥望你的玄奥!
> 允许我以神圣的爱慕
> 把男子心胸
> 诚挚温柔的情愫
> 冲你供奉。
> 你如果发出崇高命令,
> 我们的勇气不可阻挡;
> 只要你抚慰我们,
> 热情还会突然缓和。
> ……
> 一切忏悔的弱者们,
> 请仰望救主的眼睛,
> 感激地超脱出凡尘,
> 去承受升天的命运!
> 每一个悔改的心灵
> 都乐于为你效命!
> 处女,圣母,女神,
> 女王啊,将永远保佑我们![1]

---

[1] 歌德:《浮士德》,郭沫若译,合肥:安徽人民出版社,2013年,第429页。

对比起来,中国古代的那些才子佳人小说,当然是不具备这样的预设,而一旦描写起哪对理想的新人来,也无非是沿用"郎才女貌"的说法,所谓"才比子建""闭月羞花"之类。这种看来太过平淡的文化套路,曾经在西风东渐的五四时期,被新派文人无情地投以嘲讽。——不过,如今我们再回想起来,却发现实则它也在一个方面,要比更早前所谓"门当户对"的观念,更注重个人本身的素质特点;并且在另一个方面,也要比祭起"女神"来"膜拜"的西式标准,更留意照顾双方个人禀赋的对等。

只不过,一旦经历了五四时期的冲击,那么随着西方文化的逐渐熏习,人们对于亲密关系的理解就开始失衡了,于是诗人们也就开始比照"女神"的标准,来向心上人这么献出自己的歌声了:

> 啊,姑娘只有你的眼能看破我的生平。
> 只有你的心能理解我的衷情!
> 你是天上的月,我是那月边的寒星,
> 你是山上的树,我是那书上的枯藤,
> 你是池中的水,我是那水上的浮萍……①

诸如此类的诗歌语言,充满了自甘痛苦的牺牲精神,也很有俯首礼让的骑士风度,曾经长期令我们莫名地感动,甚至在习惯成了自然之后,已被视作再正常不过的、最为标准化的"爱情"心理。由此,至今已经很少有人能再领悟到,实则这种故作"卑微"的心态,只是从西方的宗教中挪用出来的,它无非是借助故意的自我贬低,来向幻化的"女神"表示皈依或归顺。——另外,如果不是把"中西"简单地视

---

① 田汉:《夜半歌声》。

同于"新旧",那么,这种常见的心理在西方也同样是属于俗套,尤其常见于中世纪时期的浪漫故事中,并由此才会被塞万提斯所辛辣地戏仿。

正因为这样,也是基于经验生活中的逐渐开悟,和理念领域中的回归觉醒,自己才在转而去研读"中国美学"之后,也开始了另一次同等的"思想解放",从而得以像前文中所提到的那样,对于中西文明的不同"爱神"形象,也尝试进行不再区分高下的平行比较:

> 相对而言,如果说西方的爱神是"恋爱之神",那么中国的爱神则是"恩爱之神"。因为中华民族更注重婚后生活的康乐,而非婚前生活的浪漫。无论是那位经多识广、老成持重的"月下老人"(而非不谙世故、免不了要拿着弓箭"乱点鸳鸯谱"的小娃子),还是那两位提示夫妇们要举案齐眉、白头偕老的"和合二仙"(而非一尊时时撩起人情欲冲动的美女玉体),都是以缔造美满和睦的家庭为目的。这里所反映的,不是陶醉的狂热,而是理性的节制,不是把家庭的建立看成是彼此迷恋与美化的结束,而是把它看做永结百年之好的开始。因为只有这样,才能保证人们在后半生有个稳定和温馨的"安乐窝",使他们得到自己所理解和追求的那现世的幸福。①

五

说到这里,才说到了这篇文章的主旨所在。——近来躺在床上

---

① 刘东:《民间俗神》,南京:译林出版社,2009年,第43页。

辗转反侧,又把挂在自己嘴边的不少好诗,细细地加以吟诵、玩赏和寻思,竟又在这方面继续地有所体悟。

首先,再来重温一下我在《爱情的圣经》中曾经引用过的、来自叶芝笔下的那首名诗吧:

>当你老了,头白了,睡意昏沉,
>炉火旁打盹,请取下这部诗歌,
>慢慢读,回想你过去眼神的柔和,
>回想它们昔日浓重的阴影;
>多少人爱你青春欢畅的时辰,
>爱慕你的美丽,假意或真心,
>只有一个人爱你那朝圣者的灵魂,
>爱你衰老了的脸上痛苦的皱纹;
>
>垂下头来,在红光闪耀的炉子旁,
>凄然地轻轻诉说那爱情的消逝,
>在头顶的山上它缓缓踱着步子,
>在一群星星中间隐藏着脸庞。①

而作为一种平行的对比,也来再重温一下东坡那首著名的悼亡词:

>十年生死两茫茫,
>不思量,自难忘。

---

① 叶芝:《当你老了……》,袁可嘉译,《叶芝诗选》,北京:外语教学与研究出版社,2012年,第23页。

千里孤坟,无处话凄凉。

纵使相逢应不识,

尘满面,鬓如霜。

夜来幽梦忽还乡。

小轩窗,正梳妆。

相顾无言,惟有泪千行。

料得年年肠断处:

明月夜,短松冈。①

  这两首诗都是苦痛得令人心头颤抖,因为它们都表达了极度的绝望。然而,正如我在前边已分析过的,由于受到了西方语境的文化暗示,在男女主人公的交往过程中,叶芝的感情却势必要抒发在婚姻实现之前,否则的话,他大概也就不会有写诗的冲动了。由此我们就可以说,如果就基本的文明功能而言,"恋爱"原本是要以"婚姻"为指归,由此才能建起最小的社会细胞,那么,所谓"柏拉图式恋爱"的奇特之处则在于,它看来竟完全放弃了这样的指归。非但如此,叶芝甚至都没有完成他的尝试,就已经无可挽回地感到绝望了;而且以我的猜想,他只怕还会自觉地"沉迷"于这种绝望,——作为诗人,他就是要它在一片无助中郁结成疾,而且,也正是借助于这种濒临绝望的心病,才促使他写出了这首广为传播的名诗。

  对此只需再说穿一件事,大家便可以会心地理解,上述推想并不是什么空穴来风。在过去,也许大家都没怎么留意到:这首诗写于作者28岁那年。也就是说,叶芝是在自己相当年轻的时候,是在生活

———————

① 苏轼:《江城子·乙卯正月二十夜记梦》。

对自己才刚刚开始的年龄,就向甚至比自己还要小一岁的、尚处在妙龄阶段的莫德·冈,写出了这首《当你老了……》,这就显出其"不近人情"之处了吧?然而,设身处地地替他着想,这位正处于顶礼膜拜中的恋人,似乎又只有在如此这般的想象中,把时光推移到未来那个"瞬间",才能在那位不可方物的"美神"面前,不再继续感到如此自惭"形秽";也只有当他在自虐式的想象中,面对那位已不再美丽的"美神"、望着她"衰老了的脸上的痛苦的皱纹"时,他才有把握去战胜让他绝望的情敌,而不再像现在爱得如此绝望。——只不过,更加令人嗟呀和伤感的是,同样是根据这样的一番想象,真要是熬到了那个"瞬间"的话,这位诗人算来也早该不在人世了,所以叶芝才会这样来描述自己:"在头顶的山上它缓缓踱着步子,/在一群星星中间隐藏着脸庞。"

　　这也就暴露出了我在前边说过的、因为过度幻化对方而造成的尴尬。——的确,那种迷狂式、拜倒式的"爱情",恰恰最容易造成诸如此类的尴尬,它使得陷入迷恋中的恋人,一举手一投足都显得不够自然,甚至笨拙得不能完成正常的举止;而由此也就难免出现这样的困扰:一旦你对某人爱得太深、太过,那么,人家反而就没法再来爱你了。——这当然是因为,在此种模拟"人—神"的"爱情"模式中,它所预设的情感原本就属于不对等的,而那架"爱情"的天平原本就是要倾斜的。

　　与此形成了鲜明对比的是,尽管同样是在表达绝望之情,苏轼的感情却显然是发生在婚姻之后。这当然也是因为,按照古代中国的礼法规定,在处于婚前阶段的男女之间,原不可能结成太过亲密的关系,和产生出过于深挚的感情。不过,尽管并未在婚前打下多少基础,我们却可从《江城子》一词中发现,真正让苏轼感到如此绝望的,反而是不能再跟她去延续婚姻。换言之,尽管他并未体验过那种迷狂式、拜倒式的"爱情",但他总还是对亡妻产生了"另一种感情",或者如本文标题中所写的"另一种爱情"。唯其如此才导致了,只要是能够的话,他就希望能跟她再开始一次,正如在这场被追记下来的梦中一样。——所以说,中国的苏轼可不像爱尔兰的叶芝,他不光是觉得自己没有"活够",也同样没有跟他的夫人"过够"。

当然话说回来,并不是所有的中国古人,都能达到苏轼的这种情感浓度,也并不是所有的中国婚姻,都值得再重新去开始一次。可在另一方面,这种相互伴守的日常场景,和希望其"白头到老"的平凡心理,这种"小轩窗,正梳妆"的场景,或者"共剪西窗烛"的场景,却又是古代最常见的家庭生活剪影,——也许,正因为它太过家常,太过平淡无奇了,才更频繁地出现和更为正态分布,远不像普希金笔下的罕见"一瞬",那样的电光石火、心醉神迷、无法自持。然而,也正因为它太正态分布了,所以苏轼信笔道出的"不思量,自难忘",才显得最为真切可信,最为深挚动人。

可不是吗?尽管我们也曾被叶芝感动过,然而此时在相形之下,他那首诗或许就显得不够自然、甚至不无做作了?我们现在确乎有理由疑心,就算真能跟莫德·冈挽手走进教堂,叶芝也不大愿意开始婚姻的生活,生怕把自己的神圣感觉给破坏了。设若如此,这还可以算是真正的人间"爱情"吗?或者换个问法,这种"爱情"还足够健康,还可堪师法吗?——所以在实际上,叶芝是以牺牲自己一生为代价,来郁结起对于那位"美神"的、不无病态的爱恋,或者说,他是干脆把自己当作了"牺牲",去供奉到了想象中的"美神"的祭坛上。

由此也就不妨说,来自西方和中国的这两位大诗人,其中一个是并未真正打算去开始生活,而另一个则是从未过够那种生活;一个是以朝圣者的低首下心姿态,来把对方幻化成在接受朝圣的"女神",而另一个则不过是要跟一位同样渴望生活的女性,结为平平凡凡的、可以朝夕相处的夫妻;一个是必须满足于完美的想象,哪怕那想象转而又压抑了日常生活,而另一个则是先要过上日常的生活,然后再在厮守中去发现和念及对方的好处。——当然无论是好是坏,都未必要把它归结给哪个个人,因为在他们身后都各有一个伟大文明,而他们也都是以某种典型的形态,来凸显了各不相同的两个意义世界。

六

此外,如果我们可以平心地说,"爱情"是基于人科动物的生殖本能,却又循着他们进而组成社会的潜能,而逐渐地在文明进程中演化成的,而且,无论它朝什么方向发展,总是在给纯粹动物性的生理冲动,去添加唯人类独有的特殊意义,那么,我们也就应该公允地看到,由中西两个文明所分别涵化的、显得不尽相同的情感类型——即无论是"情爱"还是"恩爱"——都不过是人类"爱情"观念的某个亚种,也都各有其伟大和动人的一面。

不过,即使西式的"爱情"也很令人感动,甚至在多数情况下更令人感动,然而,又正因为它是太过"提纯"了,所以尽管在一方面,我们仍应当公正地承认,它还是可以作为一种高度的标准,来检测某个家庭所达到的"美满度",因为正如我以前说过的那样,"如果有人竟然从来不曾有过丝毫柏拉图式恋爱的体验,那他就根本不知爱情为何物了";可是在另一方面,我们也应当警觉地看到,一旦把如此纯粹的"爱情"概念,教条主义地带进婚后的家庭,也可能反让你的生活相形失色。——也许,只有到了这个时候,你才会幡然醒悟地发现,那样一种纯粹的"爱情"观念,毕竟是在宗教穹顶上、而非在世俗大地上形成的。

无论如何,即使把在"情人眼里"的心理因素也考虑进去,人生中真正能感受到那"美妙的一瞬",而如柏拉图所说的那样,简直像用肉眼目睹了"天神"一般,那类的体验也是相当罕见的,因为在这个并不完美的尘寰,真正足以唤起那种感受的对象,从来都是相当稀缺和罕有的。而退一步说,就算真能有如此"纯洁至美"的"精灵",千真万确地站到了你面前,你也很难不像前述的叶芝那样,在那不可方物的"美神"的反衬下,顿觉得自惭形秽和六神无主。再退一步说,就算你又有幸赢得了"芳心",那么在跟这"女神"举行了婚礼之后,还是要有个艰难的"坎儿"要过,那就是如何再让她从"女神"变成"女人",而你仍能保持足够的情感浓度。——而一旦这道"坎儿"迈不过去,那么这场婚姻的危机就出现了,就算此后彼此还能凑合在一起,也会觉得人生的滋味日渐寡淡,只能沿着这条"渐弱线"去了此残生。

也许正因为这样,尽管大家都曾被叶芝的诗句感动过,然而有意思的是,中国的王家新还是用另一些诗句,来指出他对莫德·冈的虚幻想象:

你终生爱着一个女人
也仍在这个城市走着,
——你写出了她
她就为此永远活着。
在英语里活着
在每一道激流和革命中

> 活着。
> 她属于尘世。
> 但她永远不知道她那双
> 激情的,灰蓝色的眼睛
> 属于天空。
> 这就是命运!
> 这已不是诗歌中的象征主义,
> 这是无法象征的生活。
> 折磨一个人的一生。
> 这使你高贵的目光永不朝向虚无。①

更有意思的是,年轻一代的中国诗人王敖,则又用他玩世不恭的另类的诗歌,来继续解构叶芝的"一往情深",并由此突显了前述的"渐弱线",——毕竟,即使有幸把那位"美神"娶回家里,她也会伴着流年而年老色衰,而叶芝后来亲自演出的负心故事,也向我们充分地说明了这一点:

> 她是他的,也是他的,更是他的,这利息可怎么算
> 爱尔兰诗翁叶芝看着邓肯跳舞,他分分秒秒的
> 骂着三国爱好者毛宗冈的妹子毛德冈,当你老了
> 我就向你女儿求婚,怪不得丽达会去干那玩艺儿②

真到了这种必然走向的"死结",才令人转而想起由苏轼所代表的、中国文化所特有的高明之处来了,——当然,它是要表现为"极

---

① 王家新:《叶芝》。
② 王敖:《长征》。莫德·冈在汉语中又被译成毛德·冈。《王道士的孤独之心俱乐部》,南京:南京大学出版社,2013年,第58页。

高明而道中庸"的,由此才能在"语不惊人"的伦常日用中,在年复一年的家庭琐事中,又不觉间显出了自己的超迈与深挚。所以,有了"不思量,自难忘"的牵挂,有了"小轩窗,正梳妆"的场景,或者有了我所讲的"另一种爱情"的概念,那么从正面来说,就算你在自己的人生经历中,并未获得过那美妙的"第一印象",也并不妨碍你慢慢步入后续的佳境;而从反面来说,你正好也不必去冒着过大的风险,而要从普希金的那种"瞬间"标准下,来挽救自己很可能遭遇失败的人生。由此看来,那种源自西方宗教的、过于浪漫的"爱情"标准,有时的确需以中国的传统去进行平衡。

七

如果接着往下说的话,这种另类"爱情"的意外精妙之处,还在于它可以有更高的"容错率"。

记得电影《李双双》中有句出名的台词,说它的男女主人公是"先结婚,后恋爱"的,这话当然已经是参照了新派的或者西式的标准。否则的话,也许就更应该这么说,"恋爱"在那个时代毋宁是从"婚姻"开始的,所以"婚姻"本身才属于"恋爱"的温床,所以,这两者或许曾经属于同一个过程。当然,由此也不能排除相反的个案,毕竟"婚后失和"的失败家庭,在什么时候和地方都可能出现。不过,即使如此也应当看到,本文中所讲的"另一种爱情"的观念,仍会表现为中国家庭的特有凝固剂。——事实上,在既定的文化场域中,人们受到了哪种特定规范的暗示,就会下意识地朝哪个方向去走,也就会满足于他所走到之处,并信以为真地觉得自己是"幸福"的。

也正因为这样,和上述那条"渐弱线"形成了对照,中国的家庭在婚后的美满度,倒往往会因为生活经验的逐渐磨合,和彼此性格的慢慢相知,而于无形中表现出一条"渐强线"来。由此,在一方面我们也许可以说,由于"正确"和"错误"原本就是相对的,所以,也很难说哪次"乱点鸳鸯谱"就属于完全"错误"的;而在另一方面我们又不妨说,有了"另一种爱情"的暗中规范,有时候人们就连"爱错了"也没多大关系。

不信就请看看戏曲《长生殿》吧:为什么偏偏是中国的民间观众,竟能在明知那是"荒淫"与"祸水"的情况下,仍能宽恕他们之间的一往情深?不信就请再看看戏曲《白蛇传》吧:为什么偏偏是中国的芸芸众生,不仅可以同情那条化作人形的母蛇,反而由此痛恨起本属正面的法海来了?——所以,真要说"错误"的话,世上还有哪种婚姻或家庭,能比上述这两次结合更为"荒诞"?然而,即便是有了如此"错误"的起点,却也并没有妨碍他们在结缘之后,又"正确"地发展出了彼此的恩爱。正因为看到了这一点,我才在重估这些戏曲的价值时,指出了藏于其中的"正确"与"错误"的辩证法:

> 无论对于唐明皇的形象,还是对于白素贞的形象,我们都应从这种视角来体贴和理解。也就是说,在演示着"好生之德"的大化运行中,在企求着"生生不息"的人间生活中,让人家两口子好好地过日子,去安享原本就有限的人生,这才是中国人心目中的天经地义!而横梗其间的所有其他东西,无论是怎样的差别、等级与鸿沟,都统统要向这样的心理让路,也都有可能被它在想象中予以弥合。——换句话说,正因为仅仅拥有这个现世,而且还特别地钟爱这个短暂的现世,在中国民间的戏文与评书中,才会不顾一切地出现了人与人、人与神、人与鬼、人与狐、人

与蛇乃至美女与昏君的爱情。①

而晚近以来,我更在论述张爱玲的《小团圆》时,又借着讨论她和胡兰成之间的"错误"婚姻,再次涉及了中国婚姻的"容错"问题:

> 就算像张爱玲在半路上所醒悟到的,这种因缘已经显出了它是一场"错爱",要是她扪心自问,觉得这终究还是真心在爱,那么,她当时就该索性拿出最大的傻劲,紧紧地抓住这"唯一可能的爱",——或者说,就去死心塌地地"爱这个错"吧!
>
> 这就是说,往日那个表现为"错误"的爱,到了后来的这个节骨眼儿上,到了生命的半路上,已经转变成了最为现实的选择,甚至很可能已是唯一"正确"的选择,——正是由此,才显出了宿命般的"路径依赖",才构成了我们的绝对不可以重复的人生。②

事实上,尽管人生对我们"只有一次",或者说,也正因为它对我们"只有一次",所以人生中最怕的反而是,一边正埋头做着什么,一边又不断地生出狐疑:这样做究竟"值不值""亏了没有"?——到头来反因为这样的狐疑,而落得"五心不定,输得干干净净"!无论如何,就人生的偶然际遇来说,我们总不能去先活过一次,去看看在这辈子的缘分中,究竟哪位最接近于"女神",再要求把人生的磁带给倒回去,从此再不反悔地只去选中此人。

由此在这个意义上,倒是更能"容错"的"爱情"观念,在这个"只有一次"的、因而只能"落子无悔"的人生中,反而因为有可能渐入佳

---

① 刘东:《冲突与团圆的社会功能》,《思想的浮冰》,第230页。
② 刘东:《那就爱这个"错"吧》,见本书411页。

境,才有可能引领出相应的困境。很有意思的是,当年笔者在社科院读博士的时候,由于那一代学生年龄偏大,就有人在我们中间挨个地数过,并得出了大出意料的统计结论:那些性质上有点"包办"的婚姻,眼下基本上过得红红火火,倒是那些经"自由恋爱"产生的家庭,却有不少已然是"缘分已尽"。——到了今天,再回想起这样的意外结论,也许就不显得那样意外了。

八

说到这里,要再引用一段自己有些冒犯的、所以迄未发表过的文章:

> "性"这种东西的最微妙两可之处恰恰在于:它既可能是最原初的天性,又可能是最晚近的化成;既可能是最自然的本能,又可能是最人为的形塑;既可能是最恒久的冲动,又可能是最短暂的激情;既可能是最惯常的麻木,又可能是最神秘的狂喜;既可能是最放松的快感,又可能是最矜重的尊严;既可能是最自利的欲念,又可能是最本真的责任;既可能是最伤害的占有,又可能是最珍重的奉献;既可能是最底层的自我,又可能是最基本的人际;既可能是最羞怯的隐私,又可能是最受控的交际;既可能是最独特的阅历,又可能是最正态的统计……①

其实正因为这样,也许我们原本应当说,在两性之间所形成的关系,既然有如此丰富的可塑性,就最不该存在什么固定模式了。在这

---

① 刘东:《"文革"样板戏中的"性禁忌"》,未刊稿。

个意义上,其实任何古人的生活经历,哪怕是再成功、再闪亮的经历,都不会成为你自己的经历。——然而,问题的另一侧面则是,自从人类的文明肇始以来,又毕竟要由占主导的价值理性,来框定两性间的这种关系,逐渐养成种种情感的模式。尽管这类的情感模式,其本身当然也属于历史性的,因而也总要在时光的推移中,不断地处于自身变易之中;然而,它却从来都要通过文化暗示,在耳濡目染和街谈巷议中,在字里行间和流行曲调中,无处不在地规范着人们,从而也派生出对于生活的"满足"或者"不满足"。

由此相比起来,当代人遭遇的独特挑战又在于,一旦脱生于别种"水土"的情感模式,或者其他生活中的独特"语法"规则,作为文化冲击的潜在形式,突然被移入来匡正他们的生活,那么,这种经"嫁接"而改变的生活,就既有可能产生出"改良"的品种,也有可能产生出"改劣"的品种来。——而更加严重的是,当两种以上的"文化暗示"碰到一起时,它们也很有可能不是在相互加强,反而是在相互证伪和解构;换句话说,这里出现的"零和"结果,就并不是"一加一等于二",反而是"一加一等于零"。

既然如此,若能在这个多元文化的时代,多装备几张价值参考图,以便对要来支配自己的文化观念,既能知其然,也能知其所以然,那么,也许就会增加生活上的主动性,至少不会总是去"一条道走到黑"。无论如何,既然正在相互冲击的不同文明,已向人们提供了多元的价值选项,那么,至少应该有点警觉地意识到,舶来的"爱情"观念也并不是唯一的,所以,也不要一旦念及所谓"理想"的伴侣,就马上想起什么"女神"或"男神"的形象,而且哪怕明知那形象是美化或幻化出来的,仍要把自己贬低为"追星"的粉丝,——这样的话,大家的生活就会自如得多。

当然,这也并非要全然抵制舶来的"爱情"观念,那毕竟也是一种伟大的观念,并且是已然渗入了我们的生活而且很能感动我们的观念。事实上,哪怕只是为了看懂莎士比亚《罗密欧与朱丽叶》的第二幕,或是为了听懂门德尔松《E 小调小提琴协奏曲》的第二乐章,我们也不可能完全拒绝那种"纯之又纯"的爱,以及在那种标准下产生的"纯洁至美"的精灵,——正如我在以前的文章中所分析的:

> 即使在一出喜剧作品中,他也要安排两位家有世仇的青年,以一见钟情的方式来不期然地酿就大祸,准此以绝对"超出常情"的极限对比,来凸显纯挚爱情之"超功利"的底蕴,且在无与伦比地展示了此中的美好之后,又不惜以男女主角的最终双双蒙难,来赎取人类普遍情感的"理性"和解。①

因此,其实是在那样一种"爱情"的基础上,我在本文中重又阐释的"另一种爱情",则是基于现世主义的必然立场,再对此进行必要的补充与发挥。在我看来,为了让受到冲击的生活再稳定下来,我们今天最急需去做的事情,正是要带着对于本土文化的自觉,来部分回归到对于这种价值的"同情理解",——尽管我们并不因此就要抵制外来的文化,如果它并非在覆盖和毁坏我们的生活,而是在丰富和加强它。

放开想象的话,也许将来可以继续"移植"希腊式的观念,来在一个更加开放与自由的现代中国,建构起婚姻之前的两性亲密关系;但与此同时,我们也不要忘记了,这种更加亲密的人类情感与关系,在这个正待寻找文化主体性的中国社会,仍是要被最终投入到婚姻

---

① 刘东:《可怕的泰坦尼克》,《理论与心智》,第 326 页。

之后的生活里。——无论如何,只有基于如此互补的比较研究,才能把我们托举到"文化间性"的底座上,让我们向后可以了解各个文明之发展至今的脉络,而向前亦可思考今后人类的生活世界。

2015年2月8日于三亚湾·双台阁

那就爱这个"错"吧
——也谈张爱玲的《小团圆》

一

我得承认,自己对于作家张爱玲的感觉,当然也有读她自己的文字得来的,但其中更多的,或曰其中印象更加深刻的,却是从胡兰成的文字中得到的。——当然话说回来,阅读胡兰成也是为着了解张爱玲。

那时候,我羡慕她才真正是一位女性,有着如此出奇敏感的女性直觉,无论是她的短篇小说《封锁》(早该选进中学的课本了),还是她有关上海时尚的随笔(也早该视作文化研究的经典了)。——所以在一开头,就再来简短地重读一小段吧,她当年真是下笔若有神助呀:

> 开电车的人开电车。在大太阳底下,电车轨道像两条光莹莹的,水里钻出来的曲蟮,抽长了,又缩短了;抽长了,又缩短了,就这么样往前移——柔滑的,老长老长的曲蟮,没有完,没有完……开电车的人眼睛盯住了这两条蠕蠕的车轨,然而他不发疯。

> 如果不碰到封锁，电车的进行是永远不会断的。封锁了。
>
> 摇铃了。"叮玲玲玲玲玲，"每一个"玲"字是冷冷的一小点，一点一点连成了一条虚线，切断了时间与空间。
>
> 电车停了，马路上的人却开始奔跑，在街的左面的人们奔到街的右面，在右面的人们奔到左面。商店一律地沙啦啦拉上铁门。女太太们发狂一般扯动铁栅栏，叫道："让我们进来一会儿！我这儿有孩子哪，有年纪大的人！"然而门还是关得紧腾腾的。铁门里的人和铁门外的人眼睁睁对看着，互相惧怕着……①

然而这次读她的《小团圆》，我的感觉却突然垮了下来，反而更多地不喜欢她终究是个女人，而且是一个小女人，一个上海弄堂里的小女人，一个无论对首饰衣物、还是日常起居都津津乐道的小女人……

还记得，以前阅读一位当代女诗人的散文，也曾有过类似的意外感觉，也就是说，在一种文体中曾经显得丰满挺拔的精神，到了另一种文体中却突然干瘪垮塌了下来。这不仅说明了精神样态的多样性，也说明了散文这种文体的危险性。——盖因为它太过萧散、放松和随意了，不再能帮着作者掩藏一点什么，正所谓**"人焉廋哉！人焉廋哉！"**

尤其让我不满意的是，别说跟她本人的巅峰之作相比了，就是拿它来跟胡兰成《今生今世》相比，这本《小团圆》也不光是格调不够，就连语言也失去了光彩，毕竟作者已脱离母语太久了。——所以怪不得，不光她本人对此书并不看好，就连只要是还没"脑残"的张迷，

---

① 张爱玲：《封锁》。

也觉得还是索性把它烧了为好。

然而,无论如何都不能烧啊!不是为了别人精明的生意经,而是为了澄清我们的文学史实,或者,至少为了让我别再这么雾里看花下去,否则就无法探入她的内心世界了。只有从这个意义来讲,我才可以也算是"欣赏"这么一本书,尽管自己也已经预感到,就算今后还能再从她那里发掘出什么来,并且还像这么玩命地炒作,这也将是我阅读她的最后一本书了。

果不其然,接着又读到了下面这个广告,看来有些欲罢不能的书商们,非要把阅读的兴致给败坏光了:

《少帅》写于 1963 年,当时张爱玲住在旧金山。她准备用这本书打开美国市场,扭转自己的运气,所以用英文写作。只是,因书中繁多的中国人名字与复杂的历史背景,她的经纪人对初始的几章评价不高,这使张爱玲的写作信心大受打击,加之对男主人公张学良也渐失兴趣,她遂就此搁笔。

半个世纪后,张爱玲的遗嘱执行人宋以朗将《少帅》整理出版,并由青年译者郑远涛翻译为中文。

《小团圆》与《少帅》的共同之处在于——它们都没有写完,且张爱玲生前也没有让其"出生"的想法。①

当然了,也不能因书而废人,毕竟除了《小团圆》和《少帅》之类,张爱玲还有她的另一面,那是相当值得阅读的一面,相当具有才华和灵气的一面。——而把这两个分裂的侧面给综合起来,我们也就有根据这么来想象,在这位女性心中存有两种逻辑:一曰生活的逻辑,

---

① 章诗依:《读张爱玲〈少帅〉:被张爱玲轻视的英雄》,《纽约时报》中文网,2014 年 10 月 20 日。

二曰艺术的逻辑。

把话说穿了,张爱玲就在这两种逻辑间挣扎着,特别是一旦"事关金钱"的时候。循着小女人的计较心理,身边也肯定有人这样教她,决不能再把钱都还给胡兰成了——都叫他给"睡过"了!很有可能,也正是出于这种心理,她才在书中主要把性爱描写成"受虐",甚至子宫颈都被他弄断了,尽管她也无意间记下了快乐,记得当年同寝时都嫌"多了条胳膊"。

> 木阑干的床不大,珠罗纱帐子灰白色,有灰尘的气味。褥单似乎是新换的。她有点害怕,到了这里像做了俘虏一样。他解衣上床也像有点不好意思。
>
> 但是不疼了,平常她总叫他不要关灯,"因为我要看见你的脸,不然不知道是什么人。"他微红的微笑的脸俯向她,是苦海里长着的一朵赤金莲花。
>
> "怎么今天不痛了?因为是你的生日?"他说。
>
> 他眼睛里闪着兴奋的光,像鱼摆尾一样在她里面荡漾了一下,望着她一笑。①

然而,就是在这本书中却又流露出,她忍不住还是想要还给他钱,并且终于在犹豫了很久以后,还是象征性地、少部分地进行了偿还,只有这样她才觉得心安,——这样好歹她还像个艺术家,还算循着自尊自主的人格,哪怕难免也有点儿打了折。

有一天讲起她要钱出了名,对稿费斤斤较量,九莉告诉他"我总想多赚点钱,我欠我母亲的债一定要还的。"她从前也提

---

① 张爱玲:《小团圆》,北京:北京十月文艺出版社,2009年,第207页。

起过她母亲为她花了许多钱又抱怨。不过这次话一出口就奇窘,因为他太太是歌女,当然他曾经出钱替她"还债"。他听着一定耳熟,像社会小说上的"条斧开出来了。"但是此一时彼一时,明知他现在没钱,她告诉他不过是因为她对钱的态度需要解释。

连之雍都有点变色,但是随即微笑应了声"唔。"

他又回南京去了。初夏再来上海的时候,拎着个箱子到她这里来,她以为是从车站直接来的。大概信上不便说,他来了才告诉她他要到华中去办报,然后笑着把那只廉价的中号布纹合板手提箱拖了过来,放平了打开箱盖,一箱子钞票。她知道一定来自他办报的经费,也不看,一笑便关了箱盖,拖开立在室隅。

等他走了她开箱子看,不像安竹斯寄来的八百港币,没有小票子。她连港币都还不习惯,连换几个币制,加上通货膨胀,她对币值完全没数,但是也知道尽管通货膨胀,这是一大笔钱。①

而最觉得反讽的,其实也恰恰出在这里。按说,正是在"事关金钱"的问题上,才能帮着她最明确地分辨出,自己在胡兰成眼中的分量,终究还是跟别的女人都不一样。也正因为这样,跟她总是在计较金钱相反,倒没见到胡兰成介意过这件事,——人家也许根本就没想要她来还!

我在人情上银钱上,总是人欠欠人,爱玲却是两讫,凡是象刀截的分明,总不拖泥带水。她与她姑姑分房同居,两人锱铢必

---

① 张爱玲:《小团圆》,第161页。

较。她却也自己知道,还好意思对我说:"我姑姑说我财迷。"说着笑起来,很开心。她与炎樱难得一同上街去咖啡店吃点心,亦必先言明谁付账。炎樱是个印度女子,非常俏皮,她有本领说得那咖啡店主犹太人亦软了心肠,少算她的钱,爱玲向我说起又很开心。①

说来说去,还是因为生活的能力太弱了,尤其是跟周遭的实利世界相比,才使得这位在艺术上肯定堪称杰出的女性,纵然想要摆脱这个小女人的角色,用来抗拒它的力道也不够大。所以,无论是这边对母亲,还是那边对男人,她总是无力兼顾周全,——满足了这边也就还不清那边。

二

人生总要不断地向上攀缘,达到的高度也总会错落不齐,而这样一来,他们便会从各自不同的高度,来思考他们共同面对的问题。——更要注意的是,像张爱玲这样的特殊经历,又尤其要比为我们所熟知的、置身于高校的女性,具有完全不同的看问题的角度。

这种分裂取决于她的环境与际遇:她就生活在这个流传着"家长里短"的小世界中,谙熟了这个小世界的特定逻辑,且又以擅长描述这个小世界而名家,并还以此而博取了"作家"的身份。——这就是前述那种"两面性"的由来。

如果从生活的逻辑看,当年贸然爱上胡兰成,自然是个不能再错

---

① 胡兰成:《今生今世·民国女子》,北京:中国社会科学出版社,2003年,第152—153页。

的"错"了,无论从他的卖国、他的滥交、他的浑噩,还是从他的失势来看。——然而讽刺的是,这个"错"又只有在他失势之后,才会在她这个小世界里暴露出来,所以,她的周围当初怎么会同意这个姻缘的(看看如今的《上海宝贝》吧),现在就会怎么站出来决绝地、义无反顾地反对。

于是,她也就显得有了充足的理由,偏选在这个时刻决绝地离开他。可以想象她周遭那些上海腔的碎嘴,会在日本已然宣布战败以后,唠唠叨叨推着她往哪里走。——那是个多么势利、多么精明、多会翻脸的城市啊!

然而从艺术的逻辑看,也就是说,从不能为那个小世界所理解的、张爱玲的另一半主观世界来看,偏偏又没有任何人能跟胡兰成比肩。——不是说胡兰成有多高明,而是说这一对男女曾经多么相投:

> 我与爱玲亦只是男女相悦,子夜歌里称"欢",实在比称爱人好。两人坐在房里说话,她会只顾孜孜的看我,不胜之喜,说道:"你怎这样聪明,上海话是敲敲头顶,脚底板亦会响。"后来我亡命雁宕山时读到古人有一句话:"君子如响",不觉的笑了。她如此兀自欢喜得诧异起来,会只管问:"你的人是真的么?你和我这样在一起是真的么?"还必定要我回答,倒弄得我很僵。一次听爱玲说旧小说里有"欲仙欲死"的句子,我一惊,连声赞道好句子,问她出在哪一部旧小说,她亦奇怪,说:"这是常见的呀。"其实却是她每每欢喜得欲仙欲死,糊涂到竟以为早有这样的现成语。①

---

① 胡兰成:《今生今世·民国女子》,第154页。

就算他只是一位知道在什么时候鼓掌喝彩的听众,这对于写家张爱玲来说也是极其珍贵的,只可惜她只有到了国外才更体会到了这一点,还在书中强撑着不肯承认。事实上,正因为她的世界实在是太小,胡兰成那个相对较大的世界,才对她显出了重大的意义。——简直可以这么说:胡兰成往往就是张爱玲的"宇宙"。

"二次大战要完了,"他抬起头来安静的说。

"嗳哟,"她笑着低声呻吟了一下。"希望它永远打下去。"

之雍沉下脸来道:"死这么许多人,要它永远打下去?"

九莉依旧轻声笑道:"我不过因为要跟你在一起。"

他面色才缓和了下来。

她不觉得良心上过不去。她整个的成年生活都在二次大战内,大战像是个固定的东西,顽山恶水,也仍旧构成了她的地平线。人都怕有巨变,怎么会不想它继续存在?她的愿望又有什么相干?那时候那样着急,怕他们打起来,不也还是打起来了?①

还是从生活的逻辑出发,她会怨恨胡兰成到了台湾以后,竟然不厌其烦地大写自己,——那是在继续利用自己的名声,是在没完没了地消费自己,是占了自己的绝大的"便宜"。所以,张爱玲发笔要写《小团圆》,其初衷当然是为了澄清和制止。

可如果从艺术的逻辑看,相形之下,偏偏胡兰成又把她写得何等动人,——也正是他的那些写作才触动了我,教人不由想起了那句老话:"少女会歌唱失去的爱情。"事实上,正是在他那些精妙的描摹

---

① 张爱玲:《小团圆》,第209页。

中,才更加展现了她冰雪聪明的一面,就算他是为了炫耀和谋生也罢!

格物完全是一种天机。爱玲是其人如天,所以她的格物致知我终难及。爱玲的聪明真象水晶心肝玻璃人儿。我以为中国古书上头我可以向她逞能,焉知亦是她强。两人并坐同看一本书,那书里的句子便象街上的行人只和她打招呼,但我真高兴我是与她在一起。读诗经,我当她未必喜欢大雅,不想诗经亦是服她的,有一篇只念了开头两句:"倬彼云汉,昭回于天",爱玲一惊,说:"啊!真真的是大旱年岁。"又古诗十九首念到:"燕赵有佳人,美者颜如玉,被服罗裳衣,当户理清曲。"她诧异道:"真是贞洁,那是妓女呀!"又同看子夜歌:"欢从何处来,端然有忧色。"她叹息道:"这端然真好,而她亦真是爱他!"我才知我平常看东西以为懂了,其实竟未懂得。①

再从生活的逻辑看,她后来的选择也着实透着精明:甩开他、找美男、去美国、嫁老外,全都是标准的上海滩头的风格,即使到了现在也照样屡见不鲜,——几乎把什么都算计到了,就是念不到什么"爱",也不会留恋什么"情"。

北京这几天,中央台正在放映张爱玲的《倾城之恋》的电视剧,尽管电影导演增加了许多小故事,基本上体现了张爱玲的衷情,那就是冷眼看人,人在尔虞我诈当中互相伤害,全是坏心眼,看得你浑身披冰浴雪……其实这也是张爱玲的悲剧,她没有爱

---

① 胡兰成:《今生今世·民国女子》,第158页。

心,以至于生活在荣誉的冷光当中,直到逝世。①

可如果从艺术的逻辑看,张爱玲在离开胡兰成之后,也就脱离了自己一生的创作高峰,只还在用各种文体来回首当年,而反复地絮叨着同一话题,——《色戒》是在说这个,《小团圆》也是在说这个,无非是想在没道理之处,硬讲出一点什么道理来,好抚慰或圆场自己余下的残生。

甚至,《小团圆》根本就把自己赴美后的大半生,视同于一片清寂冷酷的虚空,除了替那位美国老人打过胎,留下了不值一提的隐痛之外。——好像是只有跟从着胡兰成,自己才算是真正生活过,那是她一生的高峰体验,而且正是那次高峰体验,才使她成了大写的人。

> 夜间她在浴室灯下看见抽水马桶里的男胎,在她惊恐的眼睛里足有十吋长,毕直的欹立在白磁壁上与水中,肌肉上抹上一层淡淡的血水,成为新刨的木头的淡橙色。凹处凝聚的鲜血勾划出它的轮廓来,线条分明,一双环眼大得不合比例,双睛突出,抿着翅膀,是从前站在门头上的木雕的鸟。
>
> 恐怖到极点的一刹那间,她扳动机钮。以为冲不下去,竟在波涛汹涌中消失了。②

三

如果回到这个故事的起点,当初竟能胡乱爱上这么个人,那毕竟

---

① 梅娘等:《邂逅相遇:梅娘·芷渊·茵渊书札》,北京:人民文学出版社,2011年,第202—203页。
② 张爱玲:《小团圆》,第209页。

还是要属于一个"错",而且当初犯下了这样的"错",还是跟她所说的"出名要趁早",有着绝对抵赖不掉的联系,——否则又怎会在那个错误的年代,在别人不得不蓄须明志的年代,沾染上一个明显错误的他?

然而,就这么个绝对不争的"错",在她此后的生命旅程中,却已属于不可磨灭的刻痕,而且越是把日子过到了后来,那第一次究竟是怎么发生的,已显得不再重要和不可追究了,——只可以说,缘分在这里表现为命运,而命运也已表现为彼此的缘分了。

再者说,人生从来都是这样的:如果生怕在它那里犯错,甚至想要"长在(生命的)河边走,(偏偏)就是不湿鞋",那本身又会是更大的"错",——说到底,在这个不可逆的时间进程中,即使是什么事情都没发生过,生命还是会从你手边流走,让手边只剩下了指头的缝隙。

所以,对于义无反顾的人生而言,一旦这场"错爱"已然开始发端,她整个的个人命运也就已然转变了。——她已经不再属于一张白纸,由此,就算她想要重新开始对于自己的描画,也只能将就着和避让着旧有的痕迹,那纸面的空间必然会显得更加狭小逼仄了。

而事实上,就张爱玲的独特个案说,她更是很难再重新开始,因为前边那个人的高度,也就构成了她重新开始的难度,终会让她"曾经沧海难为水"。——那个人总会如影随形地,成为暗中对比的参照系;那个人总是挥之不去的,成为她毕生的命运或宿命。

在这个意义上,就算她没有和他拜过天地,这场姻缘也仍属于一场赌博,一场她只有在一次性的人生中才会面对的、绝对不可以反悔的赌博。——可偏又是在这样的赌博中,诱人的未来却又施出了它的魔法,以其"什么又都可能"的幻影,诱使着当事人对于现状心有不甘,信手便丢弃了手边现成的筹码。

更不要说,即使在这场"开弓没有回头箭"的赌博中,铁了心就这么"将错就错"下去,也仍会有贫困与危机出现,仍会有忌妒与口角发生,所以,到头来也许还是会磕磕绊绊,使她到最终来盘点这次因缘时,只能去怨恨那个一生一世的对头、那个"不是冤家不聚头"的孽障,——要不怎么老把"爱恨情仇"四个字搁到一起说呢?

不过转念想想,就连台湾的朱天心、朱天文,后来都被胡兰成点化成了这样,我们也就并不很难去想象,如果能有这么个"他"在她身旁,张爱玲将会表现为怎样的"人来疯"?——而她当年又曾表现出怎样的天分,那远非朱氏姐妹的寻常天资可比。

就算台湾也不算什么"理想地",可总也比沦陷时的上海要好吧?那里毕竟还有着基本的中文写作语境,还有着很多对她顶礼膜拜的"张粉",还有可能支撑她去焕发自己的"第二春"。——所以,如果张爱玲真的卜居到了那里,她又何至于日益孤僻离群,须知那原本并非出自她的天性。

所以不管怎么说,那总比她后来实际的选择要好,尽管世俗的眼光不会这么看,觉得毕竟能够"出洋"总是好的,而这就显出小世界的局限性来了。——在蝼蚁般熙熙攘攘的人海中,能像她那样"趁早"地出名一回,这原本就比"遭到雷劈"更加侥幸了;可偏偏,当年的出名对她来得太过轻易,就诱使她误以为只要到了美国,就保准能在一生中又被雷电给"劈中两次"!

四

实际上,我是绝对不喜欢胡兰成的。即使我曾经在前边说过,他的天地总还比张爱玲的大,也毕竟对她的天地有所拓宽,可是作为顶天立地的男人,他的那方天地总还是太嫌狭窄,——特别是,他的格局还歪斜得特别厉害,纵然有点才气也往往发错了方向。

所以,就算不谈什么严肃的"民族大义",我也不喜欢他那种歪搅胡缠的笔调,不喜欢他竟想"以其昏昏"来"使人昏昏",把天下是非都搅成了一锅粥。——因此,正如我开宗明义就讲过的,如果我对胡兰成保持过关注,那只是因为在他笔下有过一位张爱玲。

> 她坐了过来,低着头微笑着不朝他看。"我前一向真是痛苦得差点死了。"这话似乎非得坐近了说。信上跟他讲不清,她需要再当面告诉他一声,作为她今天晚上的态度的解释。她感到他强烈的注视,也觉得她眼睛里一滴眼泪都影踪全无,自己这么说着都没有真实感。他显然在等她说下去,为什么现在好了。九莉想道:"他完全不管我的死活,就知道保存他所有的。"她没往下说,之雍便道:"你这样痛苦也是好的。"是说她能有这样强烈的感情是好的。又是他那一套,"好的"与"不好",使她憎笑得要叫起来。①

然而,等我这次终于看到了,她最后竟能笔锋一转,表示自己终归还在留恋他,我却大大地为她松了口气。——我是真心地替张爱玲高兴:她毕竟还能够有所留恋,还能够有所宽容,还能够平心地回看自己的人生。而再联想到此书的标题,也许这就算是所谓"小小的团圆"吧?

> 她从来不想要孩子,也许一部份原因也是觉得她如果有小

---

① 张爱玲:《小团圆》,第209页。

孩,一定会对她坏,替她母亲报仇。但是有一次梦见五彩片《寂寞的松林径》的背景,身入其中,还是她小时候看的,大概是名著改编,亨利方达与薛尔薇雪耐主演,内容早已不记得了,只知道没什么好,就是一只主题歌《寂寞的松林径》出名,调子倒还记得,非常动人。当时的彩色片还很坏,俗艳得像着色的风景明信片,青山上红棕色的小木屋,映着碧蓝的天,阳光下满地树影摇晃着,有好几个小孩在松林中出没,都是她的。之雍出现了,微笑着把她往木屋里拉。非常可笑,她忽然羞涩起来,两人的手臂拉成一条直线,就在这时候醒了。二十年前的影片,十年前的人。她醒来快乐了很久很久。这样的梦只做过一次,考试的梦倒是常做,总是噩梦。①

只可惜,人生就是不可能"从头再来"的,否则张爱玲至此就一定会明白,只去遵从小世界里的生活逻辑,虽然看上去是那样精明剔透,属于上海滩头最标准的"门槛精",但如果要以此来经营艺术的生涯,则是最糊涂、最倒错、最失算不过的。

俗常的人,只去遵循俗常的生活逻辑,也只需满足世俗的生活欲望,而艺术家却无法仅仅满足于此,他们有着更强烈、更深层和更微妙的索求。——要是在"吃喝拉撒"方面都能基本满足,而唯独进行创造的抱负未能充分满足,他们就会沦为行尸走肉,就会感到生不如死,就往往会干脆一枪"崩了自己"。

而吊诡的是,这种深层心理中的无名痛苦,又终会被带回世俗的小世界,使他(她)们在人生的最终盘点中,由于艺术想象方面的羁绊,竟连市井小民的境遇也不如。——对此更正面的表述应该是,艺

---

① 张爱玲:《小团圆》,第283页。

术家终究也要凭靠自己的艺术成就,来换取最基本的生活资本,所以,又终究只有精神生活的丰沛,才能奠定艺术生涯的丰足。

因此,正如我们早已司空见惯的那样,一旦涉入这种创造性的工作,倒是那些最不"精明"的一意孤行,或者最不计较"得失"的疯狂举止,往往会成为最佳的生命"投资";——反之亦然,如果把市侩式的算计也带到这里,则又终因它有碍于内心世界的开拓,到头来反而会落得最不成功,即使只是世俗意义上的成功。

更不要说,人生最是容不得半点犹豫,所以它最怕的就是一边做着什么,一边又不断地生出狐疑:自己这样做究竟"亏了"没有?另外,就人生中的偶然因缘而言,也不能先活过一次试试,看看在这辈子的全部缘分中,到底能有几次机会和人选,然后再去洗洗牌重来一遍,无可选择、也不再后悔地只去选中"他"(或"她")。

当然,也幸亏是没有"被造"成那样,不然人生就会显得更加乏味。我的意思是说,正是人生的这种或然性,才给我们带来了冒险的趣味,——尽管那种冒险也可能意味着失败,然而更加严峻的是,要是拒不进行这样的冒险,那就已然预领了人生的失败。

正因此我才要说,就算像张爱玲在半路上所醒悟到的,这种因缘已经显出了它是一场"错爱",要是她扪心自问,觉得这终究还是真心在爱,那么,她当时就该索性拿出最大的傻劲,紧紧地抓住这"唯一可能的爱",——或者说,就去死心塌地地"爱这个错"吧!

这就是说,往日那个表现为"错误"的爱,到了后来的这个节骨眼儿上,到了生命的半途中,已经转变成了最为现实的选择,甚至很可能已是唯一"正确"的选择,——正是由此,才显出了宿命般的"路径依赖",才构成了我们绝对不可以重复的人生。

基于这样的想法,再来回想这两人的那张婚书,那真可说是胡兰成"绝顶聪明"的创造了:它既然是并未以任何世俗方式结下的姻缘,那自然也就不能以世俗方式来解除,——而正是在这个意义上,它才更加象征着我们无从反悔的、无法抹去的人生。

  我与爱玲只是这样,亦已人世有似山不厌高,海不厌深,高山大海几乎不可以是儿女思情。我们两人都少曾想到要结婚。但英娣竟与我离异,我们才亦结婚了。是年我三十八岁,她二十三岁。我为顾到日后时局变动不致连累她,没有举行仪式,只写婚书为定,文曰:胡兰成张爱玲签订终身,结为夫妇,愿使岁月静好,现世安稳。①

  而在最后,我还要并未"看破红尘"地说,都以为爱情是飘忽不定的,只有婚姻才是可靠稳定的。然而,我们经由上面的那些寻思,居然意外惊喜地发现了,实则唯有爱情才是可靠稳定的,而婚姻反倒是飘忽不定的,只要那感情真正能被称作"爱情"。——这是因为,只有"爱"或"不爱"的感觉,才是自己心里最能拿得准的感觉,才是别人永远夺不走的感觉,才是可以伴随我们终生的感觉,才是真正永远不会"出错"的东西。

2009 年 6 月 9 日草拟于北大六院
2014 年 11 月 5 日杀青于清华学堂

---

① 胡兰成:《今生今世·民国女子》,第 155 页。

八　当代

沿着八十年代的心力所向

寻求"中国文化的现代形态"

仁心一刻也不能断根

沿着八十年代的心力所向[1]

八十年代的"学界太子党"与丛书编委会

记者：八十年代是中国学术发展的黄金时期，而当时学人的一个重要成就就是丛书的编撰，您也参与到了其中，能否与我们分享下您当时的一些经历和故事？

刘东：我曾在哈佛就此做过一次演讲，杜维明、史华兹、柯文等人都在现场听；而我当时就回顾了这样一个事实，即八十年代中国知识团体的雏形，主要以丛书编委会的形式出现。这首先是因为，在改革开放刚刚起步的时候，读书人乃至老百姓对于书籍的渴望，是现在的我们所不能想象的。尤其是，"走向未来"丛书的销量，简直跟"文革"时代卖新版《毛选》似的，读者从半夜就开始排队，等到新华书店早上一开门，玻璃柜台马上就被挤烂了，很多书几乎当场就决定再版，而我自己翻译的《马克斯·韦伯》，第一版的印数就过了10万册。

---

[1] 这篇访谈曾以《绘制西方学术界的知识地图》为题，发表在2014年8月4日的共识网头条，作者在发表前已经进行过反复的订正，又在收入本书前重新进行了修改，并且换上了更合本意的标题。

在这种民间热情的推动下，就逐渐形成了一种"编委会文化"，一时间各种编委会满天飞，这显然是在特殊体制的夹缝中，适逢其时地产生出来的。如果不是横遭外力的阻断，它也许可以作为雏形的制度，顺势在民间逐渐成长起来，成为未来公民社会的骨干组织。算起来，在林林总总的编委会中间，最有力量也最成气候的，还要数最早的"走向未来"丛书编委会，和后起的"文化：中国与世界"编委会。而我又碰巧同时参与了这两者，所以，从那时起就不得不两相比较，因为虽说两边都属于读书人，但文化氛围、操作模式和价值认同却大为不同。

算起来，又要数后起的"文化：中国与世界"编委会，是由一批公认的"后起之秀"组成的，所以书卷气相对要更浓一些，也更跟我本人的追求更投合些。从这个意义上讲，你们现在所看到的学界的一时之选，有很多是在当时就已经被"选"出来的，并从此就在文坛上活跃了几十年。甘阳不知从哪里听来的，说外边还把我们当年的这批人，戏称为所谓"学界的太子党"，因为这些人都属于老先生的嫡传，比如甘阳是张世英的弟子，陈嘉映、王炜是熊伟的弟子，陈来是张岱年的弟子，陈平原、钱理群是王瑶的弟子，而我则是李泽厚的弟子，等等。

更值得注意的是，这些人还是老先生的"小徒弟"。这些老先生，早年当然是以做学问为天职的，可是到了新中国成立以后，却经历了若干年的思想改造，既战战兢兢又动辄得咎，所以也只有熬到了晚年，才算是真正地熬出了头，摘掉了"反动学术权威"的帽子，可以重新回归到学问上来。正因为这样，尽管他们往年也不是没带过学生，可是对那些又红又专、甚至只红不专的人，他们既不敢真心地去教，就算教了人家也未必真心地学，也只有到了铁树开花的时节，学术氛围逐渐清明和自由了,教起学生才更加得心应手,也才敢把肚里的真货掏出来。

有趣的是,那些老先生跟这些"小徒弟"之间,往往差了很大的年纪,很有点"隔代遗传"的意思。然而这种格局,对于年轻人的成长而言,反而比在常态下更好。因为那些"只红不专"的中年学者,当时可能连副教授都还没评上,还没有力量去压制年轻人,而无形中就放了年轻学者一马。当然,这些人也还可以再慢慢地熬,直到老先生全都谢世了,他们就可以掌控学术资源了,而这正是后来发生的情况,其效果你们现在也都看得见。

当然说到根子上,这种丛书编委会的制度文化,还要溯源于"走向未来"丛书的创办。应当看到,这是一种很有创意的制度变通,也相当贴合于当时的扭曲国情,所以一经发明就被广泛地效仿开来。我个人也从那个编委会里,学到了进行出版操作的能力,这对我后来所进行的选择,包括如何长期介入出版的事业,也都起到了很实际的作用。在当时,出版社具有微妙的两面性:一方面它是事业单位,要执行上峰发下的红头文件,不能偏离官方的明文规定;另一方面,它又是事业单位,又要把眼睛盯紧图书市场,以迎合广大读者的消费需求。正是这后一个方面,导致它必然急切地要寻找好书。由此一拍即合的是,这帮刚开始有点想法的学子,要么具有强烈的文化追求,要么具有强烈的用世之志,就正好结成一个松散的团体,来弥补自己有限的名气和影响力,加强自己跟出版社的谈判地位。正因为这样,编委会也就成了集结新兴知识人的一种灵活方式。

在没有这种丛书编委会之前,我们如果想要发表点什么,都是盲人瞎马地向外邮寄,而当时的一点好处在于,投寄稿件是根本不收费的,只需把信封剪掉右角就行。出版部门如果不愿采用,这当然是最经常发生的,它们也会负责给寄回来。记得我有一个同学,大概是玩得太上瘾了,就几乎每天都往外投稿,也几乎每天都能收到退稿,他无非是把脸一红,再把人家的信封拆开,反过来重新糊好,又剪一个角转投给别家,就像马戏团变帽子戏法一样,也终于得到过一两次偶然的赏识。不过,那时候总的情况还是,"人为刀俎,我为鱼肉"。

八十年代的年轻人,既然是应当时的机运而生,那么处在思想解放的大环境下,相形之下就更难于安分,所以大家就自然而然地要想到,如果自己能结成一个团队,依靠这个团队的叠加优势,也就有了跟出版社谈判的筹码。而最终达成的谈判结果则是,先由编委会负责选题与组稿,再由出版社负责终审和印行。由于这种足以造成"双赢的"形式,经济效益和社会效益都很好,所以在四川人民出版社之后,几乎所有的出版社也都"何乐而不为",很快共同造成了图书的繁荣。

到我的《西方的丑学》被接受时,刚好赶上"走向未来"丛书的第三批,尽管那个版本现在已经很难找到了,但当时第一版印数却是4万册,第二版的印数加到了9万册。不过,尽管现在说起来都难以置信,可是在第一版印刷的时候,我只收到了两千多块钱的稿费,而第二版的大规模加印,也只额外再付给我八十多块钱。那时候出版社的付酬标准,是基本稿酬加上印数稿酬,而后者几乎就等于零。最少的时候,我甚至拿到过五毛多钱的印数稿酬。

现在想想,会觉得历史给我们开了玩笑——这辈子就当了一回"畅销书作家",还没有拿到畅销书的稿酬!试想那时候的图书,选题的视野多么狭窄,翻译得多么急就,制作得多么粗糙,而结果却卖掉了这么多。可我现在主编的各种丛书,不要说选题和翻译都精心了,还都花了很多心思来做设计,书里书外的纸张也好多了,却往往只有几千册的销量。所以,反正不管是在哪种情况下,我们得到的物质性报酬总是很少,好像冥冥中只能忍受"命穷"。当然反过来说,这种窘境也自有它的"鲶鱼效应",总在促动我们去一直努力,不会像一些"付酬过高"(overpay)的地区,反而把读书人弄得过早就失去了干劲。

"无期徒刑":海外汉学研究的引介

记者:八十年代,您开始陆续参与编辑或主编"走向未来"丛书、"海外中国研究"丛书。因为怎样的契机,您参与到这些工作当中?

刘东:刚才说过,在八十年代,北京知识界有三个主要的山头:"走向未来""文化:中国与世界"和"中国文化书院",这中间的最后一个,我是到了九十年代,才在名义上加入了的。1985年,"走向未来"推出了我的《西方的丑学》,刘青峰又给我看了金观涛所写的一段话,大意是必须把我纳入编委会。可我当时的情况还比较特殊,仍然在外地教书,而编委的其他成员都在北京,也已为丛书做出了很多贡献。不过,我很快也就负笈京城了,而且凭着山东人的爽快热情,承担了很多后期的工作,因为"走向未来"编委会中的很多人,都开始进入机要部门去工作了。

几乎就在同时,我又参加了"文化:中国与世界"编委会,它的主要成员是甘阳、刘小枫、苏国勋、陈嘉映等人。我们最早是想把它交给工人出版社出版,而且已经在那边推出了一本《爱的艺术》。后来,正赶上有位沈昌文,从人民出版社领出来一个"三联书店"的副牌子,其实什么资产都还没有,好像还分得了几十万的负资产(债务),他就把这套书的出版计划给拿走了。而正是这套书,以及我们这批人的加入,奠定了三联书店后来在中国学术界的地位。

至于"海外中国研究"丛书的动议,构思于我在社科院读博士期间。当时南京大学跟约翰·霍普金斯大学率先合作,办了一个中美文化中心,这在全国范围内都算是领先的,而南大正好又是我的母校,所以我自然就会在那边,接触到了很多中国研究的著作。那时候的中国真是相当闭塞,很多人都根本不知道,海外竟然有那么多汉学家,其研究水准竟然又那么高,所以第一次向出版社介绍时,有人的反映竟是"外国人哪能懂得中国?"此外,除了坐落在南京的中美文化中心,还有坐落在北京的国家图书馆,当时它还叫北京图书馆,里面有个西文新书陈列室,那里也有不少最新的汉学著作。正是这些著作逐渐说服了我,让我想到应当把它们介绍给国人,于是就试着做起这套译丛。

当时,无论在甘阳的还是在我的口头上,都把"文化:中国与世界"称为"大丛书",而"海外中国研究丛书"则是"小丛书",是我本人的小小的"自留地"。当时还根本不能想象,在突然遭到天翻地覆之后,这套汉学丛书反而熬成了"大丛书",甚至是国内规模最大的学术丛书。在熬到这一步的过程中,江苏人民出版社大概换了五六任老总,而按照一般的常规,新的老总在走马上任之后,总会倾向于地把旧的项目停掉,这就跟政府每换一届以后,我们常常会看到的情况一样。可无论如何,我自己总算还有足够的耐力,把这个丛书给硬挺下来了。当然,现在已经没有这样的忧虑了,就像一滴墨水滴到吸水纸上,它逐渐地往外扩散浸染,已经由点到面地扩及整个纸面,使得整个出版界都成了我的好友。

刚才说过,"海外中国研究"已变成了国内最大的丛书,那么它的规模到底多大呢?其实,如果没有同样由我主编的"人文与社会"

译丛,即使把那套汉学丛书的总数除以2,它大概也还是国内规模最大的学术丛书。它现在已有170种左右,而后续筹划出版的书目,早已经超过200种,并且每年都会有一批书面世。

正因为这样,它也帮助改变了丛书的概念。过去人们所理解的丛书,往往是有一批既定的书,想到要把它们打包推出。比如商务印书馆的"汉译世界学术名著"丛书,它积攒了多少代知识分子的成果啊!或者像钟叔河的"走向世界"丛书,他发现了一批方向相似的好书,便将它们集结起来出版。正因为这样,以往省里负责出版的领导,见到江苏人民出版社的负责人,便说"那套'海外中国研究'丛书出得差不多了吧?"但到了去年,江苏人民出版社成立60周年,在纪念会上大家转而认识到,"'海外中国研究'丛书不停地出版,这让我们改变了丛书的观念。"而我对此的回答就更加干脆:"为什么要中止这样的丛书呢?它已经是展示国际汉学成果的主要窗口了。要知道,全世界五分之四的汉学家,其实都集中在一个国家,那就是美利坚合众国,而他们总在不停地发表研究成果,所以如果让我每年只挑几本,那么永远也不会做完这项工作。"

2002年启动的国家清史工程,也在迻译海外的汉学成果,当然仅限于国外的清史著作。我也被他们邀请参加了,算是额外地多操了一些心。不过,我还是跟他们开玩笑说,"你们的情况总比我强,你们只不过在服'有期徒刑',而我在丛书的编辑方面,却要服'无期徒刑'!"由于他们做的是官方工程,所以一旦官方停止拨款,他们现在就已经停摆了。而我做的却是民间项目,它的资源最终来自广大读者,所以能不间断地坚持下去。

与邓正来的一次酒局:"人文与社会"译丛的缘起

记者:"海外中国研究"丛书已经做出成效,且工作量也不小,是什么原因促使您又主编一套"人文与社会"译丛呢?

刘东:这又是另外一个故事了,时间来到1990年之后,我还侥幸留下的一张合同,让我还能沿着八十年代的余脉,编出了"海外中国研究"丛书,总算还在艰难地延续着前边的故事。

刘苏里看出过这一点,他发现1990年以后编书编得好的,都是八十年代"文化热"的宿将,用他的话来讲就是"南北二刘",因为当时刘小枫在中山大学,而我在北京。无论有多少差异,至少在继续编辑丛书的做法上,他和我都是继承了八十年代的传统。而后来的年轻学者,恐怕就不太懂相应的技术细节了,比如怎么去说服一家出版社,怎么跟它去起草和商定合同。每逢跟出版社商量什么,而我却总能让它的老总发生兴趣,因为他们会发现我是真懂出版。

而说到"人文与社会"译丛,我在它第二版序言里写过一句话:"过了十几年,可以跟你们和盘托出,这个书的动议是在街上的人流中产生的"。当然不可能说得更细了,但大家可以就此发挥想象。八十年代的年轻学者,当然享有过很多的好处,不过也有个很大的局限,就是往往不知天高地厚,以为自己突然间什么都懂了。可是,面临八十年代的社会运动,我们却突然痛苦地发现,自己所学的东西还远远不够,我们的知识结构很有缺陷,而这又跟1949年以后的知识分子改造运动有关。

现代的文科,并不仅仅指涉文、史、哲,不然就会像缺了一条腿。可后来的残缺情况是,我在本科进入的是南京大学政治系,所学的却是哲学专业。这是因为,这里的"政治"并不是政治学,而是官方所说的政治课,所以里边才能有哲学专业,后来甚至又分出一个经济专业。当年的院系调整和关停并转,导致了一个简单化的结果:政治学系、法学系、社会学系、人类学系等,都被看成是阶级斗争的工具。而由此就相应地导致了,即使我们在思想解放的浪潮中,想要从其中挣脱出来,都没有一个工具性的抓手,没有相应的思想装备。比如说,当我们思考各类社会运动时,当然需要具有这样的背景:对于查尔斯·蒂利的社会运动理论,或者查尔斯·泰勒的社会想象理论等,全都在学理上有所了解,否则就很难避免盲人瞎马。

而恰逢这个时候,当时的学术个体户邓正来,创办了一个《中国社会科学季刊(香港)》,它名义上是香港版,但实际上却是在大陆编的,而我、陈来、林毅夫、梁治平、樊纲、黄平等等,都受邀成为编委会的成员。当然,这里所用的"社会科学"概念,还是在沿着官方的正统定义,因为按照辩证唯物主义的理论,人类知识分为自然科学和社会科学两种。很长一段时间以来,"社会科学"一语在中国,被看作了全部文科的代名词,然而它又仅仅包括文、史、哲,因为当时根本就没有社会学、人类学,而政治学和法学,也基本是服务于官方政策的。

有了上边的这些心结,邓正来有天到我这里喝酒,大家都喝到了兴头上,我就对他说:"沿着这个《中国社会科学季刊》,咱们再编个'中国社会科学文库'吧,把另一半视野恢复起来。"他考试似地问我:"那你先开个书单?"而我也借着酒兴答道:"开就开!"但是照我们在饭桌上的约定,这个书单是应当由我来开,由他来落实。我当时已经背着"海外汉学研究"的包袱了,不再想增加自己的负担,总不能在背上了迻译海外的"中学"以后,又背上迻译海外的"西学"吧?可惜,在此后的几年里,不管是邓正来还是别人,都没有把这个事推动起来,所以我最后还是看不下去,咬咬牙还是把这摊事接了过来。正因为诸如此类的事情,后来我才感慨地说,别看表面上分为这派、那派,可实际上,中国只有"动手派"和"袖手派"。

八十年代和九十年代,其间有一个显著的差别。在八十年代,知识分子普遍对理论有一种渴望,而到了九十年代,则对理论显示出一种眩晕。这是因为,在1990年以前,中国知识分子的知识结构较为一致。后来越来越多的人出了国,而等到他们纷纷回来以后,就分别推销自己学到的理论,可一旦每一个回国的人,都几乎带着一个新的理论,就让这些受众目不暇接了,难免产生一种眩晕的感觉。

有时候,这些似是而非的西方理论,简直会让我们感到不知所措。比如,我也曾把柯文请到北大做演讲,他当时趾高气扬地批评我们说:"你们总是批评义和团,是因为看不懂义和团,其实义和团很正常。而晚清知识分子的批评,和你们现在的不理解,都是出于一个原因,就是缺乏西方最先进的理论。"这样,中国文明自身的价值规范,就被他头足倒立地整个推翻了。我相信,在义和团运动刚兴起时,只要是中国的士大夫,无论是张之洞,还是李鸿章,对这种民变都是很反感的,毕竟那种怪力乱神,从来都是国将不国的前兆,而且,在义和团的思维模式中,含有很强的盲目排外的成分,这也绝不会是富国强兵之道。然而,到了柯文的新书那里,中国传统社会中最落后的东西,因为有了时髦西方理论的诠释,反被说成是再正常不过的,而我们自认为先进的文化,却由于反正没西方的理论先进,就被判定为落后的和必须被抛弃掉的。诸如此类的是非颠倒,就使人们产生了理论的眩晕感。

类似的事情还有很多,都跟五四时期的情况差不多。我写过一篇研究周作人的文章,认为在传统的中国社会,其潜在结构是"儒杨互补"的。由于周初人文精神的跃动，和传统信仰世界的坍塌，就导致了一种特殊的文化语境：如果每个人暗中是一个杨朱的话，那么，就必得有利他主义的儒家思想，作为摆得上桌面的意识形态，来与之构成相对的平衡，这才算得上一个健康的结构。可是，到了五四时期的特殊语境下，在压倒性的西方话语中，原本在中国受到抑制的杨朱，由于更靠近西方的 individualism，反而被判定为最先进的，倒把作为社会正面价值的儒家，当成反动的东西给推翻了。可惜，真等儒家黯然退出了以后，人们才出乎意料地发现，整个社会已经礼崩乐坏了。

对于由此而产生的理论眩晕，还有两点需要在这里澄清：第一，我不赞成完全沿着西方的意识形态走，那只是对于欧洲历史经验的理论总结。第二，我也不赞成完全排斥西方的理论，因为这只会让我们的头脑更加简陋。最拒斥理论思维的人，往往就会被最差的理论所俘获，而他还对此懵然不知。比如，很多现在做史学研究的人，都是被从日本传来的实证史学所俘获，却不知那也只是西方理论的一种。因此，唯一的合理解决方案，就是在加强对话的基础上，既不迷信理论，也不害怕理论，而要在驾驭理论的基础上，争取迎头赶上。

"时间久了，老实人是不吃亏的"

记者：在图书翻译、编辑过程中，版权是个大问题，在这方面，您有没有遇到困难？

刘东：在八十年代，中国出版界还不必考虑翻译版权，很多译著在翻译完了以后，直接就送去出版了，很少有人会想到要购买版权。到了1992年，中国加入了《世界版权公约》，情况就突然发生了变化,要译书就要先购买版权,这让我们这批八十年代的丛书编委们,有些猝不及防。本来,我们跟一些出版社已经商量好了,准备合作出版一批译著,这时候却突然发现,版权的问题还都无法解决。而当时的情况是,尚未普遍养成购买版权的习惯,所以在这种环境下,任何一家出版社率先去购买,都意味着它要付出额外的成本。

实际上,在这种犬牙交错的情况下,是很难独自去遵守规则的。我举一个另外的例子。有一次,耶鲁的孙康宜在北大开会。而她当时遇到了一个难题,所用的 office word 是英文版的,但她又是一位汉学家,需要处理大量的汉字,这导致她的写作很不方便,总要在两种文字间倒来倒去。我就给她支了个招,让她先装个中文版的 office word,一切问题就都会迎刃而解。一开始,她也想要装正版的 office word,可后来,一听说正版的要花 3000 块,而盗版的只要 8 块钱,就难免会觉得,遵守这规则的成本也太高了。

不过即使如此,及早地重视这方面的问题,还是会带来很大的主动。可以说,那些跟我合作得比较久的出版社,也正是那些最早重视版权问题的出版社。甚至可以说,在某种程度上,它们的版权科就是为我们建的。一般的流程是,选题和书目先由我们决定,再由版权科负责联系版权,而一旦成功再共同物色译者,最后再由责编去进行编辑,可以说是形成了良好的分工。打个比方,如果我现在看上了一本外文书,准备把它列入"人文与社会"译丛的计划里,我就只需要用手机拍个封面,把它传给出版社的相关编辑,这个雪球就会自动滚下去了。

相形之下,我也参加过某个国家出版工程的研讨会,与会的学者也都热烈地讨论着备选书单,可我在看过一遍这些书单却说:"你们这里只有两种书:一种是版权已经被我买走的,另一种是我根本没看上的。"很显然,我们在民间的工作效率要高很多,而他们在国家工程的名义下,先要由懂行的学者去进行讨论,随后郑重其事地写出论证,接着还要项目主管去复议,最后又要由上峰来审批。等到这些程序都走完了,恐怕我那边的书都已经出版了!

在选书的时候,我自己当然也会看走眼,不过我却可以担保,绝对不会故意选错书,只不过有的时候,用原版读来觉得很深奥,译成中文后又有点后悔,觉得它也不过如此。可以举个例子,有位朋友翻译了一本汉学著作,想把它挂在"海外中国研究"丛书名下,还允诺说等书出版了,对方可以请我到德国访问半年。我还是要依例先看书再说,还提醒他不要把两件事弄混了,干扰了我的客观阅读心态。审读完稿件以后,我提了一大堆修改意见,大意是书的选题不错,但仍然有很多问题,需要仔细地修订加工。结果,那位汉学家虽然同意我的看法,却一个字也不想改,转头就把书交给别家出版社了。后来自然也就听说,那本书的责任编辑,因为"学术水平如何高",而被德国人请去访问了。这对出版社本身当然只有坏处,所以算是"穷庙富方丈"。

无论如何,对一个来自孔子家乡的人,当我面对着种种诱惑时,还是有一个迈不过去的坎,那就是"不义而富且贵,于我如浮云"。面对某些明显出于一己利益、却明显于良心有亏的事情,自己不能做就是不能做,哪怕别人会照样去做。当然,还要反过来记住一点,其实只要时间拖得足够长,老实人就终究是不吃亏的。一些明显投机的同辈人,虽然在"死了都值"的心态下,也曾经蒙混到一些浮名,可眼下的市面却越来越小,甚至上网一搜竟全是骂名。而出版社跟我的关系,却是越来越如鱼得水,一直都愿意接受我的选择,这就是因为几十年来的实践,让他们感到放心。

近期我刚刚从芝加哥大学回来,那里有一家全美最好的书店,而在访问芝大的这一个月里,我至少去了那家书店十次,几乎整天坐在那儿看书,可到最后也只选中一本书,准备把它引介到国内。这才是我的工作常态,由此才保证了丛书的水准。当然话也说回来,这样做的一个始料未及的结果,却又导致了美国的汉学研究,在中国获得了很大的声誉,年轻学子们大概以为,美国的汉学研究全是高水平的,而实际上,在"不出版,就灭亡"的压力下,那边的垃圾书也很多,只不过未入我的法眼罢了。

"中国需要一场大规模的阅读运动"

记者:在西学的引进方面,你做了很多工作。但随着国外译著引进得越来越多,问题也随之而来,比如"人文与社会"译丛引入了很多伯林的著述,但中国人对伯林的关注却过于集中在其"消极自由"的观点上,而忽视了伯林理论的其他关注点,对此您怎么看?

刘东:我刚在《中国学术》上发表了一篇《伯林:跨文化的狐狸》。由于伯林在不同文明的叠加地带,小心翼翼地走一个平衡,而只是有限度地伸张自由,所以我说他是"跨文化的狐狸"。

正因为是这样在走平衡木,在伯林的理论中就存在两个危险,而它们恰恰都在中国的经验中,被极端偏颇地展示了出来。其一,正是所谓的消极自由。在1989年第5期的《读书》上,甘阳发表了一篇《自由的理念:五四传统之阙失面》,那可能是国人第一次利用伯林的理论,不过却把"消极自由"的说法推向了极端,实际只是把犬儒做派说得高明罢了。此后,到了九十年代也有个时髦的说法,就是所谓"消极自由,低调民主"。可是,验之以当代中国的实际发展,却是

"消极而不自由,低调而不民主",把伯林理论中暗含的负面效应,全都给极端地展示了出来。

其二则是伯林对多元主义的强调。后来他又反过来解读伯林,把他完全说成是一个多元主义者。但多元和自由到底能否相容?我曾邀请来一批外国学者,到清华园里主要讨论这个问题,论文集已由译林出版社印行,题为《以赛亚·伯林与当代中国:自由与多元之间》。虽然在会上都各执己见,但大家还是有一条共识:伯林肯定不是彻底的多元主义者,因为他肯定不能接受马克思、希特勒和霍梅尼的理论,肯定不能容忍个性受到别人的侵害。所以我才撰文说,伯林是在自由与多元之间,小心翼翼地寻求平衡。

论述这个问题较为复杂,还是引用自己的书面表述,可以做得稍微精确一些:

> 他在自由理念和多元价值之间的那种左右为难、如临如履的平衡,或可以套用一个康德的句式来表达,那就是"自由无文化则空,文化无自由则盲"。也就是说,一旦多元主义所要求的宽容超出了人性底线,他就会希望借用自由理念来对之进行收束,而不是教条主义地去一味苟同文化相对主义;但反过来,一旦人权观念表现为外来的灌输和僵化的教条,特别是表现为单向的话语霸权和干涉特权,他又会希望动用多元价值去牵制这种文化单边主义,而不是非要把某种既定政治哲学体系推向极端和推向荒谬。

试想,光是这个最具可读性、也是最有读者缘的伯林,就能够如此地耗费我们的脑力,那就更不要说,还怎么去完整地把握西方的知识地图了!大概也有这方面的缘故,如果在九十年代,正如我刚才提到过的,中国思想界曾经出现过一种理论的眩晕,那么到了眼下的阶段,则是普遍表现出了理论的疲惫乃至厌恶。

在八十年代,西学译著的销量经常能有数万册,而到了现在,则一般只有几千册,这在某种程度上,也反映出了西方理论在中国学界的"去魅"。对此,我还有一个切身体会,在"东方学"的著作被引入中国之前,有人开口闭口总在援引萨义德的理论,而形成了反差的是,等到这本书真的出版以后,以前那些大肆宣扬"东方学"的人,反而缄口不谈了。究其原因,大概这些人根本没读过萨义德的任何书,充其量也只是看了几篇书评,甚至只是道听途说了萨义德的观点,然后,他们就把它变成几条干巴巴的条文,拿来到处生搬硬套。而等"真经"被翻译出版以后,再胡乱搬弄它就要露怯了,而又没有定力去真正研读它,所以干脆就掉头不顾了。

在当下的国际学术界,新的理论总是层出不穷,这也导致了人们望洋兴叹,干脆懒得再去追踪阅读。比如,"人文与社会译丛"译丛把埃里克·沃格林的《历史与秩序》的前三卷都给翻译出来了,这无疑是一项艰巨浩大的工程。如果这搁在八十年代初,大家得为之疯传多久啊!可现在,人们对于这样的大部头,而且还是研究古典西方的,却明显显得有点疲惫了。当然,此中还有一个缘故,那就是一个多世纪以来,受严复所转述的社会达尔文主义的影响,中国人一直认定了自己的文化不如西方,所以西方生产出来的理论就代表了真理,而且在进化论的求新语境下,由最后一位西方大师所道出的理论,就等于是或代表了最新的真理,而其余的都属于过时的东西,就不再有阅读与思考的必要。这种对于思想时髦的浅薄追逐,实在是要不得的。

另外,这种理论的疲惫之所以出现,还是由于新左派对理论的过度诠释和恣意滥用。这些人总是在用似是而非的理论,来让中国的鲜活经验变得干瘪,由此久而久之,也就导致了理论在中国的名声扫地。甚至,人们一听说某人是"搞理论"的,就几乎是先入为主地认定了,此人一定是个书呆子,是个坏脑壳,是个狂热分子,是个偏执狂,只会"攻其一点,不计其余",只知道强词夺理、胡搅蛮缠,把事情越讲越糊涂。

但我认为,毕竟又不能因为洗澡水脏了,就把其中的婴儿给一起倒掉。应当心怀敬意地看到,尽管难免有过这样、那样的失误,然而中国的学术翻译工作,还是为我们大体展现了西方的知识地图。很多译者都为此做了重大的牺牲,如果他们为翻译公司干活,就能得到千字500—1000元的报酬。而他们现在出于热爱和责任,坚持从事学术著作的翻译,其收益却只有千字40—60元。不仅如此,到了评职称的时候,这些辛辛苦苦的劳动还不算成果。但如果没有他们,中国学界跟世界文化的距离,肯定会被拉得更长更远!

在这种情况下,就更要大声疾呼地提出,中国需要一个全民重新阅读的过程。比如你刚才提到的伯林,他无疑受到了堪称例外的追捧。然而,他毕竟是个承前启后的人,也是个思想漩涡中的人,那么,他的思想先驱到底有哪些,他的学术后劲又究竟有哪些,他的思想对手又到底分几支?这都是需要进一步深究的问题,而只有顺藤摸瓜去研读下去,西学的内在脉络才会慢慢向我们展现。有的人只读了一本《自由论》,就认为这是伯林思想的全部,甚至认为这就是西方思想的精华,这样一种简单化的读书态度,其实与早年的共产党人没什么区别,那些人顶多是粗读了《资本论》,甚至可能连《资本论》都没读过,就把人世间所有的不平与不公,全都归罪于对于"剩余价值"的虚拟剥削,而从此之后,他们便再也不读别的什么书,只是一门心思去搞社会运动了。

记者：是否可以理解为，有些人倡导某些理论、概念，不是出于对话的目的，而只是为自己的行为找个依据？

刘东：为什么理论在西方的危害不像在中国这么大？这是因为在西方，不同的理论之间存在相互的辩论和制衡，而在中国，则基本上没有这样的解毒剂，才导致某些理论只是一枝独秀，这样一来，它的某种倾向也就被过分夸大了。比如，为什么伯林的消极自由观念到了中国，反而更明显地暴露出其弱点呢？当然也是这样的原因。大家都想龟缩到狭小的天地，用这种"免于……"的自由来保护自己。然而，个人的基本自由若想不被伤害，那是有其前提的，它需要一个良好的社会规则和广阔的社会空间。相反，要是大家都不参与到公共事务中，不去磨合出这样的规则，社会空间就反而会塌缩下来，导致每个个人的自由都难以保障。

比如，作为一种随处可见的对应或象征，在八十年代，中国人还不知道"装修"这个概念，而到了九十年代，随着环境污染越来越严重，"装修"也开始在国人当中流行了起来。很多以往盖起来的楼房，其外表都早已非常肮脏破烂，而内部却被装修得跟宾馆一样，人人都躲进自己的狭小空间中，不再去关注外部环境的任何变化，哪怕那种变化马上就要侵害到自己。实际上，我们眼下的政治生态也是如此。

此外，光把西学的著作读完还嫌不够，还需要让西方的理论体系与中国的价值观念进行对话，才能寻找到一条属于中国的路。有些人天性就不会读书，所以一旦他好不容易摸着了一本，自以为读出了一点味道，那么就干脆决定，自己此生只相信这一本了，这是把读书能够获得的自由,由于自家的偷懒和无知,反而糟蹋成了必然,把读书能够获得的上进,也干脆糟蹋成了下坠。这种人的心智,往往还不如干脆不读书的人,因为他被一个偏颇的理论给永远地捆住了。

哈佛文理学院的院长柯伟林教授,曾经说过一句相当刺激我的话:"20世纪中国政治思想的主要特征,就是根本没有自己的特征。"这是因为,所有流行于中国学界的理论,说到根子上都可以溯源于西方,都是用欧洲头脑对欧洲历史进行的欧式总结,而中国人只不过借鉴了其中的某个部分,相互间竟还争得头破血流,都还觉得唯有自己成竹在胸,这是很缺乏文化主体性的表现。

所以无论如何,中国急需一个大规模的阅读运动。阅读的范围一定要尽可能广泛,而不能当领导的喜欢哪本书,大家才去抢着读哪一本。实际上,每个人的阅读都有其独特性,而这样的独特经历,也正是每个心智的独特轨迹,绝不能由任何别人来取代。为了帮助引领这样的读书风气,我最近又构思了一种课程,首先去读雷蒙·阿隆的《知识分子的鸦片》和阿伦特的《论革命》,然后去读约翰·密尔的《论自由》,接着去读那些批评自由主义的专著,包括桑德尔、查尔斯·泰勒等社群主义者的著作,以及保守主义思想家的著作。这样子一本本地读下来,研读者就会逐渐地从中发现,其实西方学术界也是一篓子螃蟹,一个掐着另一个,一个能带出一个,所以,真理并不在某个单独的头脑中,而是产生和存在于不同流派的对话中。

另外,更加重要的是,即使把这些著作全都读完了,大家也还是要牢牢地铭记住,在这样一个全球化的时代,在这样一个盛行后殖民反思的时代,真理并不会只在哪个文明自身的文本中,而应当产生于各个文化的互动中,所以,稍微有点头脑的人都会相信,西方思想家绝不会掌握了人类的全部真理。说到底,还得靠我们去开拓自己的头脑,从而在同其他文明的不断对话中,让它想出新的人生解决方案来。为了这一点,我一直都憋着一个想法,建议将来在清华图书馆门口,同时立起苏格拉底、孔子、释迦牟尼和耶稣的雕像,让这四大圣哲作相互对话状,而这作品的题目就叫"轴心时代"。这是为了让同学们一眼就看明白,真理并不包藏在某一个造像中。

因此无论如何,如果以往读错了某种理论,那就需要大家继续多读,而不是从此反而觉得厌恶理论本身,否则的话,中国在学术文化上是没办法和西方对话的。要知道,人类文化之最辉煌的成就,仍要推它高雅的学术文化,而学术文化中最耀眼的宝石,也仍要上升为最高的理论形态。

警惕人为的"洋泾浜学风"

记者:您曾将您这代人的学术任务总结为"译百家书,成一家言",但问题在于,当下,"译百家书"却束缚住了"成一家言"的工作。比如中国研究就受西方汉学理论影响过深,您怎么看待这一现象?

刘东:这个问题不是当下所独有的。从民国时期开始,虽然北大跟清华都有自己的国学研究机构,可二者的学术风格却截然不同,就连当事人自己,都未必清楚地清楚意识到了这一点。具体来讲,尽管两边都属于学贯中西的,但清华国学院却更偏于内部取向,而北大国学所则更偏于外部取向,而后来渡海过去的台北"中研院",则主要是继承了后者的治学风格。由此,这种西式风格的国学研究,就带来一个根子上的问题,它根据现代西方的学科划分,把中国传统的"四部"学问,强行划归到"七科"的类别里。这样一来,中国固有的学术脉络就被打散了,很难再照原样传承下去。

在当今西方的强势话语规则下,我们在与西方进行学术交流时,往往会被追问这样一类尴尬问题:你们中国有哲学吗,或者你们中国有文学吗?如果你照直了回答"没有",那就会显得太过简陋,好像你的文明根本就没开化。但如果你硬着头皮说"有",拿出来的东西又肯定削足适履,是把中国的思想(或艺文)先强行掰开,再硬性塞入西学的分类科目中,其表现肯定还是不如西方自身,因为你自己的先辈,原本就没沿着所谓本体论、认识论、方法论、伦理学、美学的套路去展开;反过来说,西方人又正好借着你由此表现的逊色,找到了暗中支持其欧洲中心论的理由。当然,也有西方人对此进行了反思,比如以前曾在旧金山的书店里,这次又在芝加哥的书店里,我都看到一本题为 But Not Philosophy: Seven Introductions to Non-Western Thought 的书,可以对译成《但并不是哲学:对于非西方思想的七篇导论》,虽然它的内容似乎浮泛,但它的标题却显得很有想法,它在指称中国的(或其他文明的)学术思想时,只把它们径直称作"思想"(thought),而不再套用西方色彩过浓的"哲学"(philosophy)。而这就意味着,就算在中国思想中没有相应的分支,比如迟至1750年才创立的美学,它也仍可以并不逊色于西方哲学。

另一个问题是,在古代中国的传统教育中,要求所有的受教育者,都要同时兼通四部的知识,它就像一个读书人的五脏六腑,不能专靠哪个单独的脏器活着。可后来,由于受到西方社会分工论的影响,现代中国的教育就变成了专攻一科,这就出现了重大的心智偏差。比如如今所谓的中文系,你们可以掰着指头数数看,大概应是最易出现"妄人"的地方。那么到底为什么呢?说到根子上,古人总要先去"刚日读经,柔日读史",而如果还行有余力,再去旁及集部。可现在，由于受到西方分工的影响，人们竟可以只读集部的书，甚至还只是集部中最不入流的小说，还觉得自己很是职业化，因为那些对古人等而下之的东西，按照西学范畴又显得很高明。这样从知识生产的角度看，其实已是既没有道义的约束，又没有史实的支撑，当然就容易出现"文痞"了。

所以，我们就首先需要明确，对中国的研究可以分为 inside 和 outside 两支。而对中国这样一个具有悠久传统的伟大文明而言，它可不是太平洋上的那个小岛，那上边不具备本土的学者，而只有等到外来者闯入之后，才能展开对于当地文化的研究，从而，对它的研究就都属于 outside 的视角。中国则完全不同，它无论从时间和空间而言，其规模的量级都要大得多，也同样具有自己的知识界，由此，也就和研究中国的外部视角，天然地构成了二水分流。

当然，在西方的学术包括汉学引入之后，中国人也由此知晓了自家的局限，从而在相对的意义上，也把传统的学术文化统称为"国学"，其言外之意就是，在学术世界中还有个"西学"，甚至包括西方人研究中国的"汉学"。我最近在北京大学出版社，刚出了一套两卷本的《审问与明辨：晚清民国的国学话语》。那本书的导论中，曾经讲到了国学的六重定义，而其中的第一重，就来自西学冲击下的这种自我限定。

问题却在于，西方对近代中国的压强实在太大了，所以导致在科举被废除之后，只有留洋的读书人才最吃香，而外部的视角也在这样的压力下，被强行塞进了设在内部的机构中。这当然并不是说，外部的研究视角就一定不好，否则的话，我也不会花这么多年时间，去专心地引介西方的学术成果，然而，我决不赞成中国学者也仿效外部视角，否则说起话来就难免要拿腔拿调。所以，较为理想的状态应当是，中国学者有自己独特的视角，西方学者有自己独特的视角，而更全面的观察和更深刻的学理，则要两者的对话与共识中产生，由此才能构成更上一层的"中国学"。

只可惜，现在的情况则与此相反。应当看到，中国知识界的很多问题，都是源自那些拿腔拿调的"汉学生"，即海外那些汉学家的中国学生。试想，在"文革"浩劫刚刚结束的时候，在受到海外汉学家的主宰之前，谁能想到去宣扬"文革"是好的，那不成了狼心狗肺吗？那不要遭受雷劈吗？但是，很多人此后却要漂洋去留学，很多人读的还都是汉学博士，而在那边的汉学家中，又有很多人都是当年的红卫兵，家里还挂着"文革"时代的画像，他要告诉你"文革"是好的，你想不接受也不可能，不然第二天就得卷铺盖回家。要知道，这跟在中国读书的情况不同，导师的宰制力要大得多。在中国，如果你决计不跟这位导师了，还可以换另外一位导师，甚至即使从此不读书了，也不会马上就发生签证问题，还可以去中关村谋个生计。当然另一方面，国外的导师对学生也不错，会默默产生情感上的感化。于是，在这双重因素的影响下，很多留学生就慢慢地被收编了，成了我们后来看到的新左派，而且弄到后来，他们的招牌或者文化资本，也仅仅限制在这个方面，由此中国的知识界也随之分裂了。

正因为这样，我现在非常担忧地看到，现在学院里的年轻人，竟然唯恐把研究做得不像美国汉学，连标题都设计得亦步亦趋，这是完全缺乏主体性的表现。美国的汉学做得再好，也只是我们的一个参照系，或我们的一种专业基础课。尽管在一个全球化的时代，即使你是在研究本国的问题，也应掌握美国汉学的知识地图，但与此同时，你还更应知道它的所长与所短，知道自己比它有何种的优势。

在这样的基础上，中国学者对于母文化的研究，本应更具有天然的优势与创意,由此才会真正受到外部的看重。然而很可惜,现实的状况却刚好相反,只被西方流行的学术潮流牵着走,这当然会影响中国自身的成就。我有篇文章叫《警惕人为的"洋泾浜学风"》,就是在率先挑明这方面的问题;本来该由具有现实经历的中国学生,来坦率诚实地告诉他的美国老师,他们在哪些问题上完全是想当然的,根本不符合中国人鲜活的生存经验;可现实的情况却是,人们为了产生出获取高分的论文,就强行把中国经验塞进了西方公式,由此他们在迎合了其西方导师的同时,也是恣意地强暴了其同胞的感受。

"空前的'危'和'机'是并存的"

记者: 在这西学引进的过程中,您有什么个人的经验或体悟?

刘东: 我这个人,对于自己的进退比较迟钝,所以在评职称、申请基金的问题上,反应都比较糊涂。在社科院的时候,我一直都是副研究员,一做就做了整整十年,尽管我本人也是挺努力的。直到调离之后,我才弄明白规则,原来在提升为研究员之前,你先要厚颜无耻地写封申请信,把自己正式地推销出去。而我既然不懂这个,正好高级职称的名额有限,所里也决不会提醒我,乐得把我算作自动弃权。弄到后来,所里甚至院里的上上下下都在议论说:"刘东怎么还是副研究员啊?"我听了也没往心里去,既然大家都觉得这不公平,就说明这不是我的错误,而是所里的领导有眼无珠,而且,我的努力总还受到了公认,所以也就随他去吧。

这种木讷,当然算我个人的一个短处。不过话又说回来,如果想要摆脱外在的桎梏,要避开外部权力的瞎指挥,那么在职称、基金、杂志登记这类问题上,也许就需要木讷迟钝一些,可以算是"难得糊涂"吧？打个也许不太恰当的比方，当权者的那些瞎指挥，既突如其来又无事生非，可以比作不大不小的地震，而在这种不大不小的地震中，致死致残的却都是机灵鬼，本来摇晃几下就过去了，可他们却直接选择跳楼，反而送掉了自己的性命。而我呢，反正也不怎么听会，发下什么表格也顺手一扔，所以，即使主编的丛书不算成果，我也糊里糊涂地就挺过来了，只要内心认准了它们重要，就决不会轻易放弃。

当然，所以如果认定了什么不好，那么我也会跟从自己的感觉，也马上就会做出行动。比如，在"海外中国研究"丛书的引进过程中，我自己判定好坏的标准，也发生过很多次变化。一开始，是以为西方人帮我们澄清了很多难题，可后来却发现，那些汉学家的理论框架也很芜杂，可以同时把中国说成长的、短的、胖的、瘦的、高的、矮的、需要补的和需要泻的，需要保守疗法的和需要马上开刀的，而最后才搞明白，西方的汉学家都各执一套自选的理论，所以我们必须首先弄懂这些理论，然后才能弄懂他们所要解读的中国。由此，在我自己的内心中间，那套"人文与社会"译丛，也就必然要呼之欲出了！

在做这些事的过程中，如果说有什么是让人欣慰的，那就是当你专注于做某件事，人生会无意间显得略长一些。从最早的"走向未来"丛书以及《东方杂志》，到现存的"海外中国研究"丛书、"人文与社会"译丛、《中国学术》杂志、清华国学院，还有我晚近创办的"西方日本研究""大学之忧"丛书和"艺术社会学"译丛，当自己专注地做这些事时，会觉得事情根本做不完，于是，也就生出了不断劳作下去的动力，没有时间去伤春悲白发。由此，自己出门去讲演的时候，也就经常会闹出一个笑话：初次见面的听众会对我说——"你怎么还这样年轻呀？原以为你早已是老人了呢，从小就是读你的书长大的!"

人们寻常会觉得,做编辑就像竹筒倒豆子,倒完了腹中就空空如也,但我对此却有相反的经验,发现好的编辑到头来并不吃亏。"海外中国研究"丛书的选题已有200多种了,而我本人作为主编,读过的书则远超过此数,而且读得也要相对认真,这就给自己铺垫了知识储备。另外,在你从事编辑的过程中,也会遇到各种各样的问题,有时候由于各种各样的原因,特别是政治上的原因,某些章节并不适合翻译,这就使你比一般读者,了解到更多吃紧的细节。再如,《中国学术》杂志的难度很大,所以每逢召开编辑会议的时候,学术讨论的气氛都很紧张。既然我们要把它办成国际级学刊,而且它也一直由哈佛—燕京学社支持,这就促使我们对每篇稿件都严格要求,时刻保持一个严苛的创新标尺,尽量筛选出最优秀的学术文章。于是,如此之高的学术标准,自然也就会使得杂志的编者们,也自然养成了写作的习惯,即从眼低手低、到眼高手低,终于成长为眼高手高。正因为这样,我们《中国学术》编辑部,也是个最出优秀学者的地方,而它早期的许多年轻成员,也都顺利成长为挑学界大梁的人。

主编丛书的工作,真是越来越顺手。我现在,简直是有了自己的编辑车间,每年总要有二三十本书的产出,差可算作一个业余的出版家。屈指算来,除了"海外中国研究丛书"和"人文与社会译丛"这两套国内学界最大的丛书之外,我还在主持"西方的日本研究丛书"和"艺术社会学译丛"。此外,清华国学院里还有三套丛书,即"清华国学丛书""清华国学书系"和"讲学社丛书",也是实际由我在主持。另外,在清华大学自己的出版社,我又专门为它设计了五套丛书,包括一套"中国艺术史译丛",一套谈论生态史的"同一颗星球",一套研究高等教育"大学研究丛书",一套光荣榜般的"清华文库",还有一套更具挑战性的英文丛书,叫作 Chinese Intellectual in Two Centuries。

进一步说,在编、读、写的过程中,也在挑战自己心智的极限。我希望,至少我本人的研究和讲学水平,能和祖国的国力增长同步起来。其实,如果能更加平心地观察,那么中国大陆有很多学术优势,经常是被有意无意地忽视的。比如,可以拿大陆和台湾做个对比:在那边,如果没有"国科会"的批准,如今的台湾已很少有人翻译,而"国科会"又每年只批十来个翻译计划,还不如我以一己之力所引进的多,这当然是因为,我们相对于台湾学者,享有由一个巨大的汉语共同体所带来的优势。正因为有了这样的优势,即使遭遇过最困难的时期,我们这批学人才终究熬了过来。"中研院"的王汎森曾经问我:"《中国学术》每期大概印多少册?"我说:"大概只能印个几千册,这种杂志实在是太专业了。"没想到,对我显得太少的这几千册,对他来说却是多得难以想象,因为台湾的专业刊物,往往也就印个一两百册,这跟我们打印博士论文的数量,恐怕也没有多少差距了吧?

无论如何,我的这种信念并不是空穴来风。剑桥的阿兰·麦克法兰教授,刚给《中国学术》写了篇《断片:时间观念与我们生活于其中的世界》,他在这篇文章中指出,当一种文明处于支配地位并进行扩张时,单线的进步论和目的论色彩的理论,也就会油然占据主导地位;而当世界范围内的政治对抗成为主题,并且西方与非西方力量处于相对平等状态时,那样的论调又会随之式微。回想晚清、民国时期,西方文明正处于飞速扩张中,所以老先生很难不误以为,所谓世界潮流无非就是西潮,而所谓的进步也只意味着跟上西方的发展,甚至就连在梁启超、王国维的早年,也都是在以西方为模板,千方百计地挑中国文化的毛病。而现在,西方文化如果不是处于衰落,至少也并非一枝独秀了,所以整个世界也包括西方人自己,也都在怀疑西化是否真有普世价值。

就这一点而言,有幸生活在我们这个时代,尽管还是有很多糟心问题,但相对而言还是幸福的。自从遭遇西方文化的冲击,我想从林则徐到恭亲王,从曾国藩到李鸿章,从张之洞到康有为,再从梁启超到陈寅恪,这几代人到了辞世的时候,心情都必定是很压抑的,而他们也只能在近乎绝望的心境中,离开这片尚未有起色的故国。而相形之下,情况到今天已经大大反转了。事实上,从来没有这样一个国家,曾以如此之大的人口基数,和如此之大的国土面积,并以如此之快的发展速度,持续不断地起飞了这么多年,所以,这对整个世界历史所产生的影响,我们眼下只怕还很难进行精算,要到很久以后的未来才能看清。即使纵观整部的世界史,大概也只有英伦的几个小岛,在早期工业革命的那个年代,曾有过如此爆发式的发展,而后来它就成了日不落帝国,逼得全世界都讲它的英语。

由此看来,尽管也绝对不可否认,我们要克服的问题还很多,有的甚至还是相当顽固和致命的,然而空前的"危"和"机",毕竟是并存在一起的,如果对这一点视而不见,那么不管是无意的还是成心的,总之是不全面和不公正的。

寻求"中国文化的现代形态"

今天讲演的主题是《再造传统》。这也就意味着,这个主题展开来就是——"寻求'中国文化的现代形态'"。在这里,我就结合着自己的两本新书,并且围绕着"中国文化的现代形态"问题,进行一点展开与发挥。

可以说,生活在这个文化失序的乱糟糟的年代,我们的全部文化使命,都应当是为了寻求和创造这个"中国文化的现代形态"。

在如此茫无头绪的乱麻中,我们还能找到理清它的线头,不再只是去做"没头的苍蝇"么?——我本人一向坚定地认为,如果这个线头的确还存在的话,那么它也注定不会是别的,而只能是现存共同体的文化主体性。这也就意味着,此中的要点必然在于,跟文化激进主义长期诉求恰恰相反,我们不仅不能去丢弃、乃至主动败坏自家的主体性,倒要去维护、乃至积极寻求这种主体性![1]

对于传统充满敬意地继承,就像孔子当年的"述而不作"那样,在以往经常被误以为,那只是一种思想的惰性,所以只需要照本宣科

---

[1] 刘东:《再造传统》,上海:上海人民出版社,2014年,第185—186页。

地奉行。然而,我们在苦苦寻求之后的抉择,却驳斥了这种有意无意地误解。无论如何,我们所渴望的对于传统的再造,反而需要充沛的思想激情,敏感尖锐的文化判断力,和具有高度创意的想象。

当然,这样一种独特的寻求与创造,正像"中国文化的现代形态"这个提法所标示的,却又必须首先归属为"中国文化"。也就是说,它不能失去这个共同体的主体性,不能中断几千年来的路径依赖,不能表现为对于文明进程的终结,不能让人心先被败坏到石器时代,不能指望在丛林生活中进行自我展开。——这已经是我们近百年来最为惨痛的教训了!

> 正如我们从一开始就强调的,从来就不存在僵化的"中国性",——这个文明向来都在跟周边文明互动,而且也正是借助于这种良性的对话,才在不断演进的历史进程中,把自己推向一个又一个高峰。更何况历史发展到了今天,全球化已然成了外部的态势,改革开放也成了内部的共识,那就更谈不上闭关自守和故步自封了。因此,问题的要点就根本不在于,到底是否要革新和更进中国文化,而在于进行这种革新的主体,究竟是否还能具备起码的自主性。否则,由此带来的文化真空与价值失重,就已经、而且还将带来严重的失序和紊乱,它甚至终究会使人们吊诡地发现,这个曾在"只争朝夕"地追求进步的历史,于转瞬之间竟已倒退回了"石器时代"!①

而且,这种文化保守的价值立场,不只是在消极防护的意义上,还更是在积极进取的意义上,来重新判断过去的文化生活。

---

① 刘东:《再造传统》,第189页。

站在其他文明的价值立场上,也许有人悄悄地误以为,只要让中国逐渐地丧失它的主体性,那就会给整个世界带来福音。可实际上,如果还能从思想上回到那个雅斯贝尔斯意义上的轴心时代,我们仍能平心地发现,由孔子和其他先秦思想家所提出的人生解决方案,特别是它所蕴涵的那种曾让伏尔泰兴奋不已的"无宗教而有道德"的文化模式,一直是人类文明史中不可或缺的和至可宝贵的思想财富。——沿着这样的思想轨迹,至少我们还有理由去发出畅想,在全球化与中国文化之间的张力,或许正蕴涵或预示着某种真正的解决,而那解决方案决不会是由某一文明——不管它看起来多么优秀或优越——去碾碎、消解或吞并其他的文明,而是被费孝通憧憬过的文明共生状态,即"各美其美,美人之美,美美与共,天下大同"。①

　　而另一方面,这种创造又必须表现为"现代形态",也就是说,它坚决反对在未经理性批判的前提下,就随意地以"国情特殊"作为抵制的借口,去规避当今世界的普遍潮流,而必须具有全人类的宏观视野,特别是在汲取了希腊的文化营养后,在作为常态的国际互动中谋求递进,从而让"中国文化"也具有普世主义的内涵。

　　至少在一个问题上,我们还是可以同意考恩的看法,那就是必须敞开发展的路径,敞开历史的可能,敞开主体的选择,而不要把全球化的未来给看死了。在这个意义上,我个人一向主张,不管传统文化命当如何,眼下也都不要看死了它,不要把它当作气息奄奄的、只配受到保护和进行展览的熊猫,而要让它跟生猛

---

① 刘东:《再造传统》,第192页。

的当代文化去厮混,去摸爬滚打,以获得跟世界并长争高的生命力,否则,这种文化便从一开始就已死亡了。①

但在另一方面,却也应当看到:

> 正如前边反复讲述过的,在近现代中国人的切身感受中,这个由"两希文明"接壤和杂凑而成的"西方文化",一方面表现为最先进的科学,另一方面却又表现为最落后的迷信;一方面表现为最清醒的理性,另一方面却又表现为最狂热的说教;一方面带来了最人性的民主理论,另一方面却又带来了最狡诈的政治权谋;一方面带来了最繁荣的市场经济,另一方面却又带来了最飘摇的未来风险;一方面带来了最发达的物质生产,另一方面却又带来了最异化的个人生活;一方面带来了最活跃的社会流动,另一方面却带来了最单调的休闲活动;一方面带来了最活跃的精神创造,另一方面却又带来了最无聊的文化垃圾……那么,面对如此复杂怪异的情况,只要自己的国家还没有彻底沦为殖民地,只要自己的文明还不乏起码的主动性,难道就不能进行"为我所需"的文化选择和文化利用吗?②

正因为这样,正如我在书中所写到的,全球化运动给我们带来的,也是让人顿生警觉的危与机并存:

> 在无可回避的外来文化冲击下,我们只能是虽然并非全然被动地,却又是心怀警觉地,既是要去加入、又是要去抵抗,既在从本土中抽离、又在朝向它再嵌入,既是在领受其裨益、又是在

---

① 刘东:《再造传统》,第43页。
② 同上书,第195—196页。

疏离其损害、既接受了它的标准化、又启动了传统的再发明、既去拥抱着普世化、又去向往着在地化、既在进行着向心运动、又在发展着离心趋势、既去享受均质化的好处、又去欣赏个性化的特色、既看到了历史的断裂、又努力要让文明延续、既在跨越有限的国界、又要回归文化的本根……宽广而全面地看，正是这种带有杂音的双向发展，才较为理想和包容地，构成了所谓"全球化"的全部特征。①

毫无疑问，如此小心翼翼地寻找文化平衡点，当然是在近代以来的中西碰撞中，反复进行试错式探寻的最终结果。所以在这一点上，我本人所提出的"再造传统"，或者寻求"中国文化的现代形态"，正是接着早期清华国学院来讲的，而当年本院的那几位导师，特别是其中的"三大巨头"（梁、王、陈），也多曾经历过"跨越与回归"的折冲往返，才寻找到了"中体西用"的立足点。

由此就更加见出：真正合理的"中体西用"纲领，对于我们到底意味着什么？——一方面，必须首先充满自信地确认，正是在自家的文化传统中，包含着很多弥足珍贵的智慧种子，尽管它并不见得会囊括与涵盖全部；另一方面，也只有在这个基础上，才能进而充满热情地展望，即使是自家文明所包蕴的慧根，在当今的开放条件之下，也同样需要在与外缘文明的讨论、切磋、制衡、互补和共生之下，才能更充分地激发和显现出来。②

而对于我本人来说，虽然早就想到了这种提法，也曾经不经意地

---

① 刘东：《再造传统》，第204页。
② 同上书，第197页。

写到过,但现在如此郑重其事地提出,要寻求"中国文化的现代形态",则与其说是找到了一种叙事,来回顾和总结自己此前的全部努力,倒不如说是找到了一种路径,来调整和归拢自己以往的全部心血。就此而言,即使这并不是自己初始的目标,如今也构成了心中最后的目的。

而从这样的文化目的来看,我所主持的大规模汉学引进,主要是指那套最大的"海外中国研究丛书",正是指向了这个目标。

一方面,确如自己刚为江苏人民出版社的题词所说,"在贵社六十年的历程中,我几乎陪伴着走过了一半。而今回望整个学术界,已罕有人不受我们合作的影响了!"可另一方面,又正如自己在丛书总序中所供认的,"这套书可能会加深我们百年来怀有的危机感和失落感,它的学术水准也再次提醒:我们在现时代所面对的,决不再是过去那些粗蛮古朴、很快就被中华文明所同化的、马背上的战胜者,而是高度发达的、必将对我们的根本价值取向大大触动的文明。"实际上,这套书的质量越被普遍认可,我的内心就越感到失落与悲凉。作为这类汉学工程的主要主持者,自己终是无法回避下述事实:我们的对话对手越是强大,自家的主体性就越是岌岌可危。正因此,这套书最让人尴尬为难的地方在于,一方面,在现有知识生产体系几近崩盘之时,偏是我们文化对手的成果源源而来,并以它们无可辩驳的学术论证量,反而帮我们维护住了学术的基本尊严。但另一方面,由于针对"中国"这么庞大的学术对象,天然就存在着"外部研究"和"内部研究"的双重视角,所以,一旦外部的话语表现得太过强大,就会渗透和伪装成内部的话语,使整个"中国研究"都被外来的问题意识所覆盖,缘此,又正如自己在"阅读中国丛书"

的总序中说穿的,"当今中国知识界可怕的分化与毒化,其实在很大程度上正是缘于汉学和汉学家的影响。"①

同样地,"人文与社会译丛"中的西学引进,特别是西方政治哲学的引进,也正是指向了这个目标。

事实上,早在它的第一篇总序中,我就已经暗示了草创它时的心境:"如此嘈嘈切切鼓荡难平的心气,或不免受了世事的恶刺激,不过也恰是这道底线,帮我部分摆脱了中西'精神分裂症'——至少我可以倚仗着中国文化的本根,去参验外缘的社会学说了"。而到了它的第二篇总序中,我更直接讲明了创办它的动机:"已经事过差不多二十年,所以不妨更加坦诚地披露:自己对于这类著作的心灵饥渴,当年是在街头的人流中突然涌现的。仿佛遭遇了大地震一样,我冷不防近乎绝望地发现,周边再没有什么可以遮风挡雨的,而头脑中更是空空如也,——以往读过的那些迂远的智慧书,如今信着全无是处!"换言之,发愿要成规模地迻译它们,并非因为读熟了西方的社会理论,倒是痛感到对它们太过无知,同时也痛感到周围的人群,别看都雄辩滔滔信心满满的,实则也同样对它们一知半解。缘此,咬咬牙去开创和坚守这套丛书,也无非属于一种对于"补课"的邀请,——请大家一道进行思想的"补课",直到这些学识全都进入我们知识的背景。惟其如此,一旦再有人胡乱套用时髦理论来曲解中国经验,我们才知道如何去登堂入室地"攻子之盾";也惟其如此,一旦实践层面再次闪现充满风险的机会,我们才知

---

① 刘东:《思想的浮冰》,上海:上海人民出版社,2014年,第333—334页。

道怎样充满技巧地扭转历史……①

以及我所创办的其他丛书,如"清华国学丛书""清华国学书系""讲学社丛书""艺术与社会译丛""西方日本研究"等等。

更不要说,《中国学术》杂志的创办与坚守,则是益发自觉地指向了这个目标。

> 这是一份面貌全新的杂志,它采取了这样几个基本策略:第一,在格式上完全国际化,不再为论文划分细栏,也不再强求篇幅的短长,以免让国外同行觉得不规范;第二,主办单位由哈佛—燕京学社担当,以便借助哈佛的势能,来向对方学术的腹地扩散,尽快获得国外学术界的承认;第三,学术委员会由海内海外各出一半,连编辑部成员也是海内海外各出一半,以便从一开始就获得双方的认同;第四,严格实行通行的双向匿名评审制度,而且逐步做到海内的文章由海外评,海外的文章由海内评,以从心念深处争取互动和互补;第五,所有的文章都必须译成中文发表,而且所有的文章都要求首次发表,以便逐步养成国外学者靠阅读中文来追踪学术最新进展的习惯。在这样的策略下,我们把自己的纲领宣布为:"提升我国人文及社科的研究水准,推展汉语世界的学术成就;增强文化中国的内聚力,促进中外学术的深度交流;力争中文成为国际学术的工作语言,参赞中国文化现代形态在全球范围内的重建。"②

顺便说一句,从这个意义来讲,当然应该在汉学与国学之上,在

---

① 刘东:《思想的浮冰》,第334—335页。
② 刘东:《国学、汉学与中国学》,见本书第301页。

国际学术的深层互动中,产生出一个属于更高形态的"中国学",所以,我一方面决不会像甘阳那样,把中国学看得如此之简单、如此之不堪,正因此在另一方面,也不像"燕京学堂"的计划那样,把中国学看得如此之简易、如此之初阶。

更不要说,清华国学院的恢复还是为了这个。

  回顾一下国学院几位导师的知识结构,你自然会想到,清华国学院从来都不曾抱残守缺过。比如梁启超,不仅在中学方面是通人,在西学方面也同样是通人。当年他那支健笔,传递过多少西方知识?很多国人在这方面的基本通识,都是通过他的报刊文章而获得的。王国维的早年,更是完全沉浸在西学中,他曾系统研读过德国古典哲学,还翻译了不少外文著作,成为中国现代美学和比较文学的开山。对于他的治学方法,陈寅恪曾经总结为三种对比关系:即取地下之实物与地上之遗文互相释证;取异族之故书与吾国之旧籍互相补正;取外来之观念与固有之材料互相参证。你看看,这里哪一项是死守着老旧的传统?然而,它们却也没有一个是脱离了文化本根的,都是在外来刺激下产生出来的、对于西方文化的回应与对答。至于陈寅恪本人,其主要的治学能力,即所谓四大支柱,都是在十余年的留学中奠定的,而他一生信守的学术自由观念,一方面既体现着中国秉笔直书的良史传统,另一方面也和西方的自由主义传统密不可分。另外的两位导师赵元任和李济,一个为中国带来了语言学(Linguistics),一个为中国带来了考古学(Archeology),在当时都是绝对新颖的学问,那是更不在话下的了。

  所以,当年的清华国学院,无论说四大导师也罢,讲五大导师也罢,做起学问来都是熔古今中外于一炉,而又能对紧迫的本土问题,做出适时的文化回应。透过他们的学术实践活动,你很容易联想到,所谓"国学"并不是固定不变的,而是一直如维特根斯坦所说,构成了一组意义不断滑移的家族相似的语言游戏。①

所有这一切,如果借用高更一幅画的标题,都在满足着内心中对于"我们从哪里来,我们是谁,我们到哪里去"的追问。

当然,作为一个知识人的日常功课,作为推动所有这些努力的内在动机本身,我本人的研究、教学与写作,也同样是朝着这个目的。

我不断地扩展着自己的思考范围,从美学,到比较文学,到国际汉学,到政治哲学,到教育学,又到艺术社会学,但千变万化,总还是有一个轴心。

这本题为《再造传统》的讲稿,当然只是应着外部的要求,以很快的速度写出来的,然而我觉得也并不过谦,因为这样一种跳跃式的写作,对于作者的知识面、平衡感和统摄力,毕竟都是一个很大的考验。

在每一个方向上,我也已经、并且还会写出相应的著作来。光是世纪文景的这套"立斋文存",就将包括《思想的浮冰》《再造传统》《西方的丑学》《天边有一块乌云:儒学、杨朱与存在主义》《美学的文化转向》(三卷本)、《悲剧在中国的诞生》《文革时代的文化》《孔子与苏轼》等等。此外还有我的"执中十书",它才刚完成了《近思与远虑》《理论与心智》《道术与天下》《审问与明辨》这样几本,而《跨越与回归》和《反抗与被缚》尚未杀青,而此后还要有《比较与考掘》《洞见与不见》《误读与生产》和《中国与希腊》。

---

① 刘东:《道术与天下》,北京:北京大学出版社,2011年,第180页。

这样一来,也就突出了严峻的问题:你到底想把学问做到多大?一方面,我们都没看过那个"生死簿",并不知自己究竟能享年几何,而另一方面,人们又老觉得可以"长命百岁",往往就照那个节奏去安排生活,——这就导致了悲剧性的冲突。所以,如果深通"学术经济"的道理,那就该精明乖巧地把握住,究竟哪一天才是人生的合理中线,而一旦活过了那一天,再去为下本书去打基础做准备,就基本上属于白费气力了。事实上,在很多公认的大学者那里,特别在本院早期的"三大巨头"(梁、王、陈)那里,都曾在治学的"可能性"与"现实性"之间,凸现过"未尽其才"的尖锐冲突。那么,有什么根据觉得自己能侥幸得免呢?

实际上,这也就是寻常讲的、所谓"大学问,不靠拼命靠长命"!然而,纵然肯定是要"谋事在人,成事在天",按照自己心有不甘的念头,却不愿由此就活得窝窝囊囊。——照自己看来,既然并不确知自己的大限,那就不能把自己限得太死,该阅读的书籍还是要买来,该琢磨的道理还是要钻研,且把自己面前的这条大路,酣畅淋漓地走个痛快!也就是说,哪怕生命终要落成为悲剧,也要以"尽人事听天命"的态度,且把它先当作一出正剧来演!①

当然我个人的努力,即使迄今为止还算在坚持,也仍然是微不足道的,它替代不了大家的共同选择,因为,正是千百万人的细小选择,才能汇聚成为一种再造文化的运动。——就此要特别说明的是:

正因为已暴露在全球化的大势下,暴露在人权标准的普世

---

① 刘东:《思想的浮冰》代后记《长达三十年的思想助跑》。

环境中,也暴露在政治合法化的紧迫危机中,所以又必须异常清醒地看到,虽然发展政治文化的具体路径,也可以有殊别、异同之分,然而革新政治制度的目标,却又要同整个世界构成多元一体。——如果转而更为积极地观察,也正是在岌岌可危的道德困境中,才自下而上地重塑了舆论环境,再次形成了对于改革的共识,从而要求在广泛吸纳参与意识的基础上,去稳步而坚定地"驯化权力",或者去"把权力关进笼子"里,而正是这样的一种舆论形势,才给当下的中国带来了新的转机。只不过,正因为已经出现了普遍的道德真空,所以新的政治合法性的重建,就不能只等着上面来发号施令,而必须在让渡出监督权的情况下,由社会的各种力量去协商与磨合。①

正因为这样,我就仍然要坚持,并且坚持不懈地呼吁大家,都来投入对于传统的再造,都来投入对于"中国文化之现代形态"的追寻,因为只要未能建成它,我们就永无宁日。

只有在活生生的、彼此渗透的文化对接中,才有可能在杂糅和嫁接的基础上,产生出作为"文化间性"的新型文化,从而引领人们走出当前的困境。我向来都坚定地认为,如果从短时段来看,文化间的交流与对话,从来都不会绝对平衡与均等,甚至还会表现为"血与火"的话,那么,如果从长时段来看,这种跨文化的交流与对话,却并不必然表现为压制与灭绝,反而有可能表现为融合与跃升。不消说,这自然也是因为,那些熬不过长时段的文明,早就在"血与火"中淘汰掉了。正因为这样,我们就只

---

① 刘东:《再造传统》,第221页。

有咬牙熬过眼前,并且在世界的风雨中与时俱进,才有可能去巴望"必有后福"。①

而一旦完成了这个历史使命,我们又可以放心地把手中的文明接力棒,交给我们的后代。

如果说,在全球化铺天盖地的冲击下,"中体西用"的口号意味着,在文明的接触、对话、博弈和共生中,去进行一种"执两用中"的谨慎调适,那么又必须进一步看到,这种调适本身并不是我们的目的。放眼望去,正如我曾一再强调过的,唯有对于"中国文化现代形态"的寻求与奠定,才是我们这场伟大实践的终极目标。也就是说,这块土地上的未来文化模式,既必须是标准"现代"的,由此而显出对于全球化的汲取与适应,又必须是典型"中国"的,由此而显出对历史传统的激活与承继。——只要一天找不到它,我们的社会就会一天"找不到北",就会日趋紊乱与失序下去;而一旦真正确立了它,尽管此后的历史仍会发生损益,我们却可以又像孔子那样,信心满满地发出对于未来的预言——"虽百代可知也"。②

2014 年 8 月 12 日草拟于上海旅次

---

① 刘东:《再造传统》,第 45 页。
② 同上书,第 198 页。

仁心一刻也不能断根[①]

题记：

在过去，所谓"中学为体，西学为用"的文化纲领，曾在一片误解声中引发过尖锐的批判。而清华大学国学研究院的刘东认为，在华夏文明同世界发生对话时，这种纲领不仅是十分必要的，而且根本就是唯一可行的选择；而他所力主的"中国文化的现代形态"，则是"中体西用"纲领的进一步具体化。儒家当然要谋求自身的递进，迎着全球化带来的全面挑战，也把握着全球化带来的机遇，创造出既符合儒家基本价值、又贴合当今天下大势的新型形态。但与此同时，又须臾不可放弃自家的文化主体性，反要基于这种主体性来进行文化选择。刘东强调，过去由于丧失了这种警醒的主体性，无意中就把中、西文化中恶劣因素全都凑到了一起，这才造成了有史以来最为失序的乱局；而只有坚定地恢复这种主体性，自觉地把两种文化中优秀因素结合起来，才能创造出一种"其命唯新"的文明图式，让中国人的生活逐步走上可以预见未来的正轨。

[①] 本文是笔者 2014 年 8 月 24 日在河南"嵩山论坛"上接受凤凰网记者张露萌的访谈。其中前半部分曾发表在《凤凰都市》上。此后，笔者又对全文进行了彻底的证正和扩充，篇幅较前增加了一倍。

"中体西用"就是中国文化的现代形态

记者:您怎样看待现代语境下的中西方文明对话?

刘东:当然是需要对话,而且是高密度的长时间的对话。不过,既然是在对话,就要有作为独立双方的对话者,否则就失去了交流的意义,就成了单方面的"训话",或者成了无益的对牛弹琴。正是在这个问题上,我们过去没能理解那个"中体西用"的文化纲领。可说白了,自西方文明的现代扩张以来,世界上所有的非西方文明,既然不是原创地产生了这种"现代性",那么,且不说这种"现代性"本身有没有问题,即使只是为了适应西方的全方位冲击,也只有一条现实的路可走,它在日本表现为"和魂洋才"的选择纲领,在印度则表现为"甘地主义"的传统激活,在中国又表现为"中体西用"的文化策略……再说得更具体一点,用我自己喜欢的表述方式来讲,那也正是在寻求"中国文化的现代形态"。一方面,必须在很大的程度上,心悦诚服地接受西方的示范和导引,否则它也不会表现得如此有力。但另一方面,又绝对不能人云亦云地盲从,凡事都要开动自家的脑筋,真正做到"知其所以然",而不能像"文革"的愚昧口号那样,对人家"理解的要执行,不理解的也要执行"。比如,西方文化由于历史地理的原因,是由"两希文明"偶合杂凑而成的,这"两希"就是希腊和希伯来文化;而中国文明早在它定型之初,就已受到了"先秦理性主义"的决定性洗礼,自古以来就讲究"未知生,焉知死",就讲究"不语怪力乱神"。这样一来,对于所谓"亚伯拉罕宗教"中的迷信因素,儒家文化圈中的精英阶层,总是百思不得其解的,所以是总也难以接受的;可另一方面,对于来自希腊文化中的"德先生""赛先生",乃至它的戏剧、哲学、美术,则又因为它恰合自己的"先秦理性主义"的精神,恰合自己现世主义的生活态度,恰合自己的"民胞物与"的理念,而表现出由衷的、有时甚至是相当勇敢的欢迎。这就是一种基于自身主体性的文化选择与文化利用。

你把它说成是"转型"也好,"激活"也罢,总之在这个关键时刻,最怕的就是把文化给弄断了根。哪怕是在一代人的时间中,也绝不能把文明进程给斩断。像"己所不欲,勿施于人""己欲立而立人,己欲达而达人"这样的基本做人准则,如果给一朝否弃了,那么整个文明空间就塌缩下来,就不再存在支撑发展的支援意识,从而也就不再存在"创造性转化"的余地了。既然要去追求"中国文化的现代形态",当然要进行很多改造,甚至忍受很多阵痛,但有一条却绝对属于例外:仁心是一刻都不能断根!

早在上世纪的四十年代,陈寅恪就非常沉重地讲过,"余少喜临川新法之新,而老同涑水迂叟之迂。盖验以人心之厚薄,民生之荣悴,则知五十年来,如车轮之逆转,似有合于所谓退化论之说者。"但很可惜,许多人只有败落到了今天的地步,才能领会陈先生的这种先知先觉。而这样一种在理解上的滞后和愚昧,也就导致了今天极度的文化失范。

追求自家的文化主体性,并不意味着就此不再开放。其实这几十年来,恐怕很少有人像我这样,对于西学的译介投以如此大的热情,毕竟大陆的第一大学术丛书("海外中国研究丛书")和第二大学术丛书("人文与社会译丛"),都是由我一人倾力主持翻译的。从这方面来讲,西方学术营养的汲取,肯定是帮助我们强身健体了。不过与此同时,为什么对于自家的传统,反而要束手束脚、拒之千里呢?所以,这就需要第二次"解放思想"了:既然对西学显得那样解放,哪能对中国学问如此保守呢？那不也是一种心胸狭隘吗？毕竟，儒学原本就是兼容并包的，它并不会妨碍西学的引进；而且，这个"无宗教而有道德"的文明，又完全是可以兼容、甚至支撑现代科学的。

儒家要现代转化 价值内核不能动

记者：儒家在现代转化中需要注意哪些问题？

刘东：无论人们想要肯定它还是否定它，中华文明的主干毕竟还是儒家。而它在现时代所遭到的最大挑战，既然并不在对于科学技术的涵容上，那么自然也就突出地反映在制度文化方面。所以，尽管在儒家的仁学体系之内，做出一种顺应现时代的制度安排，并不会属于它的"位阶最高"的价值关切，但那毕竟也属于"燃眉之急"的文化建设。要带有紧迫感地认识到，在这两者的关系未能妥帖理顺之前，更具体一点讲，在儒学未能沿着自身理路推导到现代制度之前，或者说，在现代制度未能背靠儒学而得到文化支撑之前，我们都还不能沾沾自喜地说，已经算是找到了"中国文化的现代形态"。

然而，即使是在这个制度文化的问题上，也同样不能忘却自家的主体性。要平心静气地看到，在常常被遗忘的历史时间中，儒家曾经沿着它的价值关切，创造出很多具体的善政标准，比如轻徭、薄税、尚贤、使能、勤政、爱民、敬天、纳谏、重教、隆礼等——尽管也必须跟着追加一句，它当时当然也只是最大限度地，争取到了能被一个专制政体所接受的程度。但无论如何，正是沿着"人皆可以为尧舜"的理念，才及早地创造出了科举制度，它使得那个时代的中国社会，在向上流动方面是举世最高的；也正是顺着"天听自我民听"的理念，才独创性地设立了监察制度，让言官们专司"挑皇帝毛病"之职。试想,除开这个曾被看扁的"儒家中国"之外,在世界上还有别的古代文明,也曾创造出过类似的制度,让体现着儒学理念的士大夫,去跟专制的君主"共治天下"吗?

有一种由来已久的误解,把儒家文明完全看成是"古代的",又把西方文明完全看成是"现代的",这就把原本属于空间性质的区分,偷换成了时间顺序上的先后,而这又正好符合西方的"文化政治"。我在西方学界的很多好朋友,比如苏珊·弗里德曼(Susan Friedman)和包华石(Martin Powrs),都在撰文揭露这样的"文化政治",它最喜欢把所有的好东西,都说成由西方世界独自创造的,而不是产生于"文化间性"之上的。由此,我们就要上溯到伏尔泰的时代了,在那个"中国热"的时代,有很多中国的制度文化因子,都被传播和引进到了西方,并作为一种惊喜的激发或参考,促进或参与了那里的政治现代性。由此可知,在所有的前现代文明中,恰恰是中华文明的先哲家,创造出了最靠近现代的制度因子,所以它不仅确实有过制度创新,而且曾经长期引领过制度创新。不仅如此,作为一种"无宗教而有道德"的文明,它当年还实实在在地激发过伏尔泰,所以它当年就曾居于启蒙思潮的核心,就属于一种雏形的启蒙话语。从这个意义来看,那种把西方等同于创新、把中国等同于古老的观念,也就从逻辑上站不住脚了。

不待言,儒学也必须谋求自身的递进。然而我还要补充一句,真正应当脱胎换骨的,却不是它自己的价值内核,否则那就根本不再是儒学了。应当看到,这毕竟是一种产生于"轴心时代"的、具有特别精神价值的、饱含独到生命智慧的"人生解决方案"。在这个意义上,它绝对属于全人类的精神财富,容不得任何人轻率地撇弃。正因为这样,我们既要去密切关怀当代生活,又应跟任何有限的历史阶段,包括跟这个特别"厚今薄古"的当下,都保持为思考所必需的距离,以保留再去修正历史的后劲。正因为这样,我们眼下真正紧迫的思想任务,也就不是去鹦鹉学舌地去强辩,别人已有的哪些东西我们也有;而是对照着儒学的价值参考系,去既有建设性、又有批判性地,回答由当今的生产和生活方式所带来的尖锐挑战,哪怕这种回答受思想逻辑的内在制约,要对某些时髦的东西去犯颜"说不"。如果没有这样的文化主体性,没有这种思考上的定力和勇气,那么,实则就既不可能建成"中国文化的现代形态",也不可能真正去达到"全盘西化",而只能像现在这个糟心样子,既把别人的所有毛病都接了过来,又拿到自己的失范语境下去发酵放大,最终把西方的坏东西和中国的坏东西全部结合起来了。

记者:您在新书《再造传统:带着警觉加入全球》里面提到:"真正迫在眉睫的就是有效激活本土文化的原创力。"我们一直在提"创新",而似乎我们缺少的正是这种原创力,对此您有何看法和建议?

刘东:其实从全球史的宏大角度来看,人类真正最富于创造性的年代,还是那个出现了孔子、释迦牟尼、苏格拉底和犹太教先知的时代,也就是公元前五世纪左右的那个"轴心时代"。我们现在受现代性的误导,对于"工具理性"的层面太过看重,所以一旦提到所谓的"发明",马上就想到了爱迪生那样的"发明",就连自家最为看重的"四大发明",也是比照着爱迪生的发明来列举的。然而,在整个人类文明史中,真正举足轻重的创造活动,却必定属于"文明图式"的创造,或者属于"价值理性"的创造。你看由孔子、释迦牟尼、苏格拉底等人教导出来的这几个世界性文明,只要是置身于它们各自的文化圈中,那么所有此后的那些细部发明,就都是在这几大"圣哲"的感召下产生出来的。从这个意义来说,真正想要焕发文化的创造性,还是要回到孔子当年的思考起点,回到对于"价值理性"和"人生解决方案"的发明上来。当然,我们要进入的应当是更高水平的"轴心时代",因为那会是基于孔子、苏格拉底、释迦牟尼等人的对话,再重新创造出的、综合了全人类智慧的"价值理性"和"人生解决方案";而这和我开头所说的"中体西用",或者"中国文化的现代形态",根本就属于同一个意思。真要是达到了那样的文明基点,人类才能学会更加"正确"地生活,他们也才能豪迈地回过头来,发现其实五千年的文明还太过年轻,而更高的文明是从自己脚下开始,是我们才把过去和未来在这里"打了个扣"。——这才是我所定义的创造性,也才是值得憧憬的创造性。

"天人合一"是一种新的发展模式

记者:现代人如何理解"天人合一"这种关系?

刘东:"天人合一"应当有两层意思,一层是我们钟爱着"生生不息"的天道运行,并油然兴叹着"维天之命,於穆不已";另一层是天道本身也垂爱于我们,即所谓"天何言哉?四时行焉,百物生焉,天何言哉?"而由此才能在"天人之际",构成亲密的"我—你关系",作为生灵的人类和大自然才能合为一体。到现在为止,天文学家都没能在太空找到另一颗星球,能像地球这样适于生命的发生,适合于充当人类的家园,所以我们有幸搭乘的这颗行星,也的确跟我们有"合一"的一面。可看看现在,为什么天地又突然对人类,表现得如此"不仁"甚至残酷呢?真可以说是"风既不调,雨也不顺"。不过,这可不是东海龙王在作孽,而是我们自己把大自然糟蹋成这样的,是货真价实的"自作孽,不可活"。所以在这种情况下,如想让事情得到根本的转机,就要从彻底扭转自身开始,不再做个耗散资源、从而毁坏家园的人,而要做个敬天保民的人、民胞物与的人、亲民爱物的人。

不过,真想达到那样的文明高度,就非要有很厚的文化传统,不能从潜意识中铺垫起来。前几天,我跟一位很有想法的企业家谈话,他是中国光伏产业协会的主席,而这个行业的从业者们,是最乐于以"天人合一"自许的,因为他们几乎什么都不耗费。不过,我听着听着又听出问题了:有的人又开始做起"科技大梦"来了,说我们如能发明低地轨道的电池板,解决了太阳能的昼夜温差问题,再解决了向地面传输的通道问题,那么将来能源就会取之不尽了,干脆一人开一辆特斯拉,让幸福生活万年长吧!所以我就马上追问下去:就算能源的问题解决了,那么,一人开一辆特斯拉的道路够吗?一人停一辆特斯拉的地面够吗?一人洗一辆特斯拉的用水够吗?再说,要是可着劲儿不知餍足,光一人一辆特斯拉就行了?接着,还要一人一艘私人游艇,一人一架私人飞机,甚至一人一架航天飞机,那么地球的资源也都能满足吗?所以,只要人心的问题未能解决,只要产业本身还被消费主义牵着,那么就算能源问题解决了,也只是把难题又传给下游产业了。

这个企业家也很是见多识广,连丹麦的首相都跟他很有交情,那是当今世上治理最好的国家之一,肯定是很需要清洁的太阳能,而他也对丹麦人的文明程度赞不绝口。不过我又补充说,你看到了丹麦人的上进心、守纪律、爱清洁,这当然是谁都不能否认的,但你却没阅读他们孤独异化的文学,没参观他们歇斯底里的艺术,没看到他们举世最高的自杀率。我自己在开往哥本哈根的火车上,看到人们竟然对任何一点垃圾,都会紧张得战战兢兢,因为那意味着高额的罚款,绝不是儒家所向往的"自在充满"的状态。就算这样一种法制的社会，在当今的世界上已属于最好的，但它既用消费主义煽动起欲望，又用法律的高压去抑制它，就必然造成一种扭曲的心理。打个比方，如果让老鼠既闻到了奶酪的香味，又发现了这奶酪被放在危险的笼中，老鼠只能围着笼子转来转去，既不敢进去又不舍得离开，这样一种"免而无耻"的状态，会是一种理想的人生境界吗？

听完我这一席话，这位原以为"天人合一"的朋友，也意识到了其实问题并未真正解决，因为现在基本的社会规则，还是要先煽动起消费的欲望，再把这种燃烧起来的欲望，趁热放到内燃机的车头里，好去推动"发展经济"的车轮子。所以，如果我们不能根本性地提出，必须"重新思考发展模式"，必须以"天人合一"的价值理想，来重新规范人与自然的关系，来重新约束人类自身的行为，那么，这样的恶性循环就终究是无解的，也终会把人类带到《阿凡达》式的悲惨场景中去。

事实上，物理学家霍金早已明言指出过，"由于人类基因中携带的'自私、贪婪'的遗传密码，人类对于地球的掠夺日盛，资源正在一点点耗尽"。由此，他向人类提供的唯一解决方案，也只在于赶在资源耗尽的大限之前，具体而言就是还只剩下二百年，抓紧时间向外太空去殖民。不过，跟这个虚无飘渺而绝望的"解决方案"相比，我更愿意重拾我们先哲的人生解决方案，因为人类基因中不光有"自私、贪婪"的遗传密码，也同样埋伏着提出"民胞物与"的智慧潜能；要不然，就算侥幸地移民到了其他星球，人类也只能怀着固有的贪婪，再去继续上演同一出悲剧，到别的地方别处去追求"有毒的"GDP，而把悲剧的结局稍微延后一点罢了。

2014 年 9 月 17 日修订于清华学堂

代后记:为国家社稷而贪功①

7月,北京进入难耐的桑拿天,清华大学已接近放假,可国学研究院副院长刘东仍然忙个不停,为度"写作假"而下乡的行程也一推再推。"下周一定得逃过去啦,得集中时间把那本《跨越与回归》写完!"可事情实在是太多了,接受完《出版人》的专访后,下午还得一起去考察一处清华的老建筑,看看能否在修旧如旧的基础上,使它焕发成为新的学术中心。而头一天晚上,他又刚跟耶鲁方面就《中国学术》英文版的计划谈到深夜。《中国学术》一直是由美国哈佛—燕京学社资助,并由商务印书馆出版的,如果英文版再由耶鲁大学出版,那就更是前无古人了!"说起这些,刘东很兴奋。

采访在清华大学图书馆北边的立斋二楼进行,这里是去年11月成立的清华大学国学研究院的临时院址。刘东的办公室门上,贴着陈寅恪追思王国维的名言——"自由之思想,独立之精神",对面就是《中国学术》编辑部。夏日的早晨,浓浓树荫落在二楼的阳台上,显得格外静谧。刘东哼着曲子来了,是普契尼的咏叹调《冰凉的小手》,手里还握着一个邮包,是昔日好友寄来的诗集,他一边给记者展示,一边朗声评论:"我都很长时间没写诗了,现在的中国诗歌,都

---

① 本文是《出版人》杂志记者田伟青采写的访谈,并经受访者本人审定。

被闯入的观念给绑架了。"

这月底或下月初,他的新作《用书铺成的路》就将由北京大学出版社推出了,里面收录了他近年撰写的与书有关的各类文字。作为当代中国最大的两套学术丛书"海外中国研究系列"(江苏人民出版社)和"人文与社会论丛"(译林出版社)的主编和中国学界的标杆人物,刘东在出版界一直享有极好的声誉和口碑。20多年来,他自己译著了十余部著作,又主编了两套丛书和一份学术杂志,对国内外学界和普通读者产生了重要影响。而已经过去大半的2010年仍将是刘东的丰收年,除了已经交稿的《用书铺成的路》和《道术与天下》外,他的"海外中国研究丛书"积22年之功,即将达到168种之多;11岁的"人文与社会译丛"也很快就要达到120种;而他主编的3套新书——"西方的日本研究丛书"(江苏人民出版社)、"大学之忧丛书"(高等教育出版社)和"台湾国学丛书"(高等教育出版社),也会很快就奉献给读书界。

刘东说,自己这辈子算是跟书结下了不解之缘,"从小就偷偷地喜欢读书,后来索性从书本中找到了报国之门,把一个人的阅读习惯,推展成了中文读者的共同习惯。所以,我走过的这条路,可以说一条是用书铺成的路,从读书、写书、编书、译书、荐书,到买书、搬书、找地方安置书,全部的喜怒哀乐,衣食住行,甚至连掏得出来购买唱片的那点闲钱,都跟这个书字分不开了!"

因缘际会学术路

成为中国学术界的标杆人物,在考上大学之前的刘东脑子里,是根本连做梦也不敢想的,当时他还在翻砂车间做童工,凭业余时间自修了高中及部分大学课程,也悄悄地从事着文学(主要是诗歌)创作。1977年报考大学时,刘东的志愿是南京艺术学院声乐专业,他颇自豪地对《出版人》说:"当时的主考老师评价,在历届学生里面,刘东的嗓音条件是第二好的。"可是,由于加试的卷面成绩也很突出,已经通过艺术院校复试的刘东,却阴差阳错地被南京大学录取了。后来他在小有名气之后,南大一个同事告诉他——"你知道吗?当时是我把你取进来的,要不你就不会成为学者了。"当时刘东听了这话还有些生气——"都怨你!要不然我做个歌唱家,一辈子唱着过日子,活得多开心?"

这段经历至今仍在刘东身上留下了印记,他还保留着对声乐的热爱,"虽然不怎么唱了,但我无论住到什么地方,都得有一套发烧水平的音响,就算出国,箱子里也净是唱片"。尽管忙得不可开交,刘东还琢磨着,什么时候要在校园里成立"清华雅歌社",以陶冶清华同学的性情。"国学院原来的导师赵元任就特爱写歌,他的全集第11卷,收的全都是音乐创作。我觉得现在的知识界没有自己的歌,也被外来的甚至低俗的东西给绑架了。发自他们内心的声音,应该更有内涵、更内敛、更专注、更沉思,雅歌社应当承担起这个。"

进入哲学系对刘东而言,更是"误入歧途",即使步入综合性大学,他真正想念的也只是文学系,"我那时候热心于文学创作,还写过很多诗呢,哲学对我来说那就是一大堆的死教条,多头疼啊!"可当时的情况是,徐迟刚发表了有关陈景润的报告文学《哥德巴赫猜想》,红遍整个中国,导致了一个现在看来有点奇异的结果,大学里理科最热的数学系,文科最热的就要数中文系,一下子还真转不过去。就这样,尽管仍然选择了跟艺术关系最紧的哲学门类——美学,刘东还是不得不一路与哲学相伴而行,直到九十年代伊始,他才先在中国社科院外文所供职十年,又在北京大学比较所供职十年。说到这里,刘东笑了:"人生真是充满了各种愚弄,你想要的时候偏偏得不到,不想要的时候偏偏塞给你。我当年想学文学没学成,可后来我在社科院做研究、在北大教书整整20年,专业却始终脱不开文学。"

现在的刘东谈起这些,心中早已释然,"也没什么可后悔的。人生有无数的可能性,但是终究只能做一件事,就像海德格尔说的,人总要从一个抽象的存在下潜为一个实际的存在,总要把无限的可能性兑换成唯一的现实性。而我的兑换就是这样——终究是以一个学者,而不是一个诗人或者一个音乐家的形式存在。在有限的生命展开中,你进了这个房间,就意味着进不了那个房间,这既是人生的一种无奈,也是人生的一种智慧,它就是不断跟社会反复磨合的过程,最终你才会找到一个比较适合自己才能和兴趣的事业"。

刘东曾经让人神往地写道:"在利欲熏心的年代选择做学问,不管有多少亏要吃,但至少还有一件事,那是官场和商场都比不了的,这就是你可以广泛地以文会友,甚至到整个世界的范围内,去寻找跟你志趣相投和智力相等的朋友。这样,你所拥有的至情至性的知己,肯定要比那些毕生以尔虞我诈为业的人多得多。簇拥着这些朋友,你不仅可以增容头脑、同商大计、共享情怀,还更可以像齐美尔所说的那样,在社会交往的游戏形式中,享受到接近美学标准的快乐。在那样的时刻,你甚至会搓搓双手踌躇满志地想到,人还没准真是一种高等动物罢?"

另外在刘东看来,做学问还有个意外的好处,就是更容易抵御对于变老的恐惧:"每一种职业都决定了不同的生命周期。我曾在40

岁左右回到当年工作过的那个工厂,发现跟我一块进工厂的学徒工都作为老人已退休了,心里很伤感的。要知道,那时候我在北大还算是个年轻教授呢,所以,就好像老天偏爱自己,多给了自己一些寿命似的。其实谁都会怕老,怕来不及完成写作计划,怕头脑中的想法无法从容地描摹出来,带到坟墓里去殉葬,但这是另一种怕。"

左手汉学,右手国学

1985年,刘东考入中国社科院研究生院哲学系,进入李泽厚的门墙,主修中国美学史。就在那一刻,他的精神视野又面临一次转变,"当时我们都是学西学的,而考博士生的时候,李老师的要求却是,进来时只考察西方美学史,出去时却要用中国美学史答辩。"事实上,这个转变并不简单,当时正处在"文化热"的大潮之中——那不啻是用文化激进主义的逻辑,去批判文化激进主义所造成的恶果,所以"由西转中"的心理转向,势必经历相当艰难的挣扎。此外,自然也有知识准备方面的不足。"我记得当时最头疼的一件事就是记历史人物的名号,一个人往往有很多的别号,我老是看得一头雾水,后来还跑到南大的老同学那里,借来一本专门的辞书。"

如今回顾起来,刘东却很庆幸那次学术转向,"如果没有那次转向,我后面的路就会比较窄。李老师那次赶鸭子上架,反而给了我一个契机,可以获得更广的知识背景,让思绪停留在文明的间隙和界面上。"显然,这为刘东后来的治学之路拓宽了领域。"我自己的座右铭是,哲学与文史兼通,中学与西学兼通,国学与汉学兼通,人文与社科兼通……虽然对这目标只是心向往之,而且所谓兼通的意思,原本就不是样样精通,但由此总算获得了通识,看问题往往可以触类旁通。"

1986年,也就是负笈北京的第二年,他的处女作《西方的丑学》,被收入赫赫有名的"走向未来丛书",而他本人也受邀加入了丛书编委会,所以那本处女作堪称他的成名作。但很少有人知道,那本书只是作者的学士论文,而且刘东最独到和最基本的美学主张,居然早早地萌生于读博之前。此后,他完成了论述宋代美学的博士论文,却一直深藏未露,似乎有些问题没有想通,直到最近才重新考虑这个问题。

但也许是因为他的兴奋点大大转移了。从1988年下半年起,刘东即着手主编"海外中国研究丛书",这套丛书经过坚持与积累,被公认为是国内译介汉学成就的最大和最权威园地。到1999年,刘东又创办了"人文与社会译丛",如今也被公认为是国内译介政治哲学与社会思想的权威系列。这两套丛书,共同成为新时期以来数一数二的两大学术系列,也奠定了刘东在当代中国学界的地位。其后,他又于2000年创办《中国学术》季刊,它再次被公认为是整个华文世界匿名评审最严、学术要求最高的学刊。

2009年5月,刘东再次转换了主攻方向,与生平好友陈来一道,致力于重振清华国学研究院。从社科院外文所、到北大比较所、再到清华国学院的轨迹看,这样的心路历程,还真是贴合他手头那本书稿的标题——"跨越与回归"。也就是说,跟早期清华国学院的几位导师一样,他们都有类似的早年冲向西学、后期回归中学的重大转折。刘东认为,在"跨越"和"回归"的这种螺旋式上升中,隐藏着很深的道理,可惜以往受制于文化激进主义,未能同情地参透其奥妙,反把其中的上升批成倒退,还由此渲染传统多么可怕。

如今的刘东,一手汉学、一手国学,早已借助内外两种视角,来环顾中国的历史与现实。他喜欢用一幅高更名画的标题,来说明自己追求的连贯性——如果说,新近恢复的清华国学院,是在考索"我们从哪里来",而二十年前的"海外中国研究丛书",是在追问"我们是谁",那么十年前的"人文与社会译丛",则是在畅想"我们到哪里去"。九九归一,全部的使命还是一个:如何在同世界对话的基础上,去打造中国文化的现代形态。

为国家社稷而"贪功"

但凡心怀志向的人,都会暗自树立人格的榜样。刘东也不例外,他心里装着一组"生平景仰的人",其中居首的就是家乡的孔圣人(据说孔子还登过他家乡的峄山呢)。更有意思的是,在这一组名字中,还不光有文人雅士,居然还有苏联名将朱可夫——"最让我至今仍然刻骨铭心的,还是当整个社会都在潮水般退下的时候,自己竟然微不足道到了徒唤奈何的程度。正是这种困境以及由此产生的几近绝望的希望,使我总是不由想起当年莫斯科城下的朱可夫——他怎么就率众堵住了看上去不可避免的溃败呢?在这个意义上,我对朱可夫这个形象的认同,首先是对他曾经经历过的特定困境的认同,以及对他曾经做出的有效反抗的认同。"

这种对于功业的渴望,在刘东那里,显然构成了某种动力。"每一个孩子来我这儿读研究生,第一课都是一样的:向他们提出'三不朽'的准则——立德、立功、立言,这三者不仅是不可偏废的,其次序还是不可颠倒的。也就是说,最重要的首先是德,如不能在这方面先立其大,即使智识有所增长,也难保不成为邪恶的智慧。接下来,内圣又终究要表现为外王,也就是说,立德终究要通过立功和立言来表现,在这中间,尽管立言的活动也很重要,但由于它已被现代专利制度所污染,甚至成为个人营私的不二法门,所以我从来都不贪图这个。——然而我决不讳言,我这个人却是很贪功的。"

的确,刘东对于功业的渴望,简直到了痴迷和贪婪的地步,有时候让人不禁担忧他的精力和身体。"到现在为止,我已经创办了九套丛书,其中有四套是新近创办的,是为清华国学院设计的项目。但即使如此,我还在设想着第十套丛书,即'八十年代书系',它同样是至关重要的,否则自己曾经如此投入的一段黄金岁月,又要被外来的和尚给绑架了,只是由于资金出现了点问题,暂时没有提上议事日程。"

不过他的这种贪功,显然又并非出于一己之私。对于这一点,刘东额首引为知言。在他看来,这种对于功业的儒者式的渴求,恰恰凸显了个人与群体的强韧关系,因为它既源于对于个体生命的幽暗意识,也源于对于所属共同体的责任感。"生命是有限的,总要尽量为社会多做点事。所以这种贪功,不会表现为一己个人的立言,而是为我们整个民族的立言。这表现在,无论发下来的表格如何验收,你都直道而行、我行我素:有时当然不妨自己写,有时更要组织大家写,有时当然不妨自己译,有时还要组织大家译,有时当然不妨自己讲,有时更要主持别人讲,有时当然把别人的译介过来,有时更把我们的推广出去……这些活动看起来眼花缭乱,内在的心结却只有一个——我就是不愿接受那样一种可怕的对比:中国文化可以不断的衰败,唯有我个人的中国文化研究,却还能独善其身地大部头地写下去,甚至不断到外部去博取喝彩!"

不久前,《南方人物周刊》给李泽厚先生做了一个专访,他在最后提到了自己的生命意义——为人类而活。刘东也读过那篇文章,对自己老师的高迈理想,他当然也深表赞同。不过他又跟着补充一句,这种理想仍然重在落实。对于一位中国学者而言,你如果连足下这块土地上的这五分之一的人类都不爱,那么对于人类的泛爱就难免流于空话。"我2岁的时候,爸爸打成右派,10岁的时候,遭遇'文革'浩劫,那时候连想都不敢想,这无边的灾难还能望到头,无论对个人还是对国家。然后,改革开放以来,中国就这么蓬蓬勃勃地发展起来了,——并不是每一个遭遇西方打击的民族,都有机会这样浴火重生的,而且纵观世界史,也从没有如此大的一个国家和如此多的人口,能以如此快的速度,发展了这么久,甚至还要再发展下去,这注定要给整个人类历史,打下中华民族的独特烙印!这更加使我想到,我个人的命运是和这五分之一人类的命运连在一块的,而且也正因为这一点,我的工作才能对整个人类产生意义。"

说到这里,刘东突然眼睛一亮:"其实我们这代人,比上面的多少代人都幸运。你看中国近代的士大夫,从林则徐、张之洞开始,他们死的时候应该都很灰暗,因为没有看到国家的希望。可到了我们这一代,个人事业和命运,却能与整个国运同步上升,真是再幸运不过了。若干年后,当我面对死亡的时候,应该会很平静、很欣慰。因为到那个时候,不光中国的经济实力有可能重回世界首位,而且中国文化的现代形态也应当已经形成——这才是最可以引以为傲的!由此想到,如果自己所做的工作,又恰好是投身于这种文化再造,而且我们的孩子还在这块土地上,延续着父辈的血脉,更秉承着更强的民族自信心、更丰富的文化底蕴,和更能跟世界相融的正确生活方式,由此他们就不会像我们再受那么多罪、吃那么多苦,每每想到这一点,就觉得自己这辈子所受的苦痛与辛劳,都终究是值得了。"

说完这些,采访也临近结束。刘东起身送记者出门,道别时顺便提及,有人讲他身上有股子豪侠气,他听罢哈哈大笑,——当时天空正下着大雨,而他则撑起一把大伞,转身向立斋扬长而去。

2010 年 7 月 26 日